PRATIQUE GRAMMAIRE

550 exercices

B1

Éve Lyne Siréjols
Giovanna Tempesta

Crédits photographiques

Droits de reproduction : www.stock.adobe.com.

p. 7 : © Africa Studio ; **p. 17** : © Monkey Business ; **p. 20** : © kasto ; **p. 35** : © ldprod ; p. 55 : © Unclesam ; **p. 61** : © Vasiliy ; **p. 62** : © Aliaksandr Kazlou ; **p. 74** : © tatomm ; **p. 83** : © Boris Stroujko ; **p. 87** : © contrastwerkstatt ; **p. 118** : © elaborah ; **p. 125** : © kisakal ; **p. 141** : © fotofabrika ; **p. 154** : © luckybusiness ; **p. 170** : © Oleksandr ; **p. 174** : © Julien Eichinger ; **p. 199** : © auremar ; **p. 222** : © Franck ; **p. 233** : © nadezhda1906 ; **p. 234** : © shaiith.

Direction éditoriale : Béatrice Rego
Marketing : Thierry Lucas
Édition : Noëlle Rollet
Conception maquette : Dagmar Stahringer
Conception graphique et mise en pages : AMG
Couverture : Sophie Ferrand

© CLE International / Sejer – Paris 2020
ISBN : 978-209-038997-5

Avant-propos

Ce manuel est dédié aux étudiants étrangers, grands adolescents et adultes, souhaitant améliorer leur maîtrise de la grammaire française en groupe classe ou en autonomie.

Il est découpé en dix-huit chapitres indépendants, correspondant aux principaux points de grammaire abordés dans les méthodes aux niveaux A2 et B1 du CERL.

Au sein de chaque chapitre, les exercices sont conçus de façon très progressive, précédés à chaque étape d'un bref rappel grammatical. Ce rappel est illustré par des exemples accompagnés de règles courtes et simples, dans le respect de l'approche communicative.

Les exercices sont présentés sous des formes variées afin d'éviter toute monotonie. Ils abordent le plus souvent des aspects culturels du monde francophone contemporain.

À la fin de chaque chapitre, des exercices de bilan permettent de vérifier l'acquisition des points abordés. Les corrigés des exercices, dans le livret, permettent un apprentissage en autonomie.

Évelyne Siréjols
Giovanna Tempesta

Sommaire

01 • Les démonstratifs, les possessifs et les indéfinis — p. 7
Les démonstratifs — p.7
Les possessifs — p.13
Les indéfinis — p.17

02 • Les pronoms personnels compléments — p.23
Les pronoms compléments directs — p. 23
Les pronoms compléments indirects — p. 27
La place des pronoms compléments — p. 34

03 • Les pronoms relatifs — p.42
« Qui », « que » — p.42
« Où » — p.46
Synthèse — p.48
« Dont » — p.49
Synthèse — p.54

04 • La comparaison — p.58
Le comparatif — p.58
Le superlatif — p.62

05 • Les adverbes et les prépositions — p.67
Les adverbes en « -ment » — p.67
Les prépositions de temps — p.71
Les adverbes de temps — p.75
Les prépositions de lieu — p.79
Les adverbes de lieu — p.82

06 • L'indicatif — p.86
Le présent (révision) — p.86
Le futur proche et le futur simple (révision) — p.92
Le passé composé (révision) — p.96
L'imparfait (révision) — p.104
Le plus-que-parfait — p.105
L'emploi des temps du passé — p.107

07 • L'impératif — p.113
L'impératif affirmatif (révision) — p.113
L'impératif négatif — p.116

08 • Le conditionnel — p.121
Le conditionnel présent — p.121
Le conditionnel passé — p.124

09 • Le subjonctif — p.128
Conjugaison — p.128
Les emplois du subjonctif — p.131

10 • Le passif — p.144
La construction du passif — p.144
Les constructions particulières — p.146
Le passif aux différents temps — p.148

11 • Le participe présent et le gérondif — p.156
Le participe présent — p.156
Le gérondif — p.160

12 • La négation et la restriction — p.164
La négation — p.164
La restriction — p.169

13 • Le discours rapporté — p.172
Le discours rapporté introduit au présent — p.172
Le discours rapporté introduit au passé — p.177
Le discours rapporté avec l'infinitif — p.183

14 • L'expression du temps — p.187
La fréquence — p.187
La durée — p.190
Situer dans le temps — p.197

15. L'expression de la cause — p.204
Les conjonctions — p.204
Les autres expressions de la cause — p.207

16 • L'expression du but — p.219
Les prépositions — p.219
Les propositions au subjonctif — p.221

17 • L'expression de la condition et de l'hypothèse — p.225
La condition et l'hypothèse avec « si » — p.225
Les autres expressions de la condition et de l'hypothèse — p.227

18 • L'expression de la conséquence — p.236
La conséquence — p.236

01 • Les démonstratifs, les possessifs et les indéfinis

Les démonstratifs

> **• Les adjectifs démonstratifs (A2)**
>
> J'adore **cette** boutique. • Regarde **ces** vêtements comme ils sont sympas ! • J'adore **ce** tee-shirt, là devant, mais j'aime aussi **cet** ensemble bleu.
>
> - Les adjectifs démonstratifs permettent de montrer, de désigner une personne ou une chose. Ils s'accordent en genre et en nombre avec le nom qu'ils désignent : **ce** = masculin singulier ; **cette** = féminin singulier ; **ces** = masculin et féminin pluriels.
>
> ✋ « **Cet** » s'emploie devant les noms masculins singuliers commençant par une voyelle ou un « h » muet : *cet homme, cet hôpital, cet endroit, cet arbre...*

1 Reliez les mots qui vont ensemble.

Je vais emprunter :

a. ce
b. cet
c. cette
d. ces

1. ouvrage.
2. roman.
3. nouvelle.
4. pièce de théâtre.
5. article.
6. poèmes.
7. recueil de poésies.
8. anthologie.

2 Remplacez l'article par un adjectif démonstratif.

Exemple : J'aime le vert foncé. → J'aime **ce** vert foncé.

a. Regarde la paire de lunettes rétro. → ....
b. Tu me prêtes le collier de perles. → ....
c. Je voudrais voir le pull gris. → ....
d. J'aime beaucoup les baskets dorées. → ....
e. On peut essayer les boucles d'oreilles vertes ? → ....
f. J'aimerais voir l'imperméable blanc. → ....
g. Vous pouvez me montrer la jupe noire ? → ....
h. Tu veux essayer les bottes marron ? → ....

3 À la boulangerie : que commandez-vous ? Faites des phrases comme dans l'exemple.

Exemple : La tarte aux fraises → Donnez-moi cette tarte aux fraises.

a. La baguette bien cuite → ....
b. La brioche → ....
c. Quatre éclairs au chocolat → ....
d. Une quiche au thon → ....

01 • Les démonstratifs, les possessifs et les indéfinis

e. Les macarons aux amandes → ....
f. La crêpe au citron → ....
g. L'opéra pour cinq personnes → ....
h. L'omelette norvégienne → ....

4 Complétez les phrases suivantes avec l'adjectif démonstratif correct.

Exemple : Je ne vais plus dans ce lycée. Maintenant je suis inscrite dans cet institut.

a. .... avenue bordée d'arbres est très agréable.
b. Je déteste .... grands ensembles. On ne s'y sent pas humain.
c. Elle habite dans .... maison avec un joli jardin.
d. Nous venons d'emménager dans .... immeuble.
e. Tu connais .... nouveau bâtiment ? C'est le centre culturel.
f. Prenons la voiture, ... aéroport est plus loin que l'autre.
g. Je cherche .... rue, vous la connaissez ?
h. Regarde sur .... plan, on va la trouver.

> **• Les pronoms démonstratifs neutres (A2)**
>
> **Ça** t'intéresse cette émission ? • **C'**est étonnant. • **Cela** me surprend beaucoup. • Je vais te confier **ceci** : Louise et moi on va se marier. • Je suis sûr que **ça** te fait plaisir.
>
> • Les pronoms démonstratifs remplacent un nom accompagné d'un adjectif démonstratif. Au neutre, avec le verbe « être », on utilise « ce/c' », « ceci » ou « cela/ça ».
>
> • « Ça » est la contraction de « cela », plus soutenu. « Ceci » fait référence à une chose plus proche, « cela » à une chose plus éloignée.

5 Complétez ces phrases par « c'est » ou « ce sont ».

Exemples : C'est la femme du président.   Ce sont des personnes importantes.

a. .... une excellente idée.
b. .... vous ? On ne vous attendait plus.
c. .... de magnifiques peintures.
d. Ces gâteaux, ... les meilleurs de la ville.
e. .... bien ce que je pensais !
f. Coucou, ... moi !
g. .... des enfants très attachants.
h. On n'y peut rien, ... ainsi.

6 Complétez ces phrases par « ce/c' » ou « cela ».

Exemples : Tu comprends ce qu'il a dit ?   Cela ne te regarde pas.

a. Range .... dans ta chambre.
b. Écoute bien .... que je te demande.
c. .... qui vous intéresse, c'est de réussir.
d. Je vous demande .... parce que j'ai confiance en vous.

Les démonstratifs

e. Expliquez-moi bien .... : c'est très important pour moi.
f. Je me demande bien .... qu'il est en train de faire.
g. Tout .... que tu veux, c'est qu'on ne te dérange pas.
h. .... était plus qu'un ami, un frère !

7 Complétez par « c' », « ce », « cela » ou « ceci ».

Exemple : Retenez bien ceci : la priorité est à droite.
a. Aujourd'hui il a reçu une contravention ; .... l'a mis très en colère.
b. .... est interdit de klaxonner en ville.
c. .... est un avertissement, la prochaine fois, vous perdrez des points !
d. .... qui me plaît dans ta voiture, c'est le toit ouvrant.
e. Je ne sais pas .... qu'ils t'ont appris à l'auto-école !
f. .... est incroyable que tu aies obtenu ton permis de conduire.
g. .... n'est pas de cette façon qu'on se gare.
h. Regarde .... qui bouche la rue.

8 Complétez les phrases par « ceci », « cela » ou « ça ».

Exemple : Faites comme ceci, pas comme cela.
a. Ne vous y prenez pas comme ...., je vous montre.
b. .... ne se fait pas.
c. Lisez ...., ne lisez pas ....
d. Alice est très en retard et .... m'inquiète.
e. Retenez ...., c'est très important.
f. Tu ne devrais pas parler comme ....
g. .... est absolument vrai.
h. .... ne l'intéresse pas du tout.

9 Expressions courantes à l'oral : complétez ces phrases en langue orale avec les expressions suivantes.

ça (trois fois) – à ça – avec ça – sans ça – comment ça se fait – ça suffit – ça ne fait rien

Exemple : Peux-tu mettre la radio plus fort ? Ça m'intéresse.
a. Ne recommence pas, ... je te punis.
b. Il ne paye pas d'impôts, mais .... ? Il gagne bien sa vie.
c. Les jeunes, ... critique tout le temps.
d. Maintenant, ... ! Allez vous coucher !
e. « Voilà vos abricots, madame, et .... ? – Ce sera tout, merci. »
f. Prends .... ; tu auras moins mal à la tête.
g. Partir en vacances : on ne pense qu'... !
h. « Désolé, M. Dubrac vient de partir. – ...., je rappellerai demain. »

01 • Les démonstratifs, les possessifs et les indéfinis

> **• Les autres pronoms démonstratifs**
>
> Je peux voir ces vases, **celui** de gauche et **celui** sur l'étagère ? • N'oublie pas les bagages. Tu prends **celui qui** est lourd et moi **celui-ci**, le plus léger. • Ce roman, c'est **celui dont** tu m'avais parlé.
>
> - Le pronom démonstratif remplace un nom accompagné d'un adjectif démonstratif. Il a quatre formes : celui, celle, ceux, celles. « Celui-ci/celui-là », « celle-ci/celle-là »… s'emploient seuls et s'utilisent pour opposer ou distinguer quelqu'un ou quelque chose à proximité.
> - Le pronom démonstratif peut être précisé par « de gauche », « de droite », « d'en haut », « d'en bas »…, ou être accompagné d'une proposition relative avec « qui », « que », « où » et « dont ».

10 Soulignez les pronoms démonstratifs.

Exemple : Je voudrais voir ce pull… Non pas celui-ci, l'autre.
a. Regardez cette robe, comme elle est jolie, celle de gauche dans la vitrine.
b. Maria adore ces chaussures, celles à talons.
c. Tu peux me prêter ton chapeau, celui en paille ?
d. Ma fille voudrait essayer ces boucles d'oreilles, celles qui sont en haut à droite.
e. Je voudrais des bottes, je peux voir celles qui sont en vitrine ?
f. Ce pantalon est en cuir ? Non pas celui-ci, mais celui-là, oui.
g. Cette robe te va très bien. C'est celle que Louis t'a offerte ?
h. Vous m'avez rendu cette jupe mais elle n'est pas à moi ; la mienne, c'est celle-là.

11 Complétez par « celui », « celle », « ceux » ou « celles ».

Exemple : Ces meubles sont très vieillots. Regardons plutôt ceux de ce catalogue.
a. Ces chaises sont trop rustiques. Voyons .... qui sont en plastique moulé.
b. Ce fauteuil ne me plaît pas mais .... en cuir me plaît davantage.
c. Ce lit est beaucoup trop grand. Prenons .... de 1,40 m.
d. Il nous faut deux tables de nuit. .... en pin sont simples et jolies.
e. On cherche un canapé mais .... qui est en daim serait trop fragile pour nous.
f. Cette table est grande, nous préférons .... qui se plie.
g. Ces éléments de cuisine sont très beaux mais on va acheter .... en promotion.
h. Je n'aime pas ce tapis je préfère .... en pure laine.

12 Complétez par « ce » ou « ceux ».

Exemples : Ces chocolats, ce sont ceux que je préfère.   Je n'aime pas que tu me dises ce que j'ai à faire.
a. .... qu'il m'a dit me semble exagéré.
b. J'ignore .... dont il peut avoir besoin.
c. Je ne connais rien à .... qui se passe là-bas.
d. Vous cherchez des ouvrages ? Dites-moi .... qui vous manquent.
e. Tous .... qui ont voté pour ce candidat sont déçus.
f. .... que j'ai entendu me suffit.
g. .... qui se plaignent le plus sont les chômeurs.
h. .... que je vous demande, c'est d'arroser les plantes.

Les démonstratifs

13 Remplacez les mots en italique par un pronom démonstratif.

Exemple : Ça, c'est mon livre et l'autre, c'est *le livre* de Jules.
→ Ça, c'est mon livre et l'autre, c'est **celui** de Jules.

a. On a retrouvé sous le plâtre des fresques, *les fresques* qu'un artiste avait peintes au XVIe siècle.
→ ....

b. Il écoute les chansons de Gainsbourg et jamais *les chansons* des autres chanteurs.
→ ....

c. Les premières peintures de Picasso font penser *aux peintures* de Cézanne.
→ ....

d. On a fouillé les ruines du donjon mais pas encore *les ruines* de la chapelle.
→ ....

e. Le style d'Amélie Nothomb est très différent *du style* d'Annie Ernaux.
→ ....

f. Ces morceaux du compositeur Bériot ressemblent un peu *aux morceaux* de Mahler.
→ ....

g. L'acoustique de la salle de concert de la Philharmonie est aussi bonne que *l'acoustique* de la salle de Radio France.
→ ....

h. L'exposition Sérusier attire moins de monde que *l'exposition* de Van Gogh.
→ ....

14 Répondez avec « celui », « celle », « ceux » ou « celles ».

Exemple : Ce sont tes gants ? (Damien) → Non, ce sont **ceux** de Damien.

a. C'est ton bonnet ? (*Léa*) → ....
b. C'est votre manteau ? (*ma sœur*) → ....
c. C'est ta jupe ? (*ma mère*) → ....
d. Ce sont tes baskets ? (*Alex*) → ....
e. Ce sont vos bottes ? (*mon père*) → ....
f. C'est ton écharpe ? (*Lucas*) → ....
g. Ce sont vos vestes ? (*nos cousins*) → ....
h. Ce sont tes lunettes ? (*Sophie*) → ....

15 Remplacez les mots en italique par « celle », « celui », « celles », « ceux », « ça » ou « ce ».

Exemple : Leur appartement parisien ressemble à *l'appartement* de Bretagne.
→ Leur appartement parisien ressemble à **celui** de Bretagne.

a. Vous avez raté votre train. *Le train* de 18 h 11 vient de partir.
→ ....

b. Ce n'est pas ma veste ; c'est *la veste* de Judith.
→ ....

c. Votre voiture ressemble *à la voiture* que mon fils a achetée.
→ ....

01 • Les démonstratifs, les possessifs et les indéfinis

d. Vous pouvez passer ce soir ou demain. *Que vous veniez ce soir ou demain* m'est égal.

→ ....

e. Je connais bien cet auteur-ci mais pas *ces auteurs-là*.

→ ....

f. Ne crie pas si fort. *Crier* ne sert à rien.

→ ....

g. On voudrait voir les tableaux originaux. *Ces tableaux-là* sont des copies.

→ ....

h. Prenez ces bouteilles. Il garde *les bouteilles* qui sont à la cave pour les grandes occasions.

→ ....

16 Complétez par « celle(s)-ci/-là », « celui-ci/-là » ou « ceux-ci/-là ».

Exemple : Prépare ce plat-ci et moi je ferai celui-là.

a. Choisis plutôt ce livre-ci ; .... ne te plaira pas.
b. Prends plutôt ces fruits-ci. .... n'ont pas l'air mûrs.
c. Prends cette rue à gauche. Non pas ...., la suivante.
d. Lesquelles préférez-vous ? ...., à 12 €, ou ...., à 15 € ?
e. Je voudrais cette paire de chaussettes… Non, pas ...., donnez-moi celles en laine.
f. Montrez-moi des pantalons. .... est très cher, mais .... ne me plaît pas.
g. J'hésite entre ces deux vases : ...., devant, est très joli mais l'autre est sûrement moins fragile.
h. Laquelle des deux est l'aînée, ..., la petite blonde ou ...., la jolie brune ?

17 Reliez le début et la fin des phrases. (Il y a parfois plusieurs possibilités)

a. Tu as vu ce film,
b. J'adore ce théâtre,
c. Elle n'a pas vu cette comédie,
d. Je ne connais pas cette jeune actrice,
e. Ils veulent aller voir cette expo,
f. On aimerait voir ces estampes,
g. Je n'ai pas entendu parler de ce spectacle,
h. Allons voir cette galerie,

1. celui où il y a un beau plafond peint.
2. celle qui jouait le rôle d'Amanda.
3. celle où il y a des œuvres d'artistes sud-américains.
4. celle qu'on a beaucoup critiquée.
5. celui qui a remporté la palme d'or l'an dernier ?
6. celle où sont exposées des peintures de Modigliani.
7. celui qui passe à la Cartoucherie.
8. celles que des artistes contemporains ont réalisées.

18 Complétez par « celui », « celle », « ceux » ou « celles », suivi de « qui », « que », « dont » ou bien « où ».

Exemple : Elle n'a pas beaucoup aimé ces nouvelles, celles dont tu lui avais recommandé la lecture.

a. Élise ne porte pas souvent ces chaussures, ... lui vont pourtant si bien.
b. Je me demande où est la valise grise, ... je range les jouets des enfants.
c. Vous pourriez me prêter votre aspirateur, ... la puissance est très forte ?
d. Loïc voudrait un blouson comme .... son cousin porte.
e. Allons visiter cette région, ... tu as passé ton enfance.
f. Ces brioches sont aussi bonnes que .... ma grand-mère faisait.

g. N'achetez pas ce gâteau au chocolat. Prenez plutôt .... est aux fruits.
h. J'aimerais bien voir ce film, ... Melvil Poupaud est l'acteur principal.

Les possessifs

> **• Les adjectifs possessifs (A2)**
>
> Adèle, **ta** nouvelle coiffure te va très bien, **tes** vêtements sont sympas et j'adore **ton** écharpe. Antoine est beau aussi avec **sa** veste et **ses** chaussures cirées. **Votre** couple est splendide !
>
> L'adjectif possessif exprime une relation entre deux personnes ou deux choses. Il varie selon le possesseur, et s'accorde en genre et en nombre avec le possédé, dépendant.
> - Masculin singulier : *mon, ton, son, notre, votre, leur*.
> - Féminin singulier : *ma, ta, sa, notre, votre, leur*.
> - Masculin et féminin pluriels : *mes, tes, ses, nos, vos, leurs*.
>
> ✋ « *Ma* », « *ta* », « *sa* » deviennent « *mon* », « *ton* », « *son* » devant une voyelle ou un « h » muet.

19 Reliez les éléments qui vont ensemble.

a. Aujourd'hui, Lise a perdu sa   1. assistante très vite.
b. Où as-tu mis mon   2. sac, je ne le trouve pas ?
c. Tu as contacté tes   3. maison à un bon prix.
d. Vous devez appeler votre   4. montre au lycée.
e. Les Dubois ont vendu leur   5. copains samedi.
f. Nous allons planter des arbres dans notre   6. smartphone.
g. Les enfants vont inviter leurs   7. anciens amis de lycée ?
h. Arthur a enfin acheté son   8. jardin.

20 Remplacez les sujets et faites les modifications nécessaires.

Exemple : Julie, prends ta valise. (*enfants*) → Les enfants, prenez vos valises.

a. Leur grand-mère est âgée. (*grands-parents*) → ....
b. Notre arbre pousse bien. (*fleurs*) → ....
c. Mon frère se marie bientôt. (*amis*) → ....
d. Sa cousine s'installe en Australie. (*cousins*) → ....
e. Votre mari est très sympathique. (*enfants*) → ....
f. Ton ami me plaît beaucoup. (*collègues*) → ....
g. Son neveu est très drôle. (*nièces*) → ....
h. Ma tante est en vacances. (*petits-enfants*) → ....

01 • Les démonstratifs, les possessifs et les indéfinis

21 Reliez les éléments qui vont ensemble.

Elle cherche :

a. son
b. sa
c. ses

1. manteau.
2. gants.
3. écharpe.
4. ceinture.
5. bottes.
6. imperméable.
7. jupe.
8. pantalon.

22 Remplacez les compléments et faites les accords nécessaires.

Exemple : Tu voudrais changer ton aspirateur. (*machine à laver*) → Tu voudrais changer **ta** machine à laver.

a. Ils veulent jeter leur table. (*placards*) → ....
b. Vous avez commandé vos meubles. (*lit*) → ....
c. Elle a installé ses étagères. (*miroir*) → ....
d. On a livré ta penderie ? (*lampes*) → ....
e. Nous avons renvoyé nos rideaux. (*commode*) → ....
f. Lucile a acheté sa table basse. (*armoire*) → ....
g. Les enfants cherchent leur canapé. (*fauteuils*) → ....
h. On a trouvé notre tapis. (*chaises*) → ....

• **Les pronoms possessifs**

On aime bien *notre appartement* mais **le vôtre** est plus clair. • Tu me prêtes *ta voiture* ? **La mienne** est au garage. • Nous avons de la chance avec *nos enfants*, **les leurs** sont toujours malades.

Le pronom possessif remplace un adjectif possessif suivi d'un nom.
▪ Masculin : *le(s) mien(s), le(s) tien(s), le(s) sien(s), le(s) nôtre(s), le(s) vôtre(s), le(s) leur(s).*
▪ Féminin : *la/les mienne(s), la/les tienne(s), la/les sienne(s), la/les nôtre(s), la/les vôtre(s), la/les leur(s).*
 (Les prononciations de « notre/nôtre » et « votre/vôtre » sont un peu différentes.)

---

23 Soulignez les pronoms possessifs.

Exemple : Ils ont mis leurs affaires dans le sac et <u>les miennes</u> sont dans la petite valise.

a. Ta chemise est repassée mais pas la mienne.
b. Ton pantalon est propre mais pas le mien.
c. Nos chaussures sont cirées mais pas les siennes.
d. Ta veste est suspendue mais la sienne traîne sur le fauteuil.
e. Vos tee-shirts sont rangés mais pas les nôtres.
f. Tes affaires de toilettes sont prêtes mais pas les miennes.
g. Mes baskets sont réparées mais il n'a pas pu réparer les leurs.
h. Vous descendez vos sacs mais pas le mien.

Les possessifs

24 « Leur » est-il un adjectif possessif (AP), un pronom possessif (PP) ou un pronom personnel compléments (PC) ? Indiquez « AP », « PP » ou « PC ».

Exemple : *Leur* appartement est trop petit. → AP

a. Ils m'ont fait mal mais je ne *leur* en veux pas. → ....
b. Nous descendrons nos bagages et eux *les leurs*. → ....
c. *Leur* adresse a changé ? → ....
d. Ils vous ont emprunté votre tondeuse car *la leur* est en panne. → ....
e. Nous n'avons pas encore reçu *leur mail*. → ....
f. Tu *leur* rendras la clé demain, d'accord ? → ....
g. Notre fils est à la montagne et *le leur* est chez ses grands-parents. → ....
h. *Leurs* parents sont âgés mais ils se portent bien. → ....

25 Reliez les questions et les réponses. (Il y a plusieurs possibilités.)

a. On va visiter quelle maison ?
b. Votre voiture est dans la rue ?
c. Nos affaires sont prêtes ?
d. Tu as ta clé ?
e. Ce foulard n'est pas à votre femme ?
f. Tu as retrouvé ton portefeuille ?
g. Je ne sais pas où j'ai mis mes lunettes...
h. C'est le livre que tu lis ?

1. Les nôtres, oui, mais pas les leurs.
2. Les tiennes étaient sur la table tout à l'heure.
3. Non, ce n'était pas le mien.
4. La leur, mais elle est encore en travaux.
5. Oui, j'ai la mienne mais pas la tienne.
6. Non, ce n'est pas le mien.
7. Non, ce n'est pas le sien.
8. Oui, la nôtre est devant chez vous.

26 Répondez avec un pronom possessif.

Exemple : Cette doudoune est à toi ? → Oui, c'est la mienne.

a. C'est le bonnet de Lisa ? → ....
b. Ce sont tes gants ? → ....
c. C'est notre placard ? → ....
d. Ce sont leurs anoraks ? → ....
e. Ce sont vos chaussures ? → ....
f. C'est notre luge ? → ....
g. Ce sont ses skis ? → ....
h. C'est votre numéro de casier ? → ....

27 Remplacez les mots en italique par un pronom possessif.

Exemple : Je porte un toast à ta santé et *à notre santé* ! → Je porte un toast à ta santé et **à la nôtre** !

a. Ton signe astrologique est le même que *mon signe astrologique*.

→ ....

b. L'opticien a fini tes lunettes mais *vos lunettes* ne sont pas prêtes.

→ ....

01 • Les démonstratifs, les possessifs et les indéfinis

c. Il a vu mon studio mais il n'a pas encore vu *le studio de Marion*.
→ ....

d. J'ai apporté mes CD. J'espère que tu as pensé à apporter *tes CD*.
→ ....

e. Je garde ma fille et je garde aussi *la fille de Virginie*.
→ ....

f. J'ai récupéré mes valises très vite mais Louis attend encore *ses valises*.
→ ....

g. Vous avez retrouvé vos clés ? Moi j'ai perdu *mes clés*.
→ ....

h. Hélène a une très belle montre mais je préfère *ta montre*.
→ ....

28 Répondez par un pronom possessif.

Exemples : C'est ton stylo ? → Non, ce n'est pas le mien.
C'est votre tablette ? → Oui, c'est la mienne/ la nôtre.

a. Ce sont vos passeports ? → Non, ...
b. C'est son billet ? → Oui, ...
c. Ce sont leurs cartes d'embarquement ? → Oui, ...
d. C'est votre bagage ? → Non, ...
e. C'est son sac ? → Non, ...
f. C'est notre vol ? → Non, ...
g. Ce sont nos hôtesses ? → → Oui, ...
h. Ce sont leurs places ? → Oui, ...

29 Complétez par le pronom possessif qui convient.

Exemple : Mon appartement se trouve en banlieue, le leur (*eux*) dans le centre-ville.

a. Sa voiture est une Renault, ... (*toi*) est une Citroën.
b. Mon fils est blond, ... (*moi*) est brun.
c. Notre maison de vacances est à la mer, ... (*eux*) est à la montagne.
d. Ton mari est avocat, ... (*elle*) est architecte.
e. Ses enfants sont mariés, ... (*nous*) sont célibataires.
f. Leur chien est un berger, ... (*vous*) est un labrador.
g. Ma fille est étudiante, ... (*eux*) travaille déjà.
h. Nos amis vivent en province, ... (*elles*) à Paris.

30 Complétez les phrases suivantes par le pronom possessif qui convient.

Exemple : J'ai trouvé des clés de voiture ; quelqu'un a perdu les siennes ?

a. Mon portable est déchargé. Tu peux me prêter .... ?
b. Margaux et Adrien partent en week-end et nous gardons leurs enfants avec ....
c. Mon stylo ne fonctionne pas. Pourriez-vous me passer .... ?

Les indéfinis

d. Ses idées s'opposent aux ...., ce qui ne facilite pas nos discussions.
e. Heureusement tout le monde n'a pas les mêmes goûts, chacun a ....
f. Nous manquons de chaises, je peux prendre ....
g. Je ne leur parle jamais de mes problèmes mais eux, ils parlent toujours des ....
h. Noé s'est laissé pousser la barbe. Tu pourrais laisser pousser ....

31 Reliez les expressions qui ont le même sens.

a. Il n'a jamais revu ses parents.   1. Il a fait des siennes.
b. Il se sent bien parmi nous.   2. Elle prévient les siens.
c. À votre santé !   3. À chacun le sien.
d. Il a fait des bêtises.   4. J'y ai mis du mien.
e. Elle fait partie de leur groupe.   5. À la vôtre !
f. À chacun ce qui lui appartient.   6. Il n'a jamais revu les siens.
g. J'ai peiné pour y arriver.   7. Elle est des leurs.
h. Elle informe sa famille.   8. Il est des nôtres.

Les indéfinis

> **• Les adjectifs indéfinis**
>
> Julia se lève **tous** les jours à 7 h 30 mais **certains** matins elle se réveille plus tôt. **Chaque** jour à 10 heures, elle prend un café. **Plusieurs** soirs par semaine, elle va à son cours de yoga.
>
> - Les adjectifs indéfinis expriment en général la quantité indéterminée. Les plus fréquents sont : *quelque(s), plusieurs, certain(e)s, un(e) autre/d'autres, chaque, aucun(e), tout*. Ils s'accordent en genre et en nombre.
> - « Plusieurs » est toujours suivi d'un nom au pluriel ; « chaque » est toujours suivi d'un nom singulier.

32 Soulignez les adjectifs indéfinis.

Exemple : Plusieurs fois par semaine, Mona rentre tard du travail.

a. De temps en temps, elle organise un dîner avec quelques amis.
b. Chaque invité apporte un plat.
c. Certains copains se chargent des boissons.
d. D'autres copines préparent une quiche ou un dessert.
e. Toutes ces soirées sont simples et très sympas.
f. Plusieurs fois, ça s'est passé chez Mona.
g. Tout le monde s'amuse bien et parfois ça finit tard.
h. Les uns rentrent en métro, d'autres copains partagent un Uber.

33 Compétez par « tout », « toute », « tous » ou « toutes ».

Exemple : Emma emmène tous les enfants de la famille en Bretagne.

a. .... les matins, ils commencent la journée par un bain de mer.
b. Puis, c'est le moment des courses ; elle fait .... ses achats au supermarché.

01 • Les démonstratifs, les possessifs et les indéfinis

c. Mais elle va aussi chez les producteurs locaux : .... les légumes sont bons et bio.
d. Pendant .... la fin de la matinée, ils préparent le repas.
e. C'est long de couper, éplucher .... ces légumes !
f. L'après-midi, ... le groupe va à la pêche aux coques.
g. On distribue .... les bottes et .... les râteaux de la maison.
h. On passe .... la plage au peigne fin puis on laisse dégorger les coquillages .... la nuit.

34 Complétez par « aucun », « aucune », « certains » ou « certaines ».

Exemple : Je n'ai aucun souvenir de cette soirée.

a. .... personnes ont une meilleure mémoire que d'autres.
b. Je fais mes courses chez .... commerçants du quartier, pas chez tous.
c. Nous n'avons lu .... nouvelle de cet écrivain.
d. Ma mère n'a plus .... photo de notre enfance.
e. .... affichage n'a été prévu avant les travaux de l'immeuble.
f. Nous n'avons .... objection à ce projet.
g. J'ai beaucoup aimé .... films de Poiret.
h. On n'a .... idée du lieu de rendez-vous.

35 Complétez par « quelques », « chaque », « tout », « certain », « plusieurs » ou « d'autres » à la forme correcte.

Exemple : Tous les matins Alexia fait un quart d'heure de yoga avant de déjeuner.

a. Elle fait travailler .... partie de son corps.
b. Elle répète les mêmes mouvements .... fois.
c. Pour le petit-déjeuner, ... les jours, elle prend une orange pressée.
d. Quand c'est la saison, elle met .... fraises dans son yaourt.
e. .... fois, elle préfère manger une tartine avec du beurre.
f. Elle prend aussi .... fruits secs comme des amandes, des noisettes, des raisins.
g. Elle a .... fiches santé pour bien se nourrir.
h. Mais .... jours quand elle est pressée, elle prend juste un thé avant de partir au travail.

• Les pronoms indéfinis

Parmi mes étudiants, certains sont portugais, d'autres espagnols. • Chacun y met du cœur.

• Un pronom indéfini remplace un adjectif indéfini suivi d'un nom. Il s'accorde en genre et en nombre.

• Les plus fréquents sont : *quelqu'un, quelques-uns, l'un(e)/l'autre, d'autres, tout(e), toutes(s), aucun(e), chacun(e), le/la/les même(s), certain(e/s), plusieurs*. Pour des personnes, on dit aussi : *tout le monde, quelqu'un, n'importe qui ≠ personne, nul(le)* ; pour des choses : *quelque chose, n'importe quoi ≠ rien*.

✋ « Tout le monde », « chacun », « personne », « nul » et « aucun » sont suivis d'un verbe au singulier ; « certains » et « plusieurs » sont suivis d'un verbe au pluriel.

Les indéfinis

36 Soulignez les pronoms indéfinis.

Exemple : J'ai acheté en vitesse n'importe quoi pour Sonia, mais c'est quelque chose de joli.

a. Ils n'ont prévenu personne mais tout le monde est venu. Incroyable !
b. C'est bizarre qu'ils n'apportent rien pour l'anniversaire de Sonia.
c. Chacun se sert au buffet.
d. Ce n'est pas sympa, il a tout mangé et il ne reste plus de gâteau.
e. Je peux faire quelque chose pour t'aider ?
f. Quelqu'un veut encore du champagne ?
g. Certains voudraient un café ?
h. On débarrasse tout et on va tous danser maintenant.

37 Soulignez le mot qui convient.

Exemple : *Rien / Tout* est beau, je ne peux pas choisir.

a. *Quelqu'un / Aucun* a sonné. Je vais ouvrir.
b. *Chacun / Plusieurs* a voté ?
c. *Tous / Personne* ne veut répondre ?
d. *Quelques-uns / Tout le monde* a donné son avis.
e. *Nul / Tous* n'a envie de sortir si tard.
f. Vous faites absolument *n'importe qui / n'importe quoi*.
g. Donnez-moi *le même / plusieurs*.
h. *Chacun / Plusieurs* ont répondu à mon courrier.

38 Complétez les phrases suivantes avec le pronom indéfini qui convient. (Il y a parfois plusieurs possibilités.)

Exemples : Nul n'est censé ignorer la loi.   Tout est pour le mieux dans le meilleur des mondes.

a. .... ne vaut un bon repas entre amis après une dure journée de travail.
b. Jules c'est le portrait de son père ; c'est .... à 15 ans.
c. Comme on dit, à .... sa chacune : il va bien trouver sa femme idéale.
d. Ces vacances sont formidables : les uns font du sport tandis que .... se reposent.
e. Dans un examen, c'est chacun pour soi et Dieu pour ....
f. Après le discours, ... n'a applaudi et .... ont même hué le président.
g. Parmi nos anciens étudiants, ... étaient vraiment très attachants.
h. Il y a des bonbons dans la boîte mais ne les mange pas tous, seulement ....

• La place des pronoms indéfinis

Il n'a **rien** mangé mais il a **tout** bu. J'ai vu **quelqu'un**, mais je n'ai entendu **personne**.

Aux temps composés, « rien » et « tout » se placent entre l'auxiliaire et le participe passé. Les autres pronoms se placent après le participe passé.

01 • Les démonstratifs, les possessifs et les indéfinis

39 Reliez les expressions de sens contraire.

a. Ils n'ont rien compris.
b. Quelqu'un s'est opposé.
c. J'ai croisé quelqu'un.
d. Aucun n'a fait de commentaires.
e. Tout le monde a donné son accord.
f. Chacun a voté.
g. Personne n'a pris la parole.
h. Nul n'est sorti déçu.

1. Plusieurs ont pris la parole.
2. Nul n'a voté.
3. Je n'ai croisé personne.
4. Tous sont sortis déçus.
5. Personne ne s'est opposé.
6. Ils ont tout compris.
7. Personne n'a donné son accord.
8. Tous ont fait des commentaires.

40 Répondez avec le pronom indéfini correspondant aux mots en italique.

Exemple : Pourriez-vous me donner *quelques* directives ?
→ Oui, **quelques-unes** seulement je n'ai pas beaucoup de temps.

a. *Tous ces colis* sont pour Mme Laroche ?
→ Non, ...
b. *Certaines lettres* sont pour nous ?
→ Oui, ...
c. *Plusieurs spectateurs* sont sortis avant la fin du film ?
→ Oui, ...
d. *Quelques clientes* ont essayé de marchander les prix ?
→ Oui, ...
e. *Aucune vendeuse* n'a accepté ?
→ Non, ...
f. *Certains magasins* sont encore fermés le dimanche ?
→ Oui, ...
g. *Chaque locataire* est informé des travaux ?
→ Oui, ...
h. Vous avez acheté *les mêmes chaussures* que Léa ?
→ Non, ...

Bilan 1

1. Complétez ce dialogue par des adjectifs ou des pronoms, démonstratifs ou possessifs.

À l'aéroport.

La passagère : Excusez-moi mais je ne retrouve pas .... (a) valise.

Un passager : Et .... (b) que vous avez à la main, ce n'est pas .... (c) valise ?

La passagère : Non, ... (d) est noire, comme .... (e), mais plus petite. Je voyage avec très peu d'affaires.

1er employé : Attendez, restons calmes. Tout d'abord, d'où venez-vous ? .... (f) tapis roulant livre les bagages venant de Madrid.

La passagère : Moi j'arrive de Londres.

1er employé : Alors ce n'est pas .... (g). Allez au tapis n° 3, ... (h) qui vient de se mettre en marche.

La passagère : Merci, monsieur.

2nd employé : Attendez madame, vous oubliez .... (i) parapluie.

La passagère : Ah, non .... (j) n'est pas à moi. .... (k) est justement dans .... (l) valise, ... (m) que je voudrais bien retrouver.

2nd employé : Et .... (n) gants, là, sur le comptoir, ils sont à vous ?

La passagère : Non je crois que ce sont .... (o) de votre collègue, ... (p) qui vient de vous dire de garder .... (q) calme avec les passagers. Bon, je vais chercher .... (r) valise. Merci !

2. Complétez ce dialogue par des adjectifs ou des pronoms, démonstratifs ou possessifs.

L'inspecteur : Vous reconnaissez .... (1) paire de gants ? .... (2) est bien .... (3) de Claude Lessage, ... (4) mari ?

Mme Lessage : Oui .... (5) est bien .... (6).

L'inspecteur : Et .... (7) chapeau ? Est-ce .... (8) ?

Mme Lessage : Non, ... (9) de mon mari est un feutre gris. .... (10) est noir.

L'inspecteur : Vous êtes sûre de .... (11) que vous dites ?

Mme Lessage : Certaine, ... (12) est moi qui le lui ai offert. Pourquoi me demandez-vous .... (13) ?

L'inspecteur : Parce que nous avons retrouvé .... (14) objets chez une personne qui, tout comme .... (15) époux, a disparu .... (16) semaine.

Mme Lessage : Mon Dieu, comment s'appelle-t-elle ?

L'inspecteur : Jacques Beaufort, c'est .... (17) ami, je crois ?

Mme Lessage : .... (18) de Claude, pas .... (19).

L'inspecteur : Puis-je savoir pourquoi ?

Mme Lessage : .... (20) serait trop long à vous expliquer.

L'inspecteur : Autre chose. .... (21) cigares, ... (22) sont bien .... (23) que fume votre mari ?

Mme Lessage : Oui, ce sont .... (24) en effet. Où les avez-vous trouvés ?

L'inspecteur : Dans une poche de pardessus, ... (25) de M. Beaufort.

Mme Lessage : .... (26) est étrange. Jacques fume plus souvent des cigarettes, ... (27) avec la mention « ultralégères ».

L'inspecteur : Croyez-vous que .... (28) mari aurait pu disparaître en compagnie de M. Beaufort sans prévenir .... (29) proches ?

Mme Lessage : .... (30) n'est pas son style. En revanche, c'est tout à fait celui de Jacques.

3. Soulignez le mot qui convient

Dans une boutique.

Vendeuse :   Je peux faire *quelque chose / n'importe quoi* (**a**) pour vous aider ?
Louise :   Non, *rien / nul* (**b**), on regarde.
Cécile :   Tu vois cette robe ? C'est *la même / l'autre* (**c**) que celle de Valérie. Elle est belle, non ?
Louise :   Oui, mais on la voit à *tous les / chaque* (**d**) coins de rue. Elle n'a *rien / quelque chose* (**e**) d'original ! Et encore cet orange fluo ! Je ne supporte plus *toutes ces / plusieurs* (**f**) couleurs à la mode cet été.
Cécile :   À moi, elle me plaît bien. Mais à *chacun / chaque* (**g**) ses goûts, comme on dit. Je vais l'essayer. (*À la vendeuse.*) Vous avez ce modèle en 40 ?
Vendeuse :   Désolée, il ne me reste que du 38 ou du 42 mais je vous propose *cet autre / ce même* (**h**) modèle en orange aussi, très tendance.
Cécile :   Non, il ne me plaît pas. Merci. (*À Louise.*) Et toi, tu as vu *quelque / certaines choses* (**i**) ?
Louise :   J'ai vu *quelques / plusieurs* chemises (**j**) qui sont sympas, mais c'est trop cher ici. Allons dans un *certain / autre* magasin (**k**) à *quelques / plusieurs* (**l**) mètres d'ici, un peu plus bas.

4. Soulignez l'adjectif ou le pronom indéfini correct.

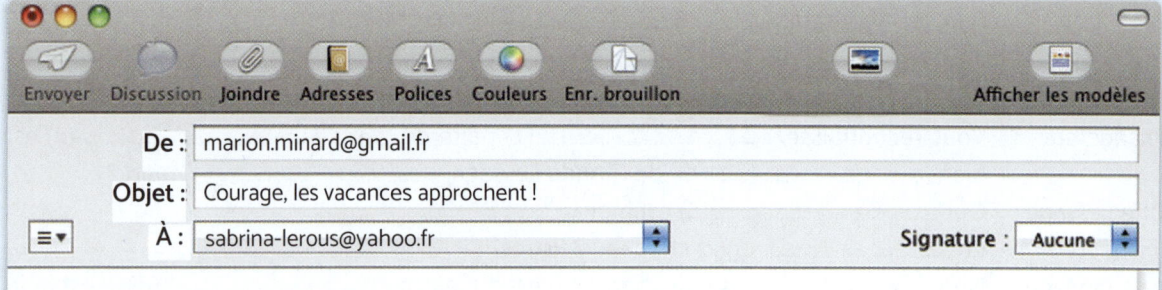

Coucou *tous / toutes* (**a**) les deux,

Sabrina j'espère que tu vas bien, heureusement Adrien est avec toi pour t'encourager. Dans *certains / quelques* (**b**) jours, tes examens seront terminés et vous pourrez profiter de votre semaine de vacances en Crète. J'ai *chaque / plusieurs* (**c**) copains qui y sont allés à cette période et *tous / personne* (**d**) ont trouvé que c'était magnifique. *Chacun / Les uns* (**e**) en a bien profité. *Plusieurs / Tous* (**f**) ont eu d'excellents contacts avec la population. Et ils ont globalement apprécié le temps ensoleillé même si, *certains / plusieurs* (**g**) jours, il y avait *d'autres / quelques* (**h**) nuages. *Tous / Quelques-uns* (**i**) ont adoré la nourriture, très saine et simple. *Certaines / Aucune* (**j**) spécialités sont exceptionnelles. Envoyez-moi une carte postale et n'oubliez pas de faire *quelques / toutes* (**k**) les photos.

Vous me raconterez *tout / aucun* (**l**) à votre retour.

Bises,

Marion

02 • Les pronoms personnels compléments

Les pronoms compléments directs

> • « me », « te », « le », « la », « nous », « vous », « les » (A2)
>
> « Tu connais mon ami ? – Non, je ne **le** connais mais tu peux **nous** présenter. » • Il **m'**invite au restaurant.
>
> - Le pronom complément direct remplace une personne ou une chose déjà nommée. Il évite une répétition. Les pronoms compléments sont : *me*, *te*, *le*, *la*, *nous*, *vous*, *les*.
>
> ✋ « me », « te », « le », « la » deviennent « m' », « t' », « l' » devant un verbe commençant par une voyelle ou un « h » muet.
>
> Le pronom complément se place devant le verbe dont il est l'objet.

41 Reliez les questions et les réponses.

a. Vous enregistrez la série à la télé ?
b. Nous choisissons le film ?
c. Tu apprécies les vieux films américains ?
d. Ils regardent ces comédies musicales ?
e. Elle joue bien son rôle ?
f. Vous achetez vos billets ?
g. On lit la critique avant ?
h. Vous connaissez cet acteur ?

1. Oui, je les apprécie.
2. Oui, nous le choisissons ensemble.
3. Non, je ne les achète pas, je n'ai pas d'argent.
4. Bonne idée, lisons-la.
5. Oui, ils les regardent souvent.
6. Bien sûr, je le connais.
7. Oui, je l'enregistre.
8. Oui, elle le joue très bien.

42 Répondez et utilisez un pronom complément direct.

Exemple : Tu connais ce jeu ? → Oui je **le** connais. / Non, je ne **le** connais pas.

a. Vous faites ce jeu ? → Oui, ...
b. Ta sœur explique les règles ? → Non, ...
c. Vous distribuez les cartes ? → Oui, ...
d. Paul note les points ? → Oui, ...
e. On montre son jeu ? → Non, ...
f. Je jette ma carte ? → Non, ...
g. Les enfants finissent la partie ? → Oui, ...
h. On annonce les scores ? → Oui, ...

43 Répondez et utilisez « le », « la », « l' » ou « les ».

Exemple : Vous voyez souvent Mélanie et Louis ? → Oui nous **les** voyons souvent.

a. Est-ce que vous suivez cette voiture ? → Oui, ...
b. Elle accompagne sa mère ? → Non, ...
c. Ils condamnent cet accusé ? → Oui, ...
d. La police convoque les témoins ? → Oui, ...
e. Tu connais les Durieux ? → Non, ...

02 • Les pronoms personnels compléments

f. Vous avez votre billet ? → Oui, ...
g. Vous lisez les préfaces des livres ? → Non, ...
h. Vous avez la carte ? → Oui, ...

44 Cochez ce que le pronom remplace.

Exemple : Je t'invite dimanche. ☑ toi ☐ mes parents ☐ ta sœur
a. Je veux la rencontrer. ☐ Mme Leroux ☐ tes voisins ☐ toi
b. Vous les connaissez. ☐ les enfants ☐ moi ☐ ma sœur et moi
c. Tu nous attends au café. ☐ moi ☐ Paul et elle ☐ Jade et moi
d. Vous les accompagnez au cinéma. ☐ tes amis ☐ Alex et moi ☐ Maria
e. On vous regrette. ☐ M. et Mme Dubois ☐ toi et ton frère ☐ Lucile et Adam
f. Il nous regarde. ☐ Ta sœur et toi ☐ Mon fils et moi ☐ vos parents
g. On les emmène à la gare. ☐ Adèle et toi ☐ ta voisine et son ami ☐ Paul et moi
h. Je vous crois. ☐ Toi et ton frère ☐ ma sœur et moi ☐ les enfants

45 Remplacez les mots en italique par « le », « la », « l' », « les », « nous » ou « vous ».

Exemple : Nous croisons souvent *le facteur* dans la rue. → Nous **le** croisons souvent dans la rue.

a. Nous confions *nos enfants* à une nourrice. → ....
b. Il accompagne *son frère* à l'aéroport. → ....
c. Simon invite *Léa et moi* à son anniversaire. → ....
d. Ils vendent *leur voiture* pour en acheter une neuve. → ....
e. Franck reprend *son imprimante* jeudi soir. → ....
f. Je vois *ma grand-mère* chaque lundi. → ....
g. Demain, ils réveillent *la voisine* à 7 heures. → ....
h. Marina accompagne *ses enfants et toi* à l'école. → ....

46 Reliez les questions et les réponses.

a. Tu écriras cette lettre ?   1. Oui, ils les appréciaient beaucoup.
b. Vous connaissez ce roman ?   2. Non, ils ne les regardent pas.
c. Vous aimez cet auteur ?   3. Non, je ne le connais pas.
d. Vos parents appréciaient ces films ? 4. Non, on ne l'enregistre pas.
e. On enregistre cette série ?   5. Non, je ne l'écrirai pas.
f. Vos enfants regardent les émissions pour la jeunesse ? 6. Oui, tu pourras l'écouter mais pas maintenant.
g. Nous regardons cet épisode ce soir. 7. Oui, je l'aime bien.
h. Je pourrai écouter cet album ?   8. Oui, on le regarde ce soir.

• **Le pronom complément direct avec le passé composé (A2)**

Ce pantalon, je ne **l'**ai pas porté depuis longtemps mais cette veste je **l'**ai mis**e** hier. Et ces chaussures, je ne **les** ai pas mis**es** depuis un an, alors jette-les.

• Aux temps composés, le pronom se place devant l'auxiliaire. Avec « avoir », le participe passé s'accorde en genre et en nombre avec le pronom complément direct quand celui-ci est placé devant le verbe.

Les pronoms compléments directs

47 Reliez les questions et les réponses.

a. Tu as consulté le médecin ?
b. Ils ont suivi le traitement ?
c. Elle a acheté les médicaments ?
d. Vous avez conservé l'ordonnance ?
e. L'infirmière a fait les piqûres ?
f. Tu as fini les séances de kinésithérapie ?
g. Nous avons fait la radio ?
h. Tu as revu l'infirmière ?

1. Non, elle ne les a pas achetés.
2. Non, elle ne les a pas faites.
3. Oui, je l'ai conservée.
4. Oui, ils l'ont suivi jusqu'au bout.
5. Oui, vous l'avez faite.
6. Oui, je l'ai consulté.
7. Non, je ne l'ai pas revue.
8. Non, je ne les ai pas finies.

48 Cochez ce que le pronom remplace.

Exemple : Il l'a finie. ☑ la tarte ☐ les légumes ☐ le camembert
a. Je l'ai regardée. ☐ le film ☐ l'émission ☐ une série
b. On ne les a pas suivis. ☐ le feuilleton ☐ les épisodes ☐ la pièce
c. Il l'a rencontrée. ☐ M. et Mme Lepage ☐ le voisin ☐ mon amie
d. Je les ai relues. ☐ ces poèmes ☐ le texte ☐ les *Lettres persanes*
e. Nous l'avons applaudie. ☐ les acteurs ☐ la réalisatrice ☐ le pianiste
f. Je l'ai écrit. ☐ la lettre ☐ le rapport ☐ les rendez-vous
g. On les a oubliés. ☐ le sac ☐ les valises ☐ les bagages
h. Ils l'ont beaucoup aimée. ☐ le concert ☐ la comédie ☐ les musiciens

49 Remplacez les mots en italique par un pronom. Faites attention aux accords !

Exemple : Vous avez vu *cette pièce* ? → Vous l'avez vue ?
a. Nous avons rencontré *les acteurs*. → ....
b. J'ai relu *cette poésie d'Apollinaire*. → ....
c. Nous avons adoré *la musique du film*. → ....
d. J'ai retrouvé *le titre du roman que je cherchais*. → ....
e. Mes amis ont détesté *la mise en scène*. → ....
f. Tu as apprécié *ce concert* ? → ....
g. On a visité *l'exposition au musée d'Orsay*. → ....
h. J'ai applaudi *la performance de cet artiste*. → ....

50 Répondez et remplacez les mots en italique par des pronoms.

Exemple : Tu as montré à Julia *ta nouvelle tablette* ? → Oui je l'ai montrée à Julia.
a. As-tu pris *ton portable* ? → Non, ...
b. Avez-vous supporté *ce rythme de travail* ? → Oui, ...
c. Avons-nous présenté *les responsables du projet* ? → Non, ...
d. Ils ont communiqué *leurs coordonnées* ? → Oui, ...
e. Ont-ils envoyé *les mails* ? → Non, ...
f. Vous avez prévenu *notre assistante* ? → Non, ...
g. Tu as réuni *les stagiaires* ? → Oui, ...
h. La secrétaire a-t-elle réservé *la grande salle* ? → Non, ...

02 • Les pronoms personnels compléments

51 Imaginez la question (réponses libres).

Exemple : Tu as réservé ta place ? ← Oui je l'ai réservée il y a une semaine

a. .... ? ← Oui, je l'ai pris hier.
b. .... ? ← Non, je ne l'ai pas vu.
c. .... ? ← Oui, je l'ai trouvé.
d. .... ? ← Non, je ne l'ai pas acheté sur Internet.
e. .... ? ← Oui, nous les avons commandés en ligne.
f. .... ? ← Non, je ne l'ai pas reconnue.
g. .... ? ← Oui, elle les a attendus.
h. .... ? ← Non, je ne l'ai pas reçue.

• **« Le » qui remplace une proposition**

« **Tu penses** *que l'hiver sera froid* **? – Oui, je le crois.** »

Le pronom neutre « le » peut remplacer toute une proposition. Il est invariable.

---

52 Répondez et remplacez les propositions en italique par le pronom neutre « le ».

Exemple : Tu voudrais *que tes enfants soient plus autonomes* ? → Oui je **le** voudrais.

a. Tu te demandes *qui sera présent* ? → ....
b. Vous ne comprenez pas *ce qui me retient ici* ? → ....
c. On ne sait pas *s'il a tort ou raison* ? → ....
d. As-tu vérifié *que la porte était bien fermée* ? → ....
e. J'ai déjà expliqué *pourquoi on était en retard* ? → ....
f. Tu sais *comment fonctionne l'imprimante* ? → ....
g. Tu demandes *s'il a bien noté l'adresse* ? → ....
h. Elle n'a pas précisé *à quelle heure elle arrivait* ? → ....

53 Imaginez la question (réponses libres).

Exemple : Tu sais à quelle station on descend ? ← Oui, je le sais.

a. .... ? ← Non, on ne le souhaite pas.
b. .... ? ← Oui, je l'ai déjà dit.
c. .... ? ← Non, on ne le veut pas.
d. .... ? ← Oui, elle le pense.
e. .... ? ← Non, il ne l'a pas expliqué.
f. .... ? ← Oui, nous l'avons précisé.
g. .... ? ← Oui, je l'ai indiqué.
h. .... ? ← Non, nous ne le croyons pas.

Les pronoms compléments indirects

• « me », « te », « lui », « nous », « vous », « leur » (A2)

« Tu téléphones souvent *à tes parents* ? – Je leur téléphone toutes les semaines. » • Je me fie à lui.

- On remplace les compléments indirects construits avec « à » par « me/m' », « te/t' », « lui », « nous », « vous », « leur ». Ils se placent devant le verbe. « Lui » et « leur » s'emploient pour le masculin et le féminin.

 Certains verbes construits avec « à », comme « penser à », « tenir à », « s'intéresser à », « s'adresser à », « se fier à », « renoncer à », « avoir affaire à »… se construisent avec « à » + pronom tonique (« moi », « toi », « lui/elle », « nous », « vous », « eux/elles »).

54 Reliez les questions et les réponses.

a. Vous offrez ce livre aux enfants ?
b. Tu téléphones à Jade ?
c. On apporte des chocolats à tes amis ?
d. Elle envoie ce mail à Mme Moreau ?
e. Tu nous adresses ce courrier ?
f. Vous pouvez me prêter votre journal ?
g. Il écrit souvent à sa sœur ?
h. Je propose à Margaux de venir ?

1. Oui, apportez-leur des chocolats.
2. Oui, je vous prête mon journal.
3. Non, il ne lui écrit jamais.
4. Oui, propose-lui de venir.
5. Oui, on leur offre ce livre.
6. Non, je ne vous adresse pas ce courrier.
7. Non, je ne lui téléphone pas.
8. Oui, elle lui envoie ce mail.

55 Réécrivez ces phrases avec un pronom complément indirect.

Exemple : Envoie un bouquet à ta mère. → Envoie-**lui** un bouquet.

a. Écris une carte postale à ta grand-mère. → ....
b. Rends visite à ton oncle. → ....
c. Donne la main à ta sœur pour traverser la rue. → ....
d. Offre des chocolats à ton amie pour la Saint-Valentin. → ....
e. Rapporte à ta mère et moi des gâteaux orientaux. → ....
f. Parlons davantage à nos professeurs. → ....
g. Indiquez l'itinéraire à vos amis. → ....
h. Expliquez la situation à Clément et moi. → ....

56 Remplacez les mots en italique par un pronom indirect.

Exemple : Le professeur conseille *à ses élèves* ce livre. → Le professeur **leur** conseille ce livre.

a. Je demande la permission *à ma mère*. → ....
b. Donnez une réponse *à vos voisins*. → ....
c. Elle apporte des chocolats *aux enfants*. → ....
d. Tu rapportes le pain *à Mme Dupuis*. → ....
e. Emma n'offre pas de cadeau *à son mari*. → ....
f. Vous n'achetez pas de bonbons *à Mona*. → ....
g. Ils ne disent pas la vérité *aux malades*. → ....
h. Je tends la main *à mon directeur*. → ....

02 • Les pronoms personnels compléments

57 Cochez ce que le pronom remplace.

Exemple : Ils *nous* parlent peu.   à moi ☐   à mon frère et moi ☑   à ta sœur et toi ☐

a. Il *leur* distribue le courrier.
  aux locataires ☐   à mes voisins et moi ☐   à ma voisine ☐

b. Je *vous* adresse cette lettre.
  à ta copine et à toi ☐   à M. et Mme Dufour ☐   à ton professeur ☐

c. Je *lui* donne une réponse très vite.
  à vos amis ☐   à Clara ☐   à tes parents ☐

d. Il *nous* téléphone rarement.
  à Lucas et vous ☐   à Lucile et moi ☐   à ses amis ☐

e. Elle *leur* donne son adresse.
  à sa prof ☐   à ses amis ☐   à Sandra et moi ☐

f. Tu *nous* apportes des nouvelles d'Alex ?
  à son frère et toi ☐   à ses grands-parents ☐   à son père et moi ☐

g. Vous *leur* posez des questions indiscrètes.
  aux candidats ☐   à Jules ☐   à Cécile et moi ☐

h. Tu *nous* empruntes la voiture.
  à tes amis ☐   à Fabien et moi ☐   à Lucile ☐

58 Soulignez les pronoms indirects.

Exemples : Il **me** donne un billet.   On **m'**appelle.

a. On te convoque demain.
b. Tu me téléphones ce soir ?
c. Tu nous manques beaucoup.
d. Je vous écris bientôt.
e. Je vous envoie un SMS.
f. Pourquoi tu ne nous parles plus ?
g. Maintenant, je te vois.
h. Vous me pardonnez ?

59 Répondez et remplacez les expressions en italique par des pronoms compléments.

Exemple : Vous avez téléphoné *à vos collègues* ?
  → Oui, nous **leur** avons téléphoné. / Non, nous ne **leur** avons pas téléphoné.

a. Tu as envoyé ton C.V. *à la responsable* ? → Oui, ...
b. Elle a écrit *au directeur* ? → Non, ...
c. Il a demandé un rendez-vous *au comptable* ? → Non, ...
d. Vous avez parlé *aux assistants* ? → Oui, ...
e. On a communiqué les données *aux salariés* ? → Oui, ...
f. Tu as transmis les consignes *à la stagiaire* ? → Non, ...
g. Le directeur a expliqué le projet *aux associés* ? → Non, ...
h. Nous avons répondu *à la cliente* ? → Oui, ...

Les pronoms compléments indirects

60 Remplacez les mots en italique par « le », « la », « les », « lui » ou « leur ».

Exemple : Le juge donne la parole *aux témoins.* → Il **leur** donne la parole.

a. J'invite *les enfants* au goûter. → ....
b. On offre des livres *aux enfants.* → ....
c. Elle téléphone *au plombier.* → ....
d. Elle montre *ses bracelets* au bijoutier. → ....
e. On demande conseil *à l'agent immobilier.* → ....
f. Je rencontre *le propriétaire.* → ....
g. Nous remercions *nos clients.* → ....
h. Vous parlez *aux invités.* → ....

61 Soulignez le pronom qui convient.

Exemple : Sa sœur, il ne la /lui voit pas souvent.

a. Ils *le / lui* ont fait mal.
b. Je ne *la / lui* contredis jamais.
c. Nous *les / leur* appelons.
d. Nous *les / leur* invitons samedi soir.
e. Nous *la / lui* croyons sincère.
f. Tu *les / leur* ennuies avec tes problèmes.
g. On *les / leur* aime bien.
h. Vous *la / lui* plaisez beaucoup.

62 Complétez par « me/m' », « te/t' », « lui », « nous », « vous » ou « leur ».

Exemple : J'ai vu mon frère et je lui ai expliqué mon refus.

a. Elle a parlé à Théo et elle .... envoie les papiers qu'il attend.
b. Carole et moi avons eu Alex au téléphone ; Il .... adresse ses vœux à vous aussi.
c. Charles va passer à la maison ; j'espère qu'il va .... rapporter mes affaires.
d. Dorian a laissé un message pour toi : il .... verra dimanche prochain.
e. Vous avez vu le dernier film de Téchiné ; il .... a plu ?
f. J'ai appelé les pompiers et je .... ai dit de venir très vite.
g. Ce cadeau est pour Quentin et toi. Ça .... fait plaisir ?
h. Il a tendu la main vers Léa et .... a dit au revoir.

63 Remplacez les mots en italique par des pronoms et accordez les participes passés si nécessaire.

Exemple : Nous avons invité *nos amis.* → Nous **les** avons invité**s**.

a. J'ai répondu *à la secrétaire.* → ....
b. Il a reçu *les candidats.* → ....
c. Ils ont interrogé *les témoins.* → ....
d. Vous avez offert cette gravure *à M. et Mme Blanc.* → ....
e. On a découvert *la vérité.* → ....
f. On ne fait pas confiance *au banquier.* → ....
g. J'ai appris *sa réussite* avec un réel plaisir. → ....
h. Elle a contacté *ses amis de Grasse.* → ....

02 • Les pronoms personnels compléments

• Le pronom complément « y »

• « Tu reviens *du restaurant* ? • Non j'**y** vais. » – « Ils vont *au théâtre* ? – Non, ils **y** sont allés hier soir. » « Vous réfléchissez *aux vacances* ? – Oui, nous **y** réfléchissons. »

• « Y » remplace un lieu (où on est ou bien où on va) ou une chose précédée de « à ». « Y » peut aussi remplacer une proposition introduite par « à » : Il pense à faire le tour de monde. → Il **y** pense.

 « Y » ne remplace jamais une personne.

64 Répondez aux questions avec le pronom « y ».

Exemple : Elle a rendez-vous au secrétariat ? → Oui, elle **y** a rendez-vous.

a. Tu prends des cours au conservatoire ? → ....
b. Vous étudiez à l'université ? → ....
c. Ils vont au stade ? → ....
d. Vous participez au tournoi ? → ....
e. Nous vous rejoignons dans l'amphithéâtre ? → ....
f. Je te retrouve au restau U ? → ....
g. Tu travailles à la bibliothèque ? → ....
h. Vous participez à la réunion ? → ....

65 Imaginez librement la question.

Exemple : Elle pense aux examens ? ← Non elle n'y pense pas.

a. .... ? ← Non, il n'y joue pas.
b. .... ? ← Oui, on s'y habitue petit à petit.
c. .... ? ← Oui, elle y tient beaucoup.
d. .... ? ← Non, je ne m'y intéresse pas du tout.
e. .... ? ← Oui, ils y renoncent.
f. .... ? ← Oui, on y fait très attention.
g. .... ? ← Non, elle ne s'y attend pas.
h. .... ? ← Non, je n'y résiste pas.

• Le pronom complément « en »

« Tu prends du sucre ? – Non merci, je n'**en** prends pas. » • Mangez de la viande mais n'**en** mangez pas trop. • « Vous avez visité le Portugal ? – Oui, on **en** vient. »

• « En » remplace un complément introduit par « du », « de la », « de l' », « des » qui indique le lieu d'où on vient ou la quantité. On peut préciser cette quantité avec « beaucoup », « un peu », « un kilo », etc.

• « En » remplace aussi une proposition introduite par « de » (parfois « que ») : Il a l'intention *de venir nous voir*. → Il **en** a l'intention. J'ai envie *que tu viennes*. → J'**en** ai envie.

 Il n'y a pas d'accord du participe passé avec « en » : Oh, *la belle tarte* ! Je n'**en** ai pas mangé.

Les pronoms compléments indirects

66 Associez les questions et les réponses.

a. Tu prends des chocolats ?
b. Vous rentrez du bureau ?
c. On peut se resservir ?
d. Nous avons de l'essence ?
e. Tu es passé à la boulangerie ?
f. Je peux vous emprunter du sel ?
g. Vous buvez de l'alcool ?
h. Je voudrais des abricots, ils sont mûrs ?

1. Oui, j'en suis sorti très tard.
2. Oui, il en reste la moitié du réservoir.
3. Bien sûr, je vous en donne.
4. J'en prends quelques-uns, merci.
5. Oui, bien mûrs. Vous en voulez un kilo ?
6. Bien sûr, prenez-en, il en reste beaucoup.
7. Je n'en bois jamais.
8. Oui, j'en viens mais elle était fermée.

67 Répondez avec le pronom « en » et précisez la quantité.

Exemple : Il reste du café ? (*un paquet*) → Oui, il en reste un paquet.

a. Les fraises sont belles, vous en voulez ? (*une livre*) → ....
b. Il faut acheter du chocolat ? (*deux tablettes*) → ....
c. Je prends du beurre ? (*une plaquette*) → ....
d. Vous voulez du vin ? (*un verre*) → ....
e. Nous choisissons une bière ? (*une bouteille*) → ....
f. Tu veux du fromage ? (*un morceau*) → ....
g. On mange de la pizza ? (*une part*) → ....
h. On goûte un saucisson ? (*quelques tranches*) → ....

68 Remplacez les mots en italique par « y » ou « en ».

Exemple : Elle ne se passe plus *de sa tablette*. → Elle ne s'**en** passe plus.

a. Je te dépose *à la station de RER*. → ....
b. Tu t'occupes *de ce problème*. → ....
c. Ma femme a envie *de ce bracelet*. → ....
d. Vous avez pensé *à votre rendez-vous* ? → ....
e. Je t'accompagne *à la mairie*. → ....
f. Tu rapporteras *des jouets* pour les enfants. → ....
g. Je m'intéresse *à la politique*. → ....
h. Il s'attache trop *aux détails*. → ....

69 Réécrivez les phrases et utilisez « y » ou « en ».

Exemple : Ils ne se sont pas habitués aux nouvelles grilles de programme télévisé.
→ Ils ne s'y sont pas habitués.

a. Nous sommes retournés trois fois au Louvre. → ....
b. Ils ont mangé du poisson vendredi. → ....
c. Elle a pris deux parts de gâteau. → ....
d. Léa s'est aperçue trop tard de sa disparition. → ....
e. Ils ont acheté très peu de légumes. → ....

02 • Les pronoms personnels compléments

f. Les enfants sont ravis de leur nouveau studio. → ....
g. Ils sont allés dans ce magasin à plusieurs reprises. → ....
h. Alice est très contente de son ordinateur. → ....

70 Remplacez les mots soulignés par « y » ou « en ».

Exemple : Ils ont averti Julien *de son départ*. → Ils **en** ont averti Julien.

a. Je n'ai pas envie *d'aller au restaurant ce soir*. → ....
b. Ma mère tient absolument *à vous inviter*. → ....
c. Antoine a l'intention *de se marier bientôt avec Olga*. → ....
d. On invite nos amis *à passer quelques jours en Sardaigne*. → ....
e. Ils n'ont plus l'habitude *de veiller tard*. → ....
f. Nous sommes très heureux *de dîner demain avec vos amis*. → ....
g. Je ne m'attendais pas *à vous rencontrer si vite*. → ....
h. Je pousse mes enfants *à préparer sérieusement leurs examens de fin d'année*. → ....

71 Répondez à ces questions avec « y » ou « en ».

Exemple : Le directeur consent *à augmenter tous les salaires* ? → Oui, il **y** consent.

a. Tu tiens *à ce que les employés se mettent en grève* ? → ....
b. Vous convenez *que la situation est préoccupante* ? → ....
c. Ils font attention *à ce que les salariés aient de bonnes conditions de travail* ? → ....
d. Il s'aperçoit *qu'il y a un mouvement de protestation* ? → ....
e. Le directeur se moque *que la concurrence propose des prix moins élevés* ? → ....
f. Ils veillent *à ce que la sécurité soit optimale* ? → ....
g. Vous vous attendez *à ce que les salariés s'investissent davantage* ? → ....
h. Les employés se réjouissent *que leur pouvoir d'achat augmente* ? → ....

• Les pronoms toniques (A2)

C'est **d'elle** qu'on parle, pas **de toi**. • Je vais partir en week-end **avec eux**. **Lui**, il est toujours content. • Chacun pour **soi**. • Il faut avoir confiance en **soi**.

- Pour insister sur une personne, on utilise les pronoms toniques « moi », « toi », « lui », « elle », « nous », « vous », « eux », « elles », en apposition, avec une virgule.
- On les utilise aussi après une préposition (« pour », « contre », « à », « de », « avec », « sans », « en »…).
- « Soi » s'utilise pour la 3e personne du singulier en général.

---

72 Insistez avec un pronom tonique.

Exemple : Marie a très faim. → Marie, **elle**, a très faim.

a. Les enfants ont sommeil. → ....
b. J'ai très froid. → ....
c. Nous mourons de soif. → ....
d. Vous tombez de fatigue. → ....

Les pronoms compléments indirects

e. Jules a faim. → ....
f. Lucile a une peur bleue. → ....
g. Simon a des ennuis. → ....
h. Mes parents ont un petit rhume. → ....

73 Soulignez l'expression qui convient.

Exemples : Le directeur, je l'ai croisé hier ; c'est à nous / *à lui* / à toi que j'ai remis le rapport.
Il t'a tout raconté mais à lui / à nous / *à moi*, il n'a rien dit ; il ne me fait pas confiance.

a. Véra, je la connais bien ; c'est à toi / à elle / à eux que je demanderai conseil.
b. Je fais la cuisine mais, demain, ce sera elle / toi / vous qui prépareras le repas.
c. Il aimait beaucoup sa nièce et c'est à eux / à moi / à elle qu'il a légué sa fortune.
d. Je n'ai pas envie d'aller seul au cinéma. Viens avec nous / avec lui / avec moi.
e. On est trop égoïste. On ne pense qu'à moi / à lui / à soi.
f. Tu te moques de moi / de nous / de lui... Il est pourtant joli mon chapeau, non ?
g. Je ne me fie pas à lui / à elle / à eux, pourtant j'aime bien Hélène.
h. Depuis qu'il a rencontré Adèle, il ne peut plus vivre sans nous / sans moi / sans elle.

74 Complétez les phrases suivantes avec « me », « te », « lui » ou « à moi », « à toi », « à lui », « à elle ».

Exemples : Tu ne *lui* as rien offert pour ses 20 ans ?
Bastien, il est toujours sympa ; c'est à *lui* que je vais demander de l'aide.

a. Ta mère, c'est .... que je pense.
b. Mon oncle doit pouvoir m'aider. Je vais m'adresser ....
c. Il est bien maladroit. Il bricolait avec Arthur et il .... a blessé la main avec le marteau.
d. Si tu tiens ...., tu dois me le montrer par des attentions.
e. J'ai fait les courses cette semaine, mais samedi prochain, c'est .... d'aller au marché.
f. Je ne dois plus manger de fromage, le docteur .... l'a déconseillé.
g. Je n'ai pas écrit à Cécile depuis longtemps, je vais .... envoyer un mail.
h. Je ne peux pas faire ça seule. Viens .... donner un coup de main.

75 Remplacez les mots en italique par « y », « à lui », « à elle », « à eux » ou « à elles ».

Exemple : Le réalisateur s'intéresse à *cette jeune actrice*. → Le réalisateur s'intéresse à elle.

a. Judith aime se confier à *son frère*. → ....
b. Nous avons souvent affaire à *notre avocat*. → ....
c. Cette année, ils participeront à *notre fête*. → ....
d. Adressez-vous plutôt *aux hôtesses*. → ....
e. Elle pense souvent *aux malheureux*. → ....
f. Nous tenons beaucoup à *cette maison*. → ....
g. Il croit très fort à *son pouvoir de séduction*. → ....
h. Elle s'est très vite attachée à *ses parents adoptifs*. → ....

02 • Les pronoms personnels compléments

76 Remplacez les mots soulignés par « de lui », « d'elle », « d'eux », « d'elles » ou « en ».

Exemple : Il connaît tous les secrets *de ce village*. → Il **en** connaît tous les secrets.

a. Floriane n'a rien hérité *de ses parents*. → ....
b. Nous n'avons pas pris *de photos de Laura*. → ....
c. Il ne m'a pas dit ce qu'il pensait *de son voyage*. → ....
d. Elle dit beaucoup de mal *de sa voisine*. → ....
e. On se doutait *du résultat*. → ....
f. J'ai obtenu un autographe *de la chanteuse Zaz*. → ....
g. Pourquoi tu te méfies *du prof de maths* ? → ....
h. On se soucie *de sa santé*. → ....

77 Répondez librement aux questions. Utilisez « y », « en », « à lui », « à elle », « de lui », « d'elle »....

Exemple : Vous souvenez-vous de vos amis d'enfance ? → Oui, je me souviens **d'eux**.

a. Avez-vous déjà vu un film du réalisateur Cédric Kahn ? → ....
b. Avez-vous peur des fanatiques ? → ....
c. Vous intéressez-vous à l'écologie ? → ....
d. Dans le métro, vous méfiez-vous des pickpockets ? → ....
e. Vous confiez-vous à vos amis ? → ....
f. Vous opposez-vous parfois à votre mère ? → ....
g. Avez-vous besoin de réconfort ? → ....
h. Vous plaignez-vous de vos voisins ? → ....

La place des pronoms compléments

• La place des pronoms compléments avec l'impératif

« Je peux prendre ce croissant ? – Prends-**le** mais ne **le** mange pas maintenant. » • « On peut aller au cinéma ? – Allons-**y** mais, la prochaine fois, préviens-**moi** plus tôt. »

- Avec un verbe à l'impératif affirmatif, le pronom est placé derrière le verbe après un trait d'union (-). À l'impératif négatif, il est devant le verbe comme dans tous les autres temps.

✋ On ajoute un « s » à la fin des verbes du 1er groupe devant « y » et « en » pour permettre une liaison : (« Mange**s**-en », « Va**s**-y »), mais « Va-**t'en** » et « Ne **t'en** va pas » sont des exceptions.

78 Remplacez les mots en italique par un pronom.

Exemple : Laissez un pourboire *au garçon*. → Laissez-**lui** un pourboire.

a. Accompagne *ta mère*. → ....
b. Aidons *cette femme âgée*. → ....
c. Vendez *vos actions*. → ....
d. Écrivez *à vos parents*. → ....
e. Mange *ces fruits*. → ....
f. Prête *ton ballon*. → ....
g. Téléphone *à tes parents*. → ....
h. Réserve *ces places*. → ....

La place des pronoms compléments

79 Transformez ces phrases avec un pronom complément et l'impératif.

Exemple : Nous prenons la voiture. → Prenons-la.
- **a.** Tu expliques l'itinéraire. → ....
- **b.** Vous réservez le taxi. → ....
- **c.** Tu n'appelles pas le chauffeur. → ....
- **d.** Tu donnes l'adresse de l'immeuble. → ....
- **e.** Nous donnons notre numéro de téléphone. → ....
- **f.** Vous ne guidez pas le chauffeur. → ....
- **g.** Tu paies la course. → ....
- **h.** Vous demandez la facture. → ....

80 Transformez ces demandes et utilisez un pronom.

Exemple : Tu dois ranger ta chambre. → Range-la.
- **a.** Tu dois passer au supermarché. → ....
- **b.** Tu dois penser à tes devoirs. → ....
- **c.** Tu dois présenter ton billet. → ....
- **d.** Tu dois retourner à l'école. → ....
- **e.** Tu dois manger des légumes. → ....
- **f.** Tu dois regarder dans ton armoire. → ....
- **g.** Tu dois laver des assiettes. → ....
- **h.** Tu dois mettre la table. → ....

81 Mettez ces consignes à la forme négative.

Exemple : Cette fois-ci, joues-y. → Cette fois-ci, n'y joue pas.
- **a.** Ce chemisier, achète-le. → ....
- **b.** Des biscuits, manges-en. → ....
- **c.** Ces chaussures, porte-les chez le cordonnier. → ....
- **d.** Des bonbons, distribuez-en. → ....
- **e.** Cette robe, lave-la. → ....
- **f.** Ces chemises, repasse-les. → ....
- **g.** Des tee-shirts, donnes-en. → ....
- **h.** Ta veste est au pressing, penses-y. → ....

• « Me/m' » et « te/t' » à l'impératif

Regardez-moi. • **Habille-toi** bien, **ne t'habille pas** comme ça.

- Les pronoms « me/m' » et « te/t' » deviennent « moi » et « toi » avec un verbe à l'impératif affirmatif. Ils se placent après le verbe avec un trait d'union, comme les autres pronoms compléments.

---

82 Donnez la consigne inverse.

Exemples : Ne m'oublie pas. → Oublie-moi.   Faites-moi danser. → Ne me faites pas danser.
- **a.** Ne me montre pas ce film. → ....
- **b.** Lave-toi les cheveux. → ....
- **c.** Embrasse-moi. → ....
- **d.** Ne m'attends pas. → ....

02 • Les pronoms personnels compléments

e. Ne me prête pas ce DVD. → .... g. Dites-moi la vérité. → ....

f. Donnez-moi ce livre. → .... h. Ne me parle pas. → ....

83 Mettez à la forme négative.

Exemple : Prêtez-leur un film. → Ne leur prêtez pas de film.

a. Faites-leur peur. → .... e. Relâchons-les. → ....
b. Déshabille-toi. → .... f. Dites-lui bonjour. → ....
c. Lave-toi les mains. → .... g. Serre-moi fort. → ....
d. Va-t'en. → .... h. Lis-moi ce poème. → ....

> **• La place des pronoms compléments avec l'infinitif.**
>
> « Vous allez donner votre lettre de démission ? – Oui, je suis en train de l'écrire, je vais la donner. »
> • « On voudrait écouter cette émission ; tu veux l'écouter avec nous ?
>
> • Avec le présent progressif, le futur proche et le passé récent, ou quand un infinitif suit le verbe conjugué, le pronom complément se place devant le deuxième verbe à l'infinitif. »

84 Remplacez les mots en italique par un pronom.

Exemple : Ils aiment regarder *les émissions de variété*. → Ils aiment **les** regarder.

a. Tu vas dire *à Lina et Maman* que je rentrerai tard ce soir. → ....
b. Tu devrais écouter *ce groupe de rock*. → ....
c. Je descends acheter *des fruits*. → ....
d. On peut téléphoner *aux enfants* ? → ....
e. Tu devrais changer *de pantalon*. → ....
f. Il faudrait avertir *ta mère*. → ....
g. Je te suggère de préparer *des lasagnes*. → ....
h. On va prêter ce livre *à ta sœur*. → ....

85 Remplacez les mots en italique par un pronom.

Exemple : Vous devriez essayer cette jupe. → Vous devriez l'essayer.

a. Pourrais-je parler *à Mme Pujol* ? → ....
b. Je vais expliquer notre problème *aux voisins*. → ....
c. Veux-tu répéter *à M. Fédro et à moi-même* ce que tu as dit à ton professeur ? → ....
d. Cet architecte voulait faire quelque chose de beau *de cette place*. → ....
e. Il est urgent d'informer Sandra et Dorian *de nos projets*. → ....
f. Je vais emmener les enfants *au zoo*. → ....
g. Il refusera sûrement de parler *de sa situation*. → ....
h. Il faut absolument convaincre *Adrien*. → ....

86 Répondez avec un pronom complément.

Exemple : Vous allez inviter les Dubois ? → Oui, on va **les** inviter.

a. Elle vient de mettre la table ? → ....
b. Tu es en train de changer l'ampoule ? → ....

La place des pronoms compléments

c. Ils vont ouvrir les huîtres ? → ....

d. Tu viens d'enfourner le gigot ? → ....

e. On va préparer les entrées ? → ....

f. Tu viens de passer chez le pâtissier ? → ....

g. Vous êtes en train d'appeler les invités ? → ....

h. Ils vont apporter du vin ? → ....

> **• La place des pronoms compléments avec le gérondif.**
>
> La galette, c'est en **la** mangeant que tu l'apprécieras.
>
> ▪ Avec un verbe au gérondif, le pronom complément se place entre « en » et le participe présent.

87 Remplacez les mots en italique par un pronom.

Exemple : C'est en sortant *la voiture* du garage qu'il a abîmé la carrosserie.
→ C'est en **la** sortant du garage qu'il a abîmé la carrosserie.

a. Il a rougi en déclarant à *Chloé* qu'il l'aimait. → ....

b. Chaque matin, Jules fume en buvant *son café*. → ....

c. En demandant *aux passants*, on retrouvera notre chemin. → ....

d. En allant *au bureau*, il s'est aperçu qu'il avait oublié son portable. → ....

e. J'ai mieux compris la situation en lisant *mes mails*. → ....

f. Il s'est fait mal en montant *au grenier*. → ....

g. Elle s'est évanouie en voyant *son mari* couvert de sang. → ....

h. Un pompier est mort en portant secours à *cette famille*. → ....

88 Remplacez les mots en italique par un pronom.

Exemple : J'ai feuilleté une revue en attendant *le dentiste*. → J'ai feuilleté une revue en l'attendant.

a. En apercevant *Géraldine*, je me suis souvenu de notre enfance. → ....

b. En disant à *Théo* qu'il avait tort, tu as fait une grosse erreur. → ....

c. Je posterai ta lettre en allant à *la banque*. → ....

d. Vous ferez attention aux murs en déplaçant *le lit*. → ....

e. En disant oui *aux responsables*, il a pris un risque. → ....

f. En signant *ce contrat*, vous devenez le principal actionnaire. → ....

g. Il s'est enfui en voyant *les policiers* s'approcher. → ....

h. Mon frère s'est blessé en sciant *le sapin*. → ....

> **• La place des doubles pronoms.**
>
> On **l'y** accompagne. • Je **lui en** demande. • Je **le lui** donne. • Je **vous le** prête, rendez-**le-moi** plus tard.
>
> ▪ Quand on a deux pronoms compléments dans une même phrase, « **y** » et « **en** » sont toujours juste devant le verbe et les autres pronoms sont placés avant « **y** » ou « **en** ».
>
> ▪ Quand il y a deux pronoms à la 3e personne, l'ordre est « **le/la/les + lui** » ou « **le/la/les + leur** ».
>
> ▪ Pour les 1res, 2es personnes et à l'impératif négatif l'ordre est « **me/te/nous/vous** » + « **le/la/les** ». À l'impératif affirmatif, l'ordre est « **le/la/les** » + « **moi/toi/lui/nous/vous/leur** ».

02 • Les pronoms personnels compléments

89 Reliez les phrases qui ont le même sens.

a. Il demande à Théo son adresse.
b. Il demande son chemin aux passants.
c. Il demande à sa sœur d'ouvrir la porte.
d. Il demande les clés à sa mère.
e. Il propose ses services à son voisin.
f. Il propose sa voiture à Mélodie.
g. Il propose à ses élèves de faire une pause.
h. Il propose le nouveau modèle au client.

1. Il le lui demande.
2. Il les lui demande.
3. Il le leur demande.
4. Il la lui propose.
5. Il le lui propose.
6. Il la lui demande.
7. Il les lui propose.
8. Il le leur propose.

90 Remplacez les mots en italique par « le », « la », « l' », « les » ou « en ».

Exemple : Il nous reproche *nos retards.* → Il nous **les** reproche.

a. Je vous envoie *ce colis.* → ....
b. Les collégiens s'échangent *leurs vêtements.* → ....
c. Nicolas me rapporte *des médicaments.* → ....
d. Je vous raconterai *la fin de l'histoire* demain. → ....
e. Cette semaine, il te prête *sa tablette.* → ....
f. Elle ne me croit pas l'auteur *de ce livre.* → ....
g. Ils nous livrent *la marchandise* demain. → ....
h. Je t'apporte *ta valise.* → ....

91 Remettez les mots dans l'ordre.

Exemple : ta / te / l' / promis / mère / a → Ta mère te l'a promis.

a. hier / le / tu / as / lui / vendu → ....
b. offert / il / leur / en / ne / pas / a → ....
c. parlé / nous / en / leur / avons → ....
d. reproché / souvent / l' / a / on / vous → ....
e. je / Maroc / rapporterai / en / t' / du → ....
f. souvent / Léo / en / demande / leur → ....
g. ne / elle / avoué / a / l' / me / jamais → ....
h. Loïc / nous / ne / l' / dit / pas / a → ....

92 Imaginez la question (phrases libres).

Exemple : Il a donné son cadeau à tes amis ? ← Oui, il le leur a donné.

a. ....? ← Oui, on leur en apporte.
b. ....? ← Oui, tu peux l'y mettre.
c. ....? ← Non, elle ne les y achète pas.
d. ....? ← Oui, on les y conduit.
e. ....? ← Oui, nous t'en rapporterons.
f. ....? ← Oui, tu les y ranges d'habitude.
g. ....? ← Promis, je t'en enverrai une.
h. ....? ← Oui, on lui en fait une.

La place des pronoms compléments

93 Répondez aux questions avec deux pronoms.

Exemple : Il vous envoie le rapport par la poste ? → Non, il **nous l'**envoie par mail.

a. Vous laissez vos enfants à votre voisine ? → Non, ...
b. Tu l'as emmené à Nice en voiture ? → Non, ...
c. Elle prépare un sandwich à son mari ? → Oui, ...
d. Tu accompagnes ton fils à la crèche ? → Oui, ...
e. Tu indiques aux techniciens ce qu'il faut faire ? → Oui, ...
f. Votre fils vous offre-t-il des fleurs ? → Oui, ...
g. Son gendre lui fait-il ses courses ? → Oui, ...
h. Tu achètes des croissants à tes enfants ? → Oui, ...

• Le double pronom avec deux verbes

On va **le lui** offrir. • Je viens de **les y** ranger. • Je vais **m'y** allonger.

▪ Avec le futur proche, le passé récent et le présent progressif, les deux pronoms se placent dans l'ordre habituel devant le verbe à l'infinitif. L'ordre des mots est le même pour les verbes pronominaux.

---

94 Reliez les phrases qui ont le même sens.

a. Vous venez de conduire les enfants à l'école ?   1. Oui, on va le lui offrir.
b. On va offrir ce pull à Marina ?   2. Oui, ils vont les y inviter.
c. Tu es en train d'écrire cette lettre au propriétaire ? 3. Oui, je suis en train de l'y mettre.
d. Vous venez de vous installer dans le train ?   4. Oui, je viens de les y conduire.
e. Les enfants vont inviter leurs copains à la fête ?   5. Oui, vous allez vous y asseoir.
f. Tu es en train de mettre la tarte au four ?   6. Oui, je suis en train de la lui écrire.
g. Je vais m'asseoir au siège 12 ?   7. Oui, elle est en train de l'y ranger.
h. Elle est en train de ranger le fromage au réfrigérateur ? 8. Oui, on vient de s'y installer.

95 Répondez par une phrase négative avec deux pronoms compléments.

Exemple : Vous allez dire à Jeanne qu'il est malade ? → Non, je ne vais pas **le lui** dire.

a. Le médecin est en train de te faire une piqûre ? → ....
b. Il vient de vous prescrire des médicaments ? → ....
c. Elle est en train de se reposer à la campagne ? → ....
d. Vous allez m'acheter les comprimés ? → ....
e. On est en train de me préparer ce sirop ? → ....
f. Tu vas montrer tes boutons à la pharmacienne ? → ....
g. Vous êtes en train de me préparer cette pommade ? → ....
h. Nous venons d'accompagner le malade aux urgences ? → ....

• Le double pronom avec l'auxiliaire

Ils **me l'**ont rendu. • Je ne **vous les** ai pas apportés. • Tu ne **le lui** as pas dit.

▪ Avec les verbes au passé composé et au plus-que-parfait, les deux pronoms se placent dans l'ordre normal devant l'auxiliaire. Le participe passé s'accorde si besoin.

02 • Les pronoms personnels compléments

96 Reliez les questions et les réponses.

a. Vous avez invité vos amis au restaurant ?
b. Ils ont déposé le courrier au bureau ?
c. Vous avez amené ma fille au cinéma ?
d. Tu as offert des fleurs à Pauline ?
e. Vous avez mis les bagages dans la voiture ?
f. Elle a fait cette robe à Aglaé ?
g. Tu as envoyé la carte à Mamie ?
h. Elle a conduit les enfants en Bretagne ?

1. Oui, je l'y ai amenée.
2. Non, je ne le lui en ai pas offert.
3. Oui, on les y a mis.
4. Oui, on les y a invités.
5. Oui, je la lui ai envoyée aujourd'hui.
6. Non, elle ne les y a pas conduits.
7. Non, elle ne la lui a pas faite.
8. Oui, ils l'y ont déposé.

97 Posez des questions correspondant aux pronoms en italique. Imaginez ce qu'ils remplacent et faites attention à l'accord des participes passés.

Exemples : Vous êtes-vous opposé à ce projet ? ← Non, je ne m'y suis pas opposé.
Tu m'as rendu la clé de la voiture ? ← Oui, je te l'ai rendue.

a. .... ? ← Oui, tu *le lui* as dit.
b. .... ? ← Oui, je *la lui* ai envoyée hier soir.
c. .... ? ← Non, tu *ne me l'*as pas demandé.
d. .... ? ← Non, on ne *les y* a pas invités.
e. .... ? ← Oui, on *la leur* a vendue.
f. .... ? ← Non, elle ne *nous en* a pas offert.
g. .... ? ← Non, je ne *vous l'*ai pas interdit.
h. .... ? ← Oui, tu *m'y* as autorisé.

98 Remplacez les mots en italique par des pronoms compléments.

Exemple : Laissez-lui *les clés*. → Laissez-**les lui**.

a. Ne te mêle pas *de leurs histoires*. → ....
b. N'en achète pas *à Zoé*. → ....
c. Prêtes-en une *à Louis et Noémie*. → ....
d. Vendez-leur *votre moto*. → ....
e. Ne la propose pas *à Paul*. → ....
f. Envoie-leur *des mails*. → ....
g. Offrons-leur *une bouteille*. → ....
h. Prête-moi *un livre*. → ....

Bilan 2

1. Complétez ce mail par des pronoms compléments.

Coucou Élise,

J'espère que tout va bien pour toi. Je viens de voir Jade ; elle est dans tous ses états ! Jules vient de .... (a) annoncer qu'il .... (b) quitte et elle ne s'................ (c) attendait pas du tout. Il a rencontré une jeune femme qui travaille avec .... (d) depuis quelques mois. Il .... (e) a invitée à partir en week-end avec .... (f) au bord de la mer. En rentrant dimanche soir, il a dit à Jade qu'il ne voulait plus vivre avec .... (g), qu'il préférait .... (h) prévenir tout de suite, que sa décision était prise et qu'il ne .... (i) changerait pas.
Mais Jade a plutôt bien réagi, ce qui ne .... (j) surprend pas d'................ (k).
D'abord, elle a demandé à Jules de réfléchir, elle .... (l) a conseillé d'................ (m) parler avec ses amis, puis comme Jules partait quand même, elle .... (n) a dit qu'elle ne voulait plus jamais .... (o) voir ni entendre parler de .... (p). Ensuite, elle .... (q) a mis à la porte avec toutes ses affaires.
Ne .... (r) inquiète pas ; à mon avis, ce n'est pas très grave et Jade va s'................ (s) remettre. Je .... (t) avoue que ce Jules, je ne .... (u) ai jamais beaucoup apprécié. Et puis Jade vaut mille fois mieux que .... (v).
Voilà les dernières nouvelles.
Bises,
Olga

2. Complétez ce dialogue.

Rendez-vous au café.

Cécile : Tu crois qu'Alex .... (a) a vues ?
Alice : Bien sûr, regarde-................ (b), il vient vers .... (c).
Cécile : Apparemment Arnaud n'est pas avec .... (d).
Alice : C'est vrai, je ne .... (e) vois pas.
Cécile : Mais alors, il n'est pas venu en voiture puisque c'est Arnaud qui .... (f) a une.
Alice : Peu importe, on rentrera en métro après le ciné.
Cécile : Ah, non, ... (g), le métro, je .... (h) prends dix fois par jour alors pas le soir tard !
Alice : Ne .... (i) inquiète pas.
Alex arrive, il .... (j) embrasse puis s'assoit à côté d'................ (k).
Alice : Salut, Arnaud n'est pas avec .... (l) ?
Alex : Non, Il .... (m) rejoindra plus tard. Son patron .... (n) a donné un travail urgent à la dernière minute. Ça ne .... (o) dérange pas trop, j'espère ?
Cécile : Nous, non, mais les amis qui nous hébergent, si. On .... (p) a dit qu'on rentrerait avant minuit.
Alex : La séance est à quelle heure ?
Cécile : À 10 heures. On n'arrivera jamais chez .... (q) à temps !
Alice : Cécile a raison, nous n'................ (r) serons jamais avant minuit.
Alex : Pas de problème. On va au ciné et, après le film, c'est .... (s) qui .... (t) raccompagnerai en voiture. Ça ne prendra que deux minutes.
Cécile : Tu as une voiture maintenant ? Je ne .... (u) savais pas !
Alex : Normal, c'est celle d'Arnaud. Il vient juste de .... (v) .... (w) vendre.
Cécile : Super ! Alors plus de problème de Cendrillon... Allons vite voir notre film !

03 • Les pronoms relatifs

« Qui », « que »

> **• « Qui » sujet et « que » objet (A2)**
>
> **La femme qui marche devant nous est mon ancienne prof d'allemand. Les cours qu'elle donnait étaient très vivants et tous les élèves que j'ai revus gardent un excellent souvenir d'elle.**
>
> - Les pronoms relatifs relient deux phrases en remplaçant un nom ou un pronom. « Qui » remplace un sujet et « que/qu' » remplace un complément direct.
> - « Qui » et « que » sont placés immédiatement derrière le nom qu'ils remplacent.
>
> ✋ Parfois, l'ordre des deux phrases est modifié : la phrase avec le pronom relatif est insérée dans l'autre : **Ce livre est très bien. Il est sur la table.** → **Le livre qui est sur la table est très bien.**

99 Reliez le début et la fin des phrases. (Il y a parfois plusieurs possibilités.)

a. Les enfants aiment beaucoup le plat
b. La recette de la pissaladière
c. Le chou de Bruxelles est un légume
d. Tu peux me donner la recette de la fondue
e. La tartiflette est une spécialité
f. J'ai hâte de manger le gâteau
g. La quiche,
h. J'ai envie de prendre des cours avec un chef

1. qui se trouve sur Marmiton.fr est très simple.
2. que les enfants détestent.
3. que tu fais à la montagne ?
4. qui est à l'origine au jambon, peut se faire avec du saumon.
5. que tu es en train de préparer.
6. que tu as sûrement vu à la télé.
7. qu'on mange en Haute-Savoie.
8. que tu viens de mettre au four.

100 Complétez les phrases par « qui » ou « que ».

Exemple : La robe **que** tu portes te va très bien.

a. Les chaussures .... ont des talons sont plus élégantes.
b. J'aime beaucoup ton pull .... a des rayures blanc et bleu.
c. Tu pourrais me prêter la veste .... tu portais l'autre soir ?
d. Les vêtements .... tu achètes sont toujours chics.
e. Tu aimes la dernière chemise .... je t'ai offerte ?
f. Cette collection présente des modèles .... tout le monde aura envie de porter.
g. Les robes noires affinent les femmes .... ont des rondeurs.
h. J'adore mettre des vêtements .... suivent les mouvements du corps.

101 Réunissez les phrases avec « qui ».

Exemple : Je connais ce musicien. Il joue du violon. → Je connais ce musicien **qui** joue du violon.

a. Aurélie aime cette musique. Cette musique est composée par Ravel.
   → ....
b. Les enfants vont au conservatoire. Le conservatoire propose des cours de piano.
   → ....

c. Julia apprécie son professeur de flûte. Il est très indulgent.
→ ....

d. On va écouter un concert. Il a lieu à la Philharmonie.
→ ....

e. On peut voir au cinéma des opéras. Ils ont été filmés à l'Opéra Bastille.
→ ....

f. Ma sœur est une amie de la chanteuse lyrique. Elle chante ce soir à Lyon.
→ ....

g. On va voir un groupe de jazz. Il est célèbre.
→ ....

h. Alex a acheté un disque vinyle de reggae. Il est extrêmement rare.
→ ....

102 Réunissez les phrases avec « que ». (Faites les accords du participe passé si nécessaire.)

Exemple : J'ai vu Emma la semaine dernière. Elle a adoré cette nouvelle.
→ Emma, **que** j'ai vu**e** la semaine dernière, a adoré cette nouvelle.

a. On a croisé Clémence à la Fnac. Elle achetait des livres pour les vacances.
→ Clémence ....

b. Tu as trouvé le texte de cette pièce ? On a vu cette pièce la semaine dernière.
→ Tu ....

c. Nous suivons une série. Cette série raconte la vie des résistants en France.
→ La série ....

d. Je vais offrir à Louise un recueil de poèmes. Il rassemble des poètes du XIXe siècle.
→ Le recueil ....

e. Tu m'as prêté un roman. Je ne peux pas lâcher le roman.
→ Je ....

f. Ne me raconte pas la fin du livre. Je suis en train de finir ce livre.
→ Ne me ....

g. J'ai vu une pièce de théâtre. L'intrigue de cette pièce est géniale.
→ L'intrigue ....

h. Je peux te prêter cet essai sur la place des femmes. Je viens de lire cet essai.
→ Je ....

103 Réunissez les phrases avec « qui » ou « que ». (Les deux sont parfois possibles.)

Exemple : J'ai vu un film. Il m'a beaucoup plu.
→ J'ai vu un film **qui** m'a beaucoup plu. / Le film **que** j'ai vu m'a beaucoup plu.

a. Les paysages de ce film sont superbes. Ce film se déroule en Provence.
→ ....

b. On aime beaucoup la musique du film. Elle est très originale.
→ ....

03 • Les pronoms relatifs

c. Ce documentaire est bien mené. Je vous le recommande.

→ ....

d. Les décors du film sont très soignés. Ils évoquent bien les intérieurs au siècle dernier.

→ ....

e. J'aime beaucoup les costumes de l'actrice. Cette actrice incarne la jeune épouse.

→ ....

f. On voit partout l'affiche de ce film. Il vient de sortir.

→ ....

g. Mes amis ont adoré le synopsis de ce film. Ils nous le recommandent.

→ ....

h. La critique parle beaucoup de ce jeune réalisateur. Le réalisateur est espagnol.

→ ....

104 Continuez les phrases librement.

Exemples : La femme qui marche devant nous est ma voisine.

a. On doit descendre à la station de métro que ....
b. Nous devons prendre le bus sur la place qui ....
c. L'homme que ....
d. On a discuté avec un homme qui ....
e. J'ai souri aux enfants qui ....
f. Max nous attend au café que ....
g. On a salué le commerçant qui ....
h. Le bus qu'...

• Les prépositions avec « qui » (A2)

La femme avec qui je vis s'appelle Margot. C'est la personne à qui je pense tout le temps et pour qui je rénove la maison.

- Quand le pronom « qui » remplace une personne, il peut être précédé d'une préposition comme : *avec, pour, à, de, sur, près de, en, contre...*

---

105 Associez les éléments pour faire des phrases.

a. La judoka contre qui
b. Le médecin pour qui
c. La femme à qui
d. Le passager à côté de qui
e. L'homme de qui
f. Le voisin contre qui
g. L'amie à qui
h. Damien avec qui

1. vous ressemblez est une jeune chanteuse.
2. elle est assise dort profondément.
3. vous vous moquez est un SDF.
4. je pars a beaucoup d'humour.
5. vous jouez a très bonne réputation.
6. j'ai beaucoup d'estime exerce dans mon quartier.
7. je me suis endormie n'a pas bougé.
8. je raconte tout reçoit toute ma confiance.

« Qui », « que »

106 Complétez par les expressions de la liste.

à qui – avec qui – pour qui – en qui – à qui – sur qui – contre qui – par qui

Exemple : Joyce **à qui** j'offre cette écharpe fête son anniversaire demain.

a. Le gardien .... il a eu ces informations connaît tout le monde.
b. L'adversaire .... il se bat est redoutable.
c. Les témoins .... on compte devraient arriver bientôt.
d. Les réfugiés .... nous nous battons obtiennent enfin des droits.
e. Les joueurs .... je fais équipe sont très sympathiques.
f. Le chirurgien .... je crois fait des merveilles.
g. Le conseiller .... il a à faire lui plaît bien.
h. Vos parents, ... vous vous reposez trop, sont très âgés.

107 Transformez les phrases à l'aide de la liste.

qui – à qui – pour qui – sur qui – sans qui – en qui – avec qui – de qui

Exemple : C'est un chanteur ; il a fait fureur cette année. → C'est un chanteur **qui** a fait fureur cette année.

a. C'est un chanteur ; personne ne croyait en lui il y a un an.
   → ....
b. C'est un chanteur ; seule la musique compte pour lui.
   → ....
c. C'est un chanteur ; les musiciens aiment faire des tournées avec lui.
   → ....
d. C'est un chanteur ; les journaux ont publié de bonnes critiques sur lui.
   → ....
e. C'est un chanteur ; des milliers d'adolescents lui écrivent.
   → ....
f. C'est un chanteur ; je rêve de jouer un jour avec lui.
   → ....
g. C'est un chanteur ; les autres rockers sont fades à côté de lui.
   → ....
h. C'est un chanteur ; le rap français serait différent sans lui.
   → ....

108 Réunissez les phrases avec la préposition en italique suivie de « qui ».

Exemple : Je m'entends bien *avec* ma responsable. Elle s'appelle Mme Dufour.
   → Ma responsable, **avec qui** je m'entends bien s'appelle Mme Dufour.

a. Nous disputons un match *contre* l'équipe de Guingamp. Elle joue très bien.
   → ....
b. Luis sort *avec* une actrice. Elle joue dans *L'École des femmes*.
   → ....
c. Je dépends *du* directeur. Il est très agréable.
   → ....

03 • Les pronoms relatifs

d. On part en vacances *avec* les enfants. Ils sont très heureux d'aller en Angleterre.
→ ....

e. Cette table est réservée *pour* la famille Leroux. Elle ne viendra pas dîner ce soir.
→ ....

f. On s'est rencontrées *par* une amie. Elle fait du yoga avec moi.
→ ....

g. Le projet de construction repose *sur* l'architecte. C'est un ancien copain de classe.
→ ....

h. Elle habite *près de* ses parents. Ils sont actuellement en voyage.
→ ....

109 Réunissez les phrases avec une préposition suivie de « qui ».

Exemple : Hier, je suis allée au cinéma avec Julie qui m'a appelée ce matin.
→ Julie, **avec qui** je suis allée au cinéma hier, m'a appelée ce matin.

a. Tous ces meubles appartiennent à ma tante, qui déménage bientôt.
→ Ma tante, ...

b. Mes amis qui ont voté pour ce jeune président maintenant le critiquent.
→ Mes amis ....

c. On a parié sur un cheval qui a remporté le Grand Prix.
→ Le cheval ....

d. J'ai demandé un rendez-vous au dentiste qui n'est pas libre avant la semaine prochaine.
→ Le dentiste ....

e. Manon marche à côté d'un bel homme qui est son nouveau copain.
→ Le bel homme ....

f. Je me méfie de cet homme qui fait trop de sourires, à mon avis.
→ Cet homme ....

g. Véra a confiance en son psychologue, qui prend note de tous ses souvenirs d'enfance.
→ Son psychologue, ...

h. Vous communiquez régulièrement avec Monica, qui vit en Colombie.
→ Monica ....

« Où »

• **« Où » (A2)**

La maison où j'ai grandi n'existe plus. (= J'ai grandi *dans cette maison*./ J'*y* ai grandi.). • **Le jour où je suis revenue à Lannion, j'étais très émue.**

- Le pronom relatif « où » remplace un complément de lieu (nom ou pronom « y »). Il peut aussi remplacer un complément de temps.

✋ L'ordre des phrases peut être modifié.

« Où »

110 Reliez le début et la fin des phrases.

a. Je te montre des photos où
b. Ils avaient une boutique où
c. Ils se sont mariés l'année où
d. C'est la maison où
e. Ça, c'est le jour où
f. Là, c'est la plage où
g. Ici c'est une photo du Noël où
h. Là, c'est la chambre où

1. il a fait si froid.
2. on partait en vacances.
3. ils vendaient des bijoux.
4. mes parents sont très jeunes.
5. on était partis à la montagne.
6. je suis née.
7. nous dormions tous ensemble.
8. on ramassait des coquillages.

111 Réunissez les phrases avec « où ».

Exemple : Je suis entrée dans une épicerie. J'ai acheté des produits indiens dans cette épicerie.
→ Je suis entrée dans une épicerie **où** j'ai acheté des produits indiens.

a. Ma voisine achète ses tissus au marché Saint-Pierre. Dans ce marché, le choix est énorme.
→ ....

b. Le premier mercredi du mois à midi, les sirènes retentissent. Les Parisiens sont toujours surpris à ce moment-là.
→ ....

c. On s'offre un brin de muguet pour le 1er mai. Le 1er mai est aussi la fête du Travail.
→ ....

d. On aime bien aller au hammam de la mosquée. Dans ce hammam, on peut boire un excellent thé à la menthe.
→ ....

e. À chaque heure le soir, la tour Eiffel scintille. On aime se promener à ce moment-là.
→ ....

f. Je connais un restaurant oriental. Dans ce restaurant, le couscous est délicieux.
→ ....

g. On organise un grand défilé militaire le 14 Juillet. Ce jour-là, on fête la prise de la Bastille.
→ ....

h. Dans tous les quartiers, des orchestres jouent. Les gens y dansent.
→ ....

112 Continuez les phrases librement.

Exemple : Le jour où ils se sont mariés, il pleuvait.

a. La rue où ....
b. La nuit où ....
c. La maison où ....
d. L'année où ....
e. Le pays où ....
f. Le quartier où ....
g. Le soir où ....
h. L'hôtel où ....

03 • Les pronoms relatifs

Synthèse

113 Reliez le début et la fin des phrases. (Il y a parfois plusieurs possibilités.)

a. On vit dans un quartier
b. Eva habite dans un immeuble
c. On cherche un appartement
d. On a trouvé un studio
e. Nous louons une petite maison
f. Mes amis emménagent dans un village
g. Je réside dans une copropriété
h. Vous résidez dans une région

1. qui est très agréable.
2. que beaucoup de gens apprécient.
3. où il y a de nombreux commerces.
4. qui abrite des gens de plusieurs nationalités.
5. où il y a au moins deux chambres.
6. où le soleil donne tout l'après-midi.
7. qui attire beaucoup de touristes.
8. que les promeneurs adorent.

114 Complétez par « qui », « que/qu' » ou bien « où ».

Exemple : L'université où Léon étudie a très bonne réputation.

a. On met à disposition des étudiants des chambres .... on peut louer facilement.
b. Sur le campus .... il y a une piscine et plusieurs salles de sport, les étudiants peuvent se détendre.
c. La bibliothèque .... les professeurs et les étudiants fréquentent régulièrement est ouverte de 8 h à 19 h.
d. Le restaurant universitaire .... propose des repas à petits prix est très populaire.
e. Les cours .... suivent les étudiants sont en général passionnants.
f. Les résultats de cette université .... sont inscrits de nombreux étudiants étrangers sont remarquables.
g. Les filières .... il y a le plus d'étudiants sont les filières scientifiques et technologiques.
h. Au moment des inscriptions, les années .... il y avait trop de candidats, on organisait un tirage au sort.

115 Complétez par « qui », « que/qu' » ou bien « où ».

Exemple : Le poste qu'il occupe lui convient bien.

a. Les collègues avec .... il travaille l'ont bien accueilli.
b. Le responsable du bureau .... il ne connaissait pas lui semble sympathique.
c. Fabien doit répondre aux nombreux mails .... reçoit.
d. Il répond aussi aux clients .... lui posent beaucoup de questions.
e. Pour leur répondre, il a des documents .... il peut consulter à tout moment.
f. Le local .... il travaille est clair et très confortable.
g. Cependant il a du mal avec le bruit environnant .... le distrait.
h. À la pause déjeuner, il s'isole dans un parc .... il mange une salade.

116 Réunissez les phrases avec « qui », « que/qu' » ou bien « où ». (Il y a parfois plusieurs possibilités.)

Exemple : Louise et Jules réservent une semaine dans un hôtel. Dans cet hôtel il y a un SPA.
→ Louise et Jules réservent une semaine dans un hôtel où il y a un SPA.

a. On leur a attribué une jolie chambre. Cette chambre donne sur la mer.
→ ....
b. Le petit-déjeuner est très copieux. Ils prennent le petit-déjeuner sur le balcon.
→ ....

c. La femme de chambre est très aimable. Ils saluent la femme de chambre tous les matins.

→ ....

d. Louise apprécie le bain bouillonnant. Elle s'y rend chaque soir.

→ ....

e. Ils adorent aller à la piscine. Ils passent tous les matins à la piscine.

→ ....

f. Ils peuvent emprunter des jeux à la réception. La réception se trouve au rez-de-chaussée.

→ ....

g. Ils prennent parfois leurs repas au restaurant. Les guides recommandent ce restaurant.

→ ....

h. Ils rentrent chez eux très reposés après une semaine. Ils ont adoré cette semaine.

→ ....

117 Continuez les phrases librement

Exemple : Le restaurant où nous invitent nos amis est très réputé.

a. La véranda qui ....
b. La fenêtre que ....
c. La terrasse où ....
d. Le jardin qui ....
e. La villa que ....
f. Le salon où ....
g. La chambre qui ....
h. La salle de gym que ....

« Dont »

> **• « Dont » complément du nom**
>
> **Tu peux ranger le CD dont la pochette est sur la table ? (la pochette du CD).**
>
> ▪ Le pronom relatif « dont » remplace un complément introduit par « de ».
>
> ▪ « Dont » s'utilise aussi pour une relation de possession. Il remplace alors un adjectif possessif suivi d'un nom : « **Je vois Carole. Sa sœur est hospitalisée.** » → « **Je vois Carole, dont la sœur est hospitalisée.** »
>
> ✋ L'ordre des phrases est parfois modifié, ainsi que le déterminant.

118 Réunissez les phrases avec « dont ».

Exemple : C'est une robe. Le décolleté de cette robe est ravissant.
→ C'est une robe dont le décolleté est ravissant.

a. Héloïse a acheté une chemise. La taille de la chemise est trop petite.

→ ....

b. Ma sœur met des chaussures. Les talons de ses chaussures sont très hauts.

→ ....

03 • Les pronoms relatifs

c. Mon père a un blouson. La poche de son blouson est percée.
→ ....

d. Lucas porte un jean. Les jambes de son jean sont trouées.
→ ....

e. Adèle a une robe. La couleur de sa robe est très jolie.
→ ....

f. Ma fille adore ses baskets. Le bout de ses baskets est doré.
→ ....

g. Ma mère porte un pull. La laine de ce pull est extrêmement douce.
→ ....

h. Je voudrais une jupe. La longueur de cette jupe arrive au genou.
→ ....

119 Reliez le début et la fin des phrases.

a. Tu me rends un livre
b. Je mets un manteau
c. Elle achète une voiture
d. Nous louons un appartement
e. Tu réserves une chambre
f. On va dans un restaurant
g. Vous goûtez à un gâteau
h. Il prend un médicament

1. dont la cuisine a été refaite.
2. dont les pneus sont en mauvais état.
3. dont le chef est étoilé.
4. dont la couverture est déchirée.
5. dont la vue est magnifique.
6. dont on vante les mérites.
7. dont la doublure est usée.
8. dont ma mère a le secret.

120 Transformez les phrases avec « dont » comme dans l'exemple.

Exemple : J'adore les expositions de ce musée. → **C'est un musée dont** j'adore les expositions.

a. Mon amie n'aime pas beaucoup les œuvres de ce peintre.
→ ....

b. On apprécie énormément la musique de ce compositeur.
→ ....

c. Il apprécie la programmation de cette salle de cinéma.
→ ....

d. On recommande le répertoire de ce théâtre.
→ ....

e. Je n'aime pas le synopsis de ce film.
→ ....

f. Nous adorons les acteurs de cette troupe.
→ ....

g. On exagère la réputation de ces musiciens.
→ ....

h. Vous ne manquez aucun concert de cet orchestre.
→ ....

Dont

121 Faites deux phrases.

Exemple : Mon amie dont la fille vit à Istanbul m'invite à partir avec elle en Turquie.
→ La fille de mon amie vit à Istanbul. Mon amie m'invite à partir avec elle en Turquie.

a. Arthur, dont les parents s'expatrient en Australie, va venir habiter chez nous.
→ ....

b. Laëtitia, dont le copain travaille en Espagne, va le rejoindre à Madrid.
→ ....

c. Mélissa, dont le frère étudie avec moi, va se marier en juin.
→ ....

d. Mes parents, dont le chien vient de mourir, sont très tristes.
→ ....

e. Le boulanger, dont la femme est partie, vend son magasin.
→ ....

f. Ma nièce, dont la colocataire vient de partir, te propose une colocation.
→ ....

g. M. et Mme Leroy, dont la fille vient de déménager, décident de faire un grand voyage.
→ ....

h. Ma voisine, dont le fils fait du sport avec moi, garde nos enfants après l'école.
→ ....

122 Réunissez les phrases avec « dont » et faites les changements nécessaires.

Exemple : Le scooter de mon frère est en panne. Il emprunte ma voiture.
→ Mon frère, **dont** le scooter est en panne, emprunte ma voiture.

a. Loïc me demande mon smartphone. Sa tablette est déchargée.
→ ....

b. Mes copains font une fête samedi. Leurs parents sont en week-end à la campagne.
→ ....

c. Léonore garde nos enfants le soir. J'aime beaucoup son humour.
→ ....

d. La fille de Louisa se marie en avril. Louisa nous invite au mariage.
→ ....

e. La console de jeux de Camille ne fonctionne plus. Il est bien triste.
→ ....

f. Nous écoutons avec attention M. Baptiste. Ses conseils de jardinage sont excellents.
→ ....

g. Nos grands-parents peuvent accueillir toute la famille. Leur maison est très grande.
→ ....

h. Nous suivons régulièrement cette émission. La présentatrice de cette émission est passionnante.
→ ....

03 • Les pronoms relatifs

• « Dont » complément d'un adjectif

C'est un dessin **dont** il est très content. (= Il est *content de* ce dessin.) • Ariane a une nouvelle voiture **dont** elle est très fière. (= Elle est très *fière de* cette nouvelle voiture.).

• « Dont » s'emploie derrière des expressions formées avec un adjectif suivi de la préposition « de » : *être heureux / triste / fier / content / déçu / satisfait / honteux de…*

123 Réunissez les phrases avec « dont ».

Exemple : Elle a une nouvelle colocataire. Elle est très contente de sa colocataire.
→ Elle a une nouvelle colocataire **dont** elle est très contente.

a. Julien a fini un travail. Il est satisfait de son travail.
→ ....

b. Manon commence la lecture d'un essai. Elle est curieuse de cette lecture.
→ ....

c. Je viens de recevoir un mail de remerciement. Je suis touché de ce mail.
→ ....

d. On écoute un nouveau CD. On est ravis de ce CD.
→ ....

e. Nous louons une maison. Nous sommes enchantés de cette maison.
→ ....

f. Mes amis ont fait un voyage en Asie. Ils sont déçus de leur voyage.
→ ....

g. Nous venons d'apprendre une mauvaise nouvelle. Nous sommes désolés de cette nouvelle.
→ ....

h. Ma tante vient d'obtenir son diplôme de pilote. Elle est fière de son diplôme.
→ ....

• « Dont » et les verbes construits avec « de »

Je vais jeter ces vieux chiffons **dont** je n'ai pas besoin. (Je n'*ai* pas *besoin de* ces chiffons.) • Ils vont à la bibliothèque **dont** nous sortons à l'instant. (Nous *sortons de* la bibliothèque /Nous en sortons.)

• « Dont » s'utilise avec des verbes construits avec « *de* » : *avoir besoin/envie/peur/conscience, s'occuper, parler, discuter, se charger, se plaindre, se souvenir, manquer, prendre soin, se moquer, se servir, rêver, se méfier, se réjouir…*

• On utilise aussi « dont » avec des verbes de provenance : sortir de, venir de. Il remplace un complément de lieu introduit par « de » ou le pronom « en ».

✋ L'ordre des phrases est parfois modifié, ainsi que le déterminant : **Ce** livre, j'**en** ai entendu parler. → C'est **un** livre **dont** j'ai entendu parler.

124 Faites deux phrases.

Exemple : Londres, dont j'arrive, m'a beaucoup plu. → J'arrive de Londres. Londres m'a beaucoup plu.

a. Tu as vu ce film dont on dit beaucoup de bien ?
→ ....

b. Achète ce roman dont tout le monde parle.

→ ....

c. Allez en Andalousie pour trouver le soleil dont on manque à Lille.

→ ....

d. Les affaires dont il s'occupe sont très prenantes.

→ ....

e. Sa fille, dont il se charge la moitié du temps, vit bien la séparation de ses parents.

→ ....

f. Les radios dont il faut se méfier annoncent parfois de fausses nouvelles.

→ ....

g. Les élections dont dépend l'avenir de l'Europe ont lieu tous les cinq ans.

→ ....

h. Les résultats, dont on se doutait, sont favorables aux écologistes.

→ ....

125 Écrivez des phrases avec « dont » comme dans l'exemple.

Exemple : Il faut se plaindre du temps. → **Ce dont** il faut se plaindre, c'est le temps.

a. Il faut se moquer de son mauvais caractère.

→ ....

b. Ils ont besoin de dormir un peu.

→ ....

c. Nous avons peur d'arriver trop tard.

→ ....

d. Il faut s'occuper des visas.

→ ....

e. J'ai conscience de sa fatigue.

→ ....

f. On doit parler de ses projets.

→ ....

g. Mes amis rêvent de voyages lointains.

→ ....

h. Vous vous souvenez de nos fous rires.

→ ....

126 Réunissez les phrases avec « dont ».

Exemple : Vous êtes fiers de vos enfants. Vous vous occupez beaucoup de vos enfants.
→ Vous êtes fiers de vos enfants dont vous vous occupez beaucoup.

a. Marie s'occupe beaucoup de ses parents. Ils dépendent de Marie financièrement.

→ ....

b. Certains médias colportent des fakes news. Je me méfie d'eux.

→ ....

03 • Les pronoms relatifs

c. Je propose de partager le traitement de ce dossier. Tu es chargé de ce dossier.
→ ....

d. Nous avons rencontré le juge. Notre divorce dépend de ce juge.
→ ....

e. Nous ignorions l'existence de certains documents. Notre avocat se sert de ces documents.
→ ....

f. Vous abordez un projet. Je n'ai jamais entendu parler de ce projet.
→ ....

g. Tu nous parles de ce problème. Nous n'avons aucune idée de ce problème.
→ ....

h. Ils ont partagé de bons moments. Ils se souviendront de ces bons moments toute leur vie.
→ ....

127 Transformez les phrases en utilisant « dont ».

Exemple : Elle se sert d'un stylo qui a une certaine valeur. → Le stylo **dont** elle se sert a une certaine valeur.

a. On a entendu parler de ce livre qui a une bonne critique.
→ Ce livre ....

b. Les employés se plaignent des nouveaux horaires qui concernent tous les services.
→ Les nouveaux horaires ....

c. Nous nous occupons d'enfants qui ont un léger handicap.
→ Les enfants ....

d. Je rêve de vacances qui me permettraient de me reposer enfin.
→ Les vacances ....

e. Nous discutons d'un problème qui concerne tout le monde.
→ Le problème ....

f. Son mari se charge du bricolage qui demande un certain savoir-faire.
→ Le bricolage ....

g. Vous prenez grand soin de ces vases qui ont plusieurs années.
→ Ces vases ....

h. Nous avons conscience du changement climatique qui provoque des catastrophes.
→ Le changement ....

Synthèse

128 Complétez ces phrases avec « qui », « que », « dont » ou bien « où ».

Exemples : Il y a une question que je voudrais te poser.   Il y a un événement dont je me réjouis.

a. Il y a un mot .... je n'ai pas compris.
b. Il y a eu un moment .... tout le monde s'est mis à rire.
c. Il y a quelque chose .... ne va pas ?
d. Il y a eu une époque .... la Seine gelait.

e. Il y a une chose .... je voulais te dire.

f. Il y a une photo .... tous les magazines ont fait leur couverture.

g. Il y a encore une question .... se pose.

h. Il y a un problème .... il faut discuter.

129 Complétez ces définitions.

Exemple : Le « casse-pipe » est une expression familière qui désigne la guerre.

a. Un casse-tête est un jeu .... il existe de multiples combinaisons.

b. Un tire-bouchon est un ustensile .... on utilise pour ouvrir les bouteilles.

c. Un casse-noix est un instrument .... on se sert pour ouvrir les noix, les noisettes.

d. Un porte-parapluies est un contenant .... on dépose les parapluies.

e. Un casse-croûte est un sandwich .... on mange rapidement.

f. Un casse-cou est une personne .... n'a pas peur du danger.

g. Un ouvre-boîte est un ustensile .... permet d'ouvrir les boîtes de conserve.

h. Un casse-pieds est une personne .... la présence nous dérange.

130 Réunissez ces phrases avec « qui », « que », « dont » ou bien « où ».

Exemple : On m'a offert un chat. Je l'ai appelé Pacha. → On m'a offert un chat que j'ai appelé Pacha.

a. Nous visitons le Futuroscope. Les enfants en sont fous.

   → ....

b. On voudrait voir ce film. Il passe à 20 h 15.

   → ....

c. Tu as rencontré ce présentateur ? On a regardé son émission la semaine dernière.

   → ....

d. Vous achetez cette maison. Les parents de mon amie viennent de la mettre en vente.

   → ....

e. Suivez les conseils d'Emma. Ils sont toujours excellents.

   → ....

f. Prenez plutôt cette route. Elle est très agréable.

   → ....

g. Ils habitent à Saint-Tropez. Il y a trop de monde l'été.

   → ....

h. Claire voudrait voir cette exposition. On en dit beaucoup de bien.

   → ....

03 • Les pronoms relatifs

131 Réunissez trois des quatre phrases avec des relatifs.

Exemples : Nous aimons cette région. Nous y passons les vacances. Les monuments de cette région sont intéressants. La presse parle peu de cette région.

→ Nous aimons cette région **dont** les monuments sont intéressants **et où** nous passons les vacances. / Nous passons les vacances dans une région **dont** la presse parle peu **et qui** a des monuments très intéressants. / La presse parle peu de la région **où** nous passons les vacances **et qui** a des monuments très intéressants.

a. Les enfants adorent ce gâteau. Ma mère m'en a donné la recette. Dans ce gâteau il y a des pommes et du caramel. Je le fais souvent.

→ ....

b. Marco a une nouvelle voiture. Il l'a achetée d'occasion. Il en est très content. Dans sa voiture, il y a un grand coffre.

→ ....

c. Adrienne porte sa robe bleue. Elle lui va très bien. Elle l'a achetée dans un magasin vintage. Elle a trouvé l'adresse de ce magasin sur Internet.

→ ....

d. Le centre Pompidou vient de fêter ses quarante ans. On y va souvent. Les expositions du centre Pompidou sont toujours excellentes. Je vous recommande le centre Pompidou.

→ ....

e. La Philharmonie est une grande salle de concert. Elle se trouve porte de Pantin. La programmation des concerts de la Philharmonie est très intéressante. C'est un lieu que les mélomanes apprécient beaucoup.

→ ....

Bilan 3

1. Complétez cette lettre.

Monsieur Dumont,

J'ai lu avec grand plaisir le courrier .... (a) vous m'avez adressé et .... (b) a retenu toute mon attention. La rénovation .... (c) vous envisagez m'intéresse, car c'est un projet .... (d) je rêve depuis le début de ma carrière .... (e) a commencé en 1998. Vous savez sans doute que c'est le quartier .... (f) j'ai vécu enfant ?

Aménager cette grande place .... (g) il n'y a, depuis des années, que des baraquements me semble effectivement une excellente idée. Je propose d'y construire un centre culturel .... (h) les gens du quartier pourront se rendre pour écouter de la musique, emprunter des livres, participer à des ateliers .... (i) des professionnels animeront. Tout autour, on organisera un grand espace vert .... (j) les familles pourront se détendre.

Je serai ravi de collaborer à ce projet .... (k) la réalisation me tient à cœur. Aussi je vous propose de nous rencontrer très prochainement le jour .... (l) vous conviendra, en fonction de vos disponibilités. Voici le numéro .... (m) vous pourrez me joindre.

Dans l'attente de votre réponse, ... (n) j'espère rapide, je vous prie d'agréer, Monsieur Dumont, l'expression de ma considération.

Alex Vidal
Urbaniste architecte à Lyon

2. Complétez ce dialogue par des pronoms relatifs.

Le commissaire s'est approché de l'homme .... (a) le visage correspondait à la description .... (b) le concierge lui avait faite.

« Vos papiers », a demandé le commissaire à l'homme .... (c) le regardait surpris.

« Tenez. »

Le commissaire a examiné le passeport de l'individu .... (d) figuraient des tampons de plusieurs pays.

« Donc vous êtes uruguayen. Qu'est-ce que vous faites dans la vie ?

– Je suis en vacances. Des amis m'ont prêté l'appartement .... (e) je passe quelques jours.

– Savez-vous pourquoi je suis ici ?

– J'imagine à cause du meurtre .... (f) tous les journaux font leur une ?

– Un témoin vous a vu sortir de l'immeuble .... (g) la victime a été poignardée.

– C'est le concierge .... (h) vous l'a dit ?

– Peu importe ! Que faisiez-vous là-bas ?

– J'étais allé voir un ami.

– Son nom ?

– Bouvier, Ernest Bouvier.

– L'homme .... (i) on a retrouvé assassiné ?

– Lui-même. Ce jour-là, je l'attendais au Procope, un restaurant .... (j) nous devions dîner ensemble. Ne le voyant pas arriver, j'ai appelé le numéro .... (k) il m'avait donné. Personne n'a répondu alors je suis allé à son domicile .... (l) la police se trouvait déjà.

– Et vous avez pris la fuite, pourquoi ?

– Je ne peux pas répondre à la question .... (m) vous me posez.

– Le commissaire l'a regardé, soupçonneux.

– Vous ne m'avez toujours pas dit ce .... (n) vous faites dans la vie.

– Je travaille pour les renseignements de mon pays. Agent secret si vous préférez ! »

04 • La comparaison

Le comparatif

> **• Le comparatif avec un adjectif ou un adverbe**
>
> **Anita est moins grande que Maëlle car elle est plus jeune, mais elles sont aussi mignonnes l'une que l'autre.**
>
> - Pour exprimer la comparaison avec un adjectif, on utilise « plus…. que » pour la supériorité, « moins… que » pour l'infériorité et « aussi… que » pour l'égalité. La plupart des adverbes peuvent aussi être mis au comparatif.
> - L'adjectif ou l'adverbe est toujours placé entre les deux éléments de comparaison. Parfois, on ne donne pas le deuxième élément : « C'est moins beau. »
>
> ✋ Le comparatif de supériorité de « bon(ne) » est « meilleur(e) », celui de « bien » est « mieux », et celui de « mal » est « pire » ou « plus mal ».

132 Faites des phrases comparatives à partir des éléments donnés.

Exemple : La rue Louise Michel fait 140 m, la rue Anatole France 450 m. (long) → La rue Anatole France est plus longue que la rue Louise Michel. / La rue Louise Michel est moins longue que la rue Anatole France.

a. L'avenue des Champs-Élysées est longue de 1,9 km, le boulevard Saint-Michel de 1,38 km. (court)
→ ....

b. La BNF date de 1994, la bibliothèque nationale de 1849. (ancien)
→ ....

c. Le stade Roland-Garros a été construit en 1927, le stade de France en 1998. (récent)
→ ....

d. Le parc des Buttes-Chaumont a été aménagé en 1867, le parc Georges-Brassens en 1985. (nouveau)
→ ....

e. Le musée d'Orsay accueille 3,2 millions de visiteurs par an, le musée du Louvre 8,1 millions. (populaire)
→ ....

f. La tour Eiffel fait 300 m de haut, la tour Montparnasse 210 m. (haut)
→ ....

g. Les appartements du 7e arrondissement se vendent 15 000 € le mètre carré, ceux du 20e, 10 000 €. (cher)
→ ....

h. Le musée du Louvre a une architecture classique, celle de la fondation Louis Vuitton est futuriste. (contemporain)
→ ....

133 Comparez la météo à Bastia et à Brest. Utilisez « plus/moins/aussi… que » et les adjectifs donnés.

Météo du 22/07	Température de l'air (à 8 h)	Température de l'eau (à 12 h)	Ciel	Risque de pluie	Force du vent
Bastia (Corse)	21 °C	20 °C	Dégagé	5 %	25 km/h
Brest (Finistère)	16 °C	17 °C	Couvert	75 %	25 km/h

Le comparatif

Exemple : Eau : élevé → À Bastia, la température de l'eau est **plus élevée qu'** à Brest.

a. Ciel : nuageux → ....
b. Vent : fort → ....
c. Temps : pluvieux → ....
d. Ciel : ensoleillé → ....
e. Air : chaud → ....
f. Eau : frais → ....
g. Pluie : fréquent → ....
h. Eau : chaud → ....

134 Comparez ces trois adolescents. Utilisez « plus/moins/aussi… que » et les adjectifs donnés.

	Âge	Taille	Poids	Activités sportives	Classe	Résultats scolaires
Marco	14 ans	1,72 m	62 kg	foot	2nde	excellents
Manu	14 ans	1,76 m	68 kg	foot, ping-pong	3^e	faibles
Adrien	15 ans	1,78 m	68 kg	tennis, VTT, kayak, ski	2nde	moyens

Exemple : Bons (résultats) : Les résultats scolaires de Marco sont **meilleurs que** ceux de Manu et d'Adrien.

a. Grand : ....
b. Âgé : ....
c. Sportif : ....
d. Avancé (dans ses études) : ....
e. Lourd : ....
f. Petit : ....
g. Jeune : ....
h. Lourd : ....

135 Complétez ces phrases avec « plus/moins/aussi… que » et les adverbes de la liste.

bien – mal – vite – souvent – tôt – tard – cher – ~~fort~~ – faux – clair

Exemple : Tu cries. Parle **moins fort**.

a. Vous arrivez toujours après le début des cours. Levez-vous ....
b. Nous sommes en retard, marchons ....
c. Tu n'as pas de bons résultats ; il faut que tu travailles .... au collège.
d. Je prends ce pull ou l'autre, ils coûtent .... l'un que l'autre.
e. On se couche de plus en .... et je suis fatiguée le matin.
f. Heureusement, sa grand-mère voit .... ; avec ce nouveau médicament, elle va ....
g. On s'ennuie de toi ; tu devrais venir nous voir ....
h. Son professeur lui dit qu'il chante .... qu'avant. Il sait l'encourager.

04 • La comparaison

> **• Le comparatif avec un verbe (A2)**
>
> **Arthur mange plus que sa sœur mais il grossit moins qu'elle. Pourtant, elle court autant qu'Arthur et ils travaillent tous les deux autant l'un que l'autre.**
>
> • Comme pour l'adjectif ou l'adverbe, on utilise « plus … que » et « moins… que » avec le verbe.
>
> • Pour marquer l'égalité, on utilise « autant …. que ».

136 Reliez le début et la fin des phrases. (Il y a parfois plusieurs possibilités.)

a. Il parle aussi
b. Elle chante aussi
c. Paul t'aime autant
d. Tu comprends aussi
e. Elle vous aime aussi
f. Je parle autant
g. Vous comprenez autant
h. Tu chantes autant

1. que Chloé.
2. tendrement que ses enfants.
3. l'espagnol que le portugais.
4. vite que Mattéo.
5. fort que sa sœur.
6. juste que toi.
7. que moi.
8. à Paul qu'à Lina.

(a → 5)

137 Complétez les phrases par « aussi » ou « autant ».

Exemples : On lit autant que les autres.   Ce roman a l'air aussi intéressant que cette pièce.

a. Julien est ……………………… drôle que Thomas.
b. Gauthier semble ……………………… sportif que toi.
c. Elle court ……………………… que Noé.
d. Mélissa devient ……………………… belle que toi.
e. Zoé rit ……………………… fort que sa cousine.
f. Emma sort ……………………… que nous.
g. Boris paraît ……………………… jeune que vous.
h. Fanny rentre ……………………… tard que nous.

138 Faites des phrases à partir des éléments donnés.

Exemple : = / Léon / Jules / courir → Léon court autant que Jules.

a. + / Noémie/ Pauline / étudier → ………………………
b. – / Mme Dubreuil / son mari / dormir → ………………………
c. = / son enfant / le nôtre / pleurer → ………………………
d. – / Delphine / Aglaé / sourire → ………………………
e. + / Armelle / sa sœur / sortir → ………………………
f. = / Théo / son copain / gagner → ………………………
g. – / Mon mari / moi/ s'occuper des enfants → ………………………
h. = / Léon / Lucas / bricoler → ………………………

Le comparatif

• **Le comparatif avec un nom (A2)**

Les Français lisent **plus de** journaux en ligne **qu'**il y a quelques années, mais ils lisent **autant de** livres papier **que** dans les années 2000.

• Pour faire une comparaison avec un nom, on utilise « **plus de** + nom… **que** », « **moins de** + nom… **que** » et « **autant de** + nom (singulier ou pluriel)… **que** ».

139 Comparez la consommation des Français cette année à celle de l'année dernière à partir des éléments donnés.

Exemple : + / consommer / produits bio : Les Français consomment **plus de** produits bio que l'année dernière.

a. + / manger / poisson : ....
b. – / manger / viande : ....
c. = / boire / vin : ....
d. – / boire / eau : ....
e. – / consommer / produits sucrés : ....
f. + / consommer / bière : ....
g. = / utiliser / matière grasse : ....
h. + / acheter / plats cuisinés : ....

140 Comparez les deux stagiaires à partir des éléments donnés. Utilisez les expressions de la liste à la forme qui convient.

travailler – gagner – recevoir – obtenir – durer – être satisfaisant / bon / ponctuel / régulier.

	Durée	Nombre d'heures	Qualité du travail	Retards	Absences	Indemnité mensuelle	Évaluation finale
Gabin	3 mois	420 h	Satisfaisante	Quelques-uns (9)	5	600 €	Bon travail
Anna	5 mois	700 h	Satisfaisante	Exceptionnels (2)	1	600 €	Excellent travail

Exemple : Anna a été plus **régulière** que Gabin : elle a eu moins d'**absences** que lui.

a. Pourtant, elle gagne ....
b. ....
c. ....
d. ....
e. ....
f. ....
g. ....
h. ....

04 • La comparaison

Le superlatif

> • **« Le plus/le plus moins » + adjectif ou adverbe**
>
> Aujourd'hui, c'est **le plus beau** jour de ma vie. • Dorian est **le plus grand des** footballeurs, il dribble le mieux.
>
> - Le superlatif marque la supériorité ou l'infériorité absolues. On le forme avec « le/la/les plus » ou « le/la/les moins » devant l'adjectif ou l'adverbe.
> - Le complément du superlatif est introduit par « de ».
> ✋ L'adjectif au superlatif peut être placé après le nom. Dans ce cas, l'article défini est répété :
>   Pour moi, Paris est **la plus belle ville**. /Pour moi Paris est **la ville la plus belle**.

141 Soulignez les superlatifs.

Exemple : Les Françaises ont l'espérance de vie <u>la plus longue</u>. En moyenne, elles vivent plus longtemps que leurs maris.

a. Les Français sont les plus gros consommateurs de somnifères. Ils consomment plus de médicaments que leurs voisins européens.

b. En France, on mange plus de viande que de poisson. Les Japonais sont les plus grands mangeurs de produits de la mer.

c. Les chefs d'entreprise sont plus payés que les diplomates, mais les sportifs reçoivent le plus d'argent.

d. La France est le pays le plus visité au monde, elle accueille plus de touristes que les États-Unis.

e. Les personnes retraitées vont plus au cinéma que les jeunes. Ce sont aussi les plus assidues dans les musées.

f. La France produit le plus grand nombre de fromages. Elle en produit plus que l'Italie.

g. *Le Grand Bain* est le film qui a le plus rempli les salles mais il a reçu moins de césars que le film *Jusqu'à la garde*.

h. Le boulevard périphérique à Paris est la route la plus fréquentée, plus que l'autoroute A 86.

142 Reliez le début et la fin des phrases. (Il y a parfois plusieurs possibilités.)

a. Julia a les plus
b. C'est la plus
c. Elle porte les tenues les plus
d. Elle est la fille la plus
e. Elle veut qu'on la remarque le moins
f. C'est la moins prétentieuse
g. Julia est la plus
h. C'est la fille la plus

1. belle fille du quartier.
2. naturelle que je connais.
3. aimée au monde.
4. beaux yeux de la terre.
5. de la classe.
6. originales.
7. possible dans la rue.
8. gentille fille de mon entourage.

Le superlatif

> **• Les superlatifs irréguliers (A2)**
>
> L'été est la moins bonne saison pour voyager au Cambodge. • Mon ami m'emmène dîner dans le meilleur restaurant de la ville, celui où on mange le mieux.
>
> • Bon : le/la meilleur(e), les meilleur(e)s ; le, la moins bon(ne), les moins bon(ne)s.
> • Mauvais : le, la, les pire(s) ; le, la moins mauvais(e), les moins mauvais(es).
> • Bien : le mieux ; le moins bien.
> • Mal : le pire ou le plus mal ; le moins mal.

143 Répondez personnellement avec un superlatif.

Exemple : Plat / délicat : Pour moi, le plat le plus délicat est le homard grillé.

a. Animal / affectueux : ....
b. Moment de la journée / bon : ....
c. Film / intéressant : ....
d. Événement / important : ....
e. Cuisine / bon : ....
f. Inquiétude / grand : ....
g. Odeur / mauvais : ....
h. Couleur / joli : ....

144 Complétez par « mieux » ou « meilleur ».

Exemple : Lucas est mon meilleur copain.

a. Il joue le .... au foot.
b. Il a le .... smartphone.
c. Il écoute le .... rap.
d. Son look est le ....
e. Il chante le ....
f. Il danse le ....
g. C'est le .... en gym.
h. Il fait le .... du skate.

145 Complétez par « plus mal » ou « pire(s) ».

Exemple : C'est le pire joueur de cartes.

a. Il joue le .... du groupe.
b. C'est le .... partenaire.
c. Il fait les .... annonces.
d. Il est le .... quand il gagne.
e. Il triche le ....
f. Il distribue le .... les cartes.
g. Il tient le .... ses cartes.
h. Il fait les .... scores.

146 Faites des phrases à partir des éléments donnés.

Exemple : Le camembert est un fromage français très connu à l'étranger.
→ Le camembert, c'est le fromage français le plus connu à l'étranger.

a. La tarte Tatin est un dessert très apprécié. → ....
b. Les vins de Bordeaux sont des vins rouges très consommés. → ....
c. La moutarde de Dijon est très populaire dans le monde. → ....

04 • La comparaison

d. Le vin de Champagne est très imité partout. → ....

e. Les galettes sont très bonnes en Bretagne. → ....

f. Les calissons sont des friandises très fréquentes dans le Sud-Est. → ....

g. Les bêtises de Cambrai sont des bonbons très populaires dans le Nord. → ....

h. Le cidre est une boisson très peu alcoolisée et très bonne. → ....

147 Transformez « très + adjectif » en superlatif.

Exemple : C'est un jeu *très convivial*. → C'est le jeu le plus convivial.

a. Marseille est une ville *très cosmopolite*. → ....

b. Le vieux port est un endroit *très agréable*. → ....

c. Les habitants de Marseille sont *très peu snobs*. → ....

d. La bouillabaisse est un plat *très répandu*. → ....

e. Les rues du haut de la ville sont *très anciennes*. → ....

f. Les cafés du port sont *très accueillants*. → ....

g. Le caractère méditerranéen est *très fort*. → ....

h. La Canebière est une rue *très longue*. → ....

• Verbe + « le plus/le moins » (A2)

C'est lui qui travaille le plus dans l'équipe.

- Avec un verbe, on ajoute « le plus » ou « le moins » après le verbe.

---

148 Transformez ces phrases comme dans l'exemple.

Exemple : Elle apprécie beaucoup cette chanteuse. → C'est la chanteuse qu'elle apprécie le plus.

a. Fanny mange moins. → ....

b. J'aime beaucoup cet acteur. → ....

c. On écoute beaucoup ce morceau de jazz. → ....

d. En hiver, vous dormez plus. → ....

e. Cette pièce nous a beaucoup déçus. → ....

f. En été, il travaille moins. → ....

g. Rémi étudie moins. → ....

f. Mélanie court plus. → ....

• « Le plus/le moins de » + nom (A2)

Il a marqué le plus de buts et il a raté le moins de tirs.

- Pour le nom, le superlatif se forme avec « le/la/les plus de » ou « le/la/les moins de » + nom.

---

149 Employez des superlatifs à partir des éléments donnés.

Exemple : Manon/acheter / magazines : C'est Manon qui achète le plus de magazines.

a. Paul/regarder/ films de science-fiction : ....

Le superlatif

b. Ludovic/ avoir/ jeux vidéo : ....
c. Lola/ écouter/ rap : ....
d. Adèle/ parler/ langues étrangères : ....
e. Bénédicte/ garder/ enfants : ....
f. Olga/ faire/ dessins : ....
g. Alex/ gagner/ parties : ....
h. Damien/ lire/ œuvres classiques : ....

150 **Complétez ces phrases avec « le plus », « la plus » ou « les plus » (+ « de » si nécessaire).**

Exemple : C'est l'élève qui a le plus d'amis dans la classe. Il a les résultats les plus remarquables et c'est aussi lui qui étudie le plus.

a. Camille chante .... juste ; elle a .... jolie voix mais aussi .... forte.
b. Manon est la copine .... riche. Ses parents lui donnent .... argent. Comme elle est généreuse, c'est elle qui paie .... souvent au café.
c. Ma grand-mère est la personne .... âgée de la famille. C'est .... appréciée de tous car c'est .... gentille et aussi celle qui fait .... beaux cadeaux à Noël.
d. Géraldine est la fille .... timide de la classe. C'est elle qui parle .... doucement et c'est elle que les professeurs interrogent .... souvent.
e. Le Taboo, c'est le jeu .... drôle et .... amusant que je connais. L'équipe qui devine .... mots gagne. C'est le jeu où on rit ....
f. Nos amis ont organisé .... belle fête pour leur anniversaire. Ce sont eux qui ont invité .... amis et c'est là que j'ai bu .... champagne.
g. C'est au Carnaval de Québec que j'ai vu .... beaux chars. C'était aussi pour moi la nuit .... froide mais on a .... dansé pour se réchauffer.
h. Le 21 juin, c'est la fête de la Musique. C'est aussi la nuit .... courte de l'année, mais c'est celle où on s'amuse .... car c'est le premier jour de l'été.

Bilan 4

1. Soulignez ce qui convient.

Conseils pour une meilleure hygiène

Vous avez la mine (**a**) *la plus / plus* fatiguée que le mois dernier. Votre teint est (**b**) *le moins / moins* clair que d'habitude. Vos traits sont (**c**) *les plus / plus* creusés de jour en jour. Vous vous sentez le soir (**d**) *le plus / plus* stressée qu'il y a quelques mois ?

Tout d'abord, vous devez (**e**) *le mieux / mieux* vous nourrir et avoir des menus (**f**) *les plus / plus* équilibrés. Mangez (**g**) *plus / le plus* de poissons, de fruits, de légumes et (**h**) *le moins / moins* de viande. Choisissez de préférence des produits bio, ce sont (**i**) *meilleurs / les meilleurs*. Achetez (**j**) *le moins / moins* de plats préparés industriels. Évitez les boissons alcoolisées qui sont (**k**) *les mieux / les pires* pour la santé. Et si vous êtes fumeuse, essayez de fumer (**l**) *moins / le moins* possible. Prenez des substituts qui vous rendront l'effort (**m**) *moins / le moins* difficile.

Ensuite, couchez-vous (**n**) *le plus / plus* tôt possible ; c'est important de dormir (**o**) *plus / le plus* et au minimum sept heures par nuit. Essayez de dormir (**p**) *le plus / plus* à plat possible, sans oreiller. Dans la journée, si vous faites (**q**) *plus / le plus* d'exercice, vous vous sentirez (**r**) *le mieux / mieux*. Prenez l'habitude de monter les escaliers (**s**) *le plus / plus* souvent possible à pied. Et si vous n'allez pas (**t**) *meilleur / mieux*, n'hésitez pas à consulter votre médecin.

2. Complétez ces informations sur les lecteurs Français aujourd'hui.

Cette année, l'édition française a vendu (**a.** –) .... par rapport aux années précédentes mais ce sont les œuvres littéraires qui ont (**b.** ++) .... chuté. Pourtant, la production de livres globale est (**c.** =/importante) .... Mais le choix des lecteurs a changé. Actuellement, si les Français lisent (**d.** –/littérature contemporaine) ...., ils achètent (**e.** +/albums jeunesse) .... et (**f.** +/formats de poche) .... Il faut remarquer que les livres de poche se vendent (**g.** +/bien) .... 90 % des Français se déclarent lecteurs, ce qui est (**h.** +) .... avant. Les jeunes lisent (**i.** +) .... les années précédentes, ce qui est une excellente nouvelle ; les ventes de bandes dessinées, particulièrement les mangas et les comics, sont (**j.** +/important) ...., et les romans de fantasy se vendent (**k.** +/bien) .... les autres genres. Pour les autres lecteurs, les best-sellers sur le développement personnel sont (**l.** ++/populaire) .... Les grands auteurs contemporains comme Patrick Modiano, Delphine De Vigan ou Annie Ernaux sont toujours (**m.** =/apprécié) .... On constate que, parmi les produits éditoriaux, (**n.** ++/grand) .... nombre ne sera vendu qu'à quelques milliers d'exemplaires, ce qui est (**o.** –/ important) .... avant. Cela s'explique par la multiplication (**p.** +/forte) .... de l'activité éditoriale. (**q.** ++/grand) .... lecteurs sont donc aujourd'hui (**r.** ++/jeune) .... et les gens qui ont (**s.** +/65 ans) .... la proportion de femmes est (**t.** +/fort) .... Les livres (**u.** ++/lu) .... sont, hors les BD, les livres pratiques et les livres sur l'histoire. La motivation pour la lecture est (**v.** ++/lié) .... aux loisirs.

05 • Les adverbes et les prépositions

Les adverbes en « -ment »

> **• Sens et formation**
>
> Le professeur de chinois parle **rapidement**. Il note très **sévèrement** mais il écoute **attentivement** ses étudiants.
>
> - L'adverbe est un mot invariable qui modifie le sens d'un verbe, d'un adjectif ou d'un autre adverbe. Il se place après le verbe, et devant l'adjectif ou un autre adverbe.
>
> - Les adverbes en « -ment » expriment souvent la manière. Pour les former on ajoute « -ment » au féminin de l'adjectif correspondant : *curieux*, *curieuse* → *curieuse*ment ; *doux*, *douce* → *doucement*.
>
> Exceptions : *gentil*, *gentille* → *gentiment* ; *bref*, *brève* → *brièvement*.

151 Soulignez l'adverbe.

Exemple : encombrement – appauvrissement – <u>soudainement</u> – recensement

a. vraisemblablement – abaissement – achèvement – bombardement
b. commandement – dépaysement – échauffement – favorablement
c. encaissement – enrichissement – sauvagement – grossissement
d. habillement – harcèlement – impeccablement – placement
e. prélèvement – prochainement – rangement – signalement
f. pauvrement – soulèvement – traitement – médicament
g. tutoiement – sensiblement – refroidissement – rétablissement
h. avertissement – classiquement – élargissement – aménagement

152 Formez les adverbes correspondant aux adjectifs suivants.

Exemple : Certain : <u>certainement</u>

a. Excessif : ....   e. Artificiel : ....
b. Affectueux : ....   f. Léger : ....
c. Complet : ....   g. Clair : ....
d. Naturel : ....   h. Vif : ....

153 Pour chaque adverbe, retrouvez l'adjectif au masculin et au féminin.

Exemple : Mollement : <u>mou, molle</u>

a. Faussement : ....
b. Fraîchement : ....
c. Sèchement : ....
d. Follement : ....
e. Longuement : ....
f. Franchement : ....
g. Anciennement : ....
h. Nettement : ....

05 • Les adverbes et les prépositions

154 Reformulez comme dans l'exemple.

Exemple : Ton comportement est curieux. → Tu as agi curieusement.

a. Ton aveu est public. → Tu as avoué ....
b. C'est un élève sérieux. → Il travaille ....
c. Ils ont peu d'argent, leur vie est simple. → Ils vivent ....
d. Ma mère parle avec une voix douce. → Ma mère parle ....
e. Sa réponse est naïve. → Elle a répondu ....
f. Le vieil homme est lent. → Il marche ....
g. Son départ est discret. → Il est parti ....
h. Leur sujet est superficiel. → Ils ont traité leur sujet ....

• L'adverbe des adjectifs en « -e », « -é », « -i » et « -u »

Il neige **rarement**. • C'est **joliment** décoré. • Il faut **absolument** que tu viennes.

• L'adverbe se forme sur le masculin de l'adjectif quand l'adjectif se termine par une voyelle : timide → **timide**ment ; modéré → **modéré**ment ; vrai → **vrai**ment ; absolu → **absolu**ment.

✋ Exceptions : gai, gaie → **gaiement** ; assidu, assidue → **assidûment** ; cru, crue → **crûment** ; impuni, impunie → **impunément**.

---

155 Formez les adverbes correspondant aux adjectifs.

Exemple : libre : librement

a. poli : ....   e. résolu : ....
b. assuré : ....   f. difficile : ....
c. facile : ....   g. carré : ....
d. rapide : ....   h. vrai : ....

• Les adverbes en « -ément »

Répondez **précisément**. • Elle a **énormément** changé.

• Certains adverbes se forment avec « -ément » : profond, profonde → **profondément** ; intense → **intensément** ; précis, précise → **précisément** ; énorme → **énormément** ; confus, confuse → **confusément** ; commun, commune → **communément** ; aveugle → **aveuglément** ; immense → **immensément** ; etc.

---

156 Complétez par un adverbe construit à partir des adjectifs de la liste. Tenez compte du sens.

vrai – gai – poli – cru – assidu – précis – profond – énorme – ~~conforme~~

Exemple : Conformément à votre demande, je vous envoie le duplicata de votre facture.

a. « Puis-je vous aider à porter vos bagages, madame ? » lui dit-il ....
b. Il chantait .... après avoir reçu des nouvelles de sa femme.
c. Je n'aime pas son attitude ; il a tendance à me répondre ....
d. Respirez ...., puis arrêtez de respirer et ne bougez plus.
e. Les cinéphiles viennent .... à la cinémathèque pour revoir les classiques du cinéma.
f. Nous voulions .... assister à votre mariage. Tous nos vœux de bonheur.
g. Les enfants travaillent .... car leurs examens ont lieu dans trois semaines.
h. Tu fais .... ce qu'il ne faut pas faire.

Les adverbes en « -ment »

• L'adverbe des adjectifs en « -ent » et « -ant »

Il a plu **récemment**. • Il s'est défendu **vaillamment**.

• Quand l'adjectif se termine par « **-ent** » ou « **-ant** », l'adverbe se transforme en « **-emment** » ou « **-amment** » (« -emment » et « -amment » se prononcent de la même manière) : prud**ent** → prud**emment** ; méch**ant** → méch**amment**.

✋ Exception : lent, lente → **lentement**.

157 Formez les adverbes correspondant aux adjectifs.

Exemples : apparent : **apparemment**   bruyant : **bruyamment**

a. puissant : ....   e. fréquent : ....
b. suffisant : ....   f. patient : ....
c. évident : ....   g. abondant : ....
d. courant : ....   h. brillant : ....

158 Reformulez l'expression en italique avec un adverbe.

Exemple : Il réagit *de manière violente* quand il se sent menacé.
→ Il réagit **violemment** quand il se sent menacé.

a. Il a répondu *de façon intelligente* au professeur qui le questionnait.
→ ....

b. Elle nous explique *de manière patiente* la grammaire française.
→ ....

c. J'ai toujours rêvé de parler *de manière courante* l'anglais.
→ ....

d. Mon fils regarde *d'une façon constante* son portable.
→ ....

e. Après la pause, les étudiants sont rentrés *d'une manière lente* dans la salle de cours.
→ ....

f. Les enfants se sont levés de table de manière bruyante.
→ ....

g. Votre enfant a tiré *d'une façon méchante* les cheveux de ma fille.
→ ....

h. Nous savons *de manière pertinente* que le suspect est coupable.
→ ....

159 Remplacez les mots en italique par des adverbes.

Exemple : Ils agissent *avec brutalité*. → Ils agissent **brutalement**.

a. Elle s'adresse à ses parents *avec gentillesse*. → ....
b. Vous bricolez *avec habileté*. → ....
c. Mes amis me parlent en général *avec franchise*. → ....
d. Je vous ai rendu service *avec joie*. → ....

05 • Les adverbes et les prépositions

e. Il a répondu *avec brièveté* à mon mail. → ....
f. Ce criminel a agi *avec impunité* pendant des années. → ....
g. Elle fréquente la salle de sport *avec régularité*. → ....
h. Expliquez-vous *avec clarté*. → ....

• Les catégories d'adverbes

Je comprends mieux pourquoi tu voulais vite rentrer à la maison hier. • Tu étais tellement pressé de voir le match de foot à la télé.

Il existe différentes catégories d'adverbes :
- de manière : adverbes en « -ment », *mal, bien, vite, mieux, debout*...
- de lieu : *ici, là, ailleurs, partout, devant, derrière, près, loin, dehors, là-bas, nulle part*...
- de temps : *hier, bientôt, soudain, tôt, tard, ensuite, puis, d'abord, enfin, avant, longtemps*...
- de quantité ou d'intensité : *beaucoup, assez, moins, plus, autant, (un) peu, très, trop, si, tellement*...

---

160 Complétez par les adverbes de la liste.

très – trop – tellement – bien – mieux – vite – autant – ailleurs – ~~autrefois~~

Exemple : **Autrefois**, nous pêchions la truite dans cette rivière.

a. L'aéroport se trouve .... loin de chez moi.
b. Vous devriez .... finir votre travail pour pouvoir prendre le train de 18 heures.
c. On devrait aller manger .... car il n'y a plus de places dans ce restaurant.
d. Ces valises sont .... lourdes. Je dois payer un excédent de bagage à l'aéroport.
e. Je l'apprécie .... qu'il me manque.
f. Je rêve .... que vous d'aller m'installer sur la Côte d'Azur.
g. Nous savons .... cuisiner grâce à notre mère.
h. Je travaille .... l'après-midi quand j'ai pris un café.

• Les adjectifs employés comme adverbes

Cette table m'a coûté cher et elle pèse lourd.

- Certains adjectifs sont employés comme des adverbes : *bon, fort, cher, bas, lourd, clair, grand, juste, dur, faux*...

---

161 Employez les adjectifs « bon », « bas », « cher », « lourd », « fort » comme adverbes ou comme adjectifs. Faites les accords si nécessaire.

Exemple : Je ne t'entends pas. Pourquoi tu parles tout **bas** ?

a. Nos vacances à Tahiti ont coûté ....
b. J'adore ton parfum Chanel n° 19. Il sent ....
c. Mes confitures sont vraiment .... cette année.
d. Les enfants attendent la marée .... pour ramasser des coquillages.
e. J'aimerais acheter ces boucles d'oreilles, mais elles sont trop ....
f. C'est une .... responsabilité d'élever des enfants.
g. Je déteste les gens qui parlent .... avec leur portable dans le train.
h. Elles sont .... en mathématiques mais elles ont plus de mal en chimie.

Les adverbes en « -ment »

162 Complétez par un adjectif ou un adverbe.

Exemple : Cette taille est trop grande (grand). Donnez-moi la taille 38, s'il vous plaît.
a. Cette jupe taille .... (grand).
b. Mon fils apprend le violon et pour l'instant il joue .... (faux).
c. Cette carte d'identité est .... (faux).
d. Je vois .... (clair) dans vos pensées.
e. Mon ancien ordinateur pesait .... (lourd).
f. Vous avez les idées .... (clair) ce matin ?
g. Mes voisins ont coupé .... (court) à la conversation.
h. Les ouvriers travaillent .... (dur) dans cette usine.

Les prépositions de temps

> **• L'expression de la date précise ou imprécise**
>
> **Nous arriverons à 8 heures, le (jeudi) 10 avril. • Nous risquons de revenir en mai, vers le 15/ aux environs du 15. • La fête aura lieu en août/ en été/en 2023.**
>
> • Pour une date précise, on utilise « le » suivi de la date ou du jour précis. On peut employer « en » + le mois, la saison ou l'année. Pour introduire une heure, on utilise « à ».
>
> • Pour une date imprécise, on utilise « vers le » ou « aux environs de/du » ou « avant » et « après » + date. On utilise aussi des locutions comme « au début (du mois) de mars », « à la mi-avril », « à la fin de la semaine ».
>
> On dit « au printemps », mais « en hiver », « en automne », « en été ».

163 Reliez le début et la fin des phrases. (Il y a parfois plusieurs réponses possibles.)

a. Le rendez-vous est le   1. 20 heures précises.
b. On se verra avant   2. en juin.
c. On se retrouve devant le cinéma à   3. 2006.
d. Elle part en Normandie   4. la mi-novembre.
e. Nous prenons nos vacances   5. 19 février à 19 heures.
f. Ils se sont mariés en   6. automne.
g. Nous aimons partir quelques jours en   7. le week-end prochain.
h. Ils rentreront vers   8. la Pentecôte.

164 Complétez par « au » ou « en ».

Exemple : Au mois d'octobre la consommation des ménages a chuté.
a. .... 2020, le nombre de touristes étrangers a augmenté.
b. .... printemps, les départs en week-end sont plus nombreux.
c. .... début de l'automne, le salon de l'auto ouvre ses portes.
d. .... mars, on fête la poésie.
e. .... mois de mai, il y a beaucoup de jours fériés.

05 • Les adverbes et les prépositions

f. On trouve beaucoup d'offres d'emploi .... septembre.
g. .... hiver, beaucoup d'entreprises ferment une semaine.
h. Les vacanciers se croisent sur les routes .... juillet et .... août.

• « Dans » + moment indéterminé (A2)

Appelle-moi **dans** la soirée. • On se voit **dans** la semaine ?

• Pour introduire un moment indéterminé, on utilise « **dans** » : *dans l'année / le mois / la semaine, dans la journée / la matinée / l'après-midi / la soirée.*

---

165 Complétez par « à », « au », « à la », « à l' », « en » ou « dans ».

Exemples : Il est arrivé tard **dans** la soirée.   Elle a pleuré **à la** fin du film.
a. .... semaine, il se réveille .... aube pour aller travailler.
b. Le carnaval de Nice a lieu chaque année .... février.
c. Les guichets de la poste ouvrent .... huit heures et demie le samedi.
d. L'exposition commence .... mi-août et se termine .... mois de décembre.
e. L'infirmière passera certainement .... la matinée.
f. Je pourrai te rembourser .... début du mois prochain.
g. Ils sont arrivés .... heure au rendez-vous avec leur banquier.
h. Le pilote a disparu .... 1944 dans la mer Méditerranée.

166 Complétez par « à », « le », « en », « au » ou « vers ».

Exemple : Ils ne connaissent pas encore les dates mais le colloque doit avoir lieu **vers** le 14 mai.
a. On ne programme plus de réunion .... mai, il y a trop de jours fériés.
b. .... mois de février, il n'y a que vingt-huit jours cette année.
c. Elle pense prendre un congé sabbatique .... 2022 ou .... 2023.
d. Approximativement, ... quelle heure vous serez libres ?
e. Nous organiserons son pot de départ .... 28 juin, ... 18 heures.
f. On pourrait organiser un week-end détente pour le personnel .... printemps.
g. On ne prend plus nos congés .... août, il y a trop de monde partout.
h. .... la moitié du mois, on commence à préparer la paye.

167 Transformez ces phrases avec les repères temporels : « au début du/de », « à la fin de/du », « à la mi- », « avant », « après ».

Exemple : *Vers le 5 juin*, on commence à sentir l'été → **Au début de juin**, on commence à sentir l'été.
a. *Vers le 11 novembre*, le temps devient froid. → ....
b. *En janvier et février*, les risques de neige sont fréquents. → ....
c. Il pleut souvent *vers le 15 mars*. → ....
d. *À partir du 21 juin* les jours raccourcissent. → ....
e. Les orages sont nombreux *après le 15 août*. → ....
f. *À partir du 1er avril*, les gelées diminuent. → ....
g. *Vers le 15 septembre*, l'été indien s'installe pour quelques jours. → ....
h. *À partir de janvier*, les jours rallongent. → ....

Les prépositions de temps

• L'expression de l'intervalle et de la durée

Nos amis partent au Japon du 10 au 17 avril, au moment de la floraison des cerisiers. Les arbres sont magnifiques pendant quelques jours. • Nous serons en congés entre le 8 et le 15 avril. • Pour les vacances de printemps, les enfants viendront nous voir. • Ma mère sera de retour dans dix jours.

- Pour indiquer un intervalle de temps précis, on emploie « entre… et… », « à partir de… jusqu'à… » ou encore « du… au… ».
- On peut préciser la durée en utilisant « pendant », ou « pour » quand on parle d'un projet à venir. « Dans » introduit un moment programmé dans le futur.

168 Reliez le début et la fin des phrases. (Il y a parfois plusieurs réponses possibles.)

a. Elsa va s'absenter pendant   1. le mois d'août.
b. Elle sera en Grèce entre   2. les vacances d'hiver.
c. Nous ferons un trekking jusqu'   3. le week-end de Pâques.
d. Nous avons eu un temps magnifique pendant   4. du 6 juin.
e. Nous n'avons pas encore de projet pour   5. le 23 et le 30 juillet.
f. Nous faisons des travaux chez nous   6. quinze jours.
g. Je serai à l'hôpital à partir   7. pendant les vacances de la Toussaint.
h. On aimerait bien partir quelque part pour   8. au 12 mai.

169 Complétez les phrases à partir des éléments donnés entre parenthèses. Variez les formulations avec « pour », « pendant », « à partir de… jusqu'à… », « du … au… » et « entre … et … ».

Exemples : Nous serons à l'île d'Oléron du 8 au 15 août (8 au 15 août).
             On va chez nos amis de Nice pendant trois jours (3 jours).

a. On loue un studio .... (15 jours).
b. Mme Floch a réservé une thalasso .... (1 semaine).
c. Lola fait un stage en entreprise .... (15-25 mars).
d. Adèle et son ami partiront au Sénégal en avril prochain .... (3 semaines).
e. Je vais chez mon fils à Sète .... (1er-13 octobre).
f. On va rendre visite à Grand-Mère .... (week-end du 12 mai).
g. Jade va voir ses parents .... (Noël).
h. Lise et son ami sont allés en Bretagne .... (5 jours).

170 Complétez par « dans » ou « après ».

Exemple : Le dimanche, après le foot, Alex finit ses devoirs.

a. Je t'aiderai à finir tes exercices .... le dîner.
b. .... trois semaines, nous partons pour Madrid.
c. Les prix de l'immobilier ont commencé à augmenter .... 2005.
d. Il fait une petite sieste .... le déjeuner.
e. Nous en saurons davantage .... une semaine.
f. .... quinze jours, on sera en vacances.
g. Mélanie prend sa douche .... le petit-déjeuner.
h. En hiver, les jardins publics sont généralement fermés .... 19 h 30.

05 • Les adverbes et les prépositions

> **• « Depuis » (A2)**
>
> **Depuis** son anniversaire, ma sœur fait du sport. • **Depuis** un an, son fils vit à Toulouse.
>
> • « Depuis » indique une durée qui a commencé dans le passé et se poursuit au moment présent. On peut utiliser « depuis » avec une date ou avec une durée.

171 Complétez par « pendant », « pour », « dans » ou « depuis ».

Exemple : Elle travaille depuis six mois maintenant.

a. .... les dernières vacances, je vais à la piscine tous les samedis.
b. On offrira un cadeau à notre mère .... sa fête .... quelques jours.
c. .... le week-end, il a fait très beau et on a nettoyé le jardin.
d. .... Pâques, on partira quelques jours au bord de la mer.
e. .... la semaine dernière, on a repeint la cuisine.
f. On pourrait réserver des places sur un vol .... le 25 juillet, ... un mois ?
g. Il a travaillé comme un fou .... tout le trimestre.
h. Nous avons un rendez-vous avec le Dr Marck .... le 28 janvier à 15 h.

> **• « Par », « sur », « à » et « de »**
>
> Le magasin est ouvert sept jours **par semaine**. • Le distributeur de billets fonctionne **24 heures sur 24, 7 jours sur 7**. • En ville, la vitesse est limitée à 50 km **à l'heure**. • Il est payé 25 € **de l'heure**.
>
> • Dans quelques expressions indiquant une fréquence régulière, on utilise « sur », « à » ou « par » suivi de la durée considérée.
>
> Pour un salaire horaire, on utilise l'expression « de l'heure ».

172 Associez la préposition à l'élément qui convient.

On se rappelle :

a. en ⟶ 1. août.
b. après   2. la mi-octobre.
c. à   3. 18 heures.
d. au   4. début du mois.
e. le   5. les vacances.
f. à la   6. fin de la semaine.
g. entre   7. 5 et 7 heures.
h. avant   8. 6 mars.

173 Complétez par « à », « sur », « de » ou « par ».

Exemple : Rouler à 100 km à l'heure sous la pluie c'est dangereux.

a. Elle travaille à mi-temps, deux jours et demi .... semaine.
b. Sa femme de ménage vient quatre fois .... mois pendant deux heures.
c. « Elle la paie combien .... l'heure ? – 12 euros. »
d. Ton supermarché est ouvert 24 heures .... 24 ?

e. Non, il est ouvert de 8 heures à minuit, six jours .... semaine.
f. Ce camion ne respecte pas la vitesse ; il devrait rouler à 80 km .... l'heure maximum.
g. Sandrine a trouvé un petit job dans un bar ; elle est payée 30 euros .... soirée.
h. Le temps de travail normal c'est vingt-cinq jours .... mois.

Les adverbes de temps

> **• « Hier », « aujourd'hui », « demain »…**
>
> **Aujourd'hui** il fait très beau, ce qui change après la pluie d'**hier** et d'**avant-hier**. Mais on prévoit des nuages pour **demain**. • Marie est née le 22 mars 1975. **Ce jour-là**, il faisait froid. **La veille et l'avant-veille**, il avait neigé.
>
> • Pour situer une date ou un moment par rapport à un moment actuel, on emploie : *avant-hier, hier, aujourd'hui, maintenant, demain, après-demain.*
>
> Dans un récit relatif à un moment passé, on utilise : *l'avant-veille, la veille, ce jour-là, à ce moment-là, le lendemain, le surlendemain.*
>
> → Voir aussi le chapitre 13, p. 180.

174 Nous sommes le 24 mars. Expliquez votre emploi du temps à partir de cette page d'agenda.

Samedi 22 mars	Dimanche 23 mars	Lundi 24 mars	Mardi 25 mars	Mercredi 26 mars
20 h Cinéma Grand Rex Alicia	13 h Pique-nique aux Buttes-Chaumont Hélène, Mathilde, Lucas	18 h 30 Rendez-vous dentiste	19 h 30 Dîner chez maman	18 h Cours de yoga

Exemple : 24/03 : **Aujourd'hui**, j'ai rendez-vous chez le dentiste à 18 h 30.

a. 23/03 : ....
b. 22/03 : ....
c. 25/03 : ....
d. 26/03 : ....

175 Nous sommes maintenant le 16 avril. Qu'avez-vous fait en mars ? Réécrivez les phrases de l'exercice précédent.

Exemple : 24/03 : Ce jour-là, j'avais rendez-vous chez le dentiste à 18 h 30.

a. 23/03 : ....
b. 22/03 : ....
c. 25/03 : ....
d. 26/03 : ....

05 • Les adverbes et les prépositions

176 Remettez les phrases de ce récit dans l'ordre.
a. Aujourd'hui, il fait très beau et nous allons à la plage ce matin. ......
b. Nous nous sommes installés dans notre maison dans la soirée, avant-hier. ......
c. Hier après-midi, nous avons loué des vélos électriques pour découvrir la région. ......
d. Après-demain, nous partirons en bateau dans une crique sauvage. ......
e. Avant-hier, nous sommes arrivés à Ajaccio vers 15 heures. **1**
f. Demain soir, nous irons avec les amis corses dîner dans une pizzeria. ......
g. Hier matin, nous sommes allés au marché et avons visité le centre de la ville. ......
h. Dans huit jours, nous rentrerons à Lyon. ......

177 Remettez les phrases de ce récit dans l'ordre.
a. Ce matin-là, nous avions ce rendez-vous important avec M. Bloch. ......
b. M. Durand avait confirmé le rendez-vous la veille dans la matinée. ......
c. La veille au soir, M. Durand ne se sentait pas très bien. ......
d. Loïc Bloch, un client important, avait téléphoné l'avant-veille pour obtenir un rendez-vous avec M. Durand. **1**
e. Ce jour-là, beaucoup d'employés étaient absents, atteints de la grippe. ......
f. L'assistante de M. Durand, Bénédicte, a reçu le client cet après-midi-là. Le rendez-vous a duré très longtemps. ......
g. Le surlendemain Bénédicte et le client partaient en voyage ensemble. ......
h. Le lendemain Bénédicte nous a annoncé qu'elle venait de retrouver son amour de jeunesse, le client important. ......

• La chronologie (A2)

Actuellement, la vie est plus simple mais **autrefois**, elle était plus saine. • **D'abord**, je vais boire un café, **ensuite**, je passe à la librairie, **puis** je rentre chez moi. **Enfin**, je dînerai avec mes parents.

- Pour organiser des actions dans le temps, on emploie des adverbes qui situent les actions les unes par rapport aux autres, dans le passé ancien avec « **autrefois** », « **alors** » ou dans le présent ou le futur immédiat avec « **actuellement** », « **en ce moment** ».
- Pour établir une chronologie, on emploie « **(tout) d'abord** », « **alors** », « **ensuite** » et « **puis** », « **enfin** ».

---

178 Reliez le début et la fin des phrases. (Il y a parfois plusieurs possibilités.)
a. Autrefois,   1. le baccalauréat est en pleine réforme.
b. Tout d'abord,   2. les programmes et les manuels scolaires ont été modifiés.
c. Plus tard,   3. on a formé de nouveaux professeurs.
d. Maintenant,   4. l'école était obligatoire jusqu'à douze ans.
e. Alors,   5. on a commencé à revoir l'organisation des études à partir de la seconde.
f. Ensuite,   6. les lycéens passeront la nouvelle formule du baccalauréat dans quelques années.
g. En ce moment,   7. les enfants sont scolarisés jusqu'à 16 ans.
h. Enfin,   8. l'an prochain, les lycéens découvriront les nouveaux programmes.

Les adverbes de temps

179 Complétez cette journée programme touristique par les mots de la liste.

tout d'abord – ensuite – alors – plus tard – puis – enfin – avant – à ce moment-là – après

Exemple : 9 h 00 : Nous nous retrouverons tout d'abord au pied de la tour Eiffel.

a. 10 h 30 : .... nous admirerons Paris vu d'en haut si le ciel est dégagé.
b. 11 h 30 : .... nous visiterons la Sainte-Chapelle.
c. 11 h 00 : .... nous aurons fait un tour au marché aux fleurs dans l'île de la Cité.
d. 12 h 30 : .... nous nous retrouverons pour un déjeuner raclette au Quartier latin.
e. 15 h 00 : .... le déjeuner, nous reprendrons le car pour aller dans le quartier de l'Opéra.
f. 15 h 15 : .... vous aurez une petite heure pour faire quelques achats de souvenirs.
g. 16 h 15 : .... nous ferons un tour dans les jardins du Palais-Royal.
h. 19 h 30 : .... nous nous donnerons rendez-vous devant les Folies Bergère pour le dîner spectacle.

• L'immédiateté et la simultanéité

La maison était silencieuse. **Tout à coup,** la porte s'est ouverte et, **aussitôt,** la lumière s'est éteinte. **À ce moment-là,** mes amis sont entrés pour me souhaiter un bon anniversaire. **Soudain,** j'ai compris.

- Pour marquer l'immédiateté et la simultanéité, on utilise les expressions : à ce moment-là, au même moment, aussitôt (ou tout de suite au présent), soudain, tout à coup, brusquement.

---

180 Complétez les phrases par « à ce moment-là », « au même moment », « aussitôt », « soudain » ou « tout à coup ». (Il y a plusieurs possibilités.)

Exemple : Le ciel est devenu noir et, tout à coup, l'orage a éclaté.

a. On roulait tranquillement sur la route et, ..., un camion est arrivé en face.
b. Elle a frappé la citrouille qui s'est .... changée en carrosse.
c. Elle a enfilé son manteau et est sortie ....
d. La police est arrivée .... sur le lieu de l'accident.
e. On a entendu les sirènes et, ..., on a vu plusieurs camions de pompiers.
f. Elle a reçu la piqûre d'anesthésiant et elle s'est endormie ....
g. On dînait tranquillement et, ..., on a entendu l'explosion.
h. Elle dormait dans la clairière et, ..., la neige s'est mise à tomber.

• « Tôt/tard », « maintenant », « bientôt », « tout à l'heure », « désormais »...

Ils sont arrivés **tard** et ils sont partis **tôt**. • **Tout à l'heure**, je vais chercher les enfants. • **Jusqu'à présent,** on pouvait circuler en voiture dans le centre-ville, **désormais,** c'est interdit.

- Ces adverbes ont des valeurs imprécises : « tôt » ≠ « tard » ; « plus tard » (= « après ») ; « maintenant » ≠ « tout à l'heure » (pour le passé ou l'avenir proches) et « bientôt » (pour l'avenir proche).
- « Désormais » et « dorénavant » indiquent le début d'un changement.

---

181 Complétez par « tout à l'heure », « bientôt », « tard », « tôt », « désormais » ou « dorénavant ».

Exemple : Louis m'a prévenu qu'il rentrera tard ce soir.

a. Je dois sortir .... alors passe avant midi.
b. Il y aura .... des bourgeons aux arbres, le printemps ne va pas tarder.
c. J'ai pris une grande décision : ...., je ferai du sport deux fois par semaine.
d. Passez plus .... dans l'après-midi, je ne suis pas chez moi avant 16 heures.

05 • Les adverbes et les prépositions

e. Son avion va .... atterrir. Regarde, c'est le sien.
f. Avec le changement climatique, les saisons sont .... moins marquées.
g. La pièce commence .... , alors dépêchons-nous !
h. On vient de passer à l'heure d'hiver, il fait .... nuit vers 18 heures.

182 Reliez le début et la fin des phrases.

a. Il est tard,   1. il travaille à la comptabilité.
b. Je suis passée tout à l'heure   2. je vais me coucher.
c. C'est l'été, désormais,   3. au pressing, mais ton manteau n'était pas prêt.
d. Demain, il faut se lever très tôt,   4. elle ne mange plus comme nous.
e. Nous rentrons bientôt,   5. l'avion décolle à 7 heures.
f. J'ai écouté la radio tout à l'heure ;   6. la situation économique s'améliore.
g. Arthur vient de changer de poste ; dorénavant   7. les vacances sont presque finies.
h. Maintenant Cécile est végane, dorénavant,   8. on devrait avoir un peu de chaleur.

> **• La fréquence**
>
> « Vous allez **souvent** au cinéma ? – Oui, on y va **de temps en temps**. » • « Elle prend **encore** des cours de danse ? – Non, elle **n'**en prend **plus**. » • « Vous êtes **déjà** allé au Népal ? – Non je **n'**y suis **jamais** allé. »
>
> - Pour indiquer la fréquence d'une action, on utilise les adverbes comme « **toujours** » (≠ « **jamais** »), « **tout le temps** », « **la plupart du temps** », « **souvent** », « **quelquefois** », « **parfois** », « **de temps en temps** »…
> - La réponse à « **encore** » est « **ne… plus** » pour indiquer une rupture. La réponse à « **déjà** » est « **ne… pas encore** » ou « **ne… jamais** ».

183 Reliez les questions et les réponses.

a. Tu as déjà fait du kite-surf ?   1. Non, elle n'en fait plus depuis son accident.
b. Vous jouez souvent au tennis ?   2. Oui, il en fait encore.
c. Sophie fait encore du ski ?   3. Oui, on en fait de temps en temps.
d. Nathan fait toujours du snowboard ?   4. Non, rarement, je préfère le squash.
e. Vous faites généralement du sport ?   5. Oui, il va régulièrement à la piscine.
f. D'habitude, ton fils court le samedi matin ?   6. Non, pas encore, mais j'aimerais essayer.
g. Son frère nage souvent ?   7. Oui, j'en ai fait enfant.
h. Vous avez déjà fait de l'équitation ?   8. Oui, il fait souvent son parcours de jogging.

> **• L'habitude**
>
> **D'habitude**, je me lève à 7 heures. • « Vous faites **souvent** du jogging ? – Non je **n'**en fais **jamais**. »
>
> - Pour indiquer une habitude, on emploie « **d'habitude** », « **généralement** » ou « **toujours** » ; « **ne… jamais** » est le contraire de « **toujours** ».

184 Répondez à ces questions avec « ne… pas encore », « ne… jamais », « ne… plus », « déjà » ou « toujours ».

Exemple : As-tu déjà voyagé en Asie ? → Non, je **n'**ai **pas encore** voyagé en Asie.

a. Avez-vous réservé votre vol pour Bangkok ? → Oui, ...
b. Tu connais la Thaïlande ? → Non, ...

c. Vous logerez encore chez l'habitant ? → Non, ...
d. On mangera toujours sur les marchés de rue ? → Non, ...
e. Vous allez souvent en Chine ? → Non, ...
f. Tes amis vivent toujours au Cambodge ? → Non, ...
g. Ils ont parfois visité le temple d'Angkor ? → Non, ...
h. Vous avez déjà goûté la cuisine vietnamienne ? → Oui, ...

Les prépositions de lieu

> **• Avec les noms de pays, d'îles ou de villes (A2)**
>
> **Tu pars en Asie, au Japon ? Alors, passe au moins quatre nuits à Tokyo.**
>
> - Pour indiquer un pays où l'on est ou bien où l'on va, on utilise « au » + nom de pays masculin (au Venezuela), « en » + nom de pays féminin ou masculin commençant par une voyelle (en Espagne / en Équateur) ou « aux » + nom de pays pluriel (aux Pays-Bas).
> - Pour les noms d'îles, si le nom commence par « la », on utilise « en » (en Corse) ou « à la » (à la Guadeloupe). Sinon, on utilise « à » (à Hawaï).
> - Pour les noms de villes, on utilise « à » (à Londres).

185 Reliez les éléments pour faire des phrases. (Il y a parfois plusieurs possibilités.)

a. Sa sœur s'est installée à
b. Ma cousine voyage en
c. Je voudrais aller au
d. Mes amis sont aux
e. Nous allons aux
f. Katia travaille à
g. Son fils fait un stage de langue à
h. Lucas joue au tennis en

1. Seychelles, à
2. Vancouver, au
3. Séville, en
4. Irlande, à
5. Laos, particulièrement à
6. États-Unis, à
7. Iran elle est maintenant à
8. Manchester, au

s. Lomprabang.
t. Téhéran.
u. Los Angeles.
v. Royaume Uni.
w. Victoria.
x. Canada.
y. Espagne.
z. Belfast.

186 Complétez par « à », « aux », « à la » ou « en ».

Exemple : En Corse, il fait très beau l'été.

a. Nous avons passé des vacances .... Seychelles.
b. Noémie a de la famille .... Martinique.
c. .... Antilles, il pleut souvent en juillet et août.
d. .... la Réunion, il y a de belles randonnées à faire.
e. J'aimerais bien aller .... Sardaigne.
f. Ma tante vit .... Philippines, ... Manille.
g. Tu n'es jamais allé .... Cuba ? Quel dommage !
h. Mon fils rêve d'aller .... Jamaïque.

187 Complétez par « à », « au », « en » ou « aux ».

Exemple : Il habite au Chili à Santiago.

a. Je vais .... Inde, ... Mumbay.
b. On part quinze jours .... Cuba et .... Guatemala.
c. Ils vont vivre .... États-Unis, ... Boston.
d. Emma part en stage .... Shanghai .... Chine.

05 • Les adverbes et les prépositions

e. Elle enseigne .... Papeete, ... Polynésie.
f. Nous allons .... Pérou et nous restons deux jours .... Cuzco.
g. Ils habitent .... Madrid, ... Espagne.
h. Ma sœur loue une maison .... Porto, ... Portugal.

> **• Les lieux où l'on est, où l'on va et par où l'on passe**
>
> Il part **vers** le Maroc. Il veut aller **jusqu'**au désert en passant **par** Tanger.
>
> • « Vers » indique une direction vague ; « pour » et « jusque/jusqu' » une destination finale ; « par » indique un lieu de passage.

188 Complétez par « pour », « vers », « jusqu'à », « jusqu'en » ou « par ».

Exemple : Nos amis ont loué un 4 × 4 pour aller dans le désert jusqu'à Tombouctou.

a. Les passagers du vol .... Nice sont invités à se présenter à la porte 4.
b. Nous dormirons en route, ... Lyon.
c. Mon fils voudrait aller .... Mauritanie en passant .... le Maroc.
d. Nous reprendrons la route .... Marseille le lendemain.
e. De Paris .... Brest, il faut environ sept heures de trajet.
f. Nous nous sommes arrêtés .... Brive pour pique-niquer.
g. Tu prends la nationale 7 .... Avignon mais tu ne vas pas .... Avignon.
h. En allant .... l'Espagne, on a dormi à Toulouse.

> **• Le lieu d'où l'on vient (A2)**
>
> Cet avion arrive **du** Népal, il arrive **de** Katmandou. • Ce bateau vient **d'**Algérie. • Nos amis rentrent **des** Antilles et **de** la Jamaïque.
>
> Pour indiquer la provenance, on utilise :
>
> • « du » + nom de pays masculin (du Chili) et « des » + nom de pays/d'île au pluriel (des États-Unis, des Seychelles) ;
> • « de » + nom de ville/de pays féminin/d'île (de Londres, de Colombie, de Corse) ou « d' » + nom de ville/de pays commençant par une voyelle (d'Amsterdam, d'Italie, d'Uruguay) ;
> • « de la » + nom d'île commençant par « la » (de la Guyane).

189 Reliez le début et la fin des phrases. Il y a parfois plusieurs possibilités.

a. Nous revenons des   1. Suède.
b. Je ne veux pas partir d'   2. Caraïbes.
c. Elle a du mal à revenir du   3. Inde.
d. On arrive tout juste de   4. Mexique.
e. Ils arrivent de   5. Monténégro.
f. Mes amis rentrent des   6. États-Unis.
g. Nos parents reviennent du   7. Miami.
h. Nous venons du   8. Groenland.

Les prépositions de lieu

190 Complétez par « du », « d' », « de la », « de » ou « des ».

Exemple : Vous revenez du Mexique ou de Cuba ?

a. Tu rentres .... Pérou ou .... Colombie ?
b. Vous revenez .... Lima ou .... Arequipa ?
c. Vous partirez .... Chine ou .... Japon ?
d. Vos amis reviennent .... Thaïlande ou .... Laos ?
e. Tu décolleras .... Budapest ou .... Moscou ?
f. On partira .... Lisbonne ou .... Espagne ?
g. Vous revenez .... Égypte ou .... Israël ?
h. Tu pars .... Roissy ou .... Orly ?

• Autres prépositions de lieu

« La boulangerie est à l'extérieur de la ville ? – Non c'est dans le centre, en face de l'église, à côté de la mairie. »

- Pour préciser la position d'un objet, d'une personne ou d'un lieu par rapport à un autre, on emploie des prépositions : à droite de ≠ à gauche de, devant ≠ derrière, en face de, à côté de, entre... et..., en haut de ≠ en bas de, dans ≠ en dehors de, à l'intérieur de ≠ à l'extérieur de, sur ≠ sous, au-dessus de/ en dessus de ≠ au-dessous de/en dessous de...

191 Associez les questions et les réponses.

a. Je range les chemises dans le placard ?
b. Tu mets les fruits à l'intérieur de la maison ?
c. On place le réfrigérateur près de la cuisinière ?
d. Je mets les draps en haut de l'armoire ?
e. J'accroche ce tableau à droite de la porte ?
f. Les toilettes sont à l'étage ?
g. Je mets la statuette sur la cheminée ?
h. On place le miroir en face de la porte ?

1. Non, je les mets à l'extérieur, sur la terrasse.
2. Non, laisse-les hors du placard.
3. Non, plutôt à gauche.
4. Non, il faut le mettre loin de la cuisinière.
5. Non, mettons-le plutôt près du lit.
6. Non, je les mets en bas de la commode.
7. Oui, mets-la entre la pendule et le bougeoir.
8. Oui, c'est la porte à gauche des escaliers.

• « Parmi », « chez » et « contre »

Il y a un rosier parmi les ronces. • J'habite chez Paul en ce moment. • Je vais chez le coiffeur. • J'ai placé la commode contre le mur.

- « Parmi » permet de situer un objet ou une personne au milieu de beaucoup d'autres.
- « Chez » + nom de personne ou de métier situe une habitation ou un commerce.
- « Contre » indique une proximité donnant lieu à un contact.

192 Complétez par « sur », « sous », « parmi », « chez », « au-dessus », « au-dessous », ou « contre ».

Exemple : Le parking se trouve au-dessous du centre commercial.

a. Vous habitez toujours .... vos parents ?
b. Regarde .... de la maison, il y a un nid sur la cheminée.
c. .... tous nos amis, beaucoup sont étrangers.

05 • Les adverbes et les prépositions

d. Pourrais-tu regarder .... la console si je n'ai pas oublié ma carte bancaire ?
e. Elle a placé un fer à cheval .... de la porte d'entrée pour protéger la maison.
f. Appuie bien l'échelle .... le mur, il ne faut pas que tu tombes.
g. Mets tes chaussures .... le banc dans l'entrée.
h. Les pivoines sont ses fleurs préférées .... toutes.

193 Dessinez le plan de cette chambre : d'après la description, placez-y les meubles.

« La fenêtre se trouve *en face de* la porte, *au milieu* du grand mur *en haut* du plan. La porte est *en bas* du plan *à droite*, *près de* l'autre mur. Le radiateur se trouve *sous* la fenêtre. Quand on rentre, *contre* le mur de gauche, il y a le lit, *à l'angle* avec l'autre mur. *Près* du lit, il y a une table de nuit et *sur* la table, une petite lampe. *Derrière* la porte, à droite, il y a une armoire.
Sur le mur *de gauche*, *au fond*, après la table de nuit, il y a des étagères basses *contre* le mur. *Au-dessus* des étagères, il y a des tableaux accrochés *contre* le mur. *Au milieu* de la chambre, *en face de* la fenêtre, il y a une table assez grande et une chaise. La chaise est *entre* le lit *et* la table. Plus *loin*, *contre* le mur, *à côté de* l'armoire, il y a une commode à tiroirs et *au-dessus* de la commode, il y a un grand miroir. »

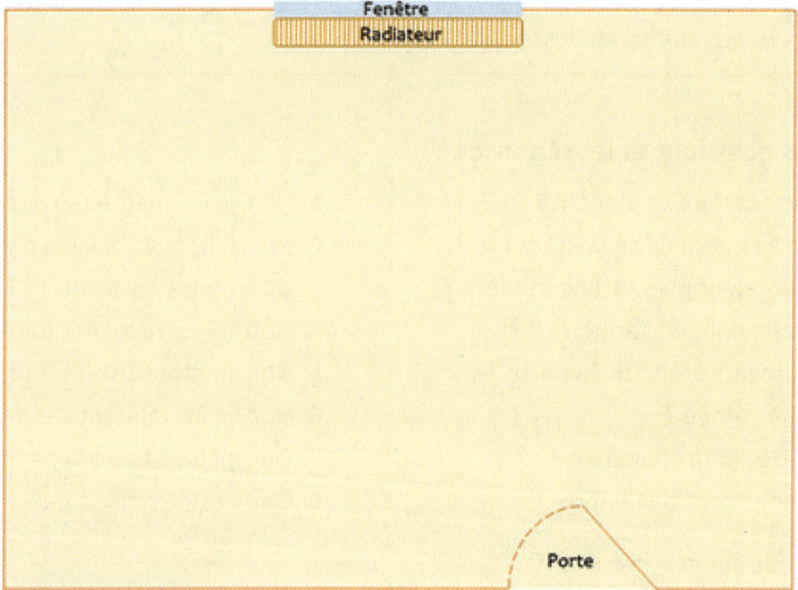

Les adverbes de lieu

— • « Ici », « là », « là-bas », « ailleurs », etc. —

« **Pour les vacances vous allez quelque part ? – Nous ne savons pas, n'importe où, ce sera bien.** »

- Les adverbes précisent un lieu. « Ici » ≠ « là », « là-bas », « ailleurs », « autre part » localisent par rapport à un endroit précis. « Près » ≠ « loin » indiquent la distance.

- Autres adverbes : *partout* (de tous côtés) ≠ *nulle part* (dans aucun endroit) ; *dehors* ≠ *dedans* (par rapport à un objet, un endroit) ; *en haut* ≠ *en bas* ; *au-dessus/en dessus* ≠ *au-dessous/en dessous* ; *devant* ≠ *derrière* ; *n'importe où* (indéterminé) ≠ *quelque part* (précise un endroit) ; *autour* (dans les environs), *à proximité*, *tout droit* (direction).

Les adverbes de lieu

194 Associez les éléments de façon logique.

a. Le fruit de l'amande se trouve
b. Nos bagages sont
c. La banlieue est
d. Le centre commercial est
e. La banane est
f. La température est très basse et
g. Il a neigé et c'est blanc
h. J'ai cherché dans le salon et je ne vois

1. au-dessous de la peau.
2. dehors il gèle.
3. à l'intérieur de la coque.
4. au-dessus de nos sièges.
5. partout.
6. nulle part ton portefeuille.
7. à l'extérieur du centre-ville.
8. autour de la ville.

195 Soulignez le mot qui convient.

Exemple : Ouvre ton parapluie et marchons *au-dessus* / *au-dessous*.

a. Tu as dû mettre tes clés *ailleurs* / *nulle part*, je ne les vois pas.
b. Le chien est resté *dehors* / *dedans* sous la pluie, le pauvre !
c. *Ici* / *là-bas*, il fait bon et on est bien, mais dehors il neige.
d. Il y a des fleurs *autour* / *quelque part* mais il ne les voit pas.
e. On a regardé *nulle part* / *partout*, même sous les lits…
f. Elsa en a assez de Marseille. Elle a envie d'aller vivre *nulle part* / *ailleurs*.
g. Regarde *là-bas* / *ici*, à l'horizon, tu verras les îles au loin.
h. Tokyo, c'est très *loin* / *près*, à onze heures de vol de Paris.

196 Complétez chaque phrase par le contraire du mot en italique.

Exemple : Je ne sais plus à quel étage ils habitent ; c'est *au-dessus* ou *au-dessous* ?

a. Moi je m'assois *devant* et toi ....
b. « On est bientôt arrivés ? C'est encore .... ? » « Non, on est *tout près*. »
c. Dans l'armoire, vous rangez les draps *en haut* ou .... ?
d. Je sais qu'ils cachent leur argent ...., mais ça peut être *n'importe où* dans la maison.
e. Qu'est-ce que je fais des passeports et de ton sac ? Je les mets .... ou *dedans* ?
f. Moi, je reste *ici* et toi, tu vas ...., à la soirée.
g. « Ce moustique m'énerve. Il tourne dans la chambre. » « Je ne vois de moustique ...., tu rêves. »
h. « J'ai envie d'aller .... » « Eh bien moi, je reste *ici*, j'ai du travail. »

197 Complétez par les mots de la liste.

nulle part – quelque part – autre part – ailleurs – là-bas – ~~n'importe où~~ – ici – autour – partout

Exemple : Alix est prête à aller n'importe où s'il fait beau.

a. Son ami Max déteste le changement et il ne veut aller .... Il n'est bien que devant son écran.
b. Alors Alix cherche un joli endroit pour les vacances, ... sur la Côte d'Azur.
c. Max, lui, déteste la Côte d'Azur car il y a du monde ....
d. Ils vont donc chercher ...., en Bretagne ou en Vendée.
e. ...., au moins, il n'y aura pas trop de monde !
f. Mais ça ne va non plus. Alors Alix cherche ...., en Normandie par exemple.
g. Elle regarde à Deauville et .... s'il y a des maisons à louer, mais c'est très cher.
h. Finalement, Max décide qu'Alix partira où elle veut et que lui restera ...., chez lui.

83

05 • Les adverbes et les prépositions

Bilan 5

1. Complétez le dialogue par des adverbes formés à partir des adjectifs donnés et rayez ce qui ne convient pas.

« Je ne comprends (a. *vrai*) .... pas ; Laura n'est pas venue à notre rendez-vous !
– Tu lui as expliqué (b. *clair*) .... le lieu du rendez-vous.
– (c. *Évident*) ...., je lui ai même indiqué le nom du café et je lui ai (d.) *bon / bien* dit en face de la station de métro Bastille.
– Alors, tu n'as peut-être pas fixé (e. *précis*) .... l'heure du rendez-vous.
– (f. *Franc*) .... tu me prends pour une idiote ?! Je connais Paris (g.) *bien / mieux* que toi et je sais donner (h. *exact*) .... une heure.
– Réfléchissons (i. *calme*) .... As-tu attendu (j. *très / trop / beaucoup*) longtemps ?
– J'ai attendu (k. *patient*) .... plus d'une heure. Je suis (l. *terrible*) .... inquiète. (m. *Habituel*) ...., Laura est à l'heure, elle est même (n. *fréquent*) .... en avance. Je l'ai appelée (o. *constant*) .... sur son portable. Aucune réponse.
– Tu comprendras (p.) *trop / mieux* quand tu l'auras au bout du fil.
– (q. *Sûr*) ...., mais elle aurait pu m'avertir (r. *gentil*) ....
– Elle te racontera (s. *bref*) .... la raison de son retard. Et on trinquera (t. *gai*) ....
– Allez, attendons-la (u. *sage*) .... »

2. Complétez par des prépositions et des adverbes de lieu et de temps.

À *l'agence de voyages*
La cliente : Bonjour, je voudrais m'évader, partir .... (a)
L'employé : Excellente idée. Je peux vous aider, mais avez-vous une idée de quand vous voudriez partir ?
La cliente : .... (b) avril ou .... (c) mai, oui, plutôt .... (d) printemps.
L'employé : Très bien. Et avez-vous une idée de votre destination ?
La cliente : Je voudrais aller .... (e) où il fait beau. On m'a dit que le Sénégal est très bien. Il fait beau .... (f) en avril ?
L'employé : Oui c'est mieux qu'.............................. (g) été. Il y fait trop chaud.
La cliente : Alors je voudrais partir en formule club. Je ne suis pas difficile, ... (h) du moment qu'il y a une piscine et une discothèque.
L'employé : Je vois. J'ai un départ possible .... (i) samedi 15 avril avec un retour une semaine plus .... (j).
La cliente : Bien. Ça me convient. Et ça coûte combien ?
L'employé : 1 200 € tout compris .... (k) semaine.
La cliente : C'est parfait. Oh, mais j'ai oublié ma carte bleue. Je repasserai plus .... (l), ... (m) la soirée. À tout à l'heure.
L'employé : Au revoir, madame.

3. Complétez par des prépositions de lieu et de temps ces annonces, entendues dans une gare ou dans un train.

« Le train .... (a) Lyon en provenance .... (b) Valence aura dix minutes de retard. »
« Les passagers du T.G.V. 3021 sont priés de se rendre .... (c) le quai 4. »
« Le train en provenance .... (d) Strasbourg entre .... (e) gare. Veuillez vous éloigner .... (f) quai. »
« Nous atteignons maintenant notre vitesse de pointe, qui est de 410 kilomètres .... (g) l'heure. »
« .... (h) quelques minutes, nous arriverons .... (i) Marseille Saint-Charles. Nous invitons les passagers à vérifier qu'ils n'oublient pas leurs bagages .... (j) de leurs sièges ni .... (k) l'espace à bagages qui se trouve .... (l) la sortie de chaque voiture. »
« La voiture-bar est ouverte .... (m) 10 heures .... (n) 16 heures. Elle se trouve .... (o) de la voiture 15. Les passagers y trouveront .... (p) tout le trajet des boissons, des sandwiches et des biscuits. »

06 • L'indicatif
Le présent (révision)

> **• Les verbes en « -ir », « -re », « -oir » et « -dre » (A2)**
>
> **Vous venez avec nous prendre un verre ou vous faites autre chose ? • Je mets mon manteau et on part.
> • Tu ne bois pas trop si c'est toi qui conduis ! • J'ai de la fièvre, je vais chez le médecin.**
>
> - Les verbes en « ir » qui font « -is », « -is », « -it », « -issons », « -issez », « -issent » sont des verbes du 2ᵉ groupe : *grossir, maigrir, finir, vieillir, noircir…*
> - Les terminaisons des verbes en « -ir », « -re », « -oir » et « -dre » (3ᵉ groupe) sont régulières. C'est souvent le radical qui change : *je viens, tu viens, il/elle/on vient, nous venons, vous venez, ils/elles viennent.*
> - « Avoir », « être », « vouloir », « pouvoir », « aller », « faire » et « dire » sont irréguliers.

198 Soulignez les verbes en « -ir » du 3ᵉ groupe.

<u>partir</u> – salir – dormir – jaunir – fleurir – venir – mincir – rougir – sentir – courir – obscurcir – sortir – verdir – souffrir – couvrir – devenir – obtenir – tenir – réussir – grandir – réunir – parvenir – choisir – mourir – guérir.

199 Classez ces verbes selon leur sujet.

a. ~~sais~~ – **b.** connaissons – **c.** peux – **d.** boivent – **e.** dites – **f.** mets – **g.** veux – **h.** voulons – **i.** découvres – **j.** craint – **k.** prennent – **l.** connaît – **m.** soumettons – **n.** connais – **o.** veulent – **p.** tiens – **q.** conduis – **r.** savent – **s.** souffre – **t.** croyons – **u.** voulons – **v.** faites – **w.** crois – **x.** font – **y.** éteins – **z.** peut.

je : a, ...	tu : a, ...	il/on/elle :	nous :	vous :	ils/elles : ....
....	....	....	....	....	....

200 Complétez les terminaisons.

Exemples : Tu pein**s**.   Nous mett**ons**.

a. On sai……
b. Tu peu……
c. Vous fai……
d. On connaî……
e. Ils di……
f. Je devien……
g. Je résou……
h. Ils veul……

> **• Les verbes en « -ir » avec un seul radical (A2)**
>
> **Tu offres des fleurs et nous offrons du champagne. • Vous couvrez vos enfants mais elle ne se couvre pas. • On accueille nos amis ce week-end.**
>
> - Quelques verbes en « -ir » comme « ouvrir » (« découvrir », « offrir », « souffrir », « cueillir », « accueillir », « recueillir », « couvrir », « découvrir ») se conjuguent au présent comme les verbes en « -er ».
> - Ces verbes n'ont qu'un seul radical, seules les terminaisons changent : *je cueille, tu cueilles, elle cueille, nous cueillons, vous cueillez, elles cueillent.*

Le présent (révision)

201 **Complétez les terminaisons.**

Exemple : Tu offr*es* un cadeau à ta mère et regarde, elle sourit !

a. Vous souffr... de quoi, de la grippe ?
b. Tu découvr... qu'il fait froid l'hiver en France ?
c. Je ne cueill... pas de fleur, il pleut trop.
d. Tu n'ouvr.............................. pas les fenêtres, mais on entrouvr.......................... la porte.
e. Sophie adore les animaux et elle recueill............ souvent les chats de la voisine.
f. Les enfants accueill.............................. leurs amis québécois la semaine prochaine.
g. Vous me couvr... de cadeaux, c'est trop !
h. Nous recouvr... nos rosiers pour les protéger du gel.

202 **Complétez les terminaisons.**

Exemple : Tu conn*ais* cette bibliothèque ?

a. Vous sav .... où je peux trouver ce livre ?
b. Je peu .... emprunter ce magazine ?
c. Où vous mett .... les ouvrages de philosophie ?
d. On fai .... comment pour retrouver un livre ?
e. Je revien...................... tout de suite à cette table.
f. Elles ne part... pas encore.
g. Je veu... garder ma place.
h. Nous pren................................. ces ouvrages.

• **Les verbes en « -dre » avec un seul radical (A2)**

« Vous **vendez** votre voiture ? – Oui, on la **vend** bientôt. – Alors, nous **attendons** pour l'acheter mais Louis n'**attend** pas longtemps, il est impatient. »

- Certains verbes en « -dre » comme « attendre » (« descendre », « entendre », « répondre », « correspondre », « confondre », « mordre », « vendre », « rendre », « dépendre », « défendre », « perdre », « tordre », « fondre »...) sont formés d'un seul radical finissant par un « d » qui reste inchangé : je **descends**, tu **descends**, il/elle/on **descend**, nous **descendons**, vous **descendez**, ils/elles **descendent**.

---

203 **Conjuguez aux personnes indiquées.**

Exemple : attendre : j'*attends*, elle *attend*, ils *attendent*.

a. Dépendre : tu ...., nous, ..., elles ....
b. Descendre : je ...., on ...., ... vous ....
c. Répondre : tu ...., elle ...., ils ....
d. Vendre : je ...., on ...., elles ....
e. Correspondre : tu ...., il ...., nous ....
f. Tordre : je ...., on ...., vous ....
g. Tondre : tu ...., il ...., elles ....
h. Fendre : je ...., on ...., nous ....

06 • L'indicatif

204 Conjuguez le verbe entre parenthèses au présent.

Exemple : Vous descendez la valise et je descends le petit sac. (descendre)

a. Vous .... le prochain métro ? Moi je n'.................................. pas. (*attendre*)
b. Elles .... les livres qu'on leur prête, mais Paul ne les .... jamais. (*rendre*)
c. Il .... les droits des enfants et je .... ceux des femmes. (*défendre*)
d. Tu .... les deux jumeaux mais mes enfants ne les .... pas. (*confondre*)
e. Ton chien .... mais les miens ne .... pas. (*mordre*)
f. Il .... avec nos amis mais je ne .... plus avec lui. (*correspondre*)
g. Maria ne .... plus à leurs lettres mais ils .... à ses appels téléphoniques. (*répondre*)
h. Elle .... mal mais ils s'.................................. quand même bien. (*entendre*)

• Les verbes à deux radicaux (A2)

Tu **par**s seul ou vous **part**ez tous les deux ? • Léo **connaît** cette histoire, vous la **connaiss**ez aussi ?

Certains verbes ont deux radicaux, l'un pour le singulier et l'autre pour le pluriel.

• partir : par-/part- ; sentir : sen-/sent- ; lire : li-/lis- ; écrire : écri-/écriv- ; sortir : sor-/sort- ; dormir : dor-/dorm- ; servir : ser-/serv- ; vivre : vi-/viv- ; mettre : met-/mett- ; battre : bat-/batt- ; savoir : sai-/sav- ; peindre : pein-/peign- ; craindre : crain-/craign- ; vaincre : vainc-/vainqu- ; joindre : join-/joign- ; coudre : coud-/cous-, etc.

 « Paraître (parai-/paraiss-) », « naître (nai-/naiss-) » et leurs composés prennent un accent à la 3ᵉ personne du singulier : il *paraît*, il *disparaît*, il *naît*, il *connaît*…

---

205 Conjuguez les verbes aux personnes indiquées.

Exemple : *Mettre la table* – Je mets la table. Ma sœur et moi, nous mettons la table. Ma sœur et son ami mettent la table.

a. *Partir en voyage* – Tu .... Ton frère et toi, vous ....
Ton frère et son copain ....

b. *Écrire des mails* – Je .... Mon amie et moi, nous ....
Mes amis ....

c. *Lire le journal* – Mon père .... Mon père et moi, nous ....
Toi et mon père, vous ....

d. *Sortir souvent* – Je .... Mes amis ....
Mon copain et moi, nous ....

e. *Dormir très bien* – Tu .... Toi et moi, nous ....
Toi et ton frère ....

f. *Vivre heureux* – Je .... Mon mari et moi, nous ....
Mes parents ....

g. *Connaître deux langues* – Paul .... Paul et Lucie ....
Paul et toi, vous ....

h. *Servir le repas* – Ma mère .... Je ....
Mon père et moi, nous ....

Le présent (révision)

> **• « Voir » et « croire » (A2)**
>
> **Ses enfants croient encore au Père Noël. • Les myopes voient flou de loin.**
>
> • Les verbes « voir » et « croire » ont deux radicaux (voi-/voy- et cro-/croy-). Le radical à la 3ᵉ personne du pluriel est le même qu'aux personnes du singulier : *ils/elles voient, ils/elles croient*.

206 Conjuguez le verbe entre parenthèses au présent.

Exemple : Tu bats les cartes mais eux ne les battent pas. (*battre*)

a. Alex .... mais ses sœurs ne .... pas. (*mentir*)
b. Je .... mais vous ne .... pas. (*sortir*)
c. Ils .... une belle histoire, mais on n'en .... pas souvent. (*vivre*)
d. Ça .... le brûlé, vous ne .... pas ? (*sentir*)
e. Je .... cet homme mais vous ne le .... pas. (*suivre*)
f. Tu .... dans la journée mais nous .... le soir. (*dormir*)
g. Vous .... cette femme mais je ne la .... pas. (*croire*)
h. Je .... où tu habites mais ils ne le .... pas. (*savoir*)

207 Conjuguez le verbe entre parenthèses au présent.

Exemple : Il suit (*suivre*) des cours d'espagnol.

a. J'.................................. (*attendre*) à la porte.
b. Nous .... (*vaincre*) nos adversaires.
c. Elle .... (*coudre*) une robe.
d. Tu .... (*éteindre*) la lumière.
e. Vous .... (*suivre*) des cours de conduite.
f. Il .... (*naître*) dans quelques jours.
g. Ils .... (*écrire*) une lettre à leur maman.
h. Nous .... (*rejoindre*) la route principale.

208 Conjuguez le verbe entre parenthèses au présent.

Exemple : Ils conduisent à l'aller et je conduis au retour. (*conduire*)

a. Je .... au Maroc et mes amis .... en Espagne. (*partir*)
b. Tu .... souvent, mais mes frères .... rarement. (*écrire*)
c. Alicia .... beaucoup, mais ses amis .... peu. (*lire*)
d. Mon fils .... vite, mais nous .... bien plus tard. (*s'endormir*)
e. Vous .... les desserts, et je .... les cafés. (*servir*)
f. Tu .... les draps, et nous .... la couette. (*mettre*)
g. Adam .... la Vendée, et ses amis .... le Pays basque. (*connaître*)
h. Je .... mal, mais vous .... très bien. (*voir*)

06 • L'indicatif

209 Conjuguez le verbe entre parenthèses au présent.

Exemple : Elle craint le froid et nous craignons la pluie. (craindre)

a. Je .... Julien et nos amis nous .... plus tard. (rejoindre)
b. J'............................ toujours mon ordinateur la nuit, mais les enfants n' .... pas le leur. (éteindre)
c. Les nuages .... de temps en temps quand la lune .... (apparaître)
d. J'............................ ma vitesse maximale mais les autres voitures .... 130km/h. (atteindre)
e. Tu .... de ne pas comprendre et les autres .... de t'excuser. Quelle hypocrisie ! (feindre)
f. Tu .... à la fin du spectacle quand les acteurs .... derrière le rideau. (disparaître)
g. Tu me .... quand tu veux, je suis chez moi et tous mes amis me .... facilement. (joindre)
h. Tu ne te .... plus les cheveux ? Beaucoup de femmes ne se .... plus et gardent les cheveux gris. (teindre)

210 Passez du singulier au pluriel.

Exemple : Tu feins de ne pas comprendre. → Vous feignez de ne pas comprendre.

a. Elle craint le froid. → ....
b. Je recouds ma chemise. → ....
c. Tu dors chez moi. → ....
d. Je mets du sel dans les pâtes. → ....
e. Il vainc sa peur. → ....
f. Tu repeins la cuisine. → ....
g. Je me teins les cheveux. → ....
h. Elle apparaît au coin de la rue. → ....

• Les verbes à trois radicaux (A2)

Je prends une douche, mais nous prenons un bain le soir. • Les enfants prennent leur petit-déjeuner.

- Certains verbes ont trois radicaux, un premier pour les trois personnes du singulier, un deuxième pour « nous » et « vous » et un troisième pour « ils/elles »
- apercevoir : aperç-/apercev-/aperçoiv- ; recevoir : reçoi-/recev-/reçoiv- ; tenir (retenir, obtenir) : tien-/ten-/tienn- ; venir (devenir, parvenir) : vien-/ven-/vienn- ; boire : boi-/buv-/boiv- ; prendre (apprendre, comprendre) : prend-/pren-/prenn- ; se souvenir : souvien-/souven-/souvienn-.

✋ Les verbes irréguliers font partie des verbes à trois radicaux. « Falloir » n'a qu'une forme : *il faut*.

---

211 Retrouvez l'infinitif.

Exemple : Tu obtiens, nous obtenons : obtenir.

a. Tu comprends, vous comprenez : ....
b. Je bois, Ils boivent : ....
c. Tu dois, elles doivent : ....
d. Nous faisons, ils font : ....
e. Je dis, vous dites : ....
f. Tu prends, elles prennent : ....
g. Je peux, ils peuvent : ....
h. Tu deviens, nous devenons : ....

Le présent (révision)

212 Associez le présent à son infinitif.

a. On reçoit, vous recevez, elles reçoivent. → 2. recevoir
b. Tu veux vous voulez, elles veulent.
c. J'apprends, vous apprenez, elles apprennent.
d. On devient, nous devenons, elles deviennent.
e. J'aperçois, nous apercevons, ils aperçoivent.
f. Tu reviens, nous revenons, ils reviennent.
g. Je fais, vous faites, ils font.
h. On obtient, nous obtenons, elles obtiennent.

1. devenir
2. recevoir
3. revenir
4. faire
5. vouloir
6. obtenir
7. apprendre
8. apercevoir

213 Conjuguez le verbe entre parenthèses au présent.

Exemple : Ils prennent (*prendre*) des cours de conduite.

a. Nous .... (*obtenir*) notre permis de conduire.
b. Ils .... (*revenir*) de la préfecture.
c. Nous .... (*parvenir*) à organiser une petite fête.
d. On .... (*boire*) du champagne pour fêter ça.
e. Je .... (*ne plus pouvoir*) conduire pour rentrer.
f. On .... (*comprendre*) qu'il est tard.
g. Vous .... (*apercevoir*) un taxi.
h. Elles .... (*recevoir*) des fleurs.

214 Conjuguez à la personne demandée.

Exemple : Tu veux une glace. → Vous voulez une glace.

a. J'apprends l'italien. → Elles ....
b. On obtient un rendez-vous. → Ils ....
c. J'aperçois un bateau au loin. → Nous ....
d. Tu comprends le message ? → Vous ....
e. Je deviens adulte. → Nous ....
f. Tu dis n'importe quoi. → Vous ....
g. On revient dans cinq minutes. → Ils ....
h. Tu dois partir tout de suite. → Nous ....

215 Passez du pluriel au singulier.

Exemple : Vous retenez bien ce numéro. → Tu retiens bien ce numéro.

a. Nous recevons beaucoup de mails. → ....
b. Elles deviennent très agréables. → ....
c. Vous comprenez bien l'anglais → ....
d. Ils obtiennent leur passeport. → ....
e. Nous faisons des études de droit. → ....
f. Vous pouvez entrer. → ....
g. Elles doivent s'absenter. → ....
h. Nous tenons à ce diplôme. → ....

06 • L'indicatif

216 Conjuguez à la personne demandée.

Exemple : Tu te souviens de ces vacances ? → Ils se souviennent de ces vacances ?

a. Nous soutenons l'équipe de France. → Ils ....
b. Tu entreprends de grands travaux. → Ils ....
c. Vous me surprenez beaucoup. → Ils ....
d. J'appartiens à ce groupe de travail. → Nous ....
e. Nous mourons de faim. → Je ....
f. Vous me décevez beaucoup. → Tu ....
g. Ils conçoivent que la période n'est pas favorable. → Nous ....
h. Je te préviens que je serai absent demain. → Ils ....

217 Conjuguez les verbes entre parenthèses au présent.

Exemple : « Qu'est-ce que vous faites (faire) pendant les vacances ?
– On .... (**a.** ne pas savoir) encore. On .... (**b.** pouvoir) aller chez mes parents en Corse et mes cousins nous .... (**c.** rejoindre) chez eux, mais Louis .... (**d.** vouloir) faire de la plongée. Alors on .... (**e.** réfléchir). On .... (**f.** partir) en Corse ou bien on .... (**g.** prendre) un vol pour l'Égypte. Louis .... (**h.** connaître) un beau site pour la plongée là-bas. Et moi je .... (**i.** ne pas connaître) l'Égypte. Il .... (**j.** paraître) que c'est très beau et je .... (**k.** vouloir) visiter les temples antiques.
– Hum, mais vous .... (**l.** ne pas craindre) les attentats en Égypte ?
– Tu .... (**m.** savoir), malheureusement, les attentats .... (**n.** se produire) partout, alors je .... (**o.** s'interdire) d'y penser. Je .... (**p.** vivre) au jour le jour et je .... (**q.** tenir) à cette façon de voir les choses.
– Je te .... (**r.** découvrir) chaque jour alors qu'on .... (**s.** se connaître) depuis tellement longtemps ! Tu me .... (**t.** surprendre) toujours. Mais je .... (**u.** devoir) y aller. Tu me .... (**v.** tenir) au courant de votre décision ?
– Bien sûr. Et on .... (**w.** se revoir) bientôt. Ciao ! »

Le futur proche et le futur simple (révision)

> **• Le futur proche (A2)**
>
> **Il faut entrer, le concert va commencer. • Ma fille va vivre à Pékin dans six mois.**
>
> • Le futur proche exprime une action immédiate ou proche.
>
> • Il se forme avec le verbe « aller » au présent + l'infinitif du verbe : je vais venir, tu vas venir, il /elle/on va venir, nous allons venir, vous allez venir, ils/elles vont venir.

Le futur proche et le futur simple (révision)

218 Conjuguez le verbe entre parenthèses au futur proche.

Exemple : Combien ça va me coûter (*me coûter*) ?

a. L'avion .... (*atterrir*) dans dix minutes.
b. Mais bien sûr, vous .... (*réussir*).
c. Ils .... (*ne pas se marier*) ce printemps mais cet été.
d. Le bus .... (*passer*) d'une minute à l'autre.
e. Nous .... (*faire construire*) une nouvelle maison cette année.
f. Je .... (*apprendre*) à faire des claquettes.
g. Nous sommes fatigués, nous .... (*se coucher*).
h. Vous .... (*ne jamais pouvoir entrer*). Il y a trop de monde.

219 Remettez les mots dans l'ordre.

Exemple : écouter / nous / allez / vous / ? → Vous allez nous écouter ?

a. démissions / leur / ils / leurs / envoyer / vont → ....
b. installer / nous / à / nous / allons / campagne / la → ....
c. tout / vous / donner / suite / je / de / les / vais → ....
d. allez / en / vous / sortir / vous → ....
e. toi, / les / vas / approche- / voir / tu → ....
f. va / à / pas / téléphoner / heure / ne / nous / -là / elle / cette / ! → ....
g. falloir / nous / au / va / dire / revoir / il → ....
h. vont / avoir / ne / besoin / parents / pas / mes / en → ....

> • **Le futur simple (A2)**
>
> Vous **accueillerez** le président et vous le **conduirez** à l'hôtel. • Promis, je ne **recommencerai** plus.
>
> • Le futur simple exprime un programme, une promesse, un ordre, une prévision ou une prédiction.
>
> • Il se forme à partir de l'infinitif du verbe auquel on ajoute les terminaisons : *je* voyager**ai**, *tu* voyager**as**, *il* voyager**a**, *nous* voyager**ons**, *vous* voyager**ez**, *ils* voyager**ont**.
>
> Pour les infinitifs qui se terminent par « **-re** », on supprime le « **-e-** » et on ajoute les terminaisons : *je* construir**ai**.

220 Soulignez le verbe au futur et retrouvez l'infinitif.

Exemple : Vous <u>parierez</u> / pariez sur le cheval numéro 3. → parier

a. Nous *analysons* / *analyserons* les résultats. → ....
b. Vous *décorez* / *décorerez* les vitrines du magasin. → ....
c. Vous *créerez* / *créez* de nouveaux emplois. → ....
d. Nous *louerons* / *louons* du matériel supplémentaire. → ....
e. Vous *distribuerez* / *distribuez* les prospectus. → ....
f. Nous *avouons* / *avouerons* tous nos méfaits. → ....
g. Vous *scierez* / *sciez* des planches. → ....
h. Vous *diminuez* / *diminuerez* vos heures de travail. → ....

06 • L'indicatif

221 Conjuguez les verbes entre parenthèses au futur simple.

Exemple : Je te jure, je ne recommencerai (recommencer) plus, je t'obéirai (obéir).

a. Vous me .... (dire) quand je vous .... (conduire) chez le médecin.
b. Il .... (suffire) de repeindre la salle de bains et notre appartement .... (paraître) comme neuf.
c. Il .... (s'arrêter) de fumer quand il .... (tomber) malade.
d. On vous .... (écrire) prochainement, on ne vous .... (oublier) pas.
e. Deux nouvelles boutiques .... (ouvrir) leurs portes le mois prochain et elles vous .... (offrir) un large choix d'articles.
f. Des négociations .... (reprendre) entre les syndicats et le patronat.
g. Nous .... (signer) bientôt de nouveaux contrats et nous .... (exporter) nos produits en Europe.
h. Tu ne .... (boire) plus jamais d'alcool quand tu .... (conduire) un véhicule.

• Cas particuliers et verbes irréguliers (A2)

Je nettoierai les fruits que nous achèterons au marché. • Je les appellerai et ils viendront, tu verras !

- Les verbes en « -eler » et « -eter » doublent leur consonne (j'appellerai, je jetterai). Quelques verbes prennent un accent (il gèlera, j'achèterai, je pèlerai).
- Les verbes en « -ayer » ont deux conjugaisons possibles : j'essayerai/essaierai ; les verbes en « -oyer » et « -uyer » font : je nettoierai, j'essuierai.
- Verbes irréguliers : je serai ; j'aurai ; j'irai ; je ferai ; je viendrai ; je devrai ; je verrai ; je pourrai ; je saurai ; je voudrai ; je tiendrai ; il faudra ; il vaudra ; il pleuvra ; je mourrai ; je courrai ; j'enverrai ; je recevrai.

---

222 Conjuguez les verbes entre parenthèses au futur simple.

Exemple : Vous irez (aller) à Venise et vous rencontrerez (rencontrer) l'homme de votre vie.

a. Du 1er au 7 août, les natifs du Lion .... (avoir) des problèmes de santé et il .... (falloir) travailler moins.
b. Je .... (ne pas vous acheter) de jouets et ainsi vous .... (faire) vos devoirs.
c. À 15 heures, les enfants .... (présenter) leur spectacle et l'après-midi .... (s'achever) par un goûter.
d. Le temps .... (s'améliorer) en fin de journée et le ciel .... (s'éclaircir).
e. .... (obtenir)-je une promotion ? Et .... (devoir)-je quitter ma région ?
f. Je t'assure que nous .... (recevoir) des commandes et que tu m'........................... (appeler) pour me remercier.
g. Quand elle .... (venir), elle .... (essayer) les robes avant la séance photo.
h. Je t'... (envoyer) mon C.V. et ensuite tu .... (appuyer) ma candidature.

Le futur proche et le futur simple (révision)

223 Conjuguez le verbe entre parenthèses au futur simple pour retrouver les proverbes.

Exemple : Quand les poules *auront* (*avoir*) des dents.

a. Demain, il .... (*faire*) jour.
b. Qui .... (*vivre*) .... (*voir*).
c. Un tiens vaut mieux que deux tu l'... (*avoir*).
d. À force de mal aller, tout .... (*aller*) bien.
e. Qui a bu .... (*boire*).
f. Dis-moi qui tu fréquentes, et je te .... (*dire*) qui tu es.
g. Aide-toi, Dieu t'... (*aider*).
h. Mangeons et buvons car demain nous .... (*mourir*).

> • **Futur proche et futur simple (A2)**
>
> Regarde le ciel est tout noir. C'est sûr, il **va pleuvoir**. • Regarde le ciel est tout gris. Selon Météo France, **il pleuvra** aujourd'hui.
>
> • On emploie le futur proche pour exprimer une idée certaine de l'avenir. Le futur simple exprime une idée un peu incertaine où on peut imaginer un imprévu.

224 Soulignez ce qui convient.

Exemple : Tu *vas aller* / <u>*iras*</u> te doucher après dîner.
          Tu <u>*vas te doucher*</u> / *te doucheras* ? Mais ce n'est pas le moment !

a. On *va aller* / *ira* au zoo avec les enfants dès qu'il ouvrira.
   Ce soir, on *va aller* / *ira* au restaurant, c'est bien ça ?
b. Tu ne vas pas *changer* / *changeras* jamais !
   Elle *va changer* / *changera* ses chaussures neuves, elles sont trop petites.
c. Je *ne vais plus vous mentir* / *vous mentirai plus*.
   Écoute ce qu'il dit, il *mentira encore* / *va encore mentir*, j'en suis sûre.
d. Ça va être *tout* / *sera* tout, ma petite dame ?
   Ça *va être* / *sera* mon tour.
e. Le train *va partir* / *partira*, dépêchons-nous !
   On partira en Grèce ou en Italie, on *verra* / *va voir*.
f. Je *vais vous passer* / *vous passerai* la ligne.
   Sur place, tu *vas passer* / *passeras* voir M. Raymond. Il est compréhensif.
g. Il *va parler* / *parlera*, écoute.
   Ils *vont peut-être parler* / *parleront* peut-être.
h. Regarde, je *vais te montrer* / *te montrerai* quelques photos.
   Je *vais te montrer* / *te montrerai* mes photos en rentrant de week-end.

225 Futur proche ou futur simple ? Soulignez la réponse correcte.

Exemple : « Comment tu fais un nœud de cravate ? – Attends, *je le ferai* / <u>*vais le faire*</u>. »
          « Comment tu fais un nœud de cravate ? – Je <u>*le ferai*</u> / *vais le faire* dès que possible. »

a. Il y a la grève des bus mardi. Avec un peu de chance, *j'arriverai* / *je vais arriver* avant 10 heures au bureau.
   La grève est finie. *Je vais arriver* / *j'arriverai* à l'heure.

95

06 • L'indicatif

b. « Tu dois lui rembourser les 200 € qu'il t'a prêtés d'ici deux jours. – Très bien, je *les lui donnerai / vais les lui donner* demain. »

« Tu dois lui rembourser les 200 € qu'il t'a prêtés au plus tard aujourd'hui. – D'accord, je *les lui rendrai / vais les lui rendre*. »

c. « Tu connais le thème de la prochaine réunion ? – La semaine prochaine, la réunion *va porter / portera* sur le développement à l'international. »

« Tu connais le thème de la prochaine réunion ? – Pas vraiment. Je crois que la semaine prochaine, la réunion *va porter / portera* sur le développement à l'international. »

d. Mes parents *vont partir / partiront* dans le Grand Nord canadien aussitôt que leur travail leur permettra. Mes parents *vont partir / partiront* dans le Grand Nord canadien mais vous pouvez encore les joindre avant leur départ.

226 Conjuguez les verbes entre parenthèses au futur proche ou au futur simple.

Exemple : « Tu as vu l'exposition de peinture ? – Non, j'irai (*aller*) prochainement. »

a. « Vous savez où on va ce soir ? – D'après ce que j'ai compris, on .... (*boire*) un verre chez Sandra. »

b. « Tu sais où on va ce soir ? – Oui, je sais, nous .... (*dîner*) chez Noé. »

c. Regarde, je .... (*te montrer*) quelques photos de la cérémonie.

d. Je .... (*prendre*) peut-être des photos de la cérémonie.

e. Nous .... (*venir*) vous voir dès que possible.

f. Entendu Mamie, nous .... (*te rendre*) visite sans faute.

g. J'ai entendu dire que sa fête d'anniversaire .... (*avoir lieu*) dans un restaurant.

h. Sans aucun doute, Marc .... (*fêter*) son anniversaire dans une boîte de nuit.

Le passé composé (révision)

• Les auxiliaires « être » et « avoir » (A2)

Nos amis **sont partis** en vacances. Ils **se sont levés** tôt et ils **ont pris** la route vers Toulouse.

- Le passé composé exprime une action à un moment précis du passé. C'est un temps composé avec l'auxiliaire au présent suivi du participe passé du verbe exprimant l'action.
- La majorité des verbes se construit avec « avoir ».
- Les verbes pronominaux sont formés avec « être » ainsi que quelques verbes comme : *aller, venir, devenir* (et dérivés), *retourner, partir, arriver, rester, tomber, passer par, naître, mourir, apparaître*.

✋ Avec « être », le participe passé s'accorde avec le sujet, comme un adjectif.

227 Complétez par « être » ou « avoir » conjugué.

Exemple : Alicia et moi **sommes** sorties hier soir.

a. Loïc et vous .... découvert un nouveau restaurant.

b. Marion et Théo .... bu un cocktail sans alcool.

c. Tu .... offert le dîner à tes amis.

d. Je/j'....................... rejoint nos amis vers 22 heures.

Le passé composé

e. On se/s' .... retrouvés dans un bar.
f. Mes amis et moi .... beaucoup ri.
g. Loïc et les filles .... partis vers 2 heures du matin.
h. Je/j' .... poursuivi la soirée jusqu'à 6 heures.

228 Reliez le début et la fin des phrases.

a. La tempête
b. Les vents
c. Les vagues
d. La mer
e. La pluie
f. Les bateaux de pêche
g. Les marins
h. Le café du port

1. ont atteint plus d'un mètre de haut.
2. s'est mise à tomber.
3. ont rejoint le port.
4. s'est déchaînée.
5. ont déchargé leur pêche.
6. a rassemblé les marins de retour.
7. ont soufflé toute la nuit.
8. s'est creusée.

229 Réécrivez au passé composé.

Exemple : Éléonore se réveille à 8 heures. → Éléonore s'est réveillée à 8 heures.

a. Elle se douche. → ....
b. Les enfants s'habillent. → ....
c. Adam se rase. → ....
d. Éléonore se maquille. → ....
e. Ils se précipitent à l'arrêt de bus. → ....
f. Éléonore se rend à son bureau. → ....
g. Elle se met au travail à 9 heures 30. → ....
h. Ils s'arrêtent à 13 heures le samedi. → ....

• Les verbes avec deux auxiliaires (A2)

Nous **avons passé** *notre bac* en 2001. • Ils **sont passés** à la maison.
- Quelques verbes comme « monter », « descendre », « rentrer », « sortir », « passer », « retourner » forment leur passé composé avec l'auxiliaire « avoir » quand ils ont un complément d'objet direct.
- Leur passé composé se forme avec « être » quand l'action concerne le sujet et qu'il n'y a pas de complément d'objet.
---

230 Complétez par « être » ou « avoir » conjugué.

Exemples : Je suis monté par l'ascenseur.   Il a monté les escaliers avec peine.

a. Je/J' .... passé devant chez vous.
b. Tu .... sorti le parasol ?
c. Il .... sorti avec des copains.
d. On .... rentrés très tard.
e. Nous .... rentré les chaises à cause de la pluie.

06 • L'indicatif

f. Il .... retourné tous les vêtements de son armoire.

g. Je .... retourné dans ce restaurant.

h. Il .... passé son brevet de pilote.

231 Complétez par « être » ou « avoir » conjugué.

Exemples : Elles ont promené le chien.   Ils se sont promenés en ville.

a. On s'.................................. réveillés de bonne heure.

b. Elle .... passée devant la boulangerie.

c. Ils .... réveillé leur fils à 8 heures.

d. Ils .... préparé leur sac.

e. Il s'.................................. préparé très vite.

f. Je .... sorti de la maison.

g. Il .... descendu la rue.

h. On .... entrés dans la boulangerie.

232 Réécrivez au passé composé.

Exemple : Il sort la voiture du garage. → Il a sorti la voiture du garage.

a. Léa descend chercher une bouteille à la cave. → ....

b. Tu montes les skis au grenier ? → ....

c. On sort le chien vers 20 heures. → ....

d. Nos enfants rentrent du cinéma. → ....

e. Hélène passe par la droite. → ....

f. Loïc et Pierre remontent par la gauche. → ....

g. Ma mère passe son permis de conduire en juin. → ....

h. Les filles sortent se promener au bord du lac. → ....

• Quelques terminaisons de participes passés (A2)

Ils ont souffert dans la montée. • Louise est née en 2001, elle a obtenu son bac en juin.

Le participe passé se forme généralement à partir de l'infinitif.

- Les verbes en « -er » font « -é » (*acheté*), les verbes en « -ir » (« -issons ») « -i » (*minci*).
- Les autres verbes ont des participes passés, en « -u » (*venu, lu, cru, vendu, pu*) ; en « -ert » (*découvert, offert*) ; en « -i » (*parti, suivi, ri*) ; en « -it » (*écrit, fait*) ; en « -eint /-aint /-oint » (*peint, plaint, rejoint*).
- « Prendre » et ses composés font « -pris » ; « mettre » et ses composés « -mis ».

✋ Verbes irréguliers : *être, été ; avoir, eu ; vivre, vécu ; naître, né ; mourir, mort ; devoir, dû.*

---

233 Écrivez l'infinitif.

Exemples : dû : devoir   mis : mettre

a. craint : ....   **e.** surpris : ....

b. connu : ....   **f.** bu : ....

c. peint : ....   **g.** compris : ....

d. revenu : ....   **h.** ri : ....

Le passé composé

234 Écrivez le participe passé.

Exemples : avoir : eu   pouvoir : pu

a. être : ....
b. savoir : ....
c. éteindre : ....
d. craindre : ....
e. sourire : ....
f. venir : ....
g. apprendre : ....
h. naître : ....

235 Conjuguez au passé composé.

Exemples : Il prend : Il a pris.   On vit : On a vécu.

a. Elle tient : ....
b. On sait : ....
c. Tu crois : ....
d. Ils veulent : ....
e. Tu souris : ....
f. Je découvre : ....
g. On suit : ....
h. Vous rejoignez : ....

236 Conjuguez le verbe entre parenthèses au passé composé.

Exemple : Le président a dissous (dissoudre) l'Assemblée.

a. Vous .... (recueillir) un chaton noir.
b. Tu .... (connaître) cette actrice ?
c. Nous .... (soumettre) ce projet.
d. Cet arbre .... (craindre) le gel.
e. Il .... (résoudre) le problème.
f. On .... (offrir) un beau bouquet à Julia.
g. Il .... (recevoir) une gentille carte.
h. On .... (repeindre) le salon.

237 Réécrivez au passé composé.

Exemple : Il est prudent et il conduit lentement. → Il a été prudent et il a conduit lentement.

a. Elle grandit et embellit. → ....
b. Nous avons une voiture et nous découvrons la côte. → ....
c. Vous lisez régulièrement mais vous écrivez rarement. → ....
d. Tu sais parler anglais couramment mais tu ne te fais pas comprendre. → ....
e. Nous admettons que nous faisons une erreur. → ....
f. Elles apprennent rapidement alors elles peuvent conduire. → ....
g. Je vois cette femme et je veux la suivre. → ....
h. On entend l'annonce et on répond aussitôt. → ....

• L'accord du participe passé avec « avoir » (A2)

J'ai fait *une tarte* et on l'a mangée à midi. • Laurent a réparé *la voiture qu*'il a achetée le mois dernier.

• Avec l'auxiliaire « avoir », le participe passé s'accorde seulement quand le complément d'objet direct est placé devant l'auxiliaire, sous la forme d'un nom, d'un pronom complément direct (« le », « la », « l' », « les ») ou du pronom relatif « que/qu' ».

06 • L'indicatif

238 Accordez le participe passé si nécessaire.

Exemple : On a remarqué cette curieuse maison. L'architecte qui l'a constru**ite** est de Lyon.

a. J'avoue que c'est une chose que je n'ai pas compris ....
b. Molière a écrit .... la pièce que nous avons vu................. .
c. Elle a souvent revu.. ses amis d'enfance.
d. Leurs enfants, on les a vu .... dimanche.
e. La lettre que Suzanne a reçu .... l'a empêché... de dormir.
f. La musique que nous avons écouté .... nous a beaucoup plu......... .
g. On a beaucoup aimé.......... les acteurs qui ont joué........... dans ce film.
h. La lettre que j'ai écrit .... à Léonie lui a fait.................. plaisir.

239 Transformez les phrases comme dans l'exemple.

Exemple : Nous avons éteint cette lampe. → Cette lampe, nous l'avons éteinte.

a. J'ai fait ces meubles. → ....
b. Elle a peint cette aquarelle. → ....
c. On a résolu cette énigme. → ....
d. Tu as construit ces étagères. → ....
e. Émile a offert ces fleurs à son amie. → ....
f. Il a descendu ces sacs au sous-sol. → ....
g. Margot a reconnu cette écriture. → ....
h. J'ai cassé cette assiette. → ....

240 Réécrivez cette carte postale au passé composé.

*Nous **passons** des vacances formidables en Turquie. Les sites que nous **visitons** sont exceptionnels et nous **découvrons** la cité antique d'Éphèse. Nous nous **baignons** tous les jours et **rencontrons** des gens adorables qui nous **invitent** chez eux. Les enfants, que nous **emmenons** partout, **s'amusent** beaucoup. Ils **jouent** dans les ruines.*

Nous avons passé ....
....
....
....
....

Le passé composé

241 Réécrivez au passé composé.

Exemple : On essaie cette voiture, puis on l'achète. → On a essayé cette voiture, puis on l'a achetée.

a. Nous appelons nos voisins, puis nous les rejoignons.
   → ....
b. Vous conduisez la voiture jusqu'à Rennes, puis vous la rendez à l'agence.
   → ....
c. Tu choisis un roman, puis tu le lis d'une traite.
   → ....
d. On lit cette publicité, puis on la jette.
   → ....
e. Je me souviens de ce poème et je l'écris pour toi.
   → ....
f. Il voit son erreur, et maintenant, il la comprend.
   → ....
g. Elle apprend l'adresse de sa collègue et elle la note.
   → ....
h. On leur donne des indications et ils les suivent.
   → ....

• L'accord du participe passé avec les verbes pronominaux réfléchis (A2)

Anna **s'est précipitée** pour avoir le dernier tram mais *elle* **s'est retrouvée** à la station trop tard.

- Au passé composé, le participe passé des verbes pronominaux réfléchis (action sur soi-même) s'accorde en genre et en nombre avec le sujet.

✋ S'il y a un complément d'objet direct après le verbe, on ne fait pas l'accord.

---

242 Accordez le participe passé si nécessaire.

Exemples : Lucile s'est cassé la jambe.   La jambe, elle se l'est cassée au ski.

a. Cécile s'est fait .... les ongles.
b. Mes cheveux, je les ai teint .... en roux.
c. Katia s'est brossé..................... les cheveux.
d. Ces nattes, Alice se les est défait............ hier.
e. Les ongles, je me les suis verni........... en rose vif.
f. Emma, tu ne t'es pas lavé....................... les mains.
g. Les enfants se sont nettoyé................. les oreilles.
h. Cette jupe, elle se l'est recousu....... toute seule.

243 Réécrivez au passé composé.

Exemple : Paul se rase la barbe. → Paul s'est rasé la barbe.

a. Les sourcils, je me les peigne. → ....
b. Elle se brosse les ongles. → ....
c. Elles se maquillent trop. → ....
d. Ma veste, je la brosse. → ....
e. Les cheveux, ils ne se les sèchent pas. → ....

06 • L'indicatif

f. Sa bouche, elle la peint en rouge foncé. → ....
g. Ma mère s'essuie les mains. → ....
h. Ma copine se maquille les yeux en bleu. → ....

> **• L'accord du participe passé avec les verbes pronominaux réciproques (A2)**
>
> **Ils se sont salués poliment. • Elles se sont échangé des livres.**
>
> • Quand le verbe pronominal est réciproque, l'action est faite sur une autre personne.
> • Le participe passé s'accorde si le pronom réfléchi est COD.
> • Il ne s'accorde pas si le verbe est construit avec un complément indirect avec « à quelqu'un » ou « avec quelqu'un » (« se donner », « se dire », « s'échanger », « se plaire », « se sourire », « se succéder »...)
>
> ✋ Il n'y a pas d'accord avec « se faire » + infinitif : **Alice s'est fait faire un brushing** (la coiffeuse a fait le brushing).

244 Accordez le participe passé si nécessaire.

Exemple : Léon et Adèle se sont téléphoné puis ils se rencontrés.

a. Ils se sont souri....................
b. Ils se sont parlé....................
c. Ils se sont plu........................
d. Ils se sont embrassé..........
e. Ils se sont écrit............... des mails.
f. Ils se sont invité....................
g. Ils se sont revu......................
h. Plus tard ils se sont marié............

245 Réécrivez au passé composé.

Exemple : Ils s'envoient des cartes postales. → Ils se sont envoyé des cartes postales.

a. Ils s'écrivent de temps en temps. → ....
b. Elles se donnent rendez-vous. → ....
c. Nous nous succédons à ce poste. → ....
d. Ces pulls, ils se les prêtent. → ....
e. Vous vous mentez. → ....
f. Elles ne se font pas confiance. → ....
g. Nous nous échangeons nos cartes de visite. → ....
h. Vous vous prêtez des livres. → ....

246 Complétez si nécessaire la terminaison des participes passés.

Exemples : Elle s'est poli les ongles puis elle se les est vernis en noir.

a. Les deux petites se sont prêté... des robes. Elles se sont bien amusé...
b. Mes collègues se sont rendu... compte de leurs erreurs et ils les ont corrigé...
c. Les enfants se sont trompé... de seaux sur la plage.
d. Nos amis se sont échangé... leurs maisons pour les vacances.
e. Les deux copines se sont remis.... leurs écharpes.
f. Nous nous sommes donné... rendez-vous à midi.
g. La brasserie où nous nous sommes retrouvé... est très ancienne.
h. Mes voisines se sont fait... peur dans le noir.

Le passé composé

247 Complétez si nécessaire la terminaison des participes passés.

Exemples : Elle s'est cassé la jambe. Elle s'est fait plâtrer la jambe. Sa jambe, on la lui a plâtrée.

a. Elle s'est fait… teindre les cheveux en blond.
b. Ses cheveux, ma mère se les est fait … couper.
c. Ces bottes, elle se les est fait… faire au Maroc.
d. Marina s'est fait… gronder par son institutrice.
e. Émilie s'est démis… l'épaule.
f. Elle s'est fait… poser une attelle.
g. Elle s'est tordu… la cheville.
h. Sa cheville, on la lui a bandé…

248 Réécrivez ce récit au passé.

> *Journal de Mona*
>
> 25 juillet
> Ce matin, je pars à la gare de bonne heure. Je prends le train pour Toulouse où je vais rejoindre mes cousins pour la semaine. Le trajet se passe bien. Je lis un magazine et je parle avec mon voisin. Avant d'arriver à la gare, on s'échange nos numéros de portable. On se quitte. Mes cousins viennent me chercher vers midi. On déjeune dans un restaurant du centre-ville, puis nous allons nous baigner dans la Garonne. Après la baignade, on joue au badminton sur la rive ; je gagne une partie et après je perds, dommage ! Le soir, les cousins préparent un barbecue. Leurs parents nous rejoignent et on dîne tous ensemble dans le jardin. Après le repas, on se répartit en équipes et on fait plusieurs parties de Taboo. Je découvre ce jeu très sympa. On se couche après minuit.

Ce matin-là, je suis partie à la gare de bonne heure. ....
....
....
....
....
....
....
....
....
....

249 Conjuguez les verbes entre parenthèses au passé composé.

Un lundi matin, le réveil a sonné (*sonner*) à 6 h 30 comme tous les jours de semaine. Lise et Guillaume .... (**1.** *s'embrasser*) et .... (**2.** *se dire*) : « Bonjour ! » Lise .... (**3.** *bondir*) hors du lit. Elle .... (**4.** *se précipiter*) à la cuisine, elle .... (**5.** *mettre*) la cafetière en route et elle .... (**6.** *filer*) à la salle de bains pour prendre sa douche. Toujours au lit, Guillaume .... (**7.** *prendre*) son

06 • L'indicatif

temps et il .... (**8.** *écouter*) les informations. La radio .... (**9.** *donner*) l'heure : 7 h 40 ! Non, il .... (**10.** *devoir*) se tromper. Il .... (**11.** *entendre*) Lise, elle, ... (**12.** *sortir*) de la salle de bains et elle .... (**13.** *entrer*) dans la chambre de Léa pour la réveiller. Guillaume .... (**14.** *se lever*) enfin et .... (**15.** *entendre*) « 7 h 45 » à la radio. Pas de doute cette fois-ci ! Il .... (**16.** *réfléchir*) quelques secondes… Mais bien sûr ! On .... (**17.** *changer*) d'heure samedi, le dernier samedi de mars et ce matin on .... (**18.** *se retrouver*) le lundi 2 avril ! Vite, il .... (**19.** *avertir*) Lise et Léa. Personne n'.................... (**20.** *avoir*) le temps de déjeuner. Léa .... (**21.** *se laver*) seulement le visage, elle .... (**22.** *ne pas se coiffer*), elle .... (**23.** *enfiler*) un jean et un sweat-shirt en vitesse. Tous les trois .... (**24.** *se dépêcher*) et .... (**25.** *se bousculer*). Guillaume .... (**26.** *aller*) au garage, il .... (**27.** *sortir*) la voiture et il .... (**28.** *avoir*) juste le temps de déposer sa fille au collège. À 7 h 55, ils .... (**29.** *arriver*) juste à l'heure pour le contrôle de Léa.

L'imparfait (révision)

> **• Le sens et la formation de l'imparfait**
>
> **Quand j'étais enfant, nous habitions en Bretagne. Le dimanche, notre père allait à la pêche.**
>
> - L'imparfait décrit des actions passées à un moment indéterminé, des actions répétées ou des habitudes.
> - Il est formé à partir de la 1re personne du pluriel du présent : *dire, nous dis-ons → je disais, tu disais, il/elle/on disait, nous disions, vous disiez, ils/elles disaient.*
>
> ✋ « Être » : *j'étais, tu étais, il/elle/on était, nous étions, vous étiez, ils/elles étaient.*
> Verbes en « **-ger** » : *nous mangions, vous mangiez.*
> Verbes en « **-cer** » : *je/tu commençais, il/elle/on commençait, ils/elles commençaient.*

250 Conjuguez à l'imparfait.

Exemples : écrire : tu écrivais.   nager : elles nageaient.

a. faire : on ....
b. rejoindre : tu ....
c. cueillir : elles ....
d. rougir : je ....
e. croire : nous ....
f. mettre : vous ....
g. devenir : il ....
h. résoudre : elle ....

251 Réécrivez à l'imparfait.

Exemple : Tu reçois des mails. → Tu recevais des mails.

a. Je veux savoir s'il vous reste des places. → ....
b. Elle se demande si l'avion part à l'heure. → ....
c. Ma voisine pense qu'il agrandit la terrasse. → ....
d. M. Dubois répond qu'il ne connaît pas ce locataire. → ....
e. Nous voyageons en première. C'est plus confortable. → ....
f. Les enfants sortent tous ensemble. Ils reviennent tôt. → ....
g. Vous repeignez la fenêtre pendant que je refais le carrelage. → ....
h. On dort sur la plage pendant que les enfants prennent un bain de mer. → ....

PRATIQUE GRAMMAIRE

550 exercices

B1

Évelyne Siréjols
Giovanna Tempesta

01. Les démonstratifs, les possessifs et les indéfinis

1. a-2/7 ; b-1/5 ; c-3/4/8 ; d-6.

2. a. cette paire de lunettes ; b. ce collier ; c. ce pull gris ; d. ces baskets dorées ; e. ces boucles d'oreilles ; f. cet imperméable blanc ; g. cette jupe noire ; h. ces bottes marron.

3. a. Donnez-moi cette baguette… – b. Donnez-moi cette brioche. – c. Donnez-moi ces quatre éclairs… – d. Donnez-moi cette quiche – e. Donnez-moi ces macarons… – f. Donnez-moi cette crêpe. – g. Donnez-moi cet opéra… – h. Donnez-moi cette omelette norvégienne.

4. a. cette ; b. ces ; c. cette ; d. cet ; e. ce ; f. cet ; g. cette ; h. ce.

5. a. C'est ; b. C'est ; c. Ce sont ; d. ce sont ; e. c'est ; f. c'est ; g. Ce sont ; h. c'est.

6. a. cela ; b. ce ; c. Ce ; d. cela ; e. cela ; f. ce ; g. ce ; h. C'.

7. a. cela ; b. C' ; c. Ceci ; d. Ce ; e. ce ; f. C' ; g. Ce ; h. ce.

8. a. cela ; b. Cela/Ça ; c. ceci, cela ; d. cela ; e. ceci ; f. ça ; g. cela ; h. cela/ça.

9. a. sans ça ; b. comment ça se fait ; c. ça ; d. ça suffit ; e. avec ça ; f. ça ; g. à ça ; h. Ça ne fait rien.

10. a. celle ; b. celles ; c. celui ; d. celles ; e. celles ; f. celui-ci, celui-là ; g. celle ; h. celle-là.

11. a. celles ; b. celui ; c. celui ; d. celles ; e. celui ; f. celle ; g. ceux ; h. celui.

12. a. Ce ; b. ce ; c. ce ; d. ceux ; e. ceux ; f. Ce ; g. Ceux ; h. Ce.

13. a. … celles qu'un artiste avait peintes au XVIe siècle. – b. … celles des autres chanteurs. – c. … à celles de Cézanne. – d. … celles de la chapelle. – e. … de celui d'Annie Ernaux. – f. … à ceux de Malher. – g. … que celle de de la salle de Radio France. – h. … que celle de Van Gogh.

14. a. Non, c'est celui de Léa. – b. Non, c'est celui de ma sœur. – c. Non, c'est celle de ma mère. – d. Non, ce sont celles d'Alex. – e. Non, ce sont celles de mon père. – f. Non, c'est celle de Lucas. – g. Non, ce sont celles de nos cousins. – h. Non, ce sont celles de Sophie.

15. a. Celui de 18 h 11 vient de partir. – b. c'est celle de Judith. – c. votre voiture ressemble à celle que mon fils a achetée. – d. ça/cela m'est égal. – e. …mais pas ceux-là. – f. ça/cela ne sert à rien. – g. Ceux-là sont des copies. – h. Il garde celles qui sont à la cave pour les grandes occasions.

16. a. celui-là ; b. ceux-là ; c. celle-ci ; d. celles-ci, celles-là ; e. celles-ci ; f. Celui-ci, celui-là ; g. Celui-ci ; h. celle-ci, celle-là.

17. b-1 ; c-4 ; d-2/4 ; e-3/6 ; f-8 ; g-7 ; h-3/4/6.

18. a. celles qui ; b. celle où ; c. celui dont ; d. celui que ; e. celle où ; f. celles que ; g. celui qui ; h. celui où/celui dont.

19. b-2 ; c-7 ; d-1 ; e-3 ; f-8 ; g-5 ; h-6.

20. a. Leurs grands-parents sont âgés. – b. Nos fleurs poussent bien. – c. Mes amis se marient bientôt. – d. Ses cousins s'installent en Australie. – e. Vos enfants sont très sympathiques. – f. Tes collègues me plaisent beaucoup. – g. Ses nièces sont très drôles. – h. Mes petits-enfants sont en vacances.

21. a-3/6/8 ; b-4/7 ; c-2/5.

22. a. leurs placards ; b. votre lit ; c. son miroir ; d. tes lampes ; e. notre commode ; f. son armoire ; g. leurs fauteuils ; h. nos chaises.

23. a. la mienne ; b. le mien ; c. les siennes ; d. la sienne ; e. les nôtres ; f. les miennes ; g. les leurs ; h. le mien.

24. PC : a, f. – PP : b, d, g. – AP : c, e, h.

25. a- 4 ; b-8 ; c-1 ; e-7 ; f-3/6 ; g-2 ; h-6.

26. a. Oui, c'est le sien. – b. Oui, ce sont les miens. – c. Oui, c'est le vôtre. – d. Oui, ce sont les leurs. – e. Oui, ce sont les nôtres. – f. Oui, c'est la vôtre /la nôtre; g. Oui, ce sont les siens. – h. Oui, c'est le nôtre/le mien.

27. a. … que le mien ; b. … mais les vôtres ; c. … le sien ; d. … les tiens ; e. … aussi la sienne ; f. … encore les siennes ; g. … les miennes ; h. … la tienne.

28. a. Non, ce ne sont pas les nôtres. – b. Oui, c'est le sien. – c. Oui, ce sont les leurs. – d. Non, ce n'est pas le mien/le nôtre. – e. Non, ce n'est pas le sien. – f. Non, ce n'est pas le nôtre/le vôtre. – g. Oui, ce sont les nôtres. – h. Oui, ce sont les leurs.

29. a. la tienne ; b. le mien ; c. la leur ; d. le sien ; e. les nôtres ; f. le vôtre ; g. la leur ; h. les siens.

30. a. le tien ; b. les nôtres ; c. le vôtre ; d. miennes ; e. les siens ; f. les vôtres/la vôtre ; g. les leurs ; h. la tienne.

31. b-8 ; c-5 ; d-1 ; e-7 ; f-3 ; g-4 ; h-2.

32. a. quelques ; b. Chaque ; c. D'autres ; e. Toutes ; f. Plusieurs ; g. Tout ; h. d'autres.

33. a. Tous ; b. tous ; c. tous ; d. toute ; e. tous ; f. tout ; g. toutes, tous ; h. toute, toute.

34. a. Certaines ; b. certains ; c. aucune ; d. aucune ; e. Aucun ; f. aucune ; g. certains ; h. aucune.

35. a. chaque ; b. plusieurs ; c. tous ; d. quelques/plusieurs ; e. Quelques ; f. certains ; g. plusieurs ; h. certains.

36. a. personne ; b. rien ; c. Chacun ; d. tout ; e. quelque chose ; f. Quelqu'un ; g. Certains ; h. tout – tous.

37. a. Quelqu'un ; b. Chacun ; c. Personne ; d. Tout le monde ; e. Nul ; f. n'importe quoi ; g. le même ; h. Plusieurs.

38. a. Rien ; b. le même ; c. chacun ; d. les autres ; e. tous ; f. personne – certains ; g. plusieurs/certains ; h. quelques-uns.

39. b-5 ; c-3 ; d-8 ; e-7 ; f-2 ; g-1 ; h-4.

40. Phrases possibles : a. Non, tous/certains ne sont pas pour elle. – b. Oui, certaines/plusieurs sont pour vous. – c. Oui, quelques-uns/plusieurs sont sortis. – d. Oui, quelques-unes ont essayé. – e. Non, aucune/personne n'a accepté. – f. Oui, certains sont encore fermés. – g. Oui, chacun est informé/Tous sont informés. – h. Non, ce ne sont pas les mêmes/je n'ai pas acheté les mêmes/j'en ai acheté d'autres.

Bilan 1

1. a. ma ; b. celle ; c. votre ; d. la mienne ; e. la vôtre ; f. ce ; g. le vôtre ; h. celui ; i. votre ; j. celui-ci ; k. le mien ; l. ma ; m. celle ; n. ces ; o. ceux ; p. celui ; q. votre ; r. ma.

2. 1. cette ; 2. c' ; 3. celle ; 4. votre ; 5. c' ; 6. ça ; 7. ce ; 8. le sien ; 9. celui ; 10. celui-ci 11. ce ; 12. c' ; 13. cela ; 14. ces ; 15. votre ; 16. cette ; 17. votre ; 18. celui ; 19. le mien ; 20. ce ; 21. ces ; 22. ce ; 23. ceux ; 24. les siens ; 25. celui ; 26. C' ; 27. celles ; 28. votre ; 29. ses ; 30. Ce.

3. a. quelque chose ; b. rien ; c. la même ; d. tous ; e. rien ; f. toutes ces ; g. chacun ; h. cet autre ; i. quelque chose ; j. plusieurs ; k. autre ; l. quelques.

4. a. tous ; b. quelques ; c. plusieurs ; d. tous les ; e. Chacun ; f. Plusieurs ; g. certains ; h. quelques ; i. Tous ; j. Certaines ; k. quelques ; l. tout.

02. Les pronoms personnels compléments

41. b-2 ; c-1 ; d-5 ; e-8 ; f-3 ; g-4 ; h-6.

42. a. Oui, nous le faisons. – b. Non, elle ne les explique pas. – c. Oui, je les distribue. – d. Oui, il les note. – e. Non, on ne le montre pas. – f. Non, tu ne la jettes pas. – g. Oui, ils la finissent. – h. Oui, on les annonce.

43. a. Oui, je la suis. – b. Non, elle ne l'accompagne pas. – c. Oui, ils le condamnent. – d. Oui, elle les convoque. – e. Non, je ne les connais pas. – f. Oui, je l'ai. – g. Non, je ne les lis pas/nous ne les lisons pas. – h. Oui, je l'ai.

44. a. Mme Leroux ; b. les enfants ; c. Jade et moi ; d. Tes amis ; e. toi et ton frère ; f. mon fils et moi ; g. ta voisine et son ami ; h. toi et ton frère.

45. a. Nous les confions à une nourrice. – b. il l'accompagne à l'aéroport. – c. Simon nous invite à son anniversaire. – d. Ils la vendent pour en acheter une neuve. – e. Franck la reprend jeudi soir. – f. Je la vois chaque lundi. – g. Demain, ils la réveillent à 7 heures. – h. Marina vous accompagne à l'école.

46. b-3 ; c-7 ; d-1 ; e-4 ; f-2 ; g-8 ; h-6.

47. b-4 ; c-1 ; d-3 ; e-2 ; f-8 ; g-5 ; h-7.

48. a. l'émission ; b. les épisodes ; c. mon amie ;

d. les Lettres persanes ; e. la réalisatrice ;
f. le rapport ; g. les bagages ; h. la comédie.

49. a. Nous les avons rencontrés. – b. Je l'ai relue. – c. Nous l'avons adorée. – d. Je l'ai retrouvé. – e. Mes amis l'ont détestée. – f. Tu l'as apprécié ? g. On l'a visitée. – h. Je l'ai applaudie.

50. a. Non, je ne l'ai pas pris. – b. Oui, nous l'avons supporté. – c. Non, vous ne les avez pas/nous ne les avons pas présentés. – d. Oui, ils les ont communiquées. – e. Non, ils ne les ont pas envoyés. – f. Non, nous ne l'avons pas prévenue. – g. Oui, je les ai réunis/réunies. – h. Non, elle ne l'a pas réservée.

51. Questions possibles : a. Vous avez pris le train ? – b. Tu as vu mon cousin ? – c. Tu as trouvé le restaurant ? – d. Tu as acheté ton pull sur Internet ? – e. Vous avez commandé ces fauteuils en ligne ? – f. Tu as reconnu ma sœur ? – g. Émilie a attendu ses amis ? – h. Tu as reçu ma lettre ?

52. Réponses possibles : a. Oui, je le demande. – b. Non je ne le comprends pas. – c. Si, on le sait. – d. Oui, je l'ai vérifié. – e. Oui, tu l'as déjà expliqué. – f. Non, je ne le sais pas. – g. Oui, je le demande. – h. Si, elle l'a précisé.

53. Questions possibles : a. Vous souhaitez que Marie vienne ? – b. Tu as dit que tu serais absente ? – c. Vous voulez qu'on parte tout de suite ? – d. Elle pense qu'elle a raison ? – e. Il a expliqué comment fonctionne le scanner ? – f. Avez-vous précisé qu'il fallait arriver en avance ? – g. Tu as indiqué qu'il fallait apporter une bouteille ? – h. Vous croyez qu'ils se sont perdus ?

54. b-7 ; c-1 ; d-8 ; e-6 ; f-2 ; g-3 ; h-4

55. a. Écris-lui une carte postale. – b. Rends-lui visite. – c. Donne-lui la main... – d. Offre-lui des chocolats... – e. Rapporte-nous des gâteaux... – f. Parlons-leur davantage. – g. Indiquez-leur l'itinéraire. – h. Expliquez-nous la situation.

56. a. Je lui demande la permission. – b. Donnez-leur une réponse. – c. Elle leur apporte des chocolats. – d. Tu lui rapportes le pain. – e. Emma ne lui offre pas de cadeau. – f. Vous ne lui achetez pas de bonbons. – g. Ils ne leur disent pas la vérité. – h. Je lui tends la main.

57. a. aux locataires ; b. à ta copine et à toi ; c. à Clara ; d. à Lucile et moi ; e. à ses amis ; f. à son père et moi ; g. aux candidats ; h. à Fabien et moi.

58. b. me ; c. nous ; d. vous ; e. vous ; f. nous.

59. a. Oui, je lui ai envoyé mon C.V. – b. Non, elle ne lui a pas écrit. – c. Non, il ne lui a pas demandé de rendez-vous. – d. Oui, nous leur avons parlé. – e. Oui, on leur a communiqué les données. – f. Non, je ne lui ai pas transmis les consignes. – g. Non, il ne leur a pas expliqué le projet. – h. Oui, vous lui avez répondu.

60. a. Je les invite au goûter. – b. On leur offre des livres. – c. Elle lui téléphone. – d. Elle les montre au bijoutier. – e. On lui demande conseil. – f. Je le rencontre. – g. Nous les remercions. – h. Vous leur parlez.

61. a. lui ; b. la ; c. les ; d. les ; e. la ; f. les ; g. les ; h. lui.

62. a. lui ; b. vous ; c. me ; d. te ; e. vous ; f. leur ; g. vous ; h. lui.

63. a. Je lui ai répondu. – b. Il les a reçus. – c. Ils les ont interrogés. – d. Vous leur avez offert cette gravure. – e. On l'a découverte. – f. On ne lui fait pas confiance. – g. Je l'ai apprise avec un réel plaisir. – h. Elle les a contactés.

64. a. Oui, j'y prends des cours. – b. Oui, nous y étudions. – c. Oui, ils y vont. – d. Oui, nous y participons/j'y participe. – e. Oui vous nous y rejoignez. – f. Oui, tu m'y retrouves. – g. Oui, j'y travaille. – h. Oui, nous y participons.

65. Questions possibles : a. Tes parents jouent aux cartes ? – b. Vous vous habituez à votre nouveau quartier ? – c. Elle tient beaucoup à son jardin ? – d. Tu t'intéresses à l'histoire ? – e. Tes amis renoncent au mariage ? – f. Vous faites très attention à votre ligne ? – g. Marion s'attend à cette surprise ? – h. Tu résistes aux pâtisseries ?

66. b-1 ; c-6 ; d-2 ; e-8 ; f-3 ; g-7 ; h-5.

67. a. Oui, j'en voudrais une livre. – b. Oui, achètes-en deux tablettes. – c. Oui, prends-en une plaquette. – d. Oui, j'en veux bien un verre. – e. Oui, choisissons-en une bouteille. –

f. Oui, j'en prends un morceau. – g. Oui, on en mange une part. – h. Oui, on en goûte quelques tranches.

68. a. Je t'y dépose. – b. Tu t'en occupes. – c. Ma femme en a envie. – d. Vous y avez pensé ? – e. Je t'y accompagne. – f. Tu en rapporteras pour les enfants. – g. Je m'y intéresse. – h. Il s'y attache trop.

69. a. Nous y sommes retournés trois fois. – b. Ils en ont mangé vendredi. – c. Elle en a pris deux parts. – d. Léa s'en est aperçue trop tard. – e. Ils en ont acheté très peu. – f. Les enfants en sont ravis. – g. Ils y sont allés à plusieurs reprises. – h. Alice en est très contente.

70. a. Je n'en ai pas envie. – b. Ma mère y tient absolument. – c. Antoine en a l'intention. – d. On y invite nos amis. – e. Ils n'en ont plus l'habitude. – f. Nous en sommes très heureux. – g. Je ne m'y attendais pas. – h. J'y pousse mes enfants.

71. a. Oui, j'y tiens/Non, je n'y tiens pas. – b. Oui, nous en convenons/Non, nous n'en convenons pas. – c. Oui, ils y font attention/Non, ils n'y font pas attention. – d. Non, il ne s'en aperçoit pas/Oui, il s'en aperçoit. – e. Oui il s'en moque/Non, il ne s'en moque pas. – f. Oui ils y veillent/Non, ils n'y veillent pas. – g. Oui, nous nous attendons/Non, nous ne nous y attendons pas. – h. Oui, ils s'en réjouissent.

72. a. les enfants, eux, ont sommeil. – b. Moi, j'ai très froid. – c. Nous, nous mourons de soif. – d. Vous, vous tombez de fatigue. – e. Jules, lui, a faim. – f. Lucile, elle, a une peur bleue. – g. Simon, lui, a des ennuis. – h. Mes parents, eux, ont un petit rhume.

73. a. à elle ; b. toi ; c. à elle ; d. avec moi ; e. à soi ; f. de moi ; g. à elle ; h. sans elle.

74. a. à elle ; b. à lui ; c. lui ; d. à moi ; e. à toi ; f. me ; g. lui ; h. me.

75. a. Judith aime se confier à lui. – b. Nous avons souvent affaire à lui. – c. Cette année, ils y participeront. – d. Adressez-vous plutôt à elles. – e. Elle pense souvent à eux. – f. Nous y tenons beaucoup. – g. Il y croit très fort. – h. Elle s'est très vite attachée à eux.

76. a. Floriane n'a rien hérité d'eux. – b. Nous n'avons pas pris de photos d'elle. – c. Il ne m'a pas dit ce qu'il en pensait. – d. Elle dit beaucoup de mal d'elle. – e. On s'en doutait. – f. J'ai obtenu un autographe d'elle. – g. Pourquoi tu te méfies de lui ? – h. On s'en soucie.

77. Phrases possibles : a. Oui, j'en ai déjà vu plusieurs/Non, je n'en ai jamais vu. – b. Oui, j'ai peur d'eux. – c. Oui, nous nous y intéressons. – d. Oui, je me méfie d'eux. – e. Oui, je me confie souvent à eux. – f. Oui, je m'oppose parfois à elle. – g. Oui, j'en ai besoin. – h. Non, je ne me plains pas d'eux.

78. a. Accompagne-la. – b. Aidons-la. – c. Vendez-les. – d. Écrivez-leur. – e. Mange-les. – f. Prête-le. – g. Téléphone-leur. – h. Réserve-les.

79. a. Explique-le. – b. Réservez-le. – c. Ne l'appelle pas. – d. Donne-la. – e. Donnons-le. – f. Ne le guidez pas. – g. Paie-la. – h. Demandez-la.

80. a. Passes-y. – b. Penses-y. – c. Présente-le. – d. Retournes-y. – e. Manges-en. – f. Regardes-y. – g. Lave-les. – h. Mets-la.

81. a. ne l'achète pas. – b. n'en mange pas. – c. ne les porte pas. – d. n'en distribuez pas. – e. ne la lave pas. – f. ne les repasse pas. – g. n'en donne pas. – h. n'y pense pas.

82. a. Montre-moi ce film. – b. Ne te lave pas les cheveux. – c. Ne m'embrasse pas. – d. Attends-moi. – e. Prête-moi ce DVD. – f. Ne me donnez pas ce livre. – g. Ne me dites pas la vérité. – h. Parle-moi.

83. a. Ne leur faites pas peur. – b. Ne te déshabille pas. – c. Ne te lave pas les mains. – d. Ne t'en va pas. – e. Ne les relâchons pas. – f. Ne lui dites pas bonjour. – g. Ne me serre pas fort. – h. Ne me lis pas ce poème.

84. a. Tu vas leur dire que je rentrerai tard ce soir. – b. Tu devrais l'écouter. – c. Je descends en acheter. – d. On peut leur téléphoner ? – e. Tu devrais en changer. – f. Il faudrait l'avertir. – g. Je te suggère d'en préparer. – h. On va lui prêter ce livre.

85. a. Pourrais-je lui parler ? – b. Je vais leur expliquer notre problème. – c. Veux-tu nous répéter ce que tu as dit. – d. Cet architecte voulait en faire quelque chose de beau. –

e. Il est urgent d'en informer Sandra et Dorian. – f. Je vais y emmener les enfants. – g. Il refusera sûrement d'en parler. – h. Il faut absolument le convaincre.

86. a. Oui, elle vient de la mettre. – b. Oui je suis en train de la changer. – c. Oui, ils vont les ouvrir. – d. Oui, je viens de l'enfourner. – e. Oui, on va les préparer. – f. Oui je viens d'y passer. – g. Oui nous sommes en train de les appeler. – h. Oui, ils vont en apporter.

87. a. … en lui déclarant qu'il l'aimait. – b. … en le buvant. – c. En leur demandant… – d. En y allant… – e. … en les lisant. – f. … en y montant. – g. … en le voyant couvert de sang. – h. … en lui portant secours.

88. a. En l'apercevant… – b. En lui disant qu'il avait tort… – c. … en y allant. – d. … en le déplaçant. – e. En leur disant oui… – f. En le signant… – g. … en les voyant s'approcher. – h. … en le sciant.

89. b-3 ; c-1 ; d-2 ; e-7 ; f-4 ; g-8 ; h-5.

90. a. Je vous l'envoie. – b. Les collégiens se les échangent. – c. Nicolas m'en rapporte. – d. Je vous la raconterai demain. – e. Cette semaine, il te la prête. – f. Elle ne m'en croit pas l'auteur. – g. Ils nous la livrent demain. – h. Je te l'apporte.

91. a. Hier, tu le lui as vendu. – b. Il ne leur en a pas offert. – c. Nous leur en avons parlé. – d. On vous l'a souvent reproché. – e. Je t'en rapporterai du Maroc. – f. Léo leur en demande souvent. – g. Elle ne me l'a jamais avoué. – h. Loïc ne nous l'a pas dit.

92. Questions possibles : a. Vous apportez des fleurs à Sophie et Damien ? – b. Je peux mettre ta trousse de toilette dans la valise ? – c. Elle achète ses fruits dans ce magasin ? – d. Vous conduisez vos amis à l'hôtel ? – e. Vous me rapporterez de belles photos de votre voyage ? – f. Je range mes médicaments dans la salle de bains ? – g. Tu m'enverras une carte postale ? – h. Vous faites une surprise à Paul ?

93. a. Non, on ne les lui laisse pas/nous ne les lui laissons pas. – b. Non, je ne l'y ai pas emmené en voiture. – c. Oui, elle lui en prépare un. – d. Oui, je l'y accompagne. – e. Oui, je le leur indique. – f. Oui, il m'en offre parfois. –

g. Oui, il les lui fait de temps en temps. – h. Oui, je leur en achète.

94. b-1 ; c-6 ; d-8 ; e-2, f-3 ; g-5 ; h-7.

95. a. Non il n'est pas en train de m'en faire une. – b. Non, il ne vient pas de m'en prescrire. – c. Non, elle n'est pas en train de s'y reposer. – d. Non, je ne vais pas vous les acheter. – e. Non, on n'est pas en train de vous le préparer. – f. Non je ne vais pas les lui montrer. – g. Non, je ne suis pas en train de vous la préparer. – h. Non, nous ne venons pas de l'y accompagner.

96. b- 8 ; c-1 ; d-2 ; e-3 ; f-7 ; g-5 ; h-6.

97. Questions possibles : a. J'ai dit à Damien que je quittais son poste ? – b. Tu as envoyé cette lettre à ton grand-père ? – c. Je t'ai demandé ton nouveau numéro ? – d. Vous avez invité vos parents au théâtre ? – e. Vous avez vendu votre moto à vos voisins ? – f. Marie vous a offert des fruits confits ? – g. Tu nous as interdit de voir ce film ? – h. Je t'ai autorisé à aller au cinéma ?

98. a. Ne t'en mêle pas. – b. Ne lui en achète pas. – c. Prête-leur en une. – d. Vendez-la leur. – e. Ne la lui propose pas. – f. Envoie-leur en. – g. Offrons-leur en une. – h. Prête-m'en un.

Bilan 2

1. a. lui ; b. la ; c. y ; d. lui, e. l' ; f. lui ; g. elle ; h. la ; i. (n')en ; j. me ; k. elle ; l. lui ; m. en ; n. lui ; o. le ; p. lui ; q. l' ; r. t' ; s. en ; t. t' ; u. l' ; v. lui.

2. a. nous ; b. le ; c. nous ; d. lui ; e. le ; f. en ; g. moi ; h. le ; i. t' ; j. les ; k. elles ; l. toi ; m. nous ; n. lui ; o. vous/te ; p. leur ; q. eux ; r. y ; s. moi ; t. vous ; u. le ; v. me ; w. la.

03. Les pronoms relatifs

99. b-1 ; c-2 ; d-3/7 ; e-7/3 ; f-8 ;g-4 ; h-6.

100. a. qui ; b. qui ; c. que ; d. que ; d que ; f. que ; g. qui ; h. qui.

101. a. Aurélie aime cette musique qui est composée par Ravel. – b. Les enfants vont au conservatoire qui propose des cours de piano. – c. Julia apprécie son professeur de flûte, qui est très indulgent. – d. On va écouter un concert qui a lieu à la Philharmonie. – e. On peut voir au cinéma des opéras qui ont été filmés à l'Opéra Bastille. – f. Ma sœur est une amie de la chanteuse lyrique qui chante ce soir à Lyon. – g. On va voir un groupe de jazz qui est célèbre. – h. Alex a acheté un disque vinyle de reggae qui est extrêmement rare.

102. a. Clémence, qu'on a croisée à la Fnac, achetait des livres pour les vacances. – b. Tu as trouvé le texte de cette pièce qu'on a vue la semaine dernière ? – c. La série que nous suivons raconte la vie des résistants en France. – d. Le recueil que je vais offrir à Louise rassemble des poètes du xixe siècle. – e. Je ne peux pas lâcher le roman que tu m'as prêté. – f. Ne me raconte pas la fin du livre que je suis en train de finir. – g. L'intrigue de la pièce que j'ai vue est géniale. – h. Je peux te prêter cet essai sur la place des femmes que je viens de lire.

103. a. Les paysages de ce film qui se déroule en Provence sont superbes. – b. On aime beaucoup la musique du film, qui est très originale/La musique du film qu'on aime beaucoup est très originale. – c. Ce documentaire, que je vous recommande, est bien mené/ Je vous recommande ce documentaire, qui est bien mené. – d. Les décors du film, qui sont très soignés, évoquent bien les intérieurs au siècle dernier/ Les décors du film, qui évoquent les intérieurs au siècle dernier, sont très soignés. – e. J'aime beaucoup les costumes de l'actrice qui incarne la jeune épouse. – f. On voit partout l'affiche de ce film qui vient de sortir. – g. Mes amis nous recommandent le synopsis du film qu'ils ont adoré. – h. La critique parle beaucoup de ce jeune réalisateur qui est espagnol.

104. Phrases possibles : a. tu trouveras sur la ligne 3. – b. se trouve au bout de la rue. – c. j'ai croisé ressemble à ton frère. – d. venait du Canada. – e. applaudissaient à la fin du spectacle. – f. que tu connais bien. – g. vend ces délicieux fromages. – h. on attend ne devrait pas tarder.

105. b-6 ; c-1 ; d-2 ; e-3 ; f-7 ; g-8 ; h-4.

106. a. par qui ; b. contre qui ; c. sur qui ; d. pour qui ; e. avec qui ; f. en qui g. à qui ; h. sur qui.

107. a. C'est un chanteur en qui personne ne croyait il y a un an. – b. C'est un chanteur pour qui seule la musique compte. – c. C'est un chanteur avec qui les musiciens aiment faire des tournées. – d. C'est un chanteur sur qui les journaux ont publié de bonnes critiques. – e. C'est un chanteur à qui des milliers d'adolescents écrivent. – f. C'est un chanteur avec qui je rêve de jouer un jour. – g. C'est un chanteur à côté de qui les autres rockers sont fades. – h. C'est un chanteur sans qui le rap français serait différent.

108. a. L'équipe de Guingamp, contre qui nous disputons un match, joue très bien. – b. L'actrice avec qui Luis sort joue dans *L'École des femmes*. – c. Le directeur de qui je dépends est très agréable. – d. Les enfants avec qui on part sont très heureux d'aller en Angleterre. – e. La famille Leroux, pour qui cette table est réservée, ne viendra pas dîner ce soir. – f. L'amie par qui on s'est rencontrées fait du yoga avec moi. – g. L'architecte sur qui repose le projet de construction est un ancien copain de classe. – h. Ses parents, près de qui elle habite, sont actuellement en voyage.

109. a. Ma tante, à qui appartiennent tous ces meubles, déménage bientôt. – b. Mes amis critiquent maintenant ce jeune président pour qui ils ont voté. – c. Le cheval sur qui on a parié a remporté le Grand Prix. – d. Le dentiste à qui j'ai demandé un rendez-vous n'est pas libre avant la semaine prochaine. – e. Le bel homme à côté de qui Manon marche est son nouveau copain. – f. Cet homme, de qui je me méfie, fait trop de sourires, à mon avis. – g. Son psychologue, en qui Véra a confiance, prend note de tous ses souvenirs d'enfance.

– h. Monica, avec qui vous communiquez régulièrement, vit en Colombie.

110. b-3 ; c-1 ; d-2 ; e-6 ; f-8 ; g-5 ; h-7.

111. a. Ma voisine achète ses tissus au marché Saint-Pierre, où le choix est énorme. – b. Les Parisiens sont toujours surpris le premier mercredi du mois à midi, le moment où les sirènes retentissent. – c. On s'offre un brin de muguet pour le 1er mai, (le jour) où c'est aussi la fête du Travail. – d. On aime bien aller au hammam de la mosquée où on peut boire un excellent thé à la menthe. – e. On aime se promener au moment où la tour Eiffel scintille, à chaque heure le soir. – f. Je connais un restaurant oriental où le couscous est délicieux. – g. On organise un grand défilé militaire le 14 Juillet, (le jour) où on fête la prise de la Bastille. – h. Des orchestres jouent dans tous les quartiers où les gens dansent.

112. a. nous habitons mène au pont. – b. il a neigé on a fait une fondue. – c. ils habitaient a été démolie. – d. elle est née, il a fait très chaud. – e. il voudrait vivre est très loin d'ici. – f. vous déménagez me semble très agréable. – g. il a eu son accident, il était très fatigué. – h. vous descendez est magnifique.

113. a-1/2/3/4/7/8 ; b-1/6 ; c-5/6 ; d-1/6 ; e-1/6/8 ; f-1/2/3/4/7/8 : g-1/4/6/7 ; h-1/7/8.

114. a. qu' ; b. où ; c. que ; d. qui ; e. que ; f. où ; g. où ; h. où.

115. a. qui ; b. qu' ; c. qu' ; d. qui ; e. qu' ; f. où ; g. qui ; h. où.

116. a. On leur a attribué une jolie chambre qui donne sur la mer/La jolie chambre qu'on leur a attribuée donne sur la mer. – b. Le petit-déjeuner qu'ils prennent sur le balcon est très copieux/ Ils prennent le petit-déjeuner, qui est très copieux, sur le balcon. – c. La femme de chambre, qu'ils saluent tous les matins, est très aimable/ Ils saluent la femme de chambre, qui est très aimable, tous les matins. – d. Louise apprécie le bain bouillonnant où elle se rend chaque soir/ Louise se rend chaque soir au bain bouillonnant, qu'elle apprécie. – e. Ils adorent aller à la piscine, où ils passent tous les matins/ Ils passent tous les matins à la piscine qu'ils adorent. – f. Ils peuvent emprunter des jeux à la réception, qui se trouve au rez-de-chaussée/ La réception, où ils peuvent emprunter des jeux, se trouve au rez-de-chaussée. – g. Ils prennent parfois leurs repas au restaurant que les guides recommandent/ Les guides recommandent le restaurant où ils prennent parfois leurs repas. – h. Ils rentrent chez eux très reposés après une semaine qu'ils ont adorée.

117. Phrases possibles : a. donne sur la mer est agréable. – b. tu as ouverte fait un courant d'air. – c. je me repose est à l'ombre. – d. entoure la maison est bien entretenu. – e. vous louez est splendide. – f. nous lisons est un peu sombre. – g. qui a une salle de bain est réservée aux parents. – h. nous fréquentons est au sous-sol.

118. a. Héloïse a acheté une chemise dont la taille est trop petite. – b. Ma sœur met des chaussures dont les talons sont très hauts. – c. Mon père a un blouson dont la poche est percée. – d. Lucas porte un jean dont les jambes sont trouées. – e. Adèle a une robe dont la couleur est très jolie. – f. Ma fille adore ses baskets dont le bout est doré. – g. Ma mère porte un pull dont la laine est extrêmement douce. – h. Je voudrais une jupe dont la longueur arrive au genou.

119. b-7 ; c-2 ; d-1 ; e-5 ; f-3 ; g-8 ; h-6.

120. a. C'est un peintre dont mon amie n'aime pas beaucoup les œuvres. – b. C'est un compositeur dont on apprécie énormément la musique. – c. C'est une salle de cinéma dont on vante la programmation. – d. C'est un théâtre dont on recommande le répertoire. – e. C'est un film dont je n'aime pas le synopsis. – f. C'est une troupe dont nous adorons les acteurs. – g. Ce sont des musiciens dont on exagère la réputation. – h. C'est un orchestre dont vous ne manquez aucun concert.

121. a. Arthur va venir habiter chez nous. Ses parents s'expatrient en Australie. – b. Le copain de Laëtitia travaille en Espagne. Elle va le rejoindre à Madrid. – c. Mélissa va se marier en juin. Son frère étudie avec moi. – d. Le chien de mes parents vient de mourir. Ils sont très tristes. – e. Le boulanger vend son magasin. Sa femme est partie. – f. Ma nièce te propose une colocation. Sa colocataire vient de déménager.

– g. M. et Mme Leroy décident de faire un grand voyage. Leur fille vient de déménager. – h. Ma voisine garde nos enfants après l'école. Son fils fait du sport avec moi.

122. a. Loïc, dont tablette est déchargée, me demande mon smartphone. – b. Mes copains, dont les parents sont en week-end à la campagne, font une fête samedi. – c. Léonore, dont j'aime beaucoup l'humour, garde nos enfants le soir. – d. Louisa, dont la fille se marie en avril, nous invite au mariage. – e. Camille, dont la console de jeux ne fonctionne plus, est bien triste. – f. Nous écoutons avec attention M. Baptiste, dont les conseils de jardinage sont excellents. – g. Nos grands-parents, dont la maison est très grande, peuvent accueillir toute la famille. – h. Nous suivons régulièrement cette émission dont la présentatrice est passionnante.

123. a. Julien a fini un travail dont il est satisfait. – b. Manon commence la lecture d'un essai dont elle est curieuse. – c. Je viens de recevoir un mail de remerciement dont je suis touché. – d. On écoute un nouveau CD dont on est ravis. – e. Nous louons une maison dont nous sommes enchantés. – f. Mes amis ont fait un voyage en Asie dont ils sont déçus. – g. Nous venons d'apprendre une mauvaise nouvelle dont nous sommes désolés. – h. Ma tante vient d'obtenir un diplôme de pilote dont elle est fière.

124. a. Tu as vu ce film ? On dit beaucoup de bien de ce film. – b. Achète ce roman. Tout le monde parle de ce roman. – c. Allez en Andalousie pour trouver le soleil. On manque de soleil à Lille. – d. Il s'occupe d'affaires. Ces affaires sont très prenantes. – e. Il se charge la moitié du temps de sa fille. Sa fille vit bien la séparation de ses parents. – f. Il faut se méfier des radios. Les radios annoncent parfois des fausses nouvelles. – g. L'avenir de l'Europe dépend des élections. Les élections ont lieu tous les cinq ans. – h. On se doutait des résultats. Ces résultats sont favorables aux écologistes.

125. a. Ce dont il faut se moquer, c'est son mauvais caractère. – b. Ce dont ils ont besoin, c'est dormir un peu – c. Ce dont nous avons peur, c'est arriver trop tard. – d. Ce dont il faut s'occuper, ce sont les visas. – e. Ce dont j'ai conscience, c'est sa fatigue. – f. Ce dont on doit parler, ce sont ses projets. – g. Ce dont mes amis rêvent, ce sont les voyages lointains. – h. Ce dont vous vous souvenez, ce sont nos fous rires.

126. a. Marie, dont les parents dépendent financièrement, s'occupe beaucoup d'eux. – b. Certains médias dont je me méfie colportent des fake news. – c. Je propose de partager le traitement de ce dossier dont tu es chargé. – d. Nous avons rencontré le juge dont notre divorce dépend. – e. Nous ignorions l'existence de certains documents dont notre avocat se sert. – f. Vous abordez un sujet dont je n'ai jamais entendu parler. – g. Tu nous parles de ce problème dont nous n'avons aucune idée. – h. Ils ont partagé de bons moments dont ils se souviendront toute leur vie.

127. a. Ce livre dont on a entendu parler a une bonne critique. – b. Les nouveaux horaires dont les employés se plaignent concernent tous les services. – c. Les enfants dont nous nous occupons ont un léger handicap. – d. Les vacances dont je rêve me permettraient de me reposer enfin. – e. Le problème dont nous discutons concerne tout le monde. – f. Le bricolage dont son mari se charge demande un certain savoir-faire. – g. Ces vases dont vous prenez grand soin ont plusieurs années. – h. Le changement climatique dont nous avons conscience provoque des catastrophes.

128. a. que ; b. où ; c. qui ; d. où ; e. que ; f. dont ; g. qui ; h. dont.

129. a. où/dont ; b. qu' ; c. dont ; d. où ; e. qu' ; f. qui ; g. qui ; h. dont.

130. a. Nous visitons le Futuroscope dont les enfants sont fous. – b. On voudrait voir ce film qui passe à 20 h 15. – c. Tu as rencontré ce présentateur dont on a regardé l'émission la semaine dernière ? – d. Vous achetez cette maison que les parents de mon amie viennent de mettre en vente. – e. Suivez les conseils d'Emma, qui sont toujours excellents. – f. Prenez plutôt cette route qui est très agréable. – g. Ils habitent à Saint-Tropez où il y a trop de monde l'été. – h. Claire voudrait voir cette exposition dont on dit beaucoup de bien.

131. Combinaisons possibles : a. Les enfants adorent ce gâteau que je fais souvent et où il y a des pommes et du caramel./ Ma mère m'a donné la recette d'un gâteau que mes enfants adorent et où il y a des pommes et du caramel./ Je fais souvent un gâteau, dont ma mère m'a donné la recette, où il y a des pommes et du caramel.

b. Marco a une nouvelle voiture qu'il a achetée d'occasion et dont il est très content. /Marco est très content de la nouvelle voiture qu'il a achetée d'occasion et où il y a un grand coffre./ Marco est très content de sa nouvelle voiture où il y a un grand coffre et qu'il a achetée d'occasion.

c. Adrienne porte sa robe bleue qu'elle a achetée dans un magasin vintage dont elle a trouvé l'adresse sur Internet./ Sur Internet, Adrienne a trouvé l'adresse d'un magasin vintage où elle a acheté sa robe bleue qui lui va très bien.

d. On va souvent au centre Pompidou, qui vient de fêter ses quarante ans et dont les expositions sont toujours excellentes./ Je vous recommande le centre Pompidou où il y a toujours des expositions intéressantes et qui vient de fêter ses quarante ans./ Je vous recommande le centre Pompidou dont les expositions sont toujours excellentes et où on va souvent.

e. La Philharmonie, qui se trouve porte de Pantin, est une grande salle de concert dont la programmation est très intéressante./ La Philharmonie est une grande salle de concert que les mélomanes apprécient beaucoup et dont la programmation est très intéressante.

Bilan 3

1. a. que ; b. qui ; c. que ; d. dont ; e. qui ; f. où ; g. où ; h. où ; i. que ; j. où ; k. dont ; l. qui ; m. où ; n. que.

2. a. dont ; b. que ; c. qui ; d. où ; e. où ; f. dont ; g. où ; h. qui ; i. qu' ; j. où ; k. qu' ; l. où ; m. que ; n. que.

04. La comparaison

132. Phrases possibles : a. Le boulevard Saint-Michel est plus court que l'avenue des Champs-Élysées. – b. La BNF est moins ancienne que la bibliothèque nationale /La bibliothèque nationale est plus ancienne que la BNF – c. Le stade de France est plus récent que le stade Roland-Garros /Le stade Roland-Garros est moins récent que le stade de France. – d. Le parc Georges-Brassens est plus nouveau que le parc des Buttes-Chaumont. – e. Le musée du Louvre est plus populaire que le musée d'Orsay./ Le musée d'Orsay est moins populaire que le musée du Louvre. – f. La tour Eiffel est plus haute que la tour Montparnasse./ La tour Montparnasse est moins haute que la tour Eiffel. – g. Les appartements du 7e arrondissement sont plus chers que ceux du 20e/ Les appartements du 20e arrondissement sont moins chers que ceux du 7e – h. L'architecture de la fondation Louis Vuitton est plus contemporaine que celle du musée du Louvre.

133. Phrases possibles : a. À Bastia, le ciel est moins nuageux qu'à Brest. – b. À Bastia, le vent est aussi fort qu'à Brest. – c. À Bastia, le temps est moins pluvieux qu'à Brest. – d. À Bastia, le ciel est plus ensoleillé qu'à Brest. – e. À Bastia, l'air est plus chaud qu'à Brest. – f. À Bastia, l'eau est moins fraîche qu'à Brest / À Brest, l'eau est plus fraîche qu'à Bastia – g. À Bastia, les pluies sont moins fréquentes qu'à Brest. – h. À Bastia, l'eau est plus chaude qu'à Brest./ À Brest, l'eau est moins chaude qu'à Bastia.

134. Phrases possibles : a. Adrien est plus grand que Marco et Manu./ Marco est plus petit que les deux autres garçons. – b. Adrien est plus âgé que Marco et Manu, mais Marco est aussi âgé que Manu. – c. Marco est moins sportif que Manu et Adrien. – d. Adrien est aussi avancé dans ses études qu'Adrien, mais Manu est moins avancé qu'eux. – e. Manu et Adrien sont aussi lourds, mais ils sont plus lourds que Marco. – f. Marco est plus petit que Manu et Adrien. – g. Marco et Manu sont aussi jeunes, mais Adrien est moins jeune que les deux autres garçons. – h. Manu et Adrien sont aussi lourds et Marco est moins lourd qu'eux.

135. a. plus tôt ; b. plus vite ; c. mieux ; d. aussi cher ; e. plus tard ; f. plus clair, moins mal ; g. plus souvent ; h. moins faux.

136. b-6 ; c-7/1 ; d-4 ; e-2 ; f-1/8 ; g-1/3/7 ; h-1/7.

137. a. aussi ; b. aussi ; c. autant ; d. aussi ; e. aussi ; f. autant ; g. aussi ; h. aussi.

138. a. Noémie étudie plus que Pauline. – b. Mme Dubreuil dort moins que son mari. – c. Son enfant pleure autant que le nôtre. – d. Delphine sourit moins qu'Aglaé. – e. Armelle sort plus que sa sœur. – f. Théo gagne autant que son copain. – g. Mon mari s'occupe moins des enfants que moi. – h. Léon bricole autant que Lucas.

139. a. Ils mangent plus de poisson que l'année dernière. – b. Ils mangent moins de viande que l'année dernière. – c. Ils boivent autant de vin que… – d. Ils boivent moins d'eau… – e. Ils consomment moins de produits sucrés que… – f. Ils consomment plus de bière que …. – g. Ils utilisent autant de matière grasse que… – h. Ils achètent plus de plats cuisinés que…

140. Phrases possibles : a. … autant que Gabin. – b. Gabin travaille aussi bien qu'Anna. – c. Le stage de Gabin dure moins longtemps que celui d'Anna. – d. Anna obtient une meilleure évaluation que Gabin. – e. Le travail de Gabin est aussi satisfaisant que celui d'Anna. – f. Gabin gagne autant qu'Anna. – g. Gabin reçoit une moins bonne évaluation qu'Anna. – h. Anna travaille plus d'heures que Gabin.

141. a. les plus gros ; b. les plus grands ; c. le plus d'argent ; d. le plus visité ; e. les plus assidues ; f. le plus grand ; g. le plus rempli ; h. la plus fréquentée.

142. b-1/8 ; c-6 ; d-2/3 ; e-7 ; f-5 ; g-1/8 ; h-2/3.

143. Phrases possibles : a. Pour moi, l'animal le plus affectueux est le chien. – b. Le meilleur moment de la journée est le petit-déjeuner. – c. Le film le plus intéressant est La Strada de Fellini. – d. L'événement le plus important est la COP 24. – e. La meilleure cuisine est la cuisine asiatique. – f. la plus grande inquiétude est l'avenir de la planète. – g. La plus mauvaise/la pire odeur est celle des égouts. – h. La plus jolie couleur est le bleu.

144. a. mieux ; b. meilleur, c. meilleur, d. meilleur, e. mieux ; f. mieux ; g. meilleur ; h. mieux.

145. a. plus mal ; b. pire ; c. pires ; d. pire ; e. plus mal ; f. plus mal ; g. plus mal ; h. pires.

146. a. La tarte Tatin est le dessert le plus apprécié. – b. Les vins de Bordeaux sont les vins rouges les plus consommés. – c. La moutarde de Dijon est la plus populaire dans le monde. – d. Le vin de Champagne est le plus imité partout. – e. Les galettes sont les meilleures en Bretagne. – f. Les calissons sont les friandises les plus fréquentes dans le Sud-Est. – g. Les bêtises de Cambrai sont les bonbons les plus populaires dans le Nord. – h. Le cidre est la boisson la moins alcoolisée et la meilleure.

147. a. Marseille est la ville la plus cosmopolite. – b. Le vieux port est l'endroit le plus agréable. – c. Les habitants de Marseille sont les moins snobs. – d. La bouillabaisse est le plat le plus répandu. – e. Les rues du haut de la ville sont les plus anciennes. – f. Les cafés du port sont les plus accueillants. – g. Le caractère méditerranéen est le plus fort. – h. La Canebière est la rue la plus longue.

148. a. C'est Fanny qui mange le moins. – b. C'est l'acteur que j'aime le plus. – c. C'est le morceau de jazz qu'on écoute le plus. – d. C'est en hiver que vous dormez le plus. – e. C'est la pièce qui nous a le plus déçus. – f. C'est en été qu'il travaille le moins. – g. C'est Rémi qui étudie le moins. – h. C'est Mélanie qui court le plus.

149. a. C'est Paul qui regarde le plus de films de science-fiction. – b. C'est Ludovic qui a le plus de jeux vidéo. – c. C'est Lola qui écoute le plus de rap. – d. C'est Adèle qui parle le plus de langues étrangères. – e. C'est Bénédicte qui garde le plus d'enfants. – f. C'est Olga qui fait le plus de dessins. – g. C'est Alex qui gagne le plus de parties. – h. C'est Damien qui lit le plus d'œuvres classiques.

150. a. le plus, la plus, la plus ; b. la plus, le plus d', le plus ; c. la plus, la plus, la plus, les plus/le plus de ; d. la plus, le plus, le plus ; e. le plus, le plus, le plus de, le plus ; f. la plus, le plus d', le plus de ; g. les plus, la plus, le plus ; h. la plus, le plus.

Bilan 4

1. a. plus ; b. moins ; c. plus ; d. plus ; e. mieux ; f. plus ; g. plus ; h. moins ; i. les meilleurs ; j. moins ; k. les pires ; l. le moins ; m. moins ; n. le plus ; o. plus ; p. le plus ; q. plus ; r. mieux ; s. le plus ; t. mieux.

2. a. moins ; b. le plus ; c. aussi importante; d. moins de littérature contemporaine ; e. plus d'albums jeunesse ; f. plus de formats de poche ; g. mieux ; h. plus qu' ; i. plus que ; j. plus importantes ; k. mieux que ; l. les plus populaires ; m. aussi appréciés ; n. le plus grand ; o. moins important qu' ; p. plus forte ; q. les plus grands ; r. les plus jeunes ; s. plus de 65 ans ; t. plus forte ; u. les plus lus ; v. la plus liée.

05. Les adverbes et les prépositions

151. a. vraisemblablement ; b. favorablement ; c. sauvagement d. impeccablement ; e. prochainement ; f. pauvrement ; g. sensiblement ; h. classiquement.

152 a. excessivement ; b. affectueusement ; c. complètement ; d. naturellement ; e. artificiellement ; f. légèrement ; g. clairement ; h. vivement.

153. a. faux, fausse ; b. frais, fraîche ; c. sec, sèche ; d. fou, folle ; e. long, longue ; f. franc, franche ; g. ancien, ancienne ; h. net, nette.

154. a. publiquement ; b. sérieusement ; c. simplement ; d. doucement ; e. naïvement ; f. lentement ; g. discrètement ; h. superficiellement.

155. a. poliment ; b. assurément ; c. facilement ; d. rapidement ; e. résolument ; f. difficilement ; g. carrément ; h. vraiment.

156. a. poliment ; b. gaiement ; c. crûment ; d. profondément ; e. assidûment ; f. vraiment ; g. énormément ; h. précisément.

157. a. puissamment ; b. suffisamment ; c. évidemment ; d. couramment ; e. fréquemment ; f. patiemment ; g. abondamment ; h. brillamment.

158. a. intelligemment ; b. patiemment ; c. couramment ; d. constamment ; e. lentement ; f. bruyamment ; g. méchamment ; h. pertinemment.

159. a. gentiment ; b. habilement ; c. franchement ; d. joyeusement ; e. brièvement ; f. impunément ; g. régulièrement ; h. clairement.

160. a. très ; b. vite ; c. ailleurs ; d. trop ; e. tellement ; f. autant ; g. bien ; h. mieux.

161. a. cher ; b. bon ; c. bonnes ; d. basse ; e. chères ; f. lourde ; g. fort ; h. fortes.

162. a. grand ; b. faux ; c. fausse ; d. clair ; e. lourd ; f. claires ; g. court ; h. dur.

163. b-4/7/8 ; c-1 ; d-2/7 ; e-2 ; f-3/6 ; g-6 ; h-4/8.

164. a. En ; b. Au ; c. Au ; d. En ; e. Au ; f. en ; g. En ; h. en, en.

165. a. En, à l' ; b. en ; c. à ; d. à la, au ; e. dans ; f. au ; g. à l' ; h. en.

166. a. en ; b. Au ; c. en - en ; d. vers/à ; e. le, vers/à ; f. au ; g. en ; h. vers.

167. a. À la mi-novembre/Avant le 15 novembre / Vers la mi-novembre… ; b. Avant mars/Au début de l'année… ; c. … à la mi-mars ; d. Vers la fin juin/Après le 21 juin…; e. Avant la fin du mois d'août/Vers la mi-août… ; f. Après le 1er avril/Au début du mois d'avril… ; g. À la mi-septembre… ; h. Après décembre/Au début de l'année…

168. a.-1/6 ; b-5 ; c- 8 ; d-1/2/3/6 ; e-1/2/3 ; f-7 ; g-4 ; h-2/3.

169. Réponses possibles : a. pendant quinze jours ; b. pour une semaine ; c. entre le 15 et le 25 mars/du 15 au 25 mars ; d. pendant/pour trois semaines ; e. à partir du 1er octobre jusqu'au 13/du 1er au 13 octobre ; f. pour/pendant le week-end du 12 mai ; g. pour Noël ; h. pendant cinq jours.

170. a. après ; b. Dans ; c. après ; d. après ; e. dans ; f. Dans ; g. après ; h. après.

171. a. Depuis ; b. pour, dans ; c. pendant ; d. Pour ; e. Depuis ; f. pour, dans ; g. pendant ; h. pour.

172. b-2/3/5 ; c-2/3 ; d-4 ; e-8 ; f-6 ; g-7 ; h-1/2/3/5.

173. a. par ; b. par ; c. de ; d. sur ; e. par ; f. à ; g. par ; h. par.

174. a. Hier, on a pique-niqué aux Buttes-Chaumont avec Hélène, Mathilde et Lucas. – b. Avant-hier, je suis allé(e) au Grand Rex avec Alicia. – c. Demain, je dînerai chez Maman. – d. Après-demain, j'irai au cours de yoga à 18 heures.

175. a. La veille, on avait pique-niqué aux Buttes-Chaumont avec Hélène, Mathilde et Lucas. – b. L'avant-veille, j'étais allé(e) au Grand Rex avec Alicia. – c. Le lendemain, j'avais dîné chez Maman. – d. Le surlendemain, j'étais allé(é) au cours de Yoga à 18 heures.

176. 1-e ; 2-b ; 3-g ; 4-c ; 5-a ; 6-f ; 7-d ; 8-h.

177. 1-d ; 2-b ; 3-c ; 4-a ; 5-e ; 6-f ; 7-h ; 8-g.

178. b-5 ; c-2/3 ; d-1/7 ; e-8 ; f-6 ; g-1/7 ; h-6/8.

179. a. Ensuite/Puis ; b. Après/Plus tard/Ensuite ; c. Avant ; d. Puis/Ensuite/Plus tard ; e. Après ; f. À ce moment-là/Alors ; g. Après/Ensuite ; h. Enfin.

180. a. soudain/tout à coup ; b. aussitôt ; c. aussitôt ; d. à ce moment-là ; e. aussitôt/au même moment ; f. aussitôt ; g. tout à coup/à ce moment-là ; h. tout à coup/soudain.

181. a. tôt ; b. bientôt ; c. dorénavant ; d. tard ; e. bientôt ; f. désormais ; g. bientôt ; h. désormais.

182. b-3 ; c-8 ; d-5 ; e-7 ; f-6 ; g-1 ; h-4.

183. b-4 ; c-1 ; d-2 ; e-3 ; f-8 ; g-5 ; h-6/7.

184. a. Oui, je l'ai déjà réservé. – b. Non, pas encore, je n'y suis jamais allé. – c. Non, nous ne logerons plus chez l'habitant. – d. Non, nous ne mangerons jamais sur les marchés de rue. – e. Non, je n'y vais jamais. – f. Non, ils n'y vivent plus. – g. Non, ils ne l'ont pas encore/jamais visité. – h. Oui, nous l'avons déjà goûtée.

185. a-3-y ; b-4-z/b-7-t ; c-5-s ; d-1-w /d-6-u ; e-1-w /e-6-u ; f-2-x/f-3-y ; f-8-v ; g-3-y/g-8-v ; h-4-z.

186. a. en, à ; b. à, au ; c. aux, à ; d. à, en ; e. à, en ; f. au, à ; g. à,en ; h. à, au.

187. a. aux ; b. en/à la ; c. Aux ; d. À la ; e. en ; f. aux, à ; g. à ; h. en.

188. a. pour ; b. vers ; c. jusqu'en, par ; d. pour ;
e. jusqu'à ; f. vers ; g. vers, jusqu'à ; h. vers.

189. a-2/6 ; b-3 ; c-4/5/8 ; d-1/7 ; e-1/7 ; f-2/6 ; g-4/5/8 ; h-4/5/8.

190. a. du, de ; b. de, d' ; c. de, du ; d. de, du ; e. de, de ; f. de, d' ; g. d', d' ; h. de, d'.

191. b-1 ; c-4 ; d-6 ; e-3 ; f-8 ; g-7 ; h-3/5.

192. a. chez ; b. au-dessus ; c. Parmi ; d. sur ; e. au-dessus ; f. contre ; g. sous ; h. parmi..

193.

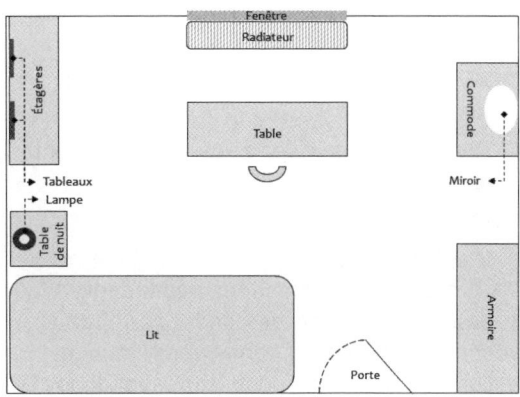

194. b-4 ; c-8 ; d-7 ; e-1 ; f-2 ; g-5 ; h-6.

195. a. ailleurs ; b. dehors ; c. Ici ; d. autour ; e. partout ; f. ailleurs ; g. loin ; h. là-bas.

196. a. derrière ; b. loin ; c. en bas ; d. quelque part ; e. dessus/à côté ; f. là-bas ; g. nulle part ; h. quelque part/ailleurs.

197. a. nulle part ; b. quelque part ; c. partout ; d. ailleurs ; e. là-bas ; f. n'importe où/ailleurs ; g. autour ; h. ici..

Bilan 5

1. a. vraiment ; b. clairement ; c. Évidemment ; d. bien ; e. précisément ; f. Franchement ; g. mieux ; h. exactement ; i. calmement ; j. très ; k. patiemment ; l. terriblement ; m. Habituellement ; n. fréquemment ; o. constamment ; p. mieux ; q. Sûrement ; r. gentiment ; s. brièvement ; t. gaiement ; u. sagement.

2. a. ailleurs; b. en ; c. en ; d. au ; e. quelque part ; f. là-bas ; g. en ; h. à partir ; i. le ; j. tard ; k. par ; l. tard ; m. dans.

3. a. pour ; b. de ; c. sur ; d. de ; e. en ; f. du ; g. à ; h. dans ; i. à ; j. au-dessus ; k. dans ; l. à ; m. de/à partir de ; n. à/jusqu'à ; o. dans ; p. pendant.

06. L'indicatif

198. dormir, venir, sentir, courir, sortir, souffrir, couvrir, devenir, obtenir, tenir, parvenir, mourir.

199. je : c, f, g, n, p, q, s, w, y. – tu : c, f, h, i, n, p, q, w, y. – il/elle/on : j, l, s, z. – nous : b, h, m, t, u. – vous : e, v. – ils/elles : d, k, o, r, x

200. a. -t ; b. -x ; c. -tes ; d. -t ; e. -sent, f. -s ; g. -s, h. -ent

201. a. -ez ; b. -es ; c. -e ; d. -es,-e ; e. -e ; f. -ent ; g. -ez ; h. -ons.

202. a. -ez ; b. -x ; c. -ez ; d. -t ; e. -s ; f. -ent ; g. -x ; h. -ons.

203. a. dépends, dépendons, dépendent ; b. descends, descend, descendez ; c. réponds, répond, répondent ; d. vends, vend, vendent ; e. corresponds, correspond, correspondons ; f. tords, tord, tordez ; g. tonds, tond, tondent ; h. fends, fend, fendons.

204. a. attendez, attends ; b. rendent, rend ; c. défend, défends ; d. confonds, confondent ; e. mord, mordent ; f. correspond, corresponds ; g. répond, répondent ; h. entend, entendent.

205. a. pars en voyage, partez..., partent... – b. écris des mails, écrivons..., écrivent... – c. lit le journal, lisons..., lisez... ; d. sors souvent, sortent..., sortons.. ; e. dors très bien, dormons..., dormez.. – f. vis heureux, vivons ..., vivent... – g. connaît plusieurs langues, connaissent..., connaissez... – h. sert le repas, sers..., servons...

206. a. ment, mentent ; b. sors, sortez ; c. vivent, vit ; d. sent, sentez ; e. suis, suivez ; f. dors, dormons ; g. croyez, crois ; h. sais, savent.

207. a. attends ; b. vainquons ; c. coud ; d. éteins ; e. suivez ; f. naît ; g. écrivent ; h. rejoignons.

208. a. pars, partent ; b. écris, écrivent ; c. lit, lisent ; d. s'endort, nous endormons ; e. servez, sers ; f. mets, mettons ; g. connaît, connaissent ; h. vois, voyez.

209. a. rejoins, rejoignent ; b. éteins, éteignent ; c. apparaissent, apparaît ; d. atteins, atteignent ; e. feins, feignent ; f. disparais, disparaissent ; g. joins, joignent ; h. teins, teignent.

210. a. Elles craignent le froid. – b. Nous recousons nos chemises. – c. Vous dormez chez moi. – d. Nous mettons du sel... – e. Ils vainquent leur peur. – f. Vous repeignez la cuisine. – g. Nous nous teignons les cheveux. – h. Elles apparaissent au coin...

211. b-5 ; c-7 ; d-1 ; e-8 ; f-3 ; g-4 ; h-6.

212. a. comprendre ; b. boire ; c. devoir ; d. faire ; e. dire ; f. prendre ; g. pouvoir ; h. devenir.

213. a. obtenons ; b. reviennent ; c. parvenons ; d. boit ; e. ne peux plus ; f. comprend ; g. apercevez ; h. reçoivent.

214. a. apprennent l'italien. – b. obtiennent un rendez-vous. – c. apercevons un bateau au loin. – d. comprenez le message. – e. devenons adultes. – f. dites n'importe quoi. – g. reviennent dans cinq minutes. – h. devons partir tout de suite.

215. a. Je reçois beaucoup de mails. – b. Elle devient très agréable. – c. Tu comprends bien l'anglais. – d. Il obtient son passeport. – e. Je fais des études de droit. – f. Tu peux entrer. – g. Elle doit s'absenter. – h. Je tiens à ce diplôme.

216. a. soutiennent l'équipe de France. – b. entreprennent de grands travaux. – c. me surprennent beaucoup. – d. appartenons à ce groupe de travail. – e. meurs de faim. – f. me déçois beaucoup. – g. concevons que ... – h. te préviennent que...

217. a. ne sait pas encore ; b. peut ; c. rejoignent ; d. veut ; e. réfléchit ; f. part ; g. prend ; h. connaît ; i. ne connais pas ; j. paraît ; k. veux ; l. ne craignez pas ; m. sais ; n. se produisent ; o. m'interdis ; p. vis ; q. tiens ; r. découvre ; s. se connaît ; t. surprends ; u. dois ; v. tiens ; w. revoit.

218. a. va atterrir ; b. allez réussir ; c. ne vont pas se marier ; d. va passer ; e. allons faire construire ; f. vais apprendre ; g. allons nous coucher ; h. n'allez jamais pouvoir entrer.

219. a. Ils vont leur envoyer leurs démissions. – b. Nous allons nous installer à la campagne. – c. Je vais vous les donner tout de suite. – d. Vous allez vous en sortir. – e. Approche-toi, tu vas les voir. – f. Elle ne va pas nous téléphoner à cette heure-là ! g. Il va falloir nous dire au revoir. – h. Mes parents ne vont pas en avoir besoin.

220. a. analyserons → analyser ; b. décorerez → décorer ; c. créerez → créer ; d. louerons → louer ; e. distribuerez → distribuer ; f. avouerons → avouer ; g. scierez → scier ; h. diminuerez → diminuer.

221. a. direz, conduirai ; b. suffira, paraîtra ; c. s'arrêtera, tombera malade ; d. écrira, oubliera ; e. ouvriront, offriront ; f. reprendront ; g. signerons, exporterons ; h. boiras, conduiras.

222. a. auront, faudra ; b. ne vous achèterai pas, ferez ; c. présenteront, s'achèvera ; d. s'améliorera, s'éclaircira ; e. obtiendrai, devrai ; f. recevrons, appelleras ; g. viendra, essayera/essaiera ; h. enverrai, appuieras.

223. a. fera ; b. vivra, verra ; c. auras ; d. ira bien ; e. boira ; f. dirai ; g. aidera ; h. mourrons.

224. a. ira, va aller ; b. changeras, va changer ; c. mentirai, va encore mentir ; d. sera, va être ; e. va partir, partira ; f. vais vous passer, passeras ; g. va parler, parleront ; h. vais te montrer, te montrerai.

225. a. arriverai, vais arriver à l'heure ; b. les lui donnerai, vais les lui rendre ; c. va porter, portera ; d. partiront, vont partir.

226. a. boira ; b. allons dîner ; c. vais te montrer ; d. prendrai ; e. viendrons ; f. allons te rendre ; g. aura lieu ; h. va fêter.

227. a. avez ; b. ont ; c. as ; d. j'ai ; e. s'est ; f. avons ; g. sont ; h. j'ai.

228. b-7 ; c-1 ; d-8 ; e-2 ; f-3 ; g-5 ; h-6.

229. a. Elle s'est douchée. – b. Les enfants se sont habillés. – c. Adam s'est rasé. – d. Éléonore s'est maquillée. – e. Ils se sont précipités à l'arrêt de bus. – f. Éléonore s'est rendue à son bureau. – g. Elle s'est mise au travail. – h. Ils se sont arrêtés à 13 heures.

230. a. suis ; b. as ; c. est ; d. est ; e. avons ; f. a ; g. suis ; h. a.

231. a. s'est ; b. est ; c. ont ; d. ont ; e. est ; f. suis ; g. a ; h. est.

232. a. Léa est descendue chercher... – b. Tu as monté les skis... – c. On a sorti le chien... – d. Nos enfants sont rentrés... – e. Hélène est passée par... – f. Loïc et Pierre sont remontés... – g. Ma mère a passé son... – h. Les filles sont sorties se ...

233. a. craindre ; b. connaître ; c. peindre ; d. revenir ; e. surprendre ; f. boire ; g. comprendre ; h. rire .

234. a. été ; b. su ; c. éteint ; d. craint ; e. souri ; f. venu ; g. appris ; h. né.

235. a. Elle a tenu ; b. On a su ; c. Tu as cru ; d. Ils ont voulu ; e. Tu as souri ; f. J'ai découvert ; g. On a suivi ; h. Vous avez rejoint.

236. a. avez recueilli ; b. as connu ; c. avons soumis ; d. a craint ; e. a résolu ; f. a offert ; g. a reçu ; h. a repeint.

237. a. Elle a grandi et elle a embelli. – b. Nous avons eu une voiture et nous avons découvert la côte. – c. Vous avez lu régulièrement mais vous avez rarement écrit. – d. Tu as su parler anglais couramment mais tu ne t'es pas fait comprendre. – e. Nous avons admis que nous avons fait une erreur. – f. Elles ont appris rapidement alors elles ont pu conduire. – g. J'ai vu cette femme et j'ai voulu la suivre. – h. On a entendu l'annonce et on a répondu aussitôt.

238. a. -e ; b. Ø, -e ; c. Ø ; d. -s ; e. -e, -e ; f. -e, Ø ; g. Ø, Ø ; h. -e, Ø.

239. a. Ces meubles, je les ai faits. – b. Cette aquarelle, elle l'a peinte. – c. Cette énigme, on l'a résolue. – d. Ces étagères, tu les as construites. – e. Ces fleurs, Émile les a offertes à son amie. – f. Ces sacs, il les a descendus au sous-sol. – g. Cette écriture, Margot l'a reconnue. – h. Cette assiette, je l'ai cassée.

240. Nous avons passé des vacances formidables en Turquie. Les sites que nous avons visités sont exceptionnels et nous avons découvert la cité antique d'Éphèse. Nous nous sommes baignés tous les jours et avons rencontré des gens adorables qui nous ont invités chez eux. Les enfants, que nous avons emmenés partout, se sont beaucoup amusés. Ils ont joué dans les ruines.

241. a. Nous avons appelé nos voisins, puis nous les avons rejoints. – b. Vous avez conduit la voiture jusqu'à Rennes, puis vous l'avez rendue à l'agence. – c. Tu as choisi un roman, puis tu l'as lu d'une traite. – d. On a lu cette publicité, puis on l'a jetée. – e. Je me suis souvenu de ce poème et je l'ai écrit pour toi. – f. Il a vu son erreur et, maintenant, il l'a comprise. – g. Elle a appris l'adresse de sa collègue et elle lui a téléphoné. – h. On leur a donné des indications et ils les ont suivies.

242. a. Ø ; b. -s ; c. Ø ; d. -es ; e. -s ; f. Ø ; g. Ø ; h. -e.

243. a. Les sourcils, je meles suis peignés. – b. Elle s'est brossé les ongles. – c. Elles se sont trop maquillées. – d. Ma veste, je l'ai brossée. – e. Les cheveux, ils ne se les sont pas séchés. – f. Sa bouche, elle l'a peinte en rouge foncé. – g. Ma mère s'est essuyé les mains. – h. Ma copine s'est maquillé les yeux en bleu.

244. a. Ø ; b. Ø ; c. Ø ; d. -s ; e. Ø ; f. -s ; g. s ; h. -s.

245. a. Ils se sont écrit de temps en temps. – b. Elles se sont donné rendez-vous. – c. Nous nous sommes succédé à ce poste. – d. Ces pulls, ils se les sont prêtés. – d. Vous vous êtes menti. – e. Elles ne se sont pas fait confiance. – f. Nous nous sommes échangé nos cartes de visite. – h. Vous vous êtes prêté des livres.

246. a. Ø, -ées ; b. Ø, -ées ; c. Ø ; d. Ø ; e. Ø ; f. Ø ; g. -s/-es ; h. Ø.

247. a. Ø ; b. Ø ; c. Ø ; d. -e ; e. Ø ; f. Ø ; g. Ø ; h. -e.

248. J'ai pris le train pour Toulouse où je *suis allée* rejoindre mes cousins pour la semaine. Le trajet *s'est bien passé*. J'ai lu un magazine et *j'ai parlé* avec mon voisin. Avant d'arriver à la gare, on *s'est échangé* nos numéros de portable. On *s'est quittés*. Mes cousins *sont venus* me chercher vers midi. Nous *avons déjeuné* dans un restaurant du centre-ville, puis *nous sommes allés* nous baigner dans la Garonne. Après la baignade, on *a joué* au badminton sur la rive ; *j'ai gagné* une partie et après *j'ai perdu*, dommage ! Le soir, les cousins *ont préparé* un barbecue. Leurs parents nous *ont rejoints* et on *a dîné* tous ensemble dans le jardin. Après le repas, on *s'est répartis* en équipes et on *a fait* plusieurs parties de Taboo. *J'ai découvert* ce jeu très sympa. On *s'est couchés* après minuit.

249. 1. se sont embrassés ; 2. se sont dit ; 3. a bondi ; 4. s'est précipitée ; 5. a mis ; 6. a filé ; 7. a pris ; 8. a écouté ; 9. a donné ; 10. a dû ; 11. a entendu ; 12. est sortie ; 13. est entrée ; 14. s'est levé ; 15. a entendu ; 16. a réfléchi ; 17. a changé. 18. s'est retrouvé ; 19. a averti ; 20. a eu ; 21. s'est lavé ; 22. ne s'est pas coiffée ; 23. a enfilé ; 24. se sont dépêchés ; 25. se sont bousculés ; 26. est allé ; 28. a sorti ; 29. a eu ; 29. sont arrivés.

250. a. faisait ; b. rejoignais ; c. cueillaient ; d. rougissais ; e. croyions ; f. mettiez ; g. devenait ; h. résolvait.

251. a. Je voulais savoir s'il vous restait des places. – b. Elle se demandait si l'avion partait à l'heure. – c. Ma voisine pensait qu'il agrandissait la terrasse. – d. M. Dubois répondait qu'il ne connaissait pas ce locataire. – e. Nous voyagions en première. C'était plus confortable. – f. Les enfants sortaient tous ensemble. Ils revenaient tôt. – g. Vous repeigniez la fenêtre pendant que je refaisais le carrelage. – h. On dormait sur la plage pendant que les enfants prenaient un bain de mer.

252. a. on ne se rendait pas… ; b. on ne produisait pas… ; c. le T.G.V. ne rejoignait pas… ; d. on ne se voyait pas… ; e. on ne faisait pas… ; f. on ne réfléchissait pas… ; g. des voitures sans conducteur ne parcouraient pas… ; h. on ne prenait pas soin…

253. a. nous avions compris ; b. elle était née ; c. vous aviez peint ; d. ils avaient couru ; e. on avait cru ; f. elle était morte ; g. nous avions rencontré ; h. ils avaient entendu.

254. a. tu avais fini… ; b. nous avions préparé… ; c. nos amis étaient passés… ; d. Ils avaient pris… ; e. le temps avait passé… ; f. Ils étaient restés… ; g. on avait joué… ; h. nos amis nous avaient quittés…

255. a. Ses confitures, ma grand-mère les avaient faites… – b. Mon grand-père avait mis le cidre… – c. Les légumes, on les avait épluchés… – d. Les enfants avaient ramassé les fraises. – e. Les cerises, on les avait cueillies. –

f. Les champignons, on les avait préparés... – g. Les tomates, mon père les avait plantées. – h. J'avais arrosé les salades.

256. La nuit *avait commencé* à tomber. Paul *avait entendu* un bruit dehors. Il *était sorti* pour voir. Il *n'avait rien* vu de particulier. Il *était revenu* dans la maison. Le bruit *avait recommencé*. En même temps la porte *s'était ouverte*. Il avait entendu le vent qui *avait fait* claquer un volet.

257. b-2 ; c-8 ; d-1 ; e-7 ; f-3 ; g-2/4 ; h-6/7.

258. a. Nous avons croisé la factrice qui distribuait le courrier. – b. J'ai emprunté ta voiture car la mienne était en panne. – c. Comme les enfants attendaient un bébé, ils ont déménagé en mai. – d. Tu as trouvé le travail que tu cherchais depuis longtemps ? – e. Nous avons aménagé la maison dont nous rêvions depuis des années. – f. Il a pu réparer le grille-pain qui ne fonctionnait plus ? – g. Vous avez visité l'exposition qui rassemblait les tableaux de ce collectionneur ? – h. Il pleuvait depuis ce matin et tout à coup le soleil est apparu.

259. a. allions, avait ; b. a neigé, était ; c. était - ai vu ; d. mettait, ont pris ; e. craignaient, s'approchaient ; f. faisait, a entendu ; g. est sorti, tenait, était ; h. ont aperçu, sont partis, ressemblaient.

260. a. garé, dominait ; b. avons sorti, avons sonné, avait ; c. a remis, s'est dirigés, était ; d. prenaient, nous sommes installés ; e. avons goûté, nous sommes régalés, semblait, a bien conseillés ; f. faisait, était, sommes retournés ; g. était, avons sonné, est descendue ; h. s'est excusée, sommes arrivés, n'ai pas entendu, jardinais, a offert.

261. a. travaillait ; b. ne lui plaisait pas ; c. n'avait pas ; d. acceptait e. a revu ; f. a conseillé ; g. était ; h. fallait ; i. devait ; j. offrait ; k. souriait ; l. a appris ; m. a trouvé ; n. recherchait ; o. s'est présentée ; p. a rencontré ; q. a fait ; r. a changé.

262. a-5 ; c-7 ; d-2 ; e-6 ; f-3 ; g-4/8 ; h-4.

263. a. ont eu, s'étaient mariés ; b. a obtenu, avait entrepris ; c. a fermé, nous avaient cambriolés ; d. est mort, avait été ; e. a rendu, avait acheté ; f. avons vu, étions sortis ; g. a brillé, avait eu ; h. ai retrouvé, avais perdu.

264. a. Nous avions décidé de passer la journée en ville alors on préparait le sac à dos. – b. On avait visité Notre-Dame-de-la-Garde. On s'est arrêtés pour prendre un verre. – c. Le ciel était dégagé. Le mistral avait soufflé la nuit. – d. Ils avaient pris le bateau pour le château d'If. Thomas prenait de belles photos. – e. Magalie s'était promenée sur le vieux port. Elle aimait les paysages. – f. Le Mucem était fermé. Nous étions arrivés trop tard pour la visite de ce musée. – g. Thomas était triste. Il avait oublié son appareil photo sur le bateau. – h. On appréciait le dîner. Ma mère avait préparé une bouillabaisse.

265. a. On a retrouvé des amis qu'on n'avait pas vus depuis plusieurs années. – b. Tu as remplacé la table que tes parents t'avaient donnée quand tu t'étais mariée. – c. J'avais envie de sortir. Mathieu m'avait proposé d'aller au cinéma avec lui. Je l'ai appelé. – d. Tu étais fatigué. Tu avais passé une dure journée. Ce soir, tu t'es détendu avec un bon livre. – e. À 21 h, nous avons regardé la télé. La veille, nous avions vu qu'on passait un bon documentaire. – f. Ma voisine était arrivée pour demander un service. Elle est restée avec nous. – g. C'était l'anniversaire de Léa. Elle m'a dit qu'elle n'avait pas lu le dernier roman de Houellebecq. Je le lui ai offert. – h. J'avais mal dormi la nuit dernière. J'étais fatiguée. Ce soir j'ai pris une tisane et je me suis couchée tôt.

266. a. avaient constaté ; b. ont fait ; c. devait ; d. a découvert ; e. avait très bien supporté ; f. se trouvait ; g. mesurait ; h. ont déclaré ; i. était ; j. avait vécu ; k. a attribué ; l. avait travaillé ; m. avait peint ; n. ont estimé ; o. n'a pas souhaité ; p. dépassait ; q. ne s'est encore porté.

Bilan 6

1. a. fait ; b. s'obscurcit ; c. apparaissent ; d. aperçoivent ; e. ne reconnaît pas ; f. doivent ; g. tient ; h. prend ; i. sent ; j. s'éteint ; k. feint ; l. sait ; m. craint ; n. parvient ; o. croit ; p. dit ; q. se souvient ; r. réussit ; s. paraît ; t. surgit ; u.

reconnais ; v. vous éloignez ; w. suivez ; x. rejoins ; y. entreprennent.

2. a. pourras ; b. vais y réfléchir ; c. vais être ; d. suffira ; e. rencontreras. f. aura ; g. y arriveras ; h. débutera ; i. y boira ; j. fera ; k. savourerons ; l. aurai ; m. vas venir ; n. choisiras ; o. voudras ; p. vais y penser ; q. te préviendrai ; r. sauras ; s. m'appelleras ; t. nous pourrons ; u. t'ennuieras ; v. t'en iras.

3. a. était ; b. grondait ; c. était revenu ; d. avait posé ; e. était monté ; f. l'attendait ; g. écoutait ; h. lisait ; i. n'a pas vu ; j. n'a pas entendu ; k. s'était approché ; l. s'est écrié ; m. a plaqué ; n. voulait ; o. a sursauté ; p. s'est mise ; q. avait ; r. t'ai apporté ; s. as oublié.

4. a. est née ; b. avait appris ; c. voulait ; d. s'était enfuie ; e. a/avait habité ; f. avait traversé ; g. vivait ; h. l'avait exploitée ; i. l'avait privée ; j. a rencontré ; k. travaillait ; l. l'a accueillie ; m. a trouvé ; n. l'a repérée ; o. a proposé ; p. a décidé ; q. a commencé ; r. est devenue.

07. L'impératif

267. a. Revois ta leçon. – b. Terminons notre exercice. – c. Apprenez ces verbes. – d. Utilise les mots entre parenthèses. – e. Faisons la correction. – f. Vérifie les réponses. – g. Répétons la phrase. – h. Finissez votre travail.

268. a. Enregistrons ; b. Aies ; c. Répondez ; d. Envoie ; e. Recevons ; f. Sache ; g. Imprimez ; h. Soyons.

269. a. Achetez… – b. Passons… – c. Prends des fruits. – d. Allons… – e. Commandez… – f. Fais… – g. Va… – h. Ayez…

270. a. Douchez-vous. – b. Brosse-toi… – c. Maquille-toi. – d. Rasez-vous. – e. Habillons-nous. – f. Coiffez-vous. – g. Fais-toi… – h. Pressons-nous.

271. a. Coupez-vous… – b. Lave-toi… – c. Teignez-vous… – d. Démaquillons-nous… – e. Maquille-toi… – f. Faisons-nous… – g. Taille-toi… – h. Rasez-vous…

272. a. Téléphonons-nous souvent. – b. Parlez-vous tous les jours. – c. Donnez-vous rendez-vous. – d. Rencontrez-vous dans un café. – e. Racontons-nous nos vacances. – f. Dites-vous des mots doux. – g. Revoyons-nous dans un mois. – h. Présentez-vous à l'entourage.

273. b-2. – c-1. – d-8. – e-7. – f-5. – g-4. – h-6.

274. a. Oui, appelle-les. – b. Oui, réservons-en/réservez-en. – c. Oui, regarde-la. – d. Alors, assistons-y. – e. Oui, enregistre-le. – f. Oui, proposons-lui. – g. Oui, allons-y. – h. Oui, achète-les.

275. a. Nettoie-la. – b. Rangeons-le. – c. Lavez-le. – d. Repasse-les. – e. Passons-le. – f. Videz-le. – g. Balaie-la. – h. Prenons-en une.

276. a. Triez… – b. faisons un … – c. Ne mets pas… – d. N'arrose pas… e. Ne laissons pas… – f. Ne gardez pas… – g. Ne laissons pas… – h. Ne jetons pas…

277. a. N'apporte pas… – b. Ne parlons pas… – c. Ne prends pas… – d. Ne rapporte pas… – e. N'arrivons pas … – f. N'écrivez pas… – g. Ne répondons pas… – h. N'écoute pas…

278. a. Ne vous habillez pas… ; b. Ne te maquille pas… ; c. Ne nous inquiétons pas… ; d. Ne nous faisons pas de souci. – e. Ne vous disputez pas… – f. Ne nous créons pas de problèmes. – g. Ne te plains pas… – h. Ne vous connectez pas…

279. a. Ne vous stressez pas… – b. Ne te lève pas… – c. Ne nous couchons pas… – d. Ne vous endormez pas… – e. Ne te fais pas de souci… – f. Ne vous endettez pas. – g. Ne t'impose pas de tâches – h. Ne vous fâchez pas…

280. a. Ne vous parlez plus. – b. Ne vous téléphonez plus. – c. Ne nous touchons plus. – d. Ne vous souriez plus. – e. Ne nous regardons plus. – f. Ne vous échangez plus de mails. – g. Ne nous faisons plus de cadeaux. – h. Ne vous revoyez plus.

281. b-6 ; c-1 ; d-2 ; e-8 ; f-4 ; g-3 ; h-7.

282. a. N'en accepte pas. – b. Ne le suivez pas. – c. Ne le communique pas. – d. Ne la donne pas. – e. Ne lui répondez pas. – f. Ne lui souriez pas. – g. N'y va pas. – h. Ne lui faites pas confiance.

283. a. Ne le transmettons pas. – b. Ne l'envoie pas. – c. Ne les présentez pas. – d. N'en donne pas. – e. N'en fournis pas. – f. Ne l'acceptez pas. – g. N'en apporte pas.pas. – h. Ne l'apporte pas.

284. a. n'en fais pas ; b. n'en faites pas ; c. ne vous y inscrivez pas ; d. n'y cours pas ; e. ne le disputons pas ; f. ne le cours pas ; g. ne la rencontrons pas ; h. ne le remettez pas en question.

Bilan 7

1. a. Fais-toi des amis francophones. – b. Ne reste pas isolé. – c. Garde le sourire. – d. Ne te décourage pas et aie confiance. – e. Évalue tes progrès. – f. Écoute la radio et essaie de comprendre. – g. Apprends des chansons. – h. Regarde des films en français. – i. Ne te réfère pas à ton dictionnaire. – j. Aie de l'imagination et devine le sens. – k. Saisis toutes les occasions. – l. N'aie pas peur et ose prendre la parole. – m. Ne sois pas timide. – n. Ne te focalise pas sur la grammaire. – o. Réutilise le vocabulaire. – p. Consulte des sites de FLE. – q. Lis les titres et essaie de deviner. Repère les mots et fais des hypothèses. – r. Joue aux cartes avec tes amis... – s. Fais du sport. – t. Voyage et fais des rencontres. – u. Aie un(e) petit(e) ami(e).

2. *Entre* (a) le premier dans le restaurant et *guide* (b) les dames vers votre table. *Ne t'assois pas* (c) avant elles et *aide* (d) les femmes plus âgées à prendre place. *Laisse* (e) ton sac au pied de ta chaise. *Lave-toi* (f) les mains avant le repas. *Profites-en* (g) pour aller aux toilettes, ce qui ne se fait pas pendant le repas. Avant le repas, *mets* (h) tes coudes sur la table mais *pose* (i) seulement tes avant-bras sur la table pendant le repas. *Ne mets* jamais (j) tes mains sous la table. *Laisse* (k) les femmes commander en premier. *Déplie* (l) ta serviette quand vous avez passé la commande des plats. *Ne mange pas* (m) avec les doigts mais *utilise* (n) les couverts. *N'accroche pas* (o) ta serviette autour du cou mais *place-la* (p) sur tes cuisses. *Mets* (q) ton téléphone en mode silencieux et *ne le regarde pas* (r) pendant le repas.
Si tu te sers une boisson, *proposes-en* (s) à tes voisins et voisines de table. *Ne regarde pas* (t) ta montre. *Ne commence pas* (u) à manger si les autres ne sont pas servis. *Ne parle pas* (v) la bouche pleine. Pour appeler le serveur, *fais-lui* (w) un signe de la main. Si on t'invite, *fais* (x) des commentaires positifs sur les plats et le restaurant. Si tu paies l'addition, *sois discret* (y) et *ne montre pas* (z) la note aux autres convives...

08. Le conditionnel

285. a. On saurait. – b. Tu voudrais. – c. Vous voudriez. – d. Nous pourrions. – e. Tu viendrais. – f. Elle aurait. – g. je ferais. – h. Ils seraient.

286. a. Je pourrais... – b. Tu aurais... – c. Ils auraient besoin... – d. Vous viendriez... – e. Nous partirions... – f. Elle aurait envie... – g. Un thé te ferait... – h. Tu serais d'accord...

287. a. Il faudrait faire... – b. Vous devriez boire... – c. Elle ne devrait pas manger... – d. Il serait préférable de... – e. Il ne faudrait pas boire... – f. Elles pourraient s'inscrire... – g. Il vaudrait mieux limiter... – h. Il serait souhaitable de...

288. a. Je pourrais conduire. – b. Mariana pourrait prendre... – c. Nous pourrions visiter... – d. Tu pourrais admirer... – e. Vous pourriez acheter... – f. Ils pourraient dîner... – g. On pourrait faire... – h. Ils pourraient manger...

289. a. Il pleuvrait... – b. Les nuages disparaîtraient... – c. On aurait... – d. Les nuages arriveraient... – e. Les températures atteindraient... – f. L'orage se déclarerait... – g. La nuit serait agitée. – h. les températures descendraient en...

290. a. Il ferait... – b. Nous cultiverions... – c. Tu partirais... – d. On serait... – e. On se baignerait... – f. Les fleurs pousseraient... – g. Ça sentirait bon – h. Ce serait...

291. a. Nous vivrions... et les loups nous entoureraient. – b. On se battrait... et on les tuerait. – c. Elle avalerait... et il se changerait... – d. Tu prendrais... tu me défendrais. – e. Il viendrait... et enlèverait... – f. Les géants entreraient... et seraient capturés. – g. Vous traverseriez... et vous nous délivreriez. – h. On se perdrait... et on découvrirait...

292. a. Il a demandé s'il y aurait du monde. – b. J'espérais qu'il ferait beau. – c. Tu savais où on se retrouverait. – d. J'ai répondu qu'on verrait bien. – e. Tu as voulu me dire qu'elle ne passerait pas. – f. Vous ne saviez pas quel jour serait le... – g. Je pensais qu'ils ne reconnaîtraient pas. – h. Ils voulaient dire que tu n'apporterais rien.

293. a. irait ; b. choisirais ; c. viendraient ; d. vous ennuieriez ; e. ferais ; f. maigrirait ; g. te sentirais ; h. partiraient.

294. a. Tu aurais fait. – b. Vous auriez cru. – c. J'aurais été. – d. Ils auraient eu. – e. On se serait demandé. – f. Elle aurait su. – g. Nous serions allés. – h. Ils auraient pu.

295. a. Tu aurais pu appeler. – b. Il n'aurait pas fallu sonner. – c. Vous n'auriez pas dû entrer par cette porte. – d. On ne vous aurait pas cru. – e. Elles n'auraient pas pu parler ainsi. – f. J'aurais dû demander. – g. Il aurait fallu prendre. – h. Nous aurions pu attendre.

296. a. Tu aurais pu venir... – b. Elle aurait pu écrire... – c. J'aurais pu acheter... – d. Elle aurait pu téléphoner... – e. Nous aurions pu donner... – f. J'aurais pu rencontrer... – g.– Tu aurais pu visiter... – h. On aurait pu les remercier.

297. a. je serais allé(e) – b. je me serais promené(e) – c. Je serais arrivé(e) – d. j'aurais découvert – e. Je serais monté(e) – f. j'aurais vu – g. j'aurais continué – h. j'aurais visité– i. j'aurais fait – j. j'aurais regardé – k. J'aurais choisi.

298. a. Le braquage de la banque aurait eu lieu... – b. On aurait reconnu... – c. Les cambrioleurs seraient passés... – d. On aurait enlevé... – e. Les enfants seraient enfermés... – f. L'incendie se serait déclaré... – g. Le vigile aurait travaillé... – h. On aurait retrouvé....

299. a. se serait baignés ; b. se serait marié ; c. se serait acheté ; d. aurions déménagé ; e. serait devenue ; f. j'aurais ouvert ; g. serait partie ; h. ne vous seriez pas installé(s).

300. Phrases possibles : a. nous aurions voyagé en Asie. – b. elle aurait trouvé un travail plus intéressant. – c. je serais devenu architecte. – d. j'aurais créé un centre pour les femmes battues. – e. on n'aurait pas abîmé autant la planète. – f. je me serais adapté à une autre culture. – g. nous aurions habité dans une grande maison. – h. je ne me serais jamais remariée.

Bilan 8

1. a. elle le revendrait bien plus cher – b. elle repeindrait – c. elle l'aménagerait – d. elle irait – e. elle louerait – f. elle chercherait – g. elle continuerait – h. Elle leur préparerait – i. le prix de la location augmenterait – elle pourrait – k. elle ouvrirait – l. Elle proposerait – m. il y aurait

2. Phrases possibles : a. J'aurais vécu en ville. – b. J'aurais eu un chat. – c. J'aurais appris à faire du skate. – d. Je serais allée au cinéma avec mes copines. – e. J'aurais fait du patinage artistique. – f. J'aurais communiqué par Facebook avec mes amis. – g. j'aurais découvert les musées et les œuvres d'art. – h. je serais allée au marché aux Puces. – i. J'étudierais le piano. – j. J'irais au théâtre. – k. je voyagerais. – l. je serais plus extravertie. – m. j'aurais un copain. – n. je cuisinerais pour mes amis. – o. je connaîtrais bien l'art contemporain.

09. Le subjonctif

301. a. Ils traduisent. Il est nécessaire que je traduise. – b. Ils descendent. Il faut qu'elle descende. – c. Ils finissent. Il faut que tu finisses. – d. Ils boivent. Il est nécessaire que je boive. – e. Ils viennent. Il faut que tu viennes. – f. Ils sortent. Il faut qu'ils sortent. – g. Ils tiennent. Il est nécessaire qu'elles tiennent. – h. Ils apprennent. Il faut qu'il apprenne.

302. a. Que je reçoive. Que nous recevions. – b. Que je me lève. Que nous nous levions. – c. Que je voie- Que nous voyions. – d. Que j'appelle. Que nous appelions. – e. Que je boive. Que nous buvions. – f. Que je comprenne. Que nous comprenions. – g. Que j'achète. Que nous achetions. – h. Que je croie. Que nous croyions.

303. a. il doive ; b. nous recevions ; c. elle mette ; d. tu obtiennes ; e. elle parvienne ; f. vous aperceviez ; g. vous disiez ; h. nous jetions.

304. a. Il faut que nous buvions… – b. Il faut que je coure… – c. Il faut qu'il prenne… – d. il faut qu'on se mette… – e. Il faut que vous vous méfiiez… – f. il faut qu'elle prévoie… – g. Il faut qu'ils se pèsent… – h. Il faut que nous maigrissions.

305. a. remette ; b. organisions ; c. envoyions ; d. rejettent ; e. me souvienne ; f. retienne ; g. utilisiez ; h. réussissent.

306. a. on veuille, vouloir. – b. tu sois, être. – c. nous sachions, savoir. – d. vous fassiez, faire. – e. ils aient, avoir – f. il vaille, valoir. – g. je puisse, pouvoir. – h. elles soient, être.

307. b-5 ; c-7 ; d-1 ; e-6 ; f-2 ; g-4 ; h-3.

308. a. que tu aies plus de contacts avec tes collègues. – b. que vous fassiez des sorties culturelles avec vos enfants. – c. que tu ailles plus souvent à la piscine pour te détendre. – d. que tu fasses du sport le week-end. – e. que tu sois moins stressé au travail. – f. que vous sachiez vous reposer. – g. que nous soyons plus attentifs aux autres. – h. que vous ayez de la patience avec vos amis.

309. a. vouliez ; b. allions ; c. sache ; d. puisses ; e. ailles ; f. fassiez ; g. veuillent, h. fasses.

310. a. qu'ils sachent par cœur leurs leçons. – b. nous corrigions nos erreurs. – c. on soit à l'heure en classe. – d. les enfants aient de bons résultats à leurs contrôles. – e. tu puisses comprendre cette nouvelle en anglais. – f. il ait son matériel avec lui. – g. que nous traduisions ce texte. – h. que vous écriviez les questions sur vos cahiers.

311. b-7 ; c-6, d-8 ; e-2 ; f-1 ; g-3 ; h-4.

312. a. ça vaille la peine. – b. nous sachions le faire. – c. tu puisses le dire. – d. nous ayons le temps. – e. je connaisse ce poème par cœur. – f. les étudiants soient à l'heure. – g. elle déçoive tout le monde. – h. il se taise.

313. a. revoyiez ; b. prennes ; c. meure ; d. produisiez ; e. aille ; f. agissions ; g. aient ; h. payiez.

314. b-6 ; c-1 ; d-2 ; e-3 ; f-5 ; g-8 ; h-7.

315. a. vous rendiez ; b. me serve ; c. appreniez ; d. allions ; e. puissent ; f. ayons ; g. répondes, h. buviez.

316. a. voies ; b. riions ; c. croie ; d. entrevoie ; e. conjuguions ; f. remette ; g. vous unissiez ; h. ennuyions.

317. a. qu'on réunisse tous nos amis. – b. qu'ils soient prêts à remplacer leurs collègues. – c. que les voisins veuillent les connaître. – d. qu'ils fassent plaisir à leurs enfants. – e. que je n'en sache rien. – f. que tu deviennes diplomate. – g. que vous ayez meilleur appétit. – h. que cela vaille la peine d'y aller.

318. a. tienne ; b. proférez ; c. dises ; d. colportions ; e. expriment ; f. trahissent ; g. me taise ; h. vous confiiez.

319. a. faille ; b. pleuve ; c. invitent ; d. détruise ; e. meure ; f. vouliez ; g. vous asseyiez/assoyiez ; h. plaise.

320. a. qu'il faille partir. – b. que vous ne puissiez pas rester. – c. que tu doives rentrer seul à deux heures du matin. – d. qu'on nous fasse de telles remarques. – e. qu'il soit trop tard. – f. que vous soyez parmi nous pour cette occasion. – g. ses enfants n'aillent pas à l'université. – h. que cela vaille cher.

321. a. Cela me déçoit que tu n'aies pas de patience. – b. Cela m'ennuie que vous n'alliez pas lui rendre visite. – c. Cela m'agace qu'il ne me rende jamais son travail à temps. – d. Cela m'embête qu'il ne croie jamais ce que je dis. – e. Cela me plaît qu'elle aille régulièrement à la bibliothèque. – f. Cela m'enchante que nous puissions nous marier en juillet. – g. Cela m'attriste que vous ne sachiez ni chanter ni danser. – h. Cela me bouleverse que mes parents veuillent vivre à l'étranger.

322. a. Je suis stupéfait que les partis politiques ne réagissent pas. – b. Cela me surprend que le ministre de la Justice démissionne. – c. Nous sommes surpris que ces révélations paraissent dans la presse. – d. Il est inattendu que les Écologistes gagnent aux élections. – e. Il est incroyable que le gouvernement refuse de négocier. – f. Je déplore que les géants de l'Internet ne paient pas d'impôt. – g. Ils se félicitent que les taux d'intérêt baissent. – h. Cela m'agace que le personnel de la SNCF se mette en grève.

323. a. Arthur est furieux que ses impôts soient si élevés. – b. Ça nous étonne que les manifestants fassent autant de dégâts. – c. Ça me surprend que le carburant puisse augmenter autant. – d. Je suis en colère que l'État prenne la décision de fermer des services publics. – e. Nous apprécions que les cotisations sociales soient plus faibles. – f. On est heureux que le chômage baisse. – g. Il craint que son entreprise connaisse des difficultés financières. – h. Nous redoutons que l'activité économique ralentisse.

324. douter que ; il est impossible que ; il y a peu de chance que ; il se peut que ; il est peu probable que ; ne pas être sûr que ; il est improbable que ; ne pas croire que ; ne pas penser que : il est rare que ; il arrive que.

325. D : d, f, h – P : a, g – I : b, c, e.

326. a. que ça vaille cher, une place à l'Opéra pour les étudiants. – b. que vous sachiez ce que raconte ce film. – c. que nous ayons un entracte pendant le concert. – d. que ce théâtre fasse relâche le lundi. – e. que tu veuilles prendre un verre au foyer pendant l'entracte. – f. que cet acteur ait plus de cinquante ans. – g. qu'elle aille à l'exposition de peinture. – h. qu'ils apprécient un ballet de danse classique.

327. a. puisses ; b. croie ; c. partons ; d. êtes ; e. sais ; f. échangions ; g. aille ; h. ai.

328. a. faille ; b. allions ; c. vouliez ; d. vaut ; e. ait lieu ; f. se réjouit ; g. puissiez ; h. veuillent.

329. b-7 ; c-6 ; d-8 ; e-1 ; f-3 ; g-4 ; h-2.

330. a. Je ne pense pas que la circulation sur cette route soit dangereuse. – b. Elle n'a pas l'impression que vous voyagiez très souvent en avion. – c. Nous ne trouvons pas que le transport ferroviaire des marchandises puisse se développer. – d. Je n'affirme pas que les autoroutes soient en bon état. – e. Je n'imagine pas que tu prennes les transports en commun. – f. Je n'ai pas le sentiment que la SNCF fasse des promotions sur plusieurs destinations. – g. Vous ne croyez pas qu'il s'agisse d'un retard de train. – h. Nous ne pensons pas que le réseau routier doive être entretenu par les services publics.

331. a. Estimes-tu/Estimez-vous que nous atteignions nos objectifs de croissance ? – b. As-tu/Avez-vous l'impression que le chef du personnel puisse vous recevoir bientôt ? – c. Es-tu d'avis/Êtes-vous d'avis qu'il faille embaucher des collaborateurs ? – d. Crois-tu/Croyez-vous que ce nouveau logiciel vaille trop cher ? – e. Considères-tu/Considérez-vous que son attitude aille à l'encontre des principes de l'entreprise ? – f. Trouves-tu/Trouvez-vous que cet employé fasse un travail remarquable ? – g. Penses-tu/Pensez-vous que notre directeur se rende compte de nos efforts ? – h. Imagines-tu/Imaginez-vous que cela suffise pour augmenter notre chiffre d'affaires ?

332. a. Tu ne crois pas ; b. Nous n'avons pas l'impression ; c. Pensez-vous ; d. Ils ne pensent pas ; e. Considérez-vous ; f. Je ne trouve pas ; g. Est-il certain ; h. Elle n'est pas convaincue.

333. a. ait ; b. faille ; c. ne comprenez pas ; d. finissent ; e. déterminerez ; f. puisses ; g. doive ; h. vivrai.

334. O : c, g – D : d, h – S : b, f – I : a – E : e.

335. a. Qu'ils fassent leur travail ! – b. Que le gouvernement prenne ses responsabilités ! – c. Qu'il en soit ainsi ! – d. Qu'elles se tiennent prêtes ! – e. Qu'on ne nous dérange sous aucun prétexte ! – f. Que ton vœu se réalise ! – g. Que les passagers soient tous à leur place ! – h. Que le chômage disparaisse !

336. a. Qu'elle l'achète ! – b. Qu'elle le goûte ! – c. Qu'ils y viennent ! – d. Qu'il la fasse ! – e. Qu'elle la conduise ! – f. Qu'ils y aillent ! – g. Qu'il en parte plus tôt ! – h. Qu'elles les prennent en juillet !

337. alors que ; chaque fois que ; lorsque ; puisque ; aussitôt que ; dès que ; après que ; depuis que ; parce que ; en même temps que.

338. b-8 ; c-4 ; d-3 ; e-6 ; f-5 ; g-1 ; h-2.

339. Phrases possibles : a. range les chambres. – b. il pleuve. – c. connais la réponse. – d. puisse être heureuse. – e. ne soient pas inquiets. – f. le sachent. – g. lui répondes. – h. lui dise de revenir.

340. a. étais ; b. voulez ; c. sortes ; d. s'est réveillée ; e. sachiez ; f. fasse ; g. veuillent ; h. suive.

341. a. d'avoir beaucoup de chance. – b. qu'on ne vienne pas à la soirée. – c. qu'il ne dise jamais bonjour. – d. que je parte vivre à 15 000 km. – e. de devoir travailler un jour férié. – f. d'inviter nos enfants. – g. de recevoir le troisième prix. – h. que leur professeur mette de bonnes notes.

342. a. ø ; b. d' ; c. de ; d. ø ; e. de ; f. de ; g. ø ; h. de.

343. a. de ; b. que ; c. que ; d. ø ; e. que ; f. de ; g. ø ; h. ø.

344. a. que je fasse ; b. convenir ; c. que nous fassions ; d. reprendre ; e. d'envoyer ; f. que vous puissiez ; g. de finir ; h. que j'aille chercher.

345. b-8 ; c-3 ; d-4 ; e-6 ; f-7 ; g-5 ; h-1

Bilan 9

1. a. va voir ; b. commence ; c. sois ; d. retirer ; e. être ; f. prennes ; g. arriver ; h. as envie ; i. sorte ; j. prenne ; k. aies ; l. est ; m. recevoir ; n. aille ; o. passer ; p. comprennes ; q. tienne ; r. accepter ; s. ira ; t. sois.

2. a. rendent ; b. s'est intéressé ; c. s'est mis ; d. ne pas connaître ; e. ait ; f. attendait, apparaisse ; g. soient ; h. offrions ; i. fasse ; j. saches ; k. voir ; l. obtiendras ; m. ait ; n. deviennes, t'accompagner, m'apprennes.

10. Le passif

346. c, d, h.

347. a. La reine chasse Blanche-Neige. – b. le Petit Poucet guide les six frères. – c. Le loup mange le Chaperon Rouge. – d. Les trois ours effraient Boucle d'Or. – e. Le Petit Tailleur tue le géant. – f. La Bête épouse la Belle. – g. Le Chat Botté avale le marquis. – h. Le prince charmant réveille la princesse.

348. a. Le pain est préparé par le boulanger. – b. Les fromages sont vendus par le crémier. – c. Les poissons sont attrapés par le pêcheur. – d. Les gâteaux sont faits par le pâtissier. – e. Les champs sont cultivés par l'agriculteur. – f. Les recettes sont vérifiées par le comptable. – g. Le malade est soigné par le médecin. – h. La porte est réparée par le serrurier.

349. a. La voiture volée la semaine dernière est retrouvée par un agent. – b. Le but final est marqué par Paul Pogba. – c. Des rôdeurs sont signalés dans la résidence par le gardien. – d. Le rôle de l'héroïne du film est joué par la jeune actrice Rosa. – e. Le petit-fils est sauvé des flammes par la grand-mère. – f. Une cité enfouie dans le sable est découverte par un archéologue. – g. Le gros lot de la tombola est gagné par un SDF. – h. Le trophée est remporté par l'équipe de Toulouse.

350. a. Antoine Griezmann est considéré par la presse comme le footballeur le mieux payé. – b. La finale à Roland-Garros est gagnée par Rafaël Nadal. – c. Le titre de champion du monde poids lourds en judo est remporté par Teddy Riner. – d. La course du Vendée Globe est gagnée par le bateau d'Armel Le Cleac'h. – e. Le tour du monde en solitaire à la voile est achevé par Thomas Colleville. – f. Le championnat de France de Rugby est gagné par l'équipe de Castres. – g. La coupe du monde de biathlon ski est reçue par Martin Fourcade. – h. Kylian Mbappé est reconnu par la France comme champion de l'année.

351. On envoie la lettre au Père Noël. – b. On installe le sapin au milieu du salon. – c. On range les chaussures devant la cheminée. – d. On prépare la dinde aux marrons. – e. On décore la bûche de Noël. – f. On attend les invités. – g. On allume les bougies. – h. On sert le champagne.

352. a. La Sécurité sociale est réorganisée. – b. Les jeunes enfants sont surveillés par des puéricultrices. – c. Le budget des universités est réévalué. – d. Les frais médicaux sont remboursés par l'assurance maladie. – e. L'âge de départ à la retraite est modifié. – f. Les personnes sans ressources sont soignées gratuitement. – g. Les associations sont préoccupées par les jeunes de banlieue. – h. Les femmes actives sont retenues par les responsabilités professionnelles.

353. a. On réserve une salle. – b. Les

participants sont invités. – c. On choisit le traiteur. – d. Les plats sont sélectionnés. – e. On décore l'espace. – f. Des hôtesses sont recherchées. – g. Un DJ est choisi. – h. Les invités sont accueillis.

354. b-1 ; c-2 ; d-4 ; e-8 ; f-7 ; g-3 ; h-5.

355. a. des ; b. de ; c. par ; d. par ; e. de ; f. de ; g. par ; h. par.

356. a. Dans les prochaines semaines, la réforme sera présentée par le Président. – b. Demain, la neige sera attendue. – c. Dans quelques jours, une nouvelle crèche sera ouverte par la mairie. – d. Cette nuit, le trafic sur la ligne de métro 12 sera interrompu. – e. À partir de mars, les jardins seront fermés à 20 heures. – f. En juillet, beaucoup de circulation sera attendue sur les routes. – g. Mardi, une réunion exceptionnelle sera organisée par le directeur. – h. La semaine prochaine, le nouveau conservatoire sera inauguré.

357. a. va être présenté ; b. vont être éteintes ; c. va être éclairée ; d. vont être mis en place ; e. va être occupée ; f. va être accompagnée ; g. va être signalée ; h. vont être applaudis.

358. a. On ouvrira le secrétariat au public de 10 à 17 heures – b. Les candidats devront fournir toutes les pièces demandées. – c. Tout dossier incomplet sera refusé par l'administration. – d. Une commission spéciale étudiera les demandes d'inscription. – e. Les étudiants seront informés par courrier des décisions. – f. On orientera certains étudiants vers d'autres établissements. – g. Une réunion de prérentrée sera organisée dans chaque faculté. – h. On enregistrera les inscriptions pédagogiques.

359. b, d, f.

360. a. Les principaux problèmes étaient évoqués. – b. La question de la propreté de l'immeuble était abordée. – c. Une priorité pour les travaux était définie. – d. Un rendez-vous avec l'architecte était pris. – e. Un calendrier des paiements était établi. – f. Une date était fixée pour la prochaine réunion. – g. Un projet d'amélioration était voté. – h. Les absents étaient informés par courrier.

361. a. Hier soir, la loi sur l'immigration a été votée. – b. Un accord commercial a été signé entre la France et la Chine. – c. Le mois dernier, l'aéroport Charles-de-Gaulle a été agrandi. – d. En janvier dernier, le prix du carburant a été augmenté. – e. Un temps printanier a été prévu sur toute la France. – f. L'année dernière, la taxe d'habitation a été réduite. – g. En avril dernier, le ramassage des coquillages a été interdit dans le Finistère. – h. Le nouveau musée d'art contemporain a été inauguré aux Halles.

362. a. ont été endommagées ; b. ont été retrouvés ; c. ont été arrachées ; d. ont été privés ; e. ont été secourues ; f. ont été mis à disposition ; g. ont été distribuées ; h. ont été soutenues.

363. a. À Chamonix, une enveloppe contenant 1 500 € a été découverte par un couple de skieurs. – b. Un centre pour lutter contre la fraude a été ouvert aux États-Unis. – c. Un enfant âgé de 6 ans soupçonné de meurtre a été arrêté par des policiers uruguayens. – d. La mort de Napoléon Ier par l'arsenic a été confirmée par des chercheurs. – e. Un numéro vert pour lutter contre la pollution a été mis en place par la mairie. – f. Une petite cuillère a été retrouvée dans l'estomac d'une patiente par un chirurgien. – g. Des pigments de couleurs vieux de 400 000 ans ont été identifiés par une équipe de scientifiques. – h. Un bébé tombé du sixième étage a été récupéré sain et sauf par les pompiers.

364. a. En 2018, Les cigarettes n'étaient pas vendues dans les supermarchés. – b. Jusqu'en 2019, les revenus pour les autoentrepreneurs étaient imposés. – c. En 2019, le nombre de jours de congé n'a pas été réduit. – d. Avant 2019, les avantages sociaux n'étaient pas remis en question. – e. Avant 2018, les papiers d'identité étaient vérifiés pour les étrangers. – f. En 2019, l'euro n'a pas été dévalué. – g. Depuis 2018, la circulation dans les centres-villes a été limitée. – h. Jusqu'en 2018, l'usage de la cigarette électronique était autorisé dans les lieux publics.

365. a. Oui, le contrôleur avait autorisé l'accès aux voitures. – b. Oui, les billets avaient été compostés par les passagers. – c. Oui, le signal du départ avait été donné. – d. Oui, on avait ouvert l'espace restauration. – e. Oui, on avait informé les voyageurs des différents arrêts. – f. Oui, les passagers avaient été priés de surveiller leurs bagages. – g. Oui, on avait réservé aux personnes à mobilité réduite des places prioritaires. – h. Oui, des réductions avaient été proposées aux abonnés.

366. a. Les enfants ont été accompagnés à la gare par leurs parents. – b. Les moniteurs avaient été convoqués avant l'arrivée des enfants. – c. L'appel a été fait par le directeur et un badge a été remis aux enfants. – d. Les bagages ont été rassemblés par les moniteurs. – e. Les enfants ont été embrassés par leurs parents et les dernières recommandations ont été données. – f. Les familles ont été rassurées par le directeur. Des nouvelles allaient être envoyées souvent. – g. Les parents n'ont pas été autorisés à aller sur le quai. – h. Les sandwichs qui avaient été livrés ont été distribués par les moniteurs.

367. a. a été organisée ; b. n'était pas desservie ; c. seront publiés ; d. n'était pas utilisé ; e. a été bouleversé ; f. a été instauré ; g. est élu ; h. n'était pas donné.

368. a. La porte de la bijouterie aurait été fracturée par le cambrioleur. – b. Le cambrioleur aurait été aperçu par un passant, un touriste. – c. Le passant aurait été bousculé par le cambrioleur en sortant. – d. Il aurait été attendu au coin de la rue par son complice. – e. Cette photo aurait été prise par le passant. – f. La voiture du complice aurait également été photographiée. – g. Ainsi, le coupable serait facilement identifié. – h. Ces deux hommes seraient recherchés par la police.

Bilan 10

1. a. Cinq personnes soupçonnées de cambriolage ont été arrêtées par des policiers dans la soirée de mercredi. – b. La maison qui leur servait de repère a été fouillée. – c. Une quantité impressionnante d'objets de valeur y a été trouvée. – d. le voisinage a été interrogé – e. des indices supplémentaires ont été révélés – f. D'autres cambriolages dans la région avaient été prévus par le petit groupe de malfaiteurs. – g. De belles villas isolées étaient toutes concernées – h. Les voleurs ont été entendus par le commissaire. – i. Plusieurs victimes de cambriolages ont été informées par la police – j. une exposition allait être organisée. – k. les personnes arrêtées étaient bien connues. – l. Ces dernières étaient considérées par les commerçants comme des personnes aimables.

2. a. des Français vous invitent – b. On préparera – c. On destine le grand verre à l'eau – d. on réserve le petit au vin – e. une boisson vous sera proposée – f. On engage la conversation. – g. Vous serez invité par les hôtes – h. On vous attribuera une place – i. Le repas n'est pas commencé – j. Si de la soupe vous est servie, vous la boirez sans bruit. – k. Le couteau spécial sera utilisé (par vous) – l. On vous présentera plusieurs plats – m. votre refus sera accompagné d'un « non merci » poli – n. Le couteau ne doit pas toucher la salade. – o. Un petit bout de pain sera utilisé. – p. On sert les fromages. – r. Les couverts sont utilisés. – s. On apporte le dessert. – t. la maîtresse de maison est félicitée – u. une cigarette ne sera pas allumée – v. le repas, qu'un café peut suivre – w. on poursuivra la discussion – x. Vos hôtes seront remerciés.

11. Le participe présent et le gérondif

369. a. pouvant, b. disant ; c. vieillissant ; d. lisant ; e. venant ; f. comprenant ; g. faisant ; h. peignant.

370. a. Mon appartement, ayant trois chambres… – b. Mon appartement, étant au 6e étage… – c. Une amie cherchant une colocation…– d. … la chambre donnant sur la cour – e. Mes voisins vivant sur le même palier… – f. Mes voisins, rentrant tard le soir… – g. Jules, travaillant dans une librairie… – h. Les petits voisins, adorant les contes…

371. a. Leur santé se dégradant, ils vont... – b. Ma mère ne voulant plus faire la cuisine, ils ne mangent... – c. Revenant du parc, ils visitent une... – d. Étant dans un quartier agréable, elle leur plaît bien. – e. Proposant des petits studios, elle permet une certaine... – f. Les tarifs étant accessibles, ils correspondent... – g. Mon frère et moi allant bientôt voir nos parents, nous ferons... – h. Cette décision étant difficile à prendre, il faut...

372. a. Le train ayant pris du retard, les voyageurs ont été... – b. Le contrôleur ayant vérifié nos billets, je me suis... – c. M'étant réveillée, j'ai pris... – d. Le voyage s'étant bien déroulé, j'ai retrouvé... – e. Étant arrivés vers 15 heures chez eux, nous avons posé... – f. Ayant enfilé nos maillots, nous sommes allés... – g. Les nuages s'étant dissipés, nous nous sommes... – h. Antoine ayant préparé des grillades, nous avons dîné...

373. Thomas recherchant un job, il envoie des lettres de candidature. – b. Le responsable travaillant beaucoup, il exige autant de son personnel. – c. Les étudiants ayant beaucoup de vacances, ils travaillent souvent l'été. – d. Les entreprises recevant beaucoup de candidatures, elles choisissent les meilleures. – e. Les offres d'emploi sont moins intéressantes, les salaires n'augmentent pas. – f. Gauthier étudiant l'architecture, il cherche un stage dans un musée. – g. Emma venant de signer un contrat, elle fait la fête avec ses amis. – h. Les salariés étant en grève, ils organisent des réunions d'information.

374. a. Connaissant bien la ville, elle nous a guidés dans le centre. – b. Nous n'avons pas pu visiter la basilique, une messe y étant célébrée. – c. Nous avons admiré les façades remarquables datant de l'époque Art déco. – d. la ville étant la capitale du champagne, nous avons visité une cave célèbre. – e. Fêtant bientôt notre anniversaire, nous avons acheté quelques bouteilles. – f. Ayant beaucoup de grands parcs, la ville est très agréable. – g. La cathédrale, dépassant toutes les maisons du centre, se voit de partout. – h. Ayant passé un excellent week-end, nous avons promis de revenir bientôt à Reims.

375. a. Le feu passant au vert, nous avons démarré. – b. Traversant la ville, nous avons été arrêtés par la police. – c. Le radar flashant, nous dépassions la vitesse autorisée. – d. La police nous arrêtant, nous avons payé l'amende. – e. Trouvant une petite auberge, nous nous sommes arrêtés. – f. Reprenant la voiture, on a continué la route jusqu'à Lyon. – g. Voyant un bel endroit, on s'arrêtait pour le visiter. – h. Atteignant notre destination, nous avons senti la fatigue du voyage.

376. a. simultanéité/cause ; b. cause ; c. conséquence ; d. simultanéité/cause ; e. cause ; f. cause/simultanéité ; g. simultanéité/ cause ; h. simultanéité/conséquence.

377. b-8 ; c-2 ; d-3 ; e-1 ; f-4 ; g-6 ; h-7.

378. a. Les enfants prennent le bain en s'amusant. – b. Tu parles en mangeant. – c. Vous fumez en conduisant ? – d. Elle ne bavarde pas en travaillant. – e. On ne téléphone pas en conduisant. – f. Elle fait du bruit en mangeant. – g. Je ne m'énerve pas en conduisant. – h. Il prend sa douche en chantant.

379. a. On a croisé Virginie et Héloïse en sortant du cinéma. – b. En voulant payer mes achats, j'ai compris que j'avais oublié ma carte. – c. En retrouvant votre adresse, je vous ai envoyé un mail. – d. En revoyant cette vieille amie, je me suis souvenu de notre enfance. – e. M mère a perdu ses lunettes en descendant du train. – f. En voyant les premières images, je me suis rappelé que j'avais déjà vu ce film. – g. En sortant de l'aéroport, nous avons été surpris par la chaleur. – h. En ouvrant la fenêtre, on a senti l'air marin.

380. a. En ayant couru toute la journée, les enfants se sont endormis dans la voiture. – b. En suivant régulièrement une émission de cuisine, j'ai amélioré mes talents de cuisinière. – c. En s'entraînant tous les jours, les athlètes ont remporté la coupe. – d. En prenant des cours particuliers, Damien doit améliorer son niveau de maths. – e. En suivant un régime très strict, Marianne a perdu trois kilos. – f. En étant allergique au gluten, son mari a des menus spéciaux. – g. En allant au Mexique, vous serez obligés de parler espagnol. –

h. En ayant des amis chinois à l'université, Florence a découvert la Chine.

381. a. En étant souvent absent, tu ne pourras pas progresser. – b. En n'écoutant pas, vous n'apprendrez rien. – c. En ne se relisant pas, elle laisse beaucoup de fautes. – d. En étant timide, vous devez vous forcer à parler. – e. En apprenant sans comprendre, vous ne ferez pas beaucoup de progrès. – f. En utilisant toujours ton dictionnaire, tu n'entraînes pas ta mémoire. – g. En travaillant à plusieurs, vous ferez un travail plus intéressant. – h. En faisant corriger tes erreurs, tu apprendras mieux.

382. a. En buvant une tisane, nous dormirons mieux. – b. En travaillant moins sur ordinateur, il avait moins de maux de tête. – c. En ne vous stressant pas vous vivrez plus vieux. – d. En arrêtant de fumer, on respire mieux. – e. En organisant mieux notre travail, nous aurons de meilleurs résultats. – f. En mangeant bio, nous sommes en meilleure santé. – g. En faisant de l'exercice, vous vous sentez mieux. – h. En écoutant moins fort la télévision, vous dérangerez moins vos voisins.

Bilan 11

En rentrant ; b. en partant ; c. laissant ; d. étant salie ; e. en s'installant ; f. en revenant ; g. en ouvrant ; h. ne pouvant pas ; i. étant pris ; j. en y repensant ; k. en changeant/changeant ; l. en rangeant ; m. étant ; n. espérant/en espérant.

12. La négation et la restriction.

383. b-7 ; c-1 ; d-2 ; e-6 ; f-3 ; g-5 ; h-8.

384. a. Non, je/on n'en écoute plus. – b. Non, il n'y va plus. – c. Non, elle n'y va plus. – d. Non, je ne voyage plus. – e. Non, il ne travaille plus. – f. Non, ils ne sortent plus. – g. Non, ils n'en font plus. – h. Non, je n'en fais plus.

385. a. Non, je n'y suis jamais entré. b. Non, je n'y suis jamais allé(e)/nous n'y sommes jamais allé(e)s. – c. Non, je n'en ai jamais vu. – d. Non, ils n'y ont jamais dîné. – e. Non, ils n'y sont jamais montés. – f. Non, elle n'y a jamais assisté. – g. Non, ils ne les ont jamais descendus. – h. Non, nous n'y sommes jamais allés.

386. a. Non, elle n'est plus prof de yoga. – b. Non, elle n'y vit plus. – c. Non, ils ne finissent jamais à 19 heures. – d. Non, ils ne sont jamais en retard. – e. Non, ils ne posent jamais de questions. – f. Non, ils ne passent plus d'examens. – g. Non, je n'y vais jamais à pied. – h. Non je ne le prends plus.

387. b-3 ; c-7 ; d-8 ; e-1 ; f-4 ; g-5 ; h-2.

388. a. personne ; b. rien ; c. rien ; d. rien ; e. personne ; f. Personne ; g. rien ; h. Rien.

389. a. Non, elle n'a rien visité. – b. Ils n'ont rien révisé. – c. Je n'ai connu personne avant. – d. Il n'a rien fait. – e. On n'a vu personne. – f. Je n'ai rencontré personne. – g. Je n'ai rien lu. – h. Nous n'avons invité personne.

390. a. Elle ne prépare rien pour le repas. – b. elle ne nettoie rien dans la maison – c. elle ne répare rien. – d. Elle n'invite personne. – e. elle ne s'intéresse à rien – f. elle ne comprend personne – g. elle n'aide personne – h. elle ne suit rien – i. Elle ne connaît personne – j. elle ne parle à personne. – k. elle n'est aimée de personne.

391. a. Nicolas ne fait ni ski ni V.T.T. – b. Antoine ne joue ni au tennis ni aux boules. – c. mes parents ne font ni randonnée ni voile. – d. ma femme ne fait ni danse ni yoga. – e. Nos amis ne font ni surf ni parapente. – f. Mon frère ne fait ni cross ni escalade. – g. Mon fils ne joue ni au football ni au volley-ball. – h. Je ne joue ni au basket ni au handball.

392. a. Non, finalement je n'achète ni ce livre ni cette BD. – b. Non, mon amie n'écoute ni du jazz ni du rap. – c. Non, Damien n'aime ni le théâtre ni le cinéma. – d. Non, ce week-end nous n'allons ni au concert ni au musée. – e. Non, mon mari ne fait ni les courses ni la cuisine. – f. Non, nos amis ne voyagent ni en Guadeloupe ni à Cuba. – g. Non, je n'aime ni les glaces au chocolat ni à la fraise. – h. Non, on ne prend ni ce CD ni ce DVD.

393. a. Ni les chats ne les chiens ne mangent de légumes. – b. Ni les vaches ni les poules ne se couchent tard. – c. Ni les hortensias ni les roses ne fleurissent en hiver. – d. Ni les giboulées ni la grêle n'arrivent en hiver. – e. Ni les feuilles ni les fruits ne sortent en hiver. – f. Ni la neige ni le gel ne sévissent en hiver. – g. Ni les marmottes ni les tortues ne sortent en hiver. – h. Ni les ânes ni les bœufs ne vivent en liberté.

394. a. ni... ni...ne ...pas ; b. n'...pas ; c. n'... ni... ni..., n'... pas ; d. ne ... pas ; e. n'... ni... ni ; f. ne ... ni ... ni... ; g. Ne... ni... ni ; h. ne ... ni...ni.

395. a. Non, je n'ai emporté aucun guide. – b. Non je n'ai lu aucun roman. – c. Non, je n'ai rapporté aucun souvenir. – d. Non, elle n'a donné aucune nouvelle. – e. Non, ils n'ont envoyé aucune carte postale. – f. Non, ils n'ont vu aucun spectacle. – g. Non, nous n'avons établi aucun lien. – h. Non, je n'ai rencontré aucune personne sympathique.

396. a. n'... ni... ni ; b. n'... aucune ; c. n'... ni... ni. d. n'... aucun ; e. n'... ni... ni. f. n' ... aucune... n'... ni... ni ; g. n'... aucun... ni... ni. h. n'... ni... ni.

397. a. Nulle part ; b. nulle part ; c. nulle part ; d. Nulle part ; e. ne ... nulle part ; f. ne ... nulle part ; g. Nulle part ; h. nulle part.

398. a. ne... nulle part ; b. jamais ; c. ne ... nulle part ; d. ne ... jamais... ne... nulle part ; e. Jamais ; f. ne... jamais ; g. ne... nulle part ;. h. Nulle part.

399. a. Oui, elle se déplace seulement à vélo. – b. Oui, je ne regarde que des séries françaises. – c. Oui, je ne lis les infos que sur Internet. – d. Oui, il achète seulement des voitures françaises. – e. Oui, ils n'achètent que des romans. – f. Oui, nous partons seulement dimanche. – g. Oui, nous ne téléchargeons que des films. – h. Oui, je regarde seulement les chaînes publiques.

400. a. Oui, nous n'avons joué qu'au loto. – b. Oui, je n'ai mangé que des produits bio. – c. Oui, nous n'avons écouté que du rock. – d. Oui, je n'ai regardé que des documentaires. – e. Oui, ils n'aiment que les pâtes. – f. Oui, elle n'a lu que des romans. – g. Oui, nous n'avons fait que la cuisine. – h. Oui, il n'a bu que de l'eau.

401. a. Elle ne peut conduire qu'une voiture automatique. – b. Ils ne vont nager qu'avec moi. – c. Elle n'aime sortir qu'avec ses amis. – d. Ils ne veulent s'endormir qu'après une histoire. – e. Il ne pense qu'à s'amuser. – f. On ne va visiter que des musées avec les parents. – g. Elle ne cuisine qu'avec des produits frais. – h. Nous ne devons sortir qu'après 18 heures.

402. a. Non, il ne vous sera possible de rouler que sur les routes goudronnées. – b. Non, vous ne serez autorisés qu'à garer la voiture dans les parkings équipés seulement/ ... autorisés à garer la voiture que dans les parkings équipés. – c. Non, vous ne pourrez conduire que 350 km sans vous arrêter. – d. Oui, mais vous ne pourrez faire des haltes que dans les villages avec des bornes électriques. – e. Oui, mais notre agence ne vous viendra en aide qu'en semaine aux horaires d'ouverture. – f. Oui, mais vous ne serez couverts qu'avec l'assurance tous risques. – g. Oui, mais seulement si nous en avons un à proximité. – h. Oui, mais nous ne vous rendrons la caution que si la voiture est en parfait état.

Bilan 12

1. *Elle réfléchit toujours* (a) avant d'agir. Elle *n'est plus* (b) aussi drôle et elle *n'a plus beaucoup/autant d'amis* (c). Elle ne sort *jamais* (d) avec *personne* (e) et, comme elle *n'est plus* (f) très curieuse, elle ne les suit *nulle part* (g). Elle ne va plus *dans aucun bar* (h) ni *dans aucune boîte de nuit* (i) de la ville. Elle ne danse avec *personne* (j) et *ne se fait plus* raccompagner par *personne* (k). Dans les magasins, elle *n'achète plus rien de ce qu'elle voit* (l), *ni* (m) vêtements, *ni* (n) chaussures... Elle ne gagne *plus* (o) *beaucoup/autant d'argent* et (p) elle *ne dépense plus rien* (q). Elle ne part *jamais* (r) en week-end. Elle *ne voyage nulle part* (s) : *ni en Asie* (t), *ni aux États-Unis* (u) Elle *pense toujours* (v) à l'avenir, elle *ne vit plus* (w) comme une cigale !

2. Phrases possibles : a. Rien ne m'intéresse. – b. Je n'ai aucun loisir. – c. Personne ne compte pour moi et je ne compte sur personne. – d. Je n'ai aucun endroit préféré, je ne me plais nulle part. – e. Je ne me sens bien nulle part. – f. Je n'ai aucune préférence : Je n'aime ni le salé ni le sucré/ni les plats salés ni les pats sucrés. – g. Je n'aime ni le chocolat ni les pâtisseries. – h. je ne sors jamais avec personne, je n'ai aucun ami. – i. Aucune sortie, je n'aime ni le théâtre ni le concert. – j. Je n'ai aucune saison préférée. – k. Je ne suis jamais en forme et je n'ai aucune tenue préférée. – l. Je ne lis rien, je n'aime aucun livre. – m. Je n'écoute jamais de musique.

13. Le discours rapporté

403. D : a, d, f, h ; I : b, c, e, g.

404. a. Maria dit : « Je me suis cassé la jambe. » – b. Maria dit : « Les pompiers m'ont emmenée à l'hôpital. » – c. Maria dit : « Un médecin m'a examinée tout de suite. » – d. Maria dit : « On m'a fait un plâtre ». – e. Le médecin lui assure : « Vous devrez le garder un mois. » – f. Le médecin lui répond : « Vous pouvez marcher. » – g. Maria affirme : « Je ne suis pas gênée. » – h. Maria assure : « Je peux faire mes courses. »

405. a. Antoine dit que son amie Aurélie viendra avec lui. – b. Antoine dit qu'ils iront au Portugal pendant une semaine. – c. Antoine dit qu'ils rendront visite à leurs amis de Lisbonne. – d. Antoine assure qu'ils les hébergeront chez eux. – e. Antoine affirme qu'ils leur feront visiter la ville. – f. Antoine leur promet que pour les remercier, ils les inviteront dans un bon restaurant. – g. Antoine et Aurélie assurent qu'ils sont très heureux de partir. – h. Antoine et Aurélie affirment qu'ils leur apporteront un joli cadeau.

406. a. Arthur et son copain disent qu'ils ont leurs places. – b. Ma mère dit qu'elle a oublié son portefeuille. – c. Les enfants disent qu'ils ont pris leurs jeux. – d. Floriane dit qu'elle a besoin de son ordinateur. – e. Adrien dit qu'il va prendre ses CD. – f. Fanny dit qu'elle ne sait pas où est son écharpe. – g. Rémi dit qu'il ne peut pas prendre ce train. – h. Lucile dit qu'elle a retrouvé sa carte bancaire.

407. a. ce que, ce qui ; b. si, ce que ; c. ce qu', s' ; d. s', ce qu' ; e. si, ce qui ; f. ce que, ce qui ; g. ce que, si ; h. ce que, si.

408. a. qu' ; b. si ; c. que ; d. qu' ; e. que ; f. si ; g. si ; h. qu'.

409. a. avec qui je voyage/nous voyageons. – b. de quel aéroport vous partez. – c. à quelle heure décolle l'avion. – d. combien de bagages vous avez. – e. comment nous nous installons. – f. pourquoi vous ne voyagez pas en classe affaires. – g. ce qui a été projeté comme film. – h. s'ils ont une correspondance.

410. a. Nos amis affirment qu'ils arriveront vers midi et demi. – b. Votre collègue vous demande si vous ne vous sentez pas bien. – c. Paul assure qu'il ne connaît pas le chemin. – d. Nicolas nous demande s'il peut nous rejoindre plus tard. – e. Nos parents me confirment qu'ils nous apporteront du vin. – f. Le directeur me demande si je souhaite rentrer chez moi. – g. Je lui réponds que je le remercie et que je vais me reposer un peu. – h. On murmure qu'on doit partir immédiatement.

411. b. « Tu viendras demain avec moi ? » – c. « Je suis pris, mes amis de Toulouse sont chez moi quelques jours. » – d. « Tu peux venir avec eux, il reste encore des places. » – e. « Quelle pièce tu vas voir et c'est à quelle heure ? » – f. « C'est le *Tartuffe* de Molière et c'est à 20 h 30 au théâtre de l'Atelier. » – g. « Je vais parler avec mes amis et je te rappellerai ce soir. » – h. « J'espère que vous pourrez venir. »

412. a. Mathilde demande à Paul s'il sera à l'heure. – b. Paul lui répond : « J'arriverai avec quelques minutes de retard. » – c. Les enfants demandent : « À quelle heure on partira/nous partirons ? » – d. Les parents répondent que l'avion décollera dans moins d'une heure. – e. L'hôtesse annonce que le vol pour Marseille aura un quart d'heure de retard. – f. Les enfants demandent : « Est-ce qu'on peut boire un jus de fruit ? » – g. Les parents répondent qu'ils iront au bar quand les bagages seront enregistrés. – h. L'hôtesse explique qu'ils devront rejoindre la porte 5 pour l'embarquement.

413. a. Ma sœur nous demande : « Accompagnez-moi. » – b. Valérie me dit : « Assieds-toi près de la cheminée. » – c. Sophie nous suggère : « Reposez-vous. » – d. Je te demande : « Ne t'éternise pas au café. » – e. Elle me demande : « Aide-moi. » – f. Tu me conseilles : « Change-toi. » – g. Mes voisins nous demandent : « Rejoignez-nous. » – h. Il vous demande : « Téléphonez-moi plus souvent. »

414. b-8 ; c-5 ; d-7 ; e-2 ; f-3 ; g-1 ; h-6.

415. a. Jules vous demande de l'écouter attentivement. – b. Arthur me dit de ne pas m'approcher. – c. Les enfants nous disent de nous taire, qu'on n'entend rien. – d. Le gardien dit aux locataires de ne pas traverser le hall. – e. Héléna dit à sa fille de se préparer vite, qu'elles sont en retard. – f. Mon amie nous supplie de ne pas nous occuper d'elle. – g. Charles crie à sa femme de lui apporter un marteau. – h. Zoé nous demande de nous mettre à table, c'est prêt.

416. b. Elle a ajouté : « Suzanne a envie de nous voir tous les deux ». – c. Mickaël a dit : « J'ai mal à la tête et je ne veux pas sortir. » – d. Alice a répondu : « Mon amie Suzanne nous attend dans un bistro. – e. Mickaël a répondu : « Tu peux sortir seule et je vais dîner tranquillement à la maison. » – f. Alice a dit : « Je suis désolée pour toi et je te souhaite d'aller mieux. » – g. Mickaël lui a dit : « Je te remercie. Passe une bonne soirée avec Suzanne. » – h. Il a ajouté : « Tu dois l'embrasser de ma part. » – i. Avant de partir, Alice a dit à Mickaël : « C'est dommage. Je t'aime. »

417. a. qu'il était fatigué. – b. s'il était très tard. – c. qu'ils venaient de sortir. – d. s'ils allaient rentrer. – e. qu'il/elle avait raison. – f. si elle avait mauvaise mine. – g. qu'ils/elles étaient en pleine forme – h. s'ils faisaient erreur.

418. a. Elle a demandé : « Qu'est-ce que vous avez fait pour Pâques ? » – b. Il a répondu : « Nous sommes allés voir nos parents. » – c. Nous avons demandé s'ils allaient bien. – d. Ils ont répondu qu'ils avaient été un peu fatigués, mais qu'ils allaient mieux – e. Nous avons demandé : « Vous avez passé un agréable séjour ? » – f. Nous avons expliqué : « Nous sommes allés déjeuner dans un excellent restaurant. » – g. Tu lui as demandé : « Quand êtes-vous rentrés ? » – h. Elle t'a répondu : « Nous avons pris la semaine et nous sommes revenus le samedi 10 avril ».

419. a. Leurs parents leur ont rétorqué de ne pas partir si vite. – b. J'ai dit à mes amis de finir le repas puis de prendre un café. – c. Tu as recommandé à la famille de porter un toast à Marion. – d. Vous avez ajouté de faire au mieux – e. Il a conseillé à l'assemblée de ne pas commencer la grève demain. – f. Le directeur a proposé de chercher ensemble des solutions. – g. Ma mère m'a supplié de lui téléphoner plus souvent. – h. Mes collègues m'ont recommandé de faire attention à ce dossier.

420. a. Il lui a promis : « Je viendrai te chercher. » – b. Tu nous as confirmé : « Mes parents ne seront pas là. » – c. Vous m'avez demandé : « Tous vos amis viendront ? » – d. Elle leur a répondu : « Adèle sera en Espagne. » – e. Elle a ajouté : « Les autres apporteront des quiches et des gâteaux. » – f. Alex lui a promis : « Je m'occuperai de la musique. » – g. J'ai prévenu les voisins : « On fera la fête. » – h. Ils ont répondu : « Nous vous rejoindrons si nous ne pouvons pas dormir. »

421. a. Elle m'a demandé si j'aurais mon visa pour l'Inde. – b. Ils m'ont assuré que je pourrais venir le chercher dans quinze jours. – c. Elle m'a demandé combien je devrais payer. – d. Je lui ai répondu que le visa touristique coûterait 140 €. – e. Ils m'ont affirmé que je n'aurais pas besoin de vaccins. – f. Je lui ai dit que je prendrais des médicaments si besoin. – g. Mon ami m'a dit que je prendrais ce guide et qu'il me servirait. – h. Mes parents m'ont dit qu'il faudrait que je leur donne des nouvelles.

422. b-7 ; c-6 ; d-2 ; e-5 ; f-8 ; g-3. h-1.

423. Elle a dit : « Je repasserai la semaine prochaine. » – b. On a demandé : « Est-ce que quelqu'un est venu hier ? » – c. Mme Lebon a demandé : « Vous avez entendu une alarme cette nuit/ la nuit dernière ? » – d. Romain a affirmé : « J'ai obtenu mon bac il y a deux ans. » – e. Jeanne s'est demandé : « Est-ce que j'ai bien fermé la porte hier soir ? » – f. Paul a dit : « Je retournerai dans cette station de ski l'année prochaine. » – g. Tu as dit : « Je rentrerai tard demain et après-demain. »

– h. Vous avez demandé : « Qu'est-ce que les enfants ont fait pendant les dernières vacances ? »

424. a. Elle m'a demandé si je pourrais l'accompagner le lendemain. – b. Il vous a annoncé que, ce soir-là, ils ne prendraient pas beaucoup de valises. – c. Ils vous ont demandé si vous pourriez les guider sur le chemin le surlendemain. – d. Il m'a assuré que, le lendemain matin, il prendrait le GPS et qu'il leur indiquerait la route. – e. Elle m'a dit qu'elle avait conduit la veille et que, ce jour-là, elle se reposait. – f. Elle leur a confirmé qu'ils arriveraient à destination une heure plus tard. – g. J'ai dit que, quand on était arrivés le mois précédent, il faisait très beau. – h. Elle a répondu que c'était l'été mais que, quelques jours plus tard, ce serait l'automne.

425. a. que ce matin-là, il avait retrouvé son portefeuille. – b. que dix jours plus tard, ils partiraient en Crète. – c. qu'ils avaient vu un excellent film la semaine précédente. – d. que Léa avait perdu son passeport cinq jours avant/auparavant. – e. que notre train partirait une demi-heure plus tard et que nous avions le temps de prendre un café. – f. que quelques jours plus tard ce serait l'été et qu'il ferait beau. – g. si nous connaissons les résultats des élections du dimanche précédent. – h. si, pendant la conférence suivante, je pourrais lui donner la parole.

426. a. Le professeur a répété aux apprenants que, s'ils n'avaient pas bien compris, ils devaient le lui dire. – b. Le médecin a expliqué à sa patiente que ses analyses n'étaient pas bonnes et qu'aussi ils allaient changer de traitement. – c. Mon mari m'a avoué qu'il n'avait pas le cœur à aller au bureau ce matin-là, qu'alors il n'y était pas allé et qu'il avait passé cette journée-là au golf. – d. Julien a dit à ses parents que cet été-là, il ne partirait pas en vacances avec eux et qu'il s'était inscrit dans une association pour faire un chantier international avec d'autres étudiants. – e. Je me suis demandé si j'avais eu raison d'être si sévère. Je me suis dit qu'à ce moment-là je regrettais et que je ne pouvais pas dormir. – f. Damien a reconnu qu'il devrait faire plus attention et que cet accident aurait pu être évité. – g. Anita a assuré que sa voisine connaissait toutes les réponses et alors qu'elle avait jeté un œil sur sa copie. – h. Léa a précisé qu'elle aurait besoin de quelques jours de vacances car elle avait travaillé sans arrêt depuis trois mois.

427. a. (Impossible.) – b. Maxime dit raccompagner sa sœur. – c. Delphine a assuré être très contente. – d. (Impossible.) – e. (Impossible.) – f. Arthur a annoncé vouloir s'acheter une moto. – g. Nos amis ont prétendu partir en week-end. – h. (Impossible.)

428. a. Luciana prétend attendre un enfant. – b. Léo assure revenir bientôt. – c. Damien reconnaît n'avoir pas beaucoup d'argent. – d. Nos amis répondent s'absenter quelques jours. – e. Paul assure finir bientôt son projet. – f. Ma mère affirme faire un régime. – g. Tu dis voyager moins. – h. Vous reconnaissez accepter moins de travail.

429. a. J'ai dit avoir eu trop mal à la tête. – b. Alice a annoncé avoir perdu son sac. – c. Nous avons reconnu être arrivés trop tard. – d. Tu as assuré avoir été en forme pour le marathon. – e. Vous avez affirmé avoir réservé une chambre double. – f. Adèle a riposté ne pas avoir été d'accord avec eux. – g. Julien a hurlé être mort de faim. – h. Les enfants ont déclaré être sortis en boîte la veille.

430. a. Mona a dit à sa mère : « Je n'ai pas eu besoin de ton aide. » – b. Lucas a assuré : « Je n'ai plus recommencé. » – c. Jérémy a rétorqué : « Je n'ai pas touché à la boîte de chocolats. » – d. Tes parents ont assuré : « Nous ne sommes pas allés à la montagne depuis deux ans. » – e. Nous avons reconnu : « Nous avons fait une erreur lundi dernier. » – f. Vous avez demandé au locataire : « Vous fermerez les volets avant votre départ. » – g. Les enfants nous ont annoncé : « Nous nous sommes servis de la voiture en votre absence. » – h. La gardienne a demandé aux locataires : « Essuyez-vous bien les pieds. »

431. a. Pierre a admis qu'il n'avait pas eu le temps de relire ce mail-là. – b. Julie a reconnu qu'elle était désolée et qu'elle s'était trompée. – c. Sébastien a affirmé ne pas avoir fini la tarte aux pommes. – d. Louise a supplié son frère de l'emmener faire un tour à moto. – e. Ma voisine m'a proposé, si je voulais, d'aller chercher mon colis à la poste. – f. Les enfants ont avoué à leurs parents être sortis la veille au soir quand ils dormaient. – g. Thomas a demandé à son copain pourquoi il ne lui avait pas prêté sa voiture la veille. h. Lucile a répondu à son amie qu'elle regrettait et qu'elle aurait dû l'accompagner à la bibliothèque.

Bilan 13

1. La cliente dit qu'elle voudrait agrandir sa maison. Elle demande à l'architecte ce qu'il lui propose. Il répond que ça dépend de ses projets et il lui demande si elle a du terrain. La cliente répond qu'elle a environ 600 m² de jardin. L'architecte lui demande alors ce qu'elle souhaiterait. Elle répond qu'elle voudrait une chambre supplémentaire et un petit garage. L'architecte lui demande aussi si elle a une idée des matériaux, si, par exemple, elle aimerait une maison en bois et que c'est très écologique !

Elle accepte, ajoutant que ça lui paraît une excellente idée. Elle demande s'il a une idée du prix. L'architecte répond qu'il faut faire une étude et qu'il lui donnera une estimation des coûts. La cliente demande alors quand il pense que ce serait fini. Il répond qu'il faudra compter au moins six mois après le début du chantier. Elle trouve que ça fait long, six mois, et elle demande si elle doit demander un permis de construire. Il acquiesce et il ajoute qu'il l'aidera pour présenter sa demande, que c'est son travail.

La cliente demande enfin s'il connaît de bons artisans dans la région. Il dit qu'il a une bonne équipe et qu'elle peut lui faire confiance. Pour finir, elle lui demande de lui laisser ses coordonnées ; elle ajoute qu'elle va réfléchir et qu'elle le recontacte/recontactera très vite.

2. a. partait ; b. ne savait pas ; c. avait ; d. ne l'attendrais pas ; e. voulais/voudrais ; f. il ne souhaitait pas ; g. penserait ; h. n'était pas ; i. se sentait ; j. ne comptait pas ; k. était ; l. espérait ;
m. confierait ; n. acceptais/accepterais ; o. acceptais ; p. se marierait ; q. d'être ; r. de lui parler ; s. changera ; t. perdra.

14. L'expression du temps

432. 1-d ; 2-b ; 3-l ; 4-a-g-i ; 5-h ; 6-f ; 7-c-k ; 8-e-j.

433. b-8 ; c-4 ; d-2 ; e-5 ; f-1 ; g-6 ; h-3

434. a. Nous allons régulièrement/ fréquemment… – b. Occasionnellement/ Rarement, nous assistons… – c. Régulièrement/ de temps en temps, on part … – d. Elle va souvent/régulièrement … – e. … est ouverte tout le temps/est toujours ouverte. – f. Il fait très régulièrement… – g. Ma mère va souvent… – h. Occasionnellement, je vais visiter….

435. a. toujours ; b. tout le temps ; c. Tous les jours ; d. toujours ; e. tous les jours ; f. toujours ; g. tout le temps ; h. tout le temps/toujours.

436. a. On va au cinéma chaque semaine. – b. Tous les matins il écoute la radio. – c. La secrétaire écrit plusieurs mails tous les jours. – d. Chaque soir, les enfants font leurs devoirs. – e. Il joue au loto tous les dimanches. – f. Chaque soir, elle lit ses mails. – g. Je paie mon loyer tous les mois. – h. On invite nos enfants à dîner chaque lundi.

437. a. par ; b. par ; c. par ; d. sur ; e. par ; f. par ; g. par ; h. sur.

438. a. Les enfants vont à la garderie tous les deux jours. – b. Tu dois te mettre des gouttes dans les yeux toutes les quatre heures. – c. On fait une lessive tous les trois jours. – d. Sophie a rendez-vous chez le kinésithérapeute tous les deux mois. – e. Nous faisons nos courses tous les quatre jours. – f. Ma mère change les draps tous les quinze jours ; g. Elle jeûne tous les sept jours. – h. Tous les deux mois, elle ne travaille pas.

439. a. sur ; b. par ; c. toutes ; d. sur ; e. par ; f. par ; g. tous ; h. par.

440. a. En ; b. Au ; c. pendant ; d. en ; e. Au ; f. Pendant ; g. en, au ; h. en.

441. a. du ; b. jusqu'à ; c. entre ; d. À partir ; e. jusqu'à /à ; f. du ; g. Entre ; h. de.

442. a. de, à ; b. entre le, et le ; c. entre, et ; d. entre le, et le ; e. de, à ; f. du, au ; g. de, à ; h. entre, et.

443. a. la journée ; b. la matinée ; c. journée ; d. soirée ; e. jours ; f. année ; g. matin ; h. Ce soir.

444. a. les jours ; b. an ; c. Le soir ; d. ce matin/ de la matinée ; e. journée ; f. la matinée ; g. années ; h. ses soirées.

445. a. depuis ; b. dès ; c. Depuis ; d. dès ; e. depuis ; f. depuis ; g. Dès ; h. depuis.

446. a. pendant ; b. depuis ; c. pendant ; d. depuis ; e. Depuis ; f. Pendant ; g. Depuis ; h. Pendant.

447. a. Dès ; b. Pendant ; c. depuis ; d. pendant ; e. Depuis ; f. pendant ; g. dès ; h. depuis.

448. b-1 ; c-5 ; d-8 ; e-7 ; f-3 ; g-6 ; h-2.

449. a. pendant ; b. pour ; c. pour ; d. pendant ; e. pour ; f. pendant ; g. pour ; h. Pendant.

450. a. en ; b. pour ; c. sur ; d. en ; e. Pendant ; f. en ; g. pendant ; h. Pour.

451. Phrases possibles : a. Je mets quelques secondes pour envoyer un mail. – b. Ce colis en express mettra trois jours à vous arriver. – c. Il me faut un quart d'heure pour aller travailler. – d. Il faut une heure à Mme Leroux pour se rendre à son travail. – e. Les enfants mettent dix minutes à pied pour aller au collège. – f. Il ne vous faudra que quelques minutes pour lire cet article. – g. Ça nous a pris quelques heures pour venir chez vous. – h. Il a fallu une demi-journée à ma sœur pour repeindre sa salle de bains.

452. a. Depuis combien de temps Pierre n'est-il pas allé voir ses parents ? – b. Combien de temps faut-il pour préparer cette recette ? – c. Pour combien de jours Adèle sera-t-elle arrêtée ? – d. En combien de temps Lucas a-t-il préparé son sac ? – e. Pour combien de temps avez-vous réservé un gîte ? – f. Depuis combien de temps Antoine est-il en stage de voile ? – g. Pendant combien de temps attendrons-nous la correspondance ? – h. À partir de quand a-t-il attendu le taxi ?

453. a. Il y a/Ça fait deux mois qu'Hélène suit un régime pour maigrir. – b. Arthur fait régulièrement du sport depuis trois ans. – c. Il y a/Ça fait cinq ans qu'Antoine a son permis de conduire. – d. On est rentrés de vacances depuis six mois. – e. Il y a très longtemps que je n'ai pas revu Mona. – f. Nous n'habitons plus à Reims depuis un an. – g. Louis n'a rien mangé depuis trois jours. – h. Ça fait/Il y a quelques mois que Lucile est enceinte.

454. b-4 ; c-3/7/8 ; d-3/7/8 ; e-3/7/8 ; f-1/2 ; g-5/6 ; h-5.

455. a. C-A ; b. A-C ; c. C-A ; d. C-A ; e. C-A ; f. A-C ; g. C-A ; h. A-C.

456. a. a diminué ; b. vont ; c. ont pris ; d. s'y rendent ; e. a baissé ; f. fréquentent ; g. ont pris ; h. passent.

457. a. C-A ; b. C-A ; c. C-A ; d. A-C ; e. A-C ; f. A-C ; g. C-A ; h. A-C.

458. a. Quand ; b. Lorsqu' ; c. comme ; d. Alors que ; e. Alors que ; f. quand ; g. Comme ; h. comme.

459. b-2 ; c-7 ; d-3 ; e-1 ; f-8 ; g-4 ; h-6.

460. Phrases possibles : a. j'aime me promener. – b. je prends un taxi. – c. j'écoute de la musique. – d. j'emporte mon livre. – e. je regarde par la fenêtre. – f. j'écoute les informations à la radio. – g .je regarde mes mails. – h. je prends un bain.

461. a. s'est souri ; b. m'a reconnue ; c. aurez lu ; d. travaillera ; e. avez téléphoné ; f. l'ai reçu ; g. avez parlé ; h. ont été terminés.

462. a. avant de ; b. avant de ; c. Avant ; d. en attendant ; e. En attendant ; f. en attendant ; g. avant ; h. Avant de.

463. a. avant ; b. avant de ; c. avant qu' ; d. Avant de ; e. avant ; f. avant que ; g. Avant de ; h. avant que.

464. a. de lire ; b. ils finissent ; c. que je le lui demande ; d. que tu reçoives ; e. de passer ; f. que nous allions ; g. que le feu prenne ; h. qu'il se mette.

465. Dès que sa grand-mère lui a prêté une canne, elle a commencé à marcher avec. – b. Avant qu'elle ait fait une première séance de kiné, elle se sentait démotivée. – c. Aussitôt qu'elle a fait quelques séances de rééducation, sa marche s'est beaucoup améliorée. – d. Dès qu'Alice a repris confiance, elle s'est promenée seule. – e. Avant qu'elle arrête la rééducation, le kiné lui a donné des exercices. – f. Alice a repris son travail dès qu'elle s'est sentie solide. – g. Dès que le directeur lui a proposé un emploi, Alice l'a accepté. – h. Aussitôt qu'Alice a retrouvé sa mobilité, elle a regagné son poste.

466. b-5 ; c-6 ; d-1 ; e-2 ; f-7 ; g-8 ; h-3.

467. a. que les arbres avaient poussé ; b. nos amis avaient pris congé ; c. avoir que nous avons fini ; d. que tu m'as recommandé ; e. qu'il avait mangé ; f. qu'ils ont joué ; g. qu'on avait terminé ; h. l'avoir vu.

468. a. après avoir appris ; b. après qu'il s'est calmé ; c. Après ; d. après avoir rangé ; e. Après qu'il t'a menti ; f. Après que je t'avais expliqué ; g. après avoir fait ; h. Après qu'elle est passée.

469. a. 1. Une fois qu'Adrien a obtenu son diplôme / 2. Après avoir obtenu son diplôme, Adrien a travaillé…. – b. 1. Une fois que vous avez trouvé un appartement confortable / Après que vous avez trouvé un appartement confortable, nous venons…. – c. 1. Une fois qu'elle a apporté le dessert / 2. Après qu'elle a apporté le dessert, les enfants… n'ont plus dit… – d. 1. Je te rappelle une fois que j'ai envoyé mon mail / après avoir envoyé mon mail. – e. 1. Une fois que Maude a fait son stage au Mexique / 2. Après avoir fait son stage au Mexique, Maud parle beaucoup mieux espagnol. – f. 1. Une fois que nous avions achevé nos recherches / Après avoir achevé nos recherches, nous les publiions. – g. 1. Une fois que les enfants avaient quitté la maison / 2. Après que les enfants avaient quitté la maison, nous avons pris …. – h. 1. Adrien a quitté sa compagne une fois qu'elle avait annoncé qu'elle attendait un enfant / 2. après qu'elle avait annoncé qu'elle attendait un enfant.

470. a. fait ; b. pleuve ; c. as obtenu ; d. est sortie ; e. a suivi ; f. revienne ; g. rentre ; h. soit rentrée.

Bilan

1. a. dès ; b. depuis ; c. en ce moment ; d. sur ; e. pendant ; f. en ; g. à partir ; h. jusqu'au ; i. pour ; j. avant.

2. a. Ça fait/Il y a ; b. en ; c. après ; d. depuis ; e. avant ; f. pendant ; g. puis ; h. jusqu'à ce que ; i. il y a/ça fait ; j. une fois que ; k. dans ; l. avant que ; m. pour.

15 L'expression de la cause

471. b-1 ; c-2 ; d-7 ; e-8 ; f-5 ; g-6 ; h-3.

472. a. Puisque ; b. Comme ; c. Parce que ; d. parce que ; e. Puisque ; f. parce qu'il ; g. Comme ; h. puisque.

473. a. Comme j'adore les comédies musicales, je me suis inscrite à un cours de claquettes. – b. Les étudiants sont très heureux parce qu'ils ont réussi leurs examens. – c. J'ai été absent deux semaines parce que je me suis fait opérer. – d. Comme on nous a volé notre voiture, nous n'avons pas pu partir en week-end. – e. Puisque tu ne veux pas aller au cinéma, eh bien, on ira sans toi. – f. Puisque tu connais le directeur de ma banque, eh bien, tu pourrais me le présenter. – g. Eh bien, je me tais, puisque personne ne m'écoute. – h. Comme il aimait beaucoup les animaux, il est devenu vétérinaire.

474. a. Comme ; b. Parce que ; c. Comme ; d. Puisque ; e. parce qu' ; f. parce qu' ; g. Puisque ; h. Comme.

475. b-3 ; c-6 ; d-1 ; e-5 ; f-2 ; g-8 ; h-7.

476. a. Étant donné que ; b. Vu que ; c. Du fait que ; d. Vu qu' ; e. Étant donné que ; f. vu que ; g. Du fait que ; h. Vu que.

477. a. Il a perdu énormément d'argent du fait qu'il a joué au casino./ Du fait qu'il a joué au casino, il a perdu énormément d'argent. – b. Vu que tu as eu une mauvaise note, tu seras privé de sortie. / Tu seras privé de sortie vu que tu as eu une mauvaise note. – c. Du fait que mon fils a eu son permis, il n'a plus jamais voulu que je l'accompagne. / Mon fils n'a plus jamais voulu que je l'accompagne du fait qu'il a eu son permis. – d. Étant donné qu'il ne fait pas beau, nous renonçons à notre sortie en bateau. – e. Vu que Théo n'avait pas d'argent sur lui, il n'a pas pu déjeuner./ Théo n'a pas pu déjeuner vu qu'il n'avait pas d'argent sur lui. – f. Vu que vous connaissiez la nouvelle, pourquoi vous ne m'en avez pas parlé ? / Pourquoi vous ne m'en avez pas parlé vu que vous connaissiez la nouvelle ? – g. Étant donné que vous avez vu le cambrioleur, vous allez nous le décrire. – h. Du fait que ses parents sont partis, il a mis de la musique à plein volume. / Il a mis de la musique à plein volume du fait que ses parents sont sortis.

478. Grâce : a-5 ; b-1 ; c-7 ; d-3 – À cause : e-8 ; f-6 ; g-2 ; h-4.

479. Phrases possibles : a. collègue de la banque. – b. assistance de mon professeur. – c. responsable du magasin. – d. aide de mes parents. – e. agents de Pôle emploi. f. M. Mercier, mon professeur de dessin. – g. agence de création d'entreprise. – h. Quentin, mon petit ami français.

480. a. À cause de ; b. À cause de ; c. Grâce à ; d. À cause de ; e. À cause de ; f. Grâce à ; g. Grâce à ; h. Grâce à.

481. a. les ouvriers refont la route. – b. des congés d'été. – c. d'un incident technique. – d. c'est un jour férié. – e. de la grève des imprimeurs. – f. son frère l'a fait tomber. – g. de son régime sans gluten. – h. du trafic routier, des industries et de la densité.

482. a. Nous sommes restés à de Rio parce que nos amis fêtaient leur anniversaire mariage. – b. On a passé la journée sur la plage de Copacabana à cause de la chaleur dans l'appartement. – c. Nous avons participé au carnaval parce que ma famille y tenait beaucoup. – d. J'ai réalisé mon rêve, visiter le Brésil, grâce à un ancien étudiant. – e. Nous sommes bloqués à l'hôtel à cause des fortes pluies. – f. Tu as pu séjourner fréquemment chez lui grâce à son vaste appartement. – g. J'ai raté l'avion parce que ma voiture était tombée en panne. – h. Il était impossible d'atterrir à Londres à cause du brouillard.

483. a. À cause de la ; Grâce au ; c. À cause des ; d. À cause d' ; e. Grâce à ; f. À cause des ; g. À cause des ; h. À cause du.

484. b.1 ; c-5 ; d-6 ; e-8 ; f-3 ; g-4 ; h-7

485. a. vu/du fait de ; b. Étant donné ; c. ... vu/du fait de ; d. Étant donné ; e. vu/du fait de ; f. Étant donné ; g. ... vu/ du fait de ; h. Étant donné ses critiques.

486. a. Étant donné sa gentillesse, elle acceptera de nous rendre ce service. – b. Étant donné sa rapidité, cet étudiant finira son examen avant les autres candidats. – c. Étant donné leur générosité, ils ont tout donné. – d. Étant donné sa jeunesse, mon frère n'a pas été retenu pour ce travail. – e. Étant donné sa beauté, Floriane sera mannequin. – f. Étant donné leur courage, les pompiers ont sauvé le blessé. – g. Étant donné sa tristesse, il a renoncé à fêter son anniversaire. – h. Étant donné ta timidité, tu n'as rien dit.

487. a. pour ; b. Sous ; c. Devant ; d. A ; e. par ; f. de ; g. Devant ; h. de

488. b-1 ; c-5 ; d-2 ; e-4 ; f-7 ; g-8 ; h-6.

489. a. Il a été remercié pour sa grande courtoisie. – b. Devant sa grande méchanceté, elle lui a parlé ainsi. – c. Nous frissonnions de froid. – d. Il a chanté sa chanson préférée à sa demande. – e. Ils sont admirés pour leur grande générosité. – f. Le jeune garçon a abandonné l'idée de faire le tour du monde devant l'opposition de ses parents. – g. Elle s'est mise à pleurer de fatigue. – h. Nous l'avons ignoré par jalousie.

490. a. Elle a été décorée de la Légion d'honneur pour avoir fait rayonner la musique française à l'étranger. – b. Mon grand-père a obtenu une médaille pour s'être illustré sur les champs de bataille. – c. Un simple passant a été félicité par le Président pour avoir sauvé une femme dans un appartement en feu. – d. Mon mari a perdu quatre points sur son permis pour ne pas avoir respecté le Code de la route. – e. Il a eu un accident pour avoir brûlé un feu rouge. – f. Le manifestant a été menotté pour avoir refusé d'obtempérer. – g. Le candidat a été recalé pour ne pas s'être présenté à temps à l'examen. – h. Le vigile a été réprimandé pour n'être pas resté à son poste lors de l'alerte incendie.

491. a. avoir commis ; b. avoir formulé ; c. avoir discriminé ; d. avoir frappé ; e. s'être trompés ; f. être allé ; g. s'être disputée ; h. avoir téléchargé.

492. a. L'élève a été réprimandé pour s'être mal conduit/pour mauvaise conduite. – b. Ils ont été condamnés pour avoir commis un vol/pour vol. – c. Le jeune officier a été cité pour avoir été courageux/ pour son courage. – d. Les employés ont été renvoyés pour être arrivés en retard à trois reprises/pour leur retard à trois reprises. – e. L'inspecteur a été jugé pour avoir vendu de la drogue/pour vente de drogue. – f. Le député a été sifflé pour avoir tenu des propos injurieux/pour injures. –
g. Le conducteur a été arrêté pour avoir franchi la ligne blanche/pour franchissement de ligne blanche. – h. Un père a été condamné pour ne pas avoir respecté le droit de visite/pour non-respect du droit de visite.

493. a-3 ; b-4 ; c-1 ; d-2 ; e-1/3/6/8 ; f-5 ; g-1/3/6/8 ; h-7.

494. a. devoir arrêter ; b. participer ; c. ne pas avoir fait ; d. vous avoir téléphoné ; e. ne pas pouvoir venir ; f. t'être emporté ; g. prendre ; h. être partie.

495. a. Certaines espèces sont en voie de disparition car l'activité humaine a modifié et a pollué l'environnement. – b. Nous économisons l'eau, et en particulier en été, car elle est une ressource limitée. – c. Le milieu marin est contaminé car 12,7 millions de tonnes de plastique finissent dans les océans. – d. Il faut réduire le nombre d'objets en plastique à usage unique car la grande majorité des débris marins sont terrestres. – e. Nous devons réduire notre consommation et recycler nos produits car nous abusons des matières plastiques. – f. L'air est pollué car le transport terrestre et le secteur industriel y participent. – g. Les équilibres météorologiques et les écosystèmes sont modifiés car le réchauffement climatique est un phénomène global. – h. Des îles paradisiaques sont en péril car le niveau de la mer va augmenter d'environ un mètre d'ici 2100.

496. a. en effet ; b. en effet ; c. car ; d. en effet ; e. car ; f. en effet ; g. car ; h. en effet.

497. a. Comme c'était la fête des Mères, il lui a offert un bouquet de fleurs. – b. Nous avons loué un chalet en Savoie ; en effet, nous aimons fêter Noël à la montagne. – c. Elle ne pourra pas venir à mon anniversaire ; en effet, elle travaille le week-end. – d. Comme un automobiliste m'a refusé la priorité, j'ai eu un accident de scooter. – e. Je préfère les compagnies low cost ; en effet, les compagnies régulières sont chères. – f. Comme il habite à Tahiti, je ne le vois pas souvent. – g. Mes parents prennent toujours le train ; en effet, ils ont peur de l'avion. – h. Comme elle ne sait pas nager, elle déteste le bateau.

498. a. Comme je pensais que tu dormais, je n'ai pas osé sonner à la porte. – b. Vous gardez la forme parce que vous faites de la gym. – c. Puisque les loyers parisiens sont trop chers, Elsa a décidé de vivre en banlieue. – d. Elle a eu envie de visiter Venise parce qu'elle a lu ce livre. – e. Puisqu'ils savaient qu'il y avait un bon film à la télévision, ils ont préféré rester chez eux. – f. Puisque Sarah connaissait très bien Paris, elle a répondu à toutes nos questions. – g. Rémy s'est rendu malade parce qu'il a mangé des huîtres. – h. Comme il était souffrant, il n'a pas pu aller à l'école.

499. a. Il s'est coupé le doigt en utilisant un outil tranchant. – b. Alexandre a sensiblement maigri en supprimant le fromage et les desserts. – c. Il a réussi à gagner le championnat en s'entraînant sérieusement. – d. Il a pu arriver à l'heure en courant très vite. – e. Elle a perdu du poids en faisant un régime pendant six mois. – f. Mon fils s'est tordu le poignet en tombant de vélo. – g. Son père a des problèmes de surpoids en mangeant trop. – h. Les voisins se sont fait mal au dos en bricolant ce week-end.

500. a. Étant âgée et vivant seule, je dépense peu. – b. Les invités commençant à s'endormir, nous leur avons proposé de dormir à la maison. – c. Les magasins étant ouverts pendant les jours fériés de mai, j'irai faire mes achats ces jours-là. – d. La pluie se mettant à tomber, ils se sont abrités sous un porche. – e. Les congés approchant, les élèves ne pensent qu'aux vacances. – f. Les enfants ayant de nombreux amis, nous allons réserver une salle pour fêter le jour de l'An. – g. Mes collègues sachant parler chinois, ils rencontreront nos associés de Pékin/ Sachant parler chinois, mes collègues rencontreront nos associés de Pékin. – h. Sachant qu'il allait neiger, elle n'a pas pris sa voiture.

501. b-4 ; c-1 ; d-5 ; e-2 ; f-7 ; g-8 ; h-6.

502. a. Comme Lisa est actuellement en province, je ne l'ai pas vue depuis plusieurs mois. – b. Comme les enfants sont retournés à l'école, ils ont retrouvé leurs copains. – c. Comme je n'ai pas réussi mon bac, je dois redoubler ma terminale. – d. Comme tu travailles dans un centre de documentation, tu lis la presse tous les jours. – e. Puisque Mme Dulac n'arrive pas, commençons la réunion maintenant. – f. Puisque tu le lui as promis, tu dois l'accompagner à ce cocktail. – g. Puisque notre fils n'est pas venu, mon mari et moi avons dîné en tête à tête. – h. Puisque Anna a une maison, elle pourra vous loger.

503. a. s'étant absenté ; b. étant ; c. venant ; d. s'étant trompés ; e. Aimant ; f. Ayant mis ; g. Ayant habité ; h. Travaillant.

Bilan 14

1. a. À cause du ; b. Étant donné ; c. Grâce à ; d. comme ; e. Puisque ; f. du fait qu'/puisqu' ; g. Pour ; h. parce que.

2. a. en effet ; b. En effet ; c. Ce n'est pas parce qu' ; d. parce qu' ; e. en ayant travaillé ; f. Ayant contacté ; g. Par ; h. pour ; i. ce n'est pas qu'.

16. L'expression du but

504. b. ; e ; g ; h.

505. a. Mets ton costume pour être plus chic ! – b. Pense à ton manteau pour te protéger du froid ! – c. Enfile des gants pour éviter de te faire mal ! – d. Ouvre ton portefeuille pour vérifier que tu as de l'argent. – e. Prends tes lunettes pour voir plus clair ! – f. Passe d'abord à la pharmacie pour acheter mes médicaments – g. Choisis un joli bouquet chez le fleuriste pour l'offrir à notre tante – h. Emporte ton carton d'invitation pour le présenter à l'entrée !

506. a. pour/afin de lui faire une surprise. – b. pour/afin de transformer leur jardin. – c. pour/afin d'installer une piscine. – d. pour/afin de repeindre le salon. – e. pour/afin d'augmenter la superficie de sa maison. – f. pour/ afin d'aménager un studio. – g. pour/afin d'acheter leur appartement. – h. pour/afin d'entreprendre des travaux chez moi.

507. a. pour ne pas avoir faim durant la matinée. – b. afin de ne pas être stressée. – c. pour ne pas être trop voyante. – d. afin de ne pas paraître négligée. – e. pour ne pas avoir de mèches sur le visage. – f. afin de ne pas ressembler à une poupée. – g. pour ne pas me trouver en difficulté. – h. pour ne pas oublier ma carte d'identité.

508. a. elle l'a invité afin de le séduire. – b. tu leur proposes une somme d'argent pour leur racheter une voiture. – c. vous leur téléphonez afin de les avertir. – d. il lui a offert des fleurs afin de s'excuser pour son absence. – e. ton frère t'a parlé ainsi pour te rassurer. – f. il lui a envoyé une place de concert afin de l'inviter. – g. cet acteur a accordé une interview pour révéler la vérité. h. les Durand ont vendu leur appartement afin de vivre au Portugal.

509. a. Nous avons choisi un grand jardin pour qu'ils puissent s'amuser. – b. Je reviens tôt pour qu'ils aillent au stade. – c. Nous avons prévu une piscine pour qu'ils se baignent. – d. Je l'accompagne à moto pour qu'il soit à l'heure. – e. Je lui laisse l'ordinateur pour qu'il finisse un jeu avec son ami. – f. Je lui montre cet exercice de solfège pour qu'il comprenne mieux. – g. Il écoute de la musique avec un casque pour que je dorme tranquillement. – h. On a acheté une table de ping-pong pour que nous jouions ensemble.

510. a. pour que ; b. pour ; c. pour ; d. pour que ; e. pour que ; f. pour que ; g. pour ; h. pour que

511. a. Nous allons chez elle pour déjeuner. – b. Tu me préviens pour que je t'attende. –

c. On déménage à Toulon pour profiter de la mer. – d. Elle travaille pour réussir son examen de médecine. – e. J'ai rendez-vous avec le notaire pour signer un acte de vente. – f. Elles se retrouvent pour qu'Anna ne soit pas seule à Noël. – g. Ils se marient pour faire plaisir à la famille. – h. Vous ne ferez pas de bruit pour que les enfants puissent dormir tard.

512. a. afin qu' ; b. afin de ; c. afin que ; d. afin que ; e. afin qu' ; f. afin de ; g. afin d', afin de.

513. a. ne m'inquiète pas ; b. puissions dîner ; c. me reconnaissiez ; d. ne pas se perdre ; e. vous soigner ; f. bénéficier ; g. tu saches ; h. comprendre.

514. b-4 ; c-1 ; d-2 ; e-6 ; f-5 ; g-8 ; h-7.

515. a. Approche-toi que je te voie. – b. Écoutez-moi que je vous expose mon projet. – c. Asseyez-vous que je fasse votre connaissance. – d. Viens ici que je te prenne dans mes bras. – e. Reste tranquille que je finisse ce travail. – f. Donnez-moi cette lettre que j'y réponde. – g. Passez-moi ce dossier que je prenne une décision rapide. – h. Prêtez-moi un crayon que j'écrive ce numéro de téléphone.

Bilan 16

1. a. Pour ; b. pour qu'/afin qu' ; c. pour ; d. pour qu'/afin qu' ; e. pour/afin de ; f. pour/afin d' ; g. pour que/afin que ; h. pour/afin de ; i. pour qu'/afin qu' ; j. pour que/afin que

2. a. pour que ; b. afin de ; c. Pour que ; d. pour que ; e. afin que ; f. pour que ; g. afin que ; h. Afin de ; i. afin de ; j. pour que.

17. L'expression de la condition et de l'hypothèse

516. b. si je gagne ; e. si elle voit une étoile filante ; f. Si je te le dis.

517. a. Si ; b. s' ; c. Si ; d. s' ; e. Si ; f. s' ; g. s' ; h. s'.

518. b-8 ; c-7 ; d-6 ; e-4 ; f-2 ; g-1 ; h-3.

519. a. passe/tu passeras ; b. je vous offre ; c. On arrivera ; d. nous prendrons ; e. Lis ;

f. tu risques ; g. je ferai ; h. nous prendrons/prenons.

520. a. Si Julie termine ses études, elle deviendra médecin. – b. Si Céline se marie, elle ne changera pas de nom. – c. Si les Dubois ont des enfants, ils déménageront. – d. Si Alex obtient ce poste d'ingénieur, il quittera Bourges. – e. Si nous partons au Canada, nous passerons nos vacances au Québec. – f. S'ils prennent leur retraite à 62 ans, nos parents s'installeront à Vence. – g. Si Nicolas réussit ses études, il mènera une vie agréable. – h. Si je m'installe à Paris, j'achèterai une maison de campagne.

521. a. faisiez ; b. te nourrissais ; c. dormirait ; d. couraient ; e. serait ; f. vous porteriez ; g. te détendrais ; h. consommait.

522. b-8 ; c-7 ; d-1 ; e-2 ; f-3 ; g-4 ; h-6.

523. Phrases possibles : a. on travaillerait moins. – b. je voyagerais en Asie. – c. nous habiterions un grand appartement. – d. j'arrêterais de fumer. – e. on visiterait des expositions de peinture. – f. nous prendrions notre temps. – g. on inviterait nos amis. – h. je ferais votre portrait.

524. a. Vous passerez vos vacances au bord de la mer à condition d'acheter cette maison. – b. Nous repeindrons le salon à condition d'avoir le temps cet hiver. – c. Je viendrai vous aider à condition d'obtenir quelques jours de congé. – d. Les enfants nous rendront visiter à Noël à condition de rester dans la région. – e. Tu verras le début du film à condition d'arriver à l'heure pour la séance. – f. On croisera vos amis à condition d'avoir de la chance. – g. Sabrina comprendra mieux cet article à condition de le lire en anglais. – h. Vous pourrez emprunter ces livres à condition d'être inscrit à la bibliothèque.

525. a. d' ; b. d' ; c. qu' ; d. de ; e. que ; f. qu' ; g. que ; h. d'.

526. b-8 ; c-2 ; d-7 ; e-1 ; f-5 ; g-3 ; h-6.

527. a. donniez ; b. indiquez ; c. fait ; d. prépariez ; e. ait ; f. soit ; g. reste ; h. trouvent.

528. Phrases possibles : a. les ranger toujours au même endroit. – b. nous n'aurions pas le temps de déjeuner. – c. le prof veuille bien de nous. – d. qu'ils obtiennent des billets. – e. qu'elle n'ait pas peur. – f. suivre ce traitement. – g. que vous nous invitez. – h. il ne réussirait pas son examen.

529. b-8 ; c-1 ; d-3 ; e-2 ; f-7 ; g-4 ; h-6.

530. a. peut-être ; b. en cas de ; c. peut-être ; d. en cas d' ; e. peut-être ; f. En cas de ; g. peut-être que ; h. peut-être.

531. a. Peut-être qu'ils ont retrouvé leurs clés. – b. Peut-être que vous avez lu cet article passionnant. – c. Peut-être que vous viendrez au mariage. – d. Peut-être que nous serons un peu en retard. – e. Peut-être qu'ils comprendront pourquoi nous sommes ici. – f. Peut-être qu'on n'a jamais rencontré cette personne. – h. Peut-être que je n'ai jamais goûté.

532. a ; c ; e ; h.

533. b-1 ; c-5 ; d-8 ; e-7 ; f-2 ; g-4 ; h-6.

534. a. En écoutant la radio, vous aurez les informations. – b. En ayant de la monnaie, tu peux prendre un café au distributeur. – c. En étant connecté sur Internet, vous auriez accès à beaucoup de données. – d. En aimant lire, le temps te semblerait moins long. – e. En mettant vos lunettes, vous verriez mieux. – d. Hélène parlerait mieux anglais en faisant un séjour chez vos amis de Brighton. – g. Vous seriez moins déprimé en sortant plus souvent. – Delphine pourrait garder les enfants en étant moins occupée.

535. b-1 ; c-2 ; d-7 ; e-6 ; f-3 ; g-5 ; h-8.

536. a. Les partis écologistes remporteraient la victoire aux élections européennes. – b. La ministre de la Santé aurait démissionné hier soir. – c. La réforme de l'Éducation nationale entrerait en vigueur à la rentrée. – d. D'ici quelques années, les centrales nucléaires auraient disparu. – e. La Turquie serait entrée dans l'U.E. – f. Les impôts sur le revenu baisseraient l'an prochain. – g. les retraites les plus modestes auraient augmenté avant la fin de l'année. – h. Prochainement, les partis populistes réuniraient moins de partisans aux élections régionales.

537. a. seraient ; b. diminuerait ; c. provoquerait ; d. entraînerait ; e. serait ; f. deviendrait ; g. subirait ; h. disparaîtraient.

538. a ; d ; e ; h.

539. a. réussisse ; b. finisse ; c. soit ; d. ailles ; e. parte ; f. ayez ; g. écrive ; h. dorme.

540. a. Il se peut qu' ; b. Il se peut que ; c. il se peut qu' ; d. Peut-être que ; e. peut-être qu' ; f. Il se peut que ; g. Peut-être que ; h. il se peut qu'.

541. a. peut-être que ; b. À supposer qu' ; c. Si ; d. En admettant que ; e. En supposant qu' ; f. Il se pourrait que ; g. Si ; h. Peut-être qu'.

542. a. En admettant que ; b. Admettons que ; c. Si ; d. Il se peut que ; e. il se peut que ; f. il est possible que ; g. En admettant que ; h. peut-être que.

Bilans

1. a. c'était ; b. aurait ; c. c'était ; d. Admettons que ; e. ce serait ; f. il est possible ; g. il est possible que ; h. si ; i. tomberais ; j. il est possible que ; k. mette ; l. voyais ; m. s' ; n. j'ajoute.

2. a. Il se peut ; b. ce serait ; c. parte ; d. à condition que ; e. partirait ; f. Peut-être qu' ; g. pouvait ; h. accompagnerait ; i. en admettant que ; j. pourrait ; k. proposait ; l. à condition que ; m. si.

18. L'expression de la conséquence

543. a. alors je me suis arrêtée au distributeur. – b. par conséquent on s'est arrêtés dans un café – c. alors on a décidé de sortir un peu. – d. aussi sont-ils allés dîner dehors. – e. donc on a mis en route le chauffage. – f. c'est pourquoi nous avons couru. – g. ainsi a-t-elle demandé un parasol. – h. alors on a pris la pause déjeuner.

544. b-4 ; c-1 ; d-2 ; e-5 ; f-7 ; g-6 ; h-3.

545. a. Manon a oublié ses gants, aussi a-t-elle froid aux mains. – b. Je n'ai pas pris d'argent, alors je te laisse payer les cafés. – c. Nous avons des billets pour l'exposition Courbet, aussi irons-nous la visiter dimanche. – d. Son vélo est crevé donc Émile va au lycée à pied. –

e. La boulangerie était fermée, par conséquent on n'a pas de pain. – f. Elle a réservé des places, donc on part vendredi. – g. Sa mère ne voyait rien, aussi s'est-elle fait opérer. – h. Tu es arrivé en avance, alors tu nous as attendus.

546. a. voilà pourquoi nous sommes restés à la maison. – b. c'est pour ça que la circulation a été coupée pendant une heure. – c. c'est la raison pour laquelle nous sommes sortis du cinéma avec le sourire. – d. c'est pourquoi nous sommes restés une journée de plus. – e. voilà pourquoi nous avons visité des galeries d'art. – f. c'est pour cela qu'elle les retrouvera facilement. – g. c'est pourquoi je n'ai absolument pas faim ce soir. – h. c'est la raison pour laquelle tout le monde pouvait l'entendre.

547. b-7 ; c-1 ; d-6 ; e-2 ; f-3 ; g-5 ; h-8.

548. a. La route était verglacée, voilà pourquoi on a dormi au chalet. – b. Ils ont rencontré nos amis, c'est la raison pour laquelle ils ont fait connaissance. – c. Paul a travaillé dur, c'est pourquoi il a réussi le concours. – d. Vous avez cherché partout, c'est la raison pour laquelle vous avez fini par retrouver vos clés. – e. Je suis passée chez le traiteur libanais, c'est pour ça que nous avons des pâtisseries orientales. – f. Mes parents nous ont invités quelques jours, voilà pourquoi nous serons absents lundi et mardi. – g. On voulait la remercier, c'est la raison pour laquelle on lui a apporté un très beau bouquet. – h. Julien et Marianne se marient bientôt, c'est pour cela que je dois choisir un vêtement adapté.

549. a. Sous peine de ; b. d'où/de là ; c. d'où ; d. d'où/de là ; e. sous peine d' ; f. sous peine d' ; g. d'où/de là ; h. Sous peine de.

550. Phrases possibles : a. contravention. – b. je préfère m'allonger. – c. la surcharge de travail. – d. allons-nous leur vendre l'appartement. – e. nous pouvons commencer la réunion. – f. va-t-il en acheter une nouvelle. – g. elle habite seule ce mois-ci. – h. tu es si joyeux.

Bilan 18

a. donc ; b. d'où ; c. alors ; d. aussi ; e. alors ; f. sous peine d' ; g. par conséquent ; h. alors ; i. ainsi ; j. alors ; k. aussi.

Le plus-que-parfait

252 Transformez ces phrases comme dans l'exemple.

Exemple : Aujourd'hui, on correspond par mail. → Il y a trente ans, on ne correspondait pas par mail.

a. Aujourd'hui, on se rend de Paris à San Francisco en une dizaine d'heures.
   → Il y a vingt ans, ...
b. Aujourd'hui, on produit de l'électricité avec des éoliennes.
   → Il y a vingt ans, ...
c. Aujourd'hui, le T.G.V. rejoint Paris et Marseille en trois heures quinze.
   → Il y a quinze ans, ...
d. Aujourd'hui, on se voit à distance pas Skype.
   → Il y a vingt ans, ...
e. Aujourd'hui, on fait des objets grâce aux imprimantes 3D.
   → Il y a dix ans, ...
f. Aujourd'hui, on réfléchit à la destruction des centrales nucléaires.
   → Il y a quarante ans, ...
g. Aujourd'hui, des voitures sans conducteur parcourent le monde.
   → Il y a dix ans, ...
h. Aujourd'hui, on prend soin de la planète.
   → Il y a vingt ans, ...

Le plus-que-parfait

• Formation

Quand ils sont rentrés, on avait mis la table et les invités étaient arrivés.

- Le plus-que-parfait se forme avec l'auxiliaire « être » ou « avoir » à l'imparfait : j'avais vu, tu avais vu, il/elle/on avait vu, nous avions vu, vous aviez vu, ils/elles avaient vu ; j'étais venu(e), etc.
- L'accord du participe passé se fait comme au passé composé.

253 Conjuguez au plus-que-parfait.

Exemple : Partir : ils étaient partis.

a. comprendre : nous ....
b. naître : elle ....
c. peindre : vous ....
d. courir : ils ....
e. croire : on ....
f. mourir : elle ....
g. rencontrer : nous ....
h. entendre : ils ....

254 Réécrivez au plus-que-parfait.

Avant leur arrivée...

Exemple : nous descendons la poubelle : nous avions descendu la poubelle.

a. tu finis tes exercices : ....
b. nous préparons le dîner : ....
c. nos amis passent nous voir : ....

06 • L'indicatif

d. ils prennent l'apéritif : ....
e. le temps passe très vite : ....
f. ils restent manger avec nous : ....
g. on joue aux cartes : ....
h. nos amis nous quittent à minuit : ....

255 Réécrivez au plus-que-parfait et faites les accords du participe passé si nécessaire.

Exemple : Cette quiche, elle la prépare la veille de la fête.
→ Cette quiche, elle **l'avait préparée** la veille de la fête.

a. Ses confitures, ma grand-mère les fait avec les abricots du jardin.
→ La veille, ...

b. Mon grand-père met le cidre en bouteilles à l'automne.
→ La semaine précédente, ...

c. Les légumes, on les épluche autour de la table.
→ Juste avant, ...

d. Les enfants ramassent les fraises.
→ La veille, ...

e. Les cerises, on les cueille.
→ Le mois précédent, ...

f. Les champignons, on les prépare en salade.
→ Le matin même, ...

g. Les tomates, mon père les plante.
→ Au printemps précédent, ...

h. J'arrose les salades.
→ La veille au soir, ...

256 Réécrivez ce texte au plus-que-parfait.

L'été dernier on a eu un début de vacances angoissant : on louait une maison isolée. La nuit *commence* à tomber. Paul *entend* un bruit dehors. Il *sort* pour voir. Il ne *voit* rien de particulier. Il *revient* dans la maison. Le bruit *recommence*. En même temps la porte *s'ouvre*. Il *entend* le vent qui fait claquer un volet.

Exemple :
L'été précédent, on avait eu un début de vacances angoissant. On avait loué une maison isolée.

....
....
....
....
....
....
....

L'emploi des temps du passé

• L'imparfait et le passé composé (A2)

Hier il **pleuvait,** alors on **est allés** au cinéma. • Quand elle **est rentrée** chez elle, il **était** 23 heures. • Alors qu'il **payait** ses courses à la caisse, son portable **a sonné**.

- Le passé composé exprime un événement, une action à un moment précis du passé.
- L'imparfait permet de donner des informations sur le cadre, les circonstances (cause, lieu, temps, manière) autour de l'action principale.
- Le passé composé renvoie à un moment précis du passé alors que l'imparfait exprime une situation d'une durée indéterminée ou une habitude.

257 Reliez le début et la fin des phrases.

a. Il faisait nuit
b. J'ai pris un taxi
c. Comme c'était l'été,
d. Quand le magasin a ouvert,
e. Au moment où elle arrivait chez elle,
f. Les chiens se sont mis à aboyer
g. Nous avons rebroussé chemin
h. Comme il lisait l'article,

1. il y avait déjà beaucoup de monde.
2. parce que j'étais fatiguée.
3. quand on est passés devant la maison.
4. quand on a reçu les premières gouttes de pluie.
5. quand ils sont arrivés chez eux.
6. il a mieux compris la situation.
7. le téléphone a sonné.
8. la nuit est tombée très tard.

258 Réécrivez au passé : choisissez entre l'imparfait et le passé composé.

Exemple : Léa s'achète une jolie veste mais il manque un bouton.
→ Léa **s'est acheté** une jolie veste mais il **manquait** un bouton.

a. Nous croisons la factrice qui distribue le courrier. → ....
b. J'emprunte ta voiture car la mienne est en panne. → ....
c. Comme les enfants attendent un bébé, ils déménagent en mai. → ....
d. Tu trouves le travail que tu cherches depuis longtemps ? → ....
e. Nous aménageons la maison dont nous rêvons depuis des années. → ....
f. Il peut réparer le grille-pain qui ne fonctionne plus ? → ....
g. Vous visitez l'exposition qui rassemble les tableaux de ce collectionneur ? → ....
h. Il pleut depuis ce matin et tout à coup le soleil apparaît. → ....

259 Mettez les verbes entre parenthèses à l'imparfait ou au passé composé.

Exemple : Quand nous vivions (*vivre*) au Canada, nous habitions (*habiter*) près d'une forêt.

a. Tous les jours nous .... (*aller*) au lycée, sauf quand il y .... (*avoir*) trop de neige.
b. Ce matin, il .... (*neiger*) pendant deux heures et le jardin .... (*être*) étincelant.
c. Un soir, c'................ (*être*) à la fin de l'hiver, j'................ (*voir*) des ours bruns.
d. Alors qu'on .... (*mettre*) le contact de la motoneige, les ours .... (*prendre*) aussitôt la fuite.
e. Ils .... (*craindre*) les hommes mais ils .... (*s'approcher*) des maisons pour trouver à manger.

06 • L'indicatif

f. Un soir où il .... (*faire*) très froid, on .... (*entendre*) des loups près de chez nous.
g. Aussitôt, mon père .... (*sortir*). Il .... (*tenir*) sa carabine, il .... (*être*) prêt à tirer.
h. Dès que les loups .... (*apercevoir*) mon père près de la porte, ils .... (*partir*) en hurlant. Ils .... (*ressembler*) vraiment à des chiens.

260 Mettez les verbes entre parenthèses à l'imparfait ou au passé composé.

Exemple : Quand nous sommes arrivés (*arriver*) à Biarritz, il pleuvait (*pleuvoir*).
a. Franck .... (*garer*) la voiture devant l'adresse de la maison qui .... (*dominer*) la mer.
b. Nous .... (*sortir*) les bagages du coffre et nous .... (*sonner*) à la porte, mais il n'y .... (*avoir*) personne.
c. On .... (*remettre*) nos bagages dans la voiture et on .... (*se diriger*) vers un petit bistro qui .... (*être*) éclairé.
d. Beaucoup de clients .... (*prendre*) un verre et nous .... (*s'installer*) à une table libre.
e. Nous .... (*goûter*) une spécialité, le poulet à la piperade, et nous .... (*se régaler*). La serveuse, qui .... (*sembler*) assez âgée, nous .... (*bien conseiller*).
f. Vers 10 heures, alors qu'il .... (*faire*) nuit noire et que le ciel .... (*être*) dégagé, nous .... (*retourner*) à la maison.
g. La maison .... (*être*) éclairée et, dès que nous .... (*sonner*), Mariella .... (*descendre*) nous ouvrir.
h. Elle .... (*s'excuser*) quand nous .... (*arriver*) : « Je .... (*ne pas entendre*) le coup de sonnette car je .... (*jardiner*). » Pour se faire pardonner, elle nous .... (*offrir*) une excellente tisane.

261 Écrivez les verbes entre parenthèses à l'imparfait ou au passé composé

Exemple : Tous les jours Emma prenait (*prendre*) le métro pour se rendre à la boutique. Elle .... (**a.** *travailler*) dans un magasin de vêtements comme vendeuse depuis cinq ans. Son travail .... (**b.** *ne pas lui plaire*) mais, comme elle .... (**c.** *ne pas avoir*) de diplôme, elle .... (**d.** *accepter*) cette vie. Un jour, elle .... (**e.** *revoir*) une de ses anciennes amies qui lui.................... (**f.** *conseiller*) de travailler comme elle, dans un salon d'esthétique. C'.................... (**g.** *être*) un emploi facile, à la réception. Il .... (**h.** *falloir*) prendre les rendez-vous avec les clientes ; elle .... (**i.** *devoir*) aussi répondre au téléphone, elle .... (**j.** *offrir*) un thé et elle .... (**k.** *sourire*) à la clientèle. Quand Emma .... (**l.** *apprendre*) cela, elle.................... (**m.** *trouver*) ce conseil intéressant. La propriétaire du salon .... (**n.** *rechercher*) justement une hôtesse. Le lendemain, Emma .... (**o.** *se présenter*) au salon. Elle .... (**p.** *rencontrer*) la responsable du salon et elle lui .... (**q.** *faire*) bonne impression : « C'est très bien, Emma. Vous commencez la semaine prochaine à l'essai. » C'est ainsi qu'Emma .... (**r.** *changer*) de travail.

• Le plus-que-parfait

La terre *était* humide, il *avait plu* la veille. • Quand tu *es rentré*, les invités *étaient arrivés*.

• Le plus-que-parfait exprime une action qui s'est déroulée avant une autre action au passé (passé composé ou à imparfait).

L'emploi des temps du passé

262 Reliez le début et la fin des phrases. (Il y a parfois plusieurs possibilités.)

a. On avait très froid
b. Les enfants ont dévoré les crêpes ;
c. Les pêcheurs sont rentrés vers 18 heures ;
d. Nous avons fait du jardinage,
e. Hélène ne se sentait pas très bien.
f. Tu as réparé la lampe
g. Paul a nettoyé son kayak
h. On a nettoyé la maison

1. ils s'étaient baignés tout l'après-midi.
2. car la veille nous avions acheté des plantes.
3. que tu avais achetée la veille dans une brocante.
4. où les araignées s'étaient installées.
5. car on avait marché trop longtemps sur la plage.
6. Elle avait trop couru la veille.
7. ils avaient passé la journée en mer.
8. qui avait passé l'hiver dans le hangar.

263 Mettez les verbes entre parenthèses au passé composé ou au plus-que-parfait.

Exemple : Dans la nuit, il a été (*être*) malade. La veille, il avait trop mangé (*trop manger*).

a. Cette année, ils .... (*avoir*) un enfant. Il y a six ans, ils .... (*se marier*).
b. En 2012, elle .... (*obtenir*) son diplôme ; deux ans auparavant, elle .... (*entreprendre*) des études de gestion.
c. Hier soir, on .... (*fermer*) la maison ; la semaine dernière, des voleurs .... (*nous cambrioler*).
d. Son père .... (*mourir*) en 2016. L'année précédente, il .... (*être*) très malade.
e. La semaine dernière ; on .... (*rendre*) le fauteuil ; on l'........................... (*acheter*) l'avant-veille.
f. Hier soir, nous .... (*voir*) des amis. Avant-hier, nous .... (*sortir*) au théâtre.
g. Ce matin-là, le ciel .... (*être*) calme. La veille, il y .... (*avoir*) une grosse tempête.
h. En juin, je .... (*retrouver*) un bon poste ; il y a six mois, j'........................... (*perdre*) mon emploi.

264 Réécrivez au passé comme dans l'exemple : employez l'imparfait et le plus-que-parfait.

Exemple : La terrasse est très agréable. Il fait beau toute la journée. → La terrasse était très agréable. Il avait fait beau toute la journée.

a. Nous avons décidé de passer la journée en ville, alors on prépare un sac à dos.
   → ....
b. On visite Notre-Dame-de-la-Garde, on s'arrête pour prendre un verre.
   → ....
c. Le ciel est dégagé. Le mistral souffle la nuit.
   → ....
d. Ils prennent le bateau pour le château d'If. Thomas prend de belles photos.
   → ....
e. Magalie se promène sur le vieux port. Elle aime les paysages.
   → ....
f. Le Mucem ferme. Nous arrivons trop tard pour la visite de ce musée.
   → ....
g. Thomas est triste. Il oublie son appareil photo sur le bateau.
   → ....
h. On apprécie le dîner. Ma mère prépare une bouillabaisse.
   → ....

06 • L'indicatif

265 Mettez ces phrases au passé. Utilisez le passé composé, l'imparfait ou le plus-que-parfait.

Exemple : Ma mère retrouve sa montre, qu'elle a perdue ce matin.
→ Ma mère a retrouvé sa montre, qu'elle avait perdue ce matin.

a. On retrouve des amis qu'on n'a pas vus depuis plusieurs années.
→ ....

b. Tu remplaces la table que tes parents t'ont donnée quand tu t'es mariée.
→ ....

c. J'ai envie de sortir. Mathieu m'a proposé d'aller au cinéma avec lui. Je l'appelle.
→ ....

d. Tu es fatigué. Tu as passé une dure journée. Ce soir tu te détends avec un bon livre.
→ ....

e. À 21 h, nous regardons la télé. La veille, nous avons vu qu'on passe un bon documentaire.
→ ....

f. Ma voisine arrive pour demander un service. Elle reste avec nous.
→ ....

g. C'est l'anniversaire de Léa. Elle m'a dit qu'elle n'a pas lu le dernier roman de Houellebecq. Je le lui offre.
→ ....

h. J'ai mal dormi la nuit dernière. Je suis fatiguée. Ce soir je prends une tisane et je me couche tôt.
→ ....

266 Écrivez les verbes entre parenthèses à l'imparfait, au passé composé ou au plus-que-parfait.

Il y a quelques années, les propriétaires d'une vieille maison près de Toulouse ont fait (faire) une découverte incroyable. Dans leur grenier, ils .... (a. constater) une fuite d'eau. Pour la faire réparer, ils .... (b. faire) appel à un entrepreneur qui .... (c. devoir) enlever une partie d'un mur pour effectuer les travaux.
Une fois la cloison enlevée, il .... (d. découvrir) une vieille peinture qui .... (e. très bien supporter) le temps, car elle .... (f. se trouver) à l'abri de la lumière. Cette toile .... (g. mesurer) 144 par 173 centimètres.
Deux ans plus tard, les experts .... (h. déclarer) que c'............................ (i. être) probablement la copie d'un tableau du célèbre peintre le Caravage qui .... (j. vivre) de 1571 à 1610. Après plusieurs examens approfondis, on .... (k. attribuer) cette toile à Louis Finson, un artiste flamand qui .... (l. travailler) à Naples à la même époque que le Caravage et qui .... (m. peindre) d'après les maîtres de la peinture de l'époque.
Récemment, les experts .... (n. estimer) ce tableau intitulé *Judith décapitant Holopherne* à 100 millions d'euros. L'État français .... (o. ne pas souhaiter) acheter le tableau parce que le prix .... (p. dépasser) le budget des musées nationaux, réduit ces dernières années. Aujourd'hui, personne .... (q. ne se porter encore) acquéreur du tableau.

Bilan 6

1. Mettez les verbes entre parenthèses au présent, puis imaginez la fin.

Il .... (**a.** *faire*) maintenant presque nuit. Le ciel .... (**b.** *s'obscurcir*). Quelques étoiles .... (**c.** *apparaître*). Les deux enfants .... (**d.** *apercevoir*) entre les arbres la silhouette d'une maison, mais Chloé .... (**e.** *ne pas reconnaître*) leur location de vacances. Ils .... (**f.** *devoir*) se dépêcher pour arriver chez eux avant la nuit noire. Chloé marche vite, elle .... (**g.** *tenir*) sa lampe torche d'une main et .... (**h.** *prendre*) la main de Julien, son petit frère de l'autre. Elle .... (**i.** *sentir*) qu'il tremble. Soudain la torche .... (**j.** *s'éteindre*). Chloé .... (**k.** *feindre*) de ne pas avoir peur mais elle .... (**l.** *savoir*) que Julien .... (**m.** *craindre*) le noir. Elle .... (**n.** *parvenir*) à le rassurer tant bien que mal, mais il ne la .... (**o.** *croire*) pas quand elle lui .... (**p.** *dire*) qu'elle .... (**q.** *se souvenir*) très bien du chemin. Elle .... (**r.** *réussir*) enfin à rallumer la lampe. À ce moment-là, un homme qui .... (**s.** *paraître*) très vieux et sale .... (**t.** *surgir*) d'un talus. « Ah, mais je vous .... (**u.** *reconnaître*), vous êtes mes petits voisins du moment. Mais vous n'êtes pas dans la bonne direction. Là, vous .... (**v.** *s'éloigner*) ! Si vous me .... (**w.** *suivre*), je vous ramène chez vous. Moi aussi, je .... (**x.** *rejoindre*) la maison. » À moitié, rassurés, les deux enfants .... (**y.** *entreprendre*) de suivre l'homme et ....
....
....

2. Complétez le dialogue avec les verbes entre parenthèses au futur proche ou au futur simple.

« Alors Armelle, tu .... (**a.** *pouvoir*) m'accompagner au dîner donné par l'ambassadrice de France pour célébrer la gastronomie française ?
– Je .... (**b.** *y réfléchir*). Tu sais bien que je n'ai aucune expérience et que je .... (**c.** *être*) mal à l'aise dans ce type de situation.
– Ne crains rien. Il te .... (**d.** *suffire*) de sourire et d'observer. Qui sait, tu .... (**e.** *rencontrer*) peut-être des personnes sympathiques. Il y .... (**f.** *avoir*) des personnalités politiques, du monde de l'entreprise et des universitaires. Ne t'inquiète pas, tu .... (**g.** *y arriver*). La soirée .... (**h.** *débuter*) à 20 heures dans les salons du Palais de la Mer, par un apéritif. On .... (**i.** *y boire*) un excellent champagne. En préambule de la dégustation d'un menu élaboré par le grand chef étoilé Alain Ducasse, l'ambassadrice .... (**j.** *faire*) un discours, puis nous .... (**k.** *savourer*) un dîner à la française avec 1 200 convives. Grandiose, non ?
– C'est vrai que j'aime la gastronomie et les vins français, mais je n'............... (**l.** *avoir*) rien à me mettre.
– Écoute, laisse tomber ce que tu fais. Tu .... (**m.** *venir*) à la maison avec moi et tu .... (**n.** *choisir*) la tenue que tu .... (**o.** *vouloir*).
– Non pas maintenant, je ne peux pas. Mais je .... (**p.** *y penser*) sérieusement dès à présent et je te .... (**q.** *prévenir*) dès que je .... (**r.** *savoir*).
– Quand tu .... (**s.** *m'appeler*), nous .... (**t.** *pouvoir*) faire des essayages pour ta tenue. D'accord ? Et ne t'en fais pas, dès que tu .... (**u.** *s'ennuyer*), tu .... (**v.** *s'en aller*) tout simplement. Je compte sur toi. »

06 • L'indicatif

3. Réécrivez ce récit au passé.

Il *est* (**a**) déjà tard. La tempête *gronde* (**b**). Jérémy *revient* (**c**) des pistes. Il *pose* (**d**) ses skis dans le garage et il *monte* (**e**) sans faire de bruit, pieds nus dans le salon. Fanny l'*attend* (**f**) depuis un moment et elle *écoute* (**g**) de la musique. Elle *lit* (**h**) au coin de la cheminée et elle ne *voit* (**i**) et n'*entend* pas (**j**) Jérémy qui *s'approche* (**k**) par derrière. Il *s'écrie* (**l**) : « Coucou ! » et en même temps il *plaque* (**m**) ses mains sur les yeux de Fanny. Il *veut* (**n**) lui faire une surprise. À ce moment-là, Fanny *sursaute* (**o**) et *se met* (**p**) à crier. Elle *a* (**q**) peur. « Ma chérie, je t'*apporte* (**r**) une tarte aux myrtilles. Tu *oublies* (**s**) que c'est l'anniversaire de notre rencontre ! »

4. Réécrivez cette critique au passé.

Fleur du désert, un film tiré d'une histoire vraie.

Waris Dirie *naît* (**a**) dans une famille de bergers nomades dans les montagnes de Somalie. Elle *apprend* (**b**) à 13 ans que son père *veut* (**c**) la marier. L'adolescente *s'enfuit* (**d**) alors vers Mogadiscio où elle *habite* (**e**) avec sa grand-mère. Avant, elle *traverse* (**f**) seule le désert.

Quelques années plus tard, elle *vit* (**g**) dans les rues de Londres mais, avant, une famille de diplomates à Londres l'*exploite* (**h**) comme bonne et la *prive* (**i**) de tous ses droits.

Peu de temps après, la jeune femme *rencontre* (**j**) Marilyn, qui *travaille* (**k**) comme vendeuse dans un magasin. Maryline l'*accueille* (**l**) dans sa chambre d'hôtel. Grâce à son amie, Waris *trouve* (**m**) un job dans un fast-food où un célèbre photographe la *repère* (**n**), et lui *propose* (**o**) de travailler comme mannequin.

Plus tard, elle *décide* (**p**) d'arrêter ce métier et elle *commence* (**q**) à militer contre les mutilations génitales faites aux petites filles. Elle *devient* (**r**) alors ambassadrice de bonne volonté pour cette cause auprès de l'ONU.

07 • L'impératif

L'impératif affirmatif (révision)

> **• Sens et formation (A1-A2)**
>
> **Ouvrez** le parapluie et **marchons** plus vite. **Donne**-moi la main.
>
> - L'impératif permet de donner un ordre ou un conseil. Il n'y a que trois personnes conjuguées, sans sujet exprimé : *tu*, *nous* et *vous*.
> - Il se forme comme le présent mais il n'y a pas de « s » à la deuxième personne du singulier pour les verbes en « -er » : *tu manges → mange* ; *tu vas → va*.
> - Quelques verbes ont un impératif irrégulier : être : *sois, soyons, soyez* ; avoir : *aie, ayons, ayez* ; savoir : *sache, sachons, sachez*. « *Veuillez* » est l'impératif du verbe « vouloir ».

267 Réécrivez à l'impératif.

Exemple : Vous lisez ce texte pour demain. → Lisez ce texte pour demain.

a. Tu revois ta leçon. → ....
b. Nous terminons notre exercice. → ....
c. Vous apprenez ces verbes. → ....
d. Tu utilises les mots entre parenthèses. → ....
e. Nous faisons la correction. → ....
f. Tu vérifies les réponses. → ....
g. Nous répétons la phrase. → ....
h. Vous finissez votre travail. → ....

268 Conjuguez le verbe entre parenthèses à l'impératif à la personne indiquée.

Exemple : Partez (vous/partir) à midi.

a. .... (nous, enregistrer) les données.
b. .... (tu, avoir) de quoi noter.
c. .... (vous, répondre) aux mails.
d. .... (tu, envoyer) un courriel.
e. .... (nous, recevoir) le client.
f. .... (tu, savoir) répondre au téléphone.
g. .... (vous, imprimer) ce document.
h. .... (nous, être) à l'heure à la réunion.

269 Reformulez avec un impératif.

Exemple : Il faut que tu ailles à la banque. → Va à la banque.

a. Il faut que vous achetiez du pain. → ....
b. Il faut que nous passions au supermarché. → ....
c. Il faut que tu prennes des fruits. → ....
d. Il faut que nous allions à la boucherie. → ....
e. Il faut que vous commandiez des boissons. → ....
f. Il faut que tu fasses une liste de courses. → ....
g. Il faut que tu ailles au marché. → ....
h. Il faut que vous ayez votre carte bancaire. → ....

07 • L'impératif

> **• Les verbes pronominaux**
>
> **Dépêchez-vous. • Préparons-nous. • Couvre-toi.**
>
> • Pour les verbes pronominaux, le pronom complément est placé après le verbe, derrière un tiret (-). On utilise la forme tonique des pronoms : *toi*, *nous* et *vous*.

270 Mettez ces verbes pronominaux à l'impératif.

Exemple : Tu dois te lever. → Lève-toi.

a. Vous devez vous doucher. → ....
b. Tu dois te brosser les dents. → ....
c. Tu dois te maquiller. → ....
d. Vous devez vous raser. → ....
e. Nous devons nous habiller. → ....
f. Vous devez vous coiffer. → ....
g. Tu dois te faire un café. → ....
h. Nous devons nous presser. → ....

271 Réécrivez les phrases avec un impératif.

Exemple : Tu devrais te faire un shampoing. → Fais-toi un shampoing.

a. Vous devriez vous couper les ongles. → ....
b. Tu devrais te laver les mains. → ....
c. Vous devriez vous teindre les cheveux. → ....
d. Nous devrions nous démaquiller le visage. → ....
e. Tu devrais te maquiller les yeux. → ....
f. Nous devrions nous faire un brushing. → ....
g. Tu devrais te tailler la barbe. → ....
h. Vous devriez vous raser la moustache. → ....

272 Donnez des conseils à partir des éléments donnés.

Exemple : vous, s'écrire quelquefois : Écrivez-vous quelquefois.

a. nous, se téléphoner souvent : ....
b. vous, se parler tous les jours : ....
c. vous, se donner rendez-vous samedi prochain : ....
d. vous, se rencontrer dans un café : ....
e. nous, se raconter nos vacances : ....
f. vous, se dire des mots doux : ....
g. nous, se revoir dans un mois : ....
h. vous, se présenter à l'entourage : ....

L'impératif affirmatif

• Avec un pronom

Regarde-le. • **Parlez**-lui. • **Prépare**s-en. • **Va**s-y.

• Quand l'impératif est accompagné d'un pronom complément direct ou indirect, le pronom est placé derrière le verbe, précédé d'un tiret (-).

 Avec les pronoms « en » et « y », les verbes en « -er » prennent un « s » pour lier les deux mots : Va**s**-y /vazi/.

273 Associez les questions et les réponses.

a. On prend le métro ?
b. Je sors la voiture du parking.
c. Nous appelons un taxi ?
d. Nous allons à la station de bus ?
e. Je n'ai plus de tickets de transport.
f. Je te prête mon téléphone ?
g. On attend le métro suivant ?
h. Le bus arrive ?

1. Appelles-en un.
2. Oui, sors-la.
3. D'accord, prenons-le.
4. Oui, attendons-le, il ne va pas tarder.
5. Oui, passe-le-moi, le mien est déchargé.
6. Oui, regarde-le là-bas.
7. Achètes-en.
8. Allons-y.

274 Répondez à ces questions avec l'impératif et un pronom complément.

Exemple : Nous devrions aller à ce concert ? → Oui, allez-y.

a. Je devrais appeler Louise et Paul ? → Oui, ...
b. Nous pourrions réserver des places ? → Oui, ...
c. Je devrais regarder cette émission ? → Oui, ...
d. Vous pourriez assister à cette conférence ! → Alors, ...
e. Je devrais enregistrer ce film ? → Oui, ...
f. Nous pourrions proposer à Alex de venir ? → Oui, ...
g. Vous pourriez aller au théâtre demain soir ? → Oui, ...
h. Je devrais acheter les places en ligne. → Oui, ...

275 Transformez les phrases comme dans l'exemple.

Exemple : Vous devriez faire une lessive. → Faites-en une.

a. Tu devrais nettoyer la salle de bains. → ....
b. Nous devrions ranger le salon. → ....
c. Vous devriez laver le carrelage. → ....
d. Tu devrais repasser les chemises. → ....
e. Nous devrions passer l'aspirateur. → ....
f. Vous devriez vider le lave-vaisselle. → ....
g. Tu devrais balayer la chambre. → ....
h. Nous devrions prendre une femme de ménage. → ....

07 • L'impératif

L'impératif négatif

> **• La négation de l'impératif (A2)**
>
> **Ne** dépassez **pas** la ligne jaune. • **Ne** double **pas** dans une côte.
>
> • Pour interdire ou donner un conseil à la forme négative, on ajoute « ne » et « pas », qui entourent le verbe.

276 Donnez l'ordre contraire.

Exemples : Jette tes papiers par terre. → Ne jette pas tes papiers par terre.
Ne mets pas les bouteilles dans le container à verre. → Mets les bouteilles dans le container à verre.

a. Ne triez pas vos déchets. → ....
b. Ne faisons pas de compost. → ....
c. Mets les plastiques avec les ordures ménagères. → ....
d. Arrose d'engrais les légumes de ton potager. → ....
e. Laissons les robinets ouverts. → ....
f. Gardez les lampes allumées quand vous n'êtes pas là. → ....
g. Laissons nos appareils électriques en veille la nuit. → ....
h. Jetons les vieux vêtements. → ....

277 Reformulez avec un impératif.

Exemple : Il ne faut pas que vous mangiez dans la bibliothèque. → Ne mangez pas dans la bibliothèque.

a. Il ne faut pas que tu apportes de boissons. → ....
b. Il ne faut pas que nous parlions à haute voix. → ....
c. Il ne faut pas que tu prennes de livres sans les enregistrer. → ....
d. Il ne faut pas que tu rapportes tes livres empruntés en retard. → ....
e. Il ne faut pas que nous arrivions au moment de la fermeture. → ....
f. Il ne faut pas que vous écriviez sur les livres. → ....
g. Il ne faut pas que nous répondions au téléphone. → ....
h. Il ne faut pas que tu écoutes de musique. → ....

> **• Les verbes pronominaux**
>
> Pour la photo d'identité, **ne** te maquille **pas** trop, attache-toi les cheveux.
>
> • À l'impératif négatif, les verbes pronominaux gardent la forme faible des pronoms (te, nous, vous), qui sont placés entre « ne » et le verbe.

278 Donnez le conseil contraire.

Exemple : En vacances, rase-toi tous les matins. → En vacances, ne te rase pas tous les matins.

a. Habillez-vous de façon recherchée. → ....
b. Maquille-toi tous les jours. → ....
c. Inquiétons-nous de notre travail. → ....

L'impératif négatif

d. Faisons-nous du souci pour les collègues. → ....
e. Disputez-vous avec votre entourage. → ....
f. Créons-nous des problèmes inutiles. → ....
g. Plains-toi du temps qu'il fait. → ....
h. Connectez-vous tous les jours à votre boîte mail. → ....

279 Donnez le conseil contraire.

Exemple : Nourrissez-vous en excès. → Ne vous nourrissez pas en excès.

a. Stressez-vous pour votre travail. → ....
b. Lève-toi tard. → ....
c. Couchons-nous après minuit. → ....
d. Endormez-vous devant la télévision. → ....
e. Fais-toi du souci pour des choses sans importance. → ....
f. Endettez-vous. → ....
g. Impose-toi des tâches difficiles. → ....
h. Fâchez-vous avec vos proches. → ....

280 Complétez par un impératif négatif.

Exemple : Ne nous invitons plus (nous, s'inviter).

a. .... (vous, se parler).
b. .... (vous, se téléphoner).
c. .... (nous, se toucher).
d. .... (vous, se sourire).
e. .... (nous, se regarder).
f. .... (vous, s'échanger) des mails.
g. .... (nous, se faire) des cadeaux.
h. .... (vous, se revoir).

• Avec un pronom

« Je prends ce bus ? – Non, ne le prends pas. N'y va pas non plus en métro ; vas-y en taxi. »

- À l'impératif négatif, le pronom complément est placé devant le verbe.

 Pour les verbes en « -er », il n'y a pas de « s » à la forme négative : manges-en, n'en mange pas.

---

281 Associez les phrases qui se répondent.

a. Je peux regarder ces magazines ?
b. Je réserve trois places ?
c. On voudrait regarder cette série.
d. Nous pouvons lire ce livre ?
e. Je voudrais emprunter ce DVD.
f. Vous avez le temps d'écouter ce morceau ?
g. Je peux vous donner l'adresse de Louise ?
h. Vous pouvez venir avec nous au ciné ?

1. Ne la regardez pas maintenant, il est déjà tard.
2. Non, ne le lisez pas, prenez celui-là.
3. Non, ne me donnez pas son adresse, je l'ai déjà.
4. Non, ne l'écoutons pas maintenant.
5. Non, ne les regarde pas, ils ne sont pas pour toi.
6. Non, n'en réserve pas trois mais deux.
7. D'accord, mais n'y allons pas trop tard.
8. Ne l'emprunte pas, il n'est pas bien.

07 • L'impératif

282 Conseils aux jeunes enfants. Réécrivez à l'impératif avec un pronom complément.

Exemple : Vous ne parlez pas aux inconnus dans la rue. → Ne leur parlez pas.

a. Tu n'acceptes pas de bonbons. → ....
b. Vous ne suivrez pas l'inconnu. → ....
c. Tu ne communiques pas ton nom. → ....
d. Tu ne donnes pas ton adresse. → ....
e. Vous ne répondez pas à cette personne. → ....
f. Vous ne souriez pas à cette personne. → ....
g. Tu ne vas pas chez elle. → ....
h. Vous ne faites pas confiance à cet inconnu. → ....

283 Reformulez à l'impératif avec un pronom complément.

Exemple : Tu ne dois pas répondre à ce courriel. → N'y réponds pas.

a. Nous ne devons pas transmettre ce dossier incomplet. → ....
b. Il ne faut pas que tu envoies cette lettre de plainte. → ....
c. Vous ne devez pas présenter ces documents. → ....
d. Il ne faut pas que vous donniez de timbre fiscal. → ....
e. Tu ne dois pas fournir de photos d'identité. → ....
f. Il ne faut pas que vous acceptiez ce rendez-vous. → ....
g. Nous ne devons pas arriver à la préfecture en retard. → ....
h. Tu ne dois pas apporter d'attestation de domicile. → ....

284 Complétez ces phrases. Utilisez l'impératif négatif à la personne indiquée et un pronom complément.

Exemple : Je n'ai pas envie d'aller à la piscine, alors n'y allons pas (nous).

a. Tu ne veux pas faire de sport aujourd'hui, alors .... (tu)
b. Vous ne voulez pas faire une partie de tennis, alors .... (vous)
c. Vous n'avez pas envie de vous inscrire au cours de gym, alors .... (vous)
d. Tu ne veux pas courir au bois de Boulogne, alors .... (tu)
e. Nous ne voulons pas disputer ce match, alors .... (nous)
f. Tu n'as pas envie de courir le marathon, alors .... (tu)
g. Nous n'avons pas envie de rencontrer cette équipe, alors .... (nous)
h. Vous ne voulez pas remettre en question l'arbitrage, alors .... (vous)

Bilan 7

1. Utilisez l'impératif à la deuxième personne du pluriel.
Quelques règles pour perfectionner votre français

a. Se faire des amis francophones.
→ ....

b. Ne pas rester isolé.
→ ....

c. Garder le sourire.
→ ....

d. Ne pas se décourager et avoir confiance.
→ ....

e. Évaluer ses progrès depuis le début de l'apprentissage.
→ ....

f. Écouter la radio et essayer de comprendre.
→ ....

g. Apprendre des chansons qui te plaisent.
→ ....

h. Regarder des films en français, si possible sous-titrés en français.
→ ....

i. Ne pas se référer sans arrêt à son dictionnaire ou son traducteur électronique.
→ ....

j. Avoir de l'imagination et deviner le sens par le contexte, la situation.
→ ....

k. Saisir toutes les occasions de parler avec des gens, dans les magasins, au marché, dans la rue, le train, les jardins publics. → ....

l. Ne pas avoir peur de faire des fautes et oser prendre la parole.
→ ....

m. Ne pas être timide.
→ ....

n. Ne pas se focaliser sur la grammaire.
→ ....

o. Réutiliser le vocabulaire et les phrases apprises.
→ ....

p. Consulter des sites de FLE.
→ ....

q. Lire les titres des journaux simples, et essayez de deviner le sens des articles. Repérer les mots importants et faire des hypothèses sur le sens général.
→ ....

r. Jouer aux cartes, au Pictionary, au Tabou avec ses amis français.
→ ....

s. Faire du sport dans un cours francophone.
→ ....

t. Voyager et faire des rencontres intéressantes.
→ ....

u. Avoir un(e) petit(e) ami(e) francophone.
→ ....

07 • L'impératif

2. Expliquez les règles de politesse à votre ami Paul fraîchement arrivé en France. Utilisez l'impératif à la deuxième personne du singulier.

Comment se tenir à table ?

Messieurs, vous entrerez (**a**) les premiers dans le restaurant et vous guiderez (**b**) les dames vers votre table. Vous ne vous assoirez (**c**) pas avant elles et vous aiderez (**d**) les femmes plus âgées à prendre place. Vous laisserez (**e**) votre sac au pied de votre chaise. Vous devrez vous laver (**f**) les mains avant le repas. Vous pouvez en profiter (**g**) pour aller aux toilettes, ce qui ne se fait pas pendant le repas. Avant le repas, vous pouvez mettre (**h**) vos coudes sur la table mais vous poserez (**i**) seulement vos avant-bras sur la table pendant le repas. Il ne faut jamais mettre (**j**) ses mains sous la table. Vous devez laisser (**k**) les femmes commander en premier. Vous pouvez déplier (**l**) votre serviette quand vous avez passé la commande des plats. Vous ne devez pas manger (**m**) avec les doigts mais vous devez utiliser (**n**) les couverts. Il ne faut pas accrocher (**o**) sa serviette autour du cou mais la placer (**p**) sur ses cuisses. Il faut mettre (**q**) votre téléphone en mode silencieux et il est impoli de le regarder (**r**) pendant le repas. Si vous vous servez une boisson, vous devez en proposer (**s**) à vos voisins et voisines de table. Il est impoli de regarder (**t**) sa montre. Il ne faut pas commencer (**u**) à manger si les autres ne sont pas servis. Il est impoli de parler (**v**) la bouche pleine. Pour appeler le serveur, il faut lui faire un signe (**w**) de la main. Si on vous invite, il faut faire des commentaires (**x**) positifs sur les plats et le restaurant. Si vous payez l'addition, vous devez être discret (**y**) et il ne faut pas montrer (**z**) la note aux autres convives...

Cher Paul,
Voici ce que tu dois faire.

....
....
....
....
....
....
....
....
....
....
....
....
....
....
....
....
....
....
....
....

08 • Le conditionnel

Le conditionnel présent

> **• Sens général et formation**
>
> **Je voudrais une baguette, s'il vous plaît ! • Vous pourriez aller chez le coiffeur pour le mariage.**
>
> • Le conditionnel exprime une demande polie, un conseil, une proposition ou une supposition.
> • Il se forme avec le radical du futur suivi des terminaisons de l'imparfait : danser, je danserai (futur) → je danserais, tu danserais, il/elle/on danserait, nous danserions, vous danseriez, ils danseraient.
>
> Pour les verbes irréguliers au futur, le conditionnel présent se forme aussi sur le radical du futur : aller, j'irai (futur) → j'irais, tu irais…

285 Conjuguez au conditionnel.

Exemples : Il prend : Il prendrait.   Nous venons : Nous viendrions.

a. On sait : ....
b. Tu veux : ....
c. Vous voulez : ....
d. Nous pouvons : ....
e. Tu viens : ....
f. Elle a : ....
g. Je fais : ....
h. Ils sont : ....

286 Reformulez ces demandes avec le conditionnel.

Exemple : On veut un café. → On voudrait un café.

a. Je peux sortir ? → ....
b. Tu as de la monnaie ? → ....
c. Ils ont besoin de boire ? → ....
d. Vous venez vous asseoir ? → ....
e. Nous partirons un peu plus tôt ? → ....
f. Elle a envie d'un croissant ? → ....
g. Un thé te fait plaisir ? → ....
h. Tu es d'accord pour m'accompagner ? → ....

287 Reformulez ces conseils avec le conditionnel.

Exemple : Tu dois maigrir. → Tu devrais maigrir.

a. Il faut faire de l'exercice. → ....
b. Vous devez boire davantage. → ....
c. Elle ne doit pas manger autant. → ....
d. Il est préférable de monter les étages à pied. → ....
e. Il ne faut pas boire d'alcool. → ....
f. Elles peuvent s'inscrire à un cours de Pilates. → ....
g. Il vaut mieux limiter la consommation de sucres. → ....
h. Il est souhaitable de marcher trente minutes par jour. → ....

08 • Le conditionnel

288 Reformulez ces propositions avec le conditionnel.

Exemple : Ce week-end, on peut partir en Normandie. → Ce week-end, on **partirait** en Normandie.

a. Je peux conduire. → ....
b. Mariana peut prendre sa voiture. → ....
c. Nous pouvons visiter la maison de Claude Monet. → ....
d. Tu peux admirer son jardin. → ....
e. Vous pouvez acheter des reproductions de ses tableaux. → ....
f. Ils peuvent dîner à Rouen. → ....
g. On peut faire une promenade sur les falaises d'Étretat. → ....
h. Ils peuvent manger des huîtres. → ....

— • **L'expression d'un fait non réalisé ou imaginaire** —

Ils ne **travailleraient** plus. Tous les jours **seraient** dimanche. • On **vivrait** d'amour et d'eau fraîche.

• Le conditionnel peut exprimer un rêve, un fait non réalisé ou imaginaire.
→ Voir aussi le chapitre 17, p. 226.

289 Exprimez des faits non avérés avec le conditionnel.

Exemple : Le ciel risque de se couvrir dans la matinée. → Le ciel **se couvrirait** dans la matinée.

a. Il risque de pleuvoir vers midi. → ....
b. Les nuages risquent de disparaître en début d'après-midi. → ....
c. On risque d'avoir une averse vers 18 heures. → ....
d. Les nuages risquent d'arriver par l'ouest. → ....
e. Les températures risquent d'atteindre 17 °C en journée. → ....
f. L'orage risque de se déclarer après 19 heures. → ....
g. La nuit risque d'être agitée. → ....
h. Les températures risquent de descendre en dessous de 11 °C dans la nuit. → ....

290 Exprimez des rêves avec le conditionnel.

Exemple : Imagine, on habite dans une île déserte. → Imagine, on **habiterait** dans une île déserte.

a. Il fait beau tout le temps. → ....
b. Nous cultivons notre jardin. → ....
c. Tu pars pêcher. → ....
d. On est heureux. → ....
e. On se baigne du matin au soir. → ....
f. Les fleurs poussent partout. → ....
g. Ça sent bon. → ....
h. C'est les vacances éternelles. → ....

291 Exprimez des faits imaginaires avec le conditionnel.

Exemple : Je suis la princesse et vous êtes de bonnes fées. → Je **serais** la princesse et vous **seriez** de bonnes fées.

a. Nous vivons dans un chalet perdu et les loups nous entourent.

→ ....

Le conditionnel présent

b. On se bat contre les dragons et on les tue.
→ ....

c. Elle avale un crapaud et il se change en prince.
→ ....

d. Tu prends ton arc et tu me défends.
→ ....

e. Il vient dans la tour et enlève la princesse captive.
→ ....

f. Les géants entrent dans la ville et sont capturés.
→ ....

g. Vous traversez la rivière et vous nous délivrez.
→ ....

h. On se perd dans la forêt et on découvre un château hanté.
→ ....

• Le futur du passé

Romain dit qu'il *arrivera* après 22 heures. → Hier, il a dit qu'il *arriverait* après 22 heures.

- Le conditionnel sert aussi à exprimer le futur du passé. Il est alors placé après un verbe introducteur au passé comme « dire », « répondre », « demander », « penser »…
→ Voir aussi le chapitre 13, p. 179.

---

292 Terminez les phrases au passé et faites les changements nécessaires.

Exemple : Floriane viendra nous voir. → Hier, Floriane a dit qu'elle **viendrait** nous voir.

a. Julien demande s'il y aura du monde. → Hier, Julien a demandé ....
b. J'espère qu'il fera beau. → Hier, j'espérais ....
c. Tu sais où on se retrouvera ? → Hier, tu savais ....
d. Je vous réponds qu'on verra bien. → Hier, je vous ai répondu ....
e. Tu veux me dire qu'elle ne passera pas ici. → Hier, tu as voulu ....
f. Vous ne savez pas quel jour sera le rendez-vous ? → Hier, vous ne saviez pas ....
g. Je pense qu'ils ne reconnaîtront pas le chemin. → Hier, je pensais ....
h. Ils veulent dire que tu n'apporteras rien. → Hier, ils voulaient dire ....

• L'hypothèse non réalisée

S'il faisait beau, on **pourrait** *aller à la mer (mais il ne fait pas beau).* **•** *Si on était plus vieux, on* **voyagerait** *(mais nous ne sommes pas plus vieux).*

- On utilise le conditionnel pour exprimer des hypothèses non réalisées pour le moment présent. Le schéma est alors : « Si » + imparfait, puis conditionnel présent.
→ Voir aussi le chapitre 17 p. 226.

08 • Le conditionnel

293 Exprimez ces hypothèses avec le conditionnel.

Exemple : Si nous étions plus riches, nous achèterions (acheter) un camping-car.

a. Si on avait quelques années de plus, on .... (aller) étudier à l'étranger.
b. Je .... (choisir) une voiture décapotable si j'habitais dans le Sud.
c. Mes enfants .... (venir) plus souvent nous voir s'ils travaillaient moins.
d. Si vous preniez maintenant votre retraite, vous .... (s'ennuyer).
e. Tu .... (faire) plus la cuisine si tu avais plus de temps.
f. Ma sœur .... (maigrir) si elle le décidait.
g. Si tu arrêtais de fumer, tu .... (se sentir) mieux.
h. Mes amis .... (partir) plus souvent en vacances si le train était moins cher.

Le conditionnel passé

> **• Sens général et formation**
>
> Tu **aurais dû** nous prévenir plus tôt. • On **aurait** bien **aimé** venir avec vous, on **se serait** bien **amusés** et vous nous **auriez montré** la région.
>
> - Le conditionnel a un temps passé qui exprime des faits qui ne se sont pas réalisés dans le passé, des suppositions, des regrets, des reproches.
> - On le forme avec l'auxiliaire « être » ou « avoir » au conditionnel présent et le participe passé qui s'accorde selon les règles déjà vues.

294 Conjuguez au conditionnel passé.

Exemples : Ils disent : Ils auraient dit   Nous nous sentons : Nous nous serions sentis.

a. Tu fais : ....
b. Vous croyez : ....
c. Je suis : ....
d. Ils ont : ....
e. On se demande : ....
f. Elle sait : ....
g. Nous allons : ....
h. Ils peuvent : ....

295 Exprimez des reproches au conditionnel passé.

Exemple : Ils devaient nous avertir. → Ils auraient dû nous avertir.

a. Tu pouvais appeler. → ....
b. Il ne fallait pas sonner. → ....
c. Vous ne deviez pas entrer par cette porte. → ....
d. On ne vous croyait pas. → ....
e. Elles ne pouvaient pas parler ainsi. → ....
f. Je devais demander mon chemin. → ....
g. Il fallait prendre un taxi. → ....
h. Nous pouvions attendre plus longtemps. → ....

Le conditionnel passé

296 Exprimez des regrets au conditionnel passé avec le verbe « pouvoir ».

Exemple : Nous ne sommes pas allées la voir très souvent. → Nous **aurions pu** aller la voir plus souvent.

a. Tu n'es pas venu au rendez-vous. → ....
b. Elle n'a pas écrit pendant les vacances. → ....
c. Je voulais acheter un bouquet de fleurs. → ....
d. Elle n'a pas téléphoné dimanche soir. → ....
e. Nous n'avons pas donné de nouvelles à notre amie. → ....
f. Je n'ai pas rencontré les enfants de Marion. → ....
g. Tu voulais visiter le Louvre. → ....
h. On ne les a pas remerciés pour le dîner. → ....

297 Projets non réalisés : réécrivez au conditionnel passé.

Samedi, je vais à Paris. Je devrai me lever tôt et (**a**) *j'irai visiter* le Louvre. Ensuite, (**b**) *je me promènerai* sur les bords de la Seine. (**c**) *J'arriverai* dans l'île de la Cité et (**d**) *je découvrirai* l'intérieur de Notre-Dame. (**e**) *Je monterai* dans la tour et (**f**) *je verrai* tout Paris. Ensuite, (**g**) *je continuerai* ma promenade jusqu'à l'institut du Monde arabe que (**h**) *je visiterai*. Pour finir, (**i**) *je ferai* un tour dans le quartier latin et (**j**) *je regarderai* un peu les boutiques. (**k**) *Je choisirai* un petit cadeau à Basile.

Mais ça ne s'est pas passé comme ça par ma faute. J'aurais dû me lever tôt et ....
....
....
....
....

298 Raconter des faits non avérés : transformez les phrases avec le conditionnel passé.

Exemple : On pense avoir découvert un nouveau tombeau de pharaon.
→ On aurait découvert un nouveau tombeau de pharaon.

a. On pense que le braquage de la banque a eu lieu vers 4 heures du matin.
→ ....

b. On croit reconnaître l'auteur de ce roman à succès.
→ ....

c. On suppose que les cambrioleurs sont passés par la cave.
→ ....

d. On imagine qu'on a enlevé la chanteuse à son domicile.
→ ....

08 • Le conditionnel

e. Les enfants sont enfermés dans une maison abandonnée, c'est possible.

→ ....

f. L'incendie s'est déclaré dans un entrepôt au sous-sol, on imagine.

→ ....

g. Le vigile travaillait pour les gangsters, on le croit.

→ ....

h. On pense avoir retrouvé le tableau de Monet perdu depuis vingt ans.

→ ....

• Hypothèse non réalisée dans le passé

Si je ne m'étais pas mariée si jeune, j'aurais fait des études, puis j'aurais travaillé et je serais devenue une femme autonome. Mais ça ne s'est pas passé ainsi !

• On utilise le conditionnel passé pour évoquer des faits qui ne se sont pas produits dans le passé.

---

299 **Mettez les verbes entre parenthèses au conditionnel passé.**

Exemple : Si on avait eu plus d'argent, on aurait vécu (*vivre*) une jeunesse plus agréable.

a. On .... (*se baigner*) si la mer avait été moins froide.
b. Mon fils .... (*se marier*) s'il avait trouvé une femme gentille.
c. S'il avait pu, il .... (*s'acheter*) un beau voilier.
d. Nous .... (*déménager*) si les loyers avaient coûté moins cher.
e. Elle .... (*devenir*) esthéticienne si ses parents lui avaient donné le choix.
f. Si tu m'avais aidé, j'.. (*ouvrir*) un magasin de fleurs.
g. Anouk .... (*partir*) à l'étranger si elle n'avait pas rencontré Florent.
h. Si vous aviez su, vous .... (*ne pas s'installer*) à Lyon.

300 **Finissez ces phrases librement.**

Exemple : S'il avait fait beau dimanche, j'aurais aimé aller dans un jardin.

a. Si les transports avaient coûté moins cher, ...
b. Si ma mère avait parlé plusieurs langues, ...
c. Si j'avais fait les études que je voulais, ...
d. Si j'avais gagné au loto, ...
e. Si on avait été plus responsables, ...
f. Si j'avais vécu dans un autre pays, ...
g. Si nous avions eu trois enfants, ...
h. Si j'avais divorcé, ...

Bilan 8

1. Lisez ce texte puis réécrivez les pensées de Chloé.

La laitière et le pot au lait, version actuelle

Chloé revient d'une brocante où elle a acheté, un peu cher pour son budget, un petit tableau qu'elle juge ancien. La signature lui est inconnue mais, avec un peu de chance, le peintre est célèbre. Elle cherchera sur Internet, mais elle a confiance. Dans le métro, elle réfléchit :

« Le tableau est un original. Sur eBay, (**a**) *je le revendrai* bien plus cher. Avec l'argent de la vente, (**b**) *je repeindrai* mon studio et (**c**) *je l'aménagerai* plus agréablement. Ainsi, le week-end, quand (**d**) *j'irai* voir mes parents, (**e**) *je louerai* mon appartement à des touristes. Avec ces nouveaux revenus, au bout de quelques mois, (**f**) *je chercherai* un appartement de deux pièces que (**g**) *je continuerai* de louer à des touristes tout le temps. (**h**) *Je leur préparerai* le petit-déjeuner et (**i**) *le prix de la location augmentera*. D'ici quelques mois, (**j**) *je pourrai peut-être reprendre* un petit restaurant du quartier et (**k**) *j'ouvrirai* une crêperie. (**l**) *Je proposerai* une carte de galettes et de crêpes très variées et (**m**) *il y aura* toujours une longue file d'attente… »

Le tableau serait un original ; sur eBay, Chloé ....
....
....
....
....
....
....
....

2. Écrivez la liste de vos regrets et de vos envies.

Pendant mon enfance :	J'aurais eu une enfance différente :
a. vivre à la campagne	a. J'...
b. avoir un chien	b. ....
c. apprendre à connaître les étoiles	c. ....
d. faire des promenades à vélo	d. ....
e. jouer au tennis	e. ....
f. partager mes secrets avec mes sœurs	f. ....
g. découvrir la nature	g. ....
h. cueillir les fruits dans les arbres	h. ....
Aujourd'hui :	Je vivrais autrement :
i. savoir peindre	i. Je ....
j. sortir au concert	j. ....
k. aller au théâtre	k. ....
l. être moins timide	l. ....
m. avoir plus d'amis	m. ....
n. cuisiner	n. ....
o. connaître l'art	o. ....

09 • Le subjonctif
Conjugaison

• Formation

Il faut que je prenne des vitamines. • J'aimerais que vous preniez ce sirop pour la toux.

Le subjonctif présent se forme avec le radical des 3ᵉ et 1ʳᵉ personnes du pluriel au présent :
- *ils doivent → que je doive, que tu doives, qu'il/qu'elle/qu'on doive, qu'ils/qu'elles doivent.*
- *nous devons → que nous devions, que vous deviez*

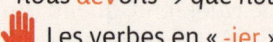 Les verbes en « -ier » ont deux « i » : *que nous étudiions, que vous étudiiez.*
Ceux en « -ayer », « -oyer » et « -uyer » gardent le « y » : *que nous essayions, que vous essayiez.*

301 Conjuguez au présent de l'indicatif, puis au présent du subjonctif.

Exemple : Partir — Ils partent. — Il est nécessaire que tu partes.

a. Traduire — Ils .... — Il est nécessaire que je ....
b. Descendre — Ils .... — Il faut qu'elle ....
c. Finir — Ils .... — Il faut que tu ....
d. Boire — Ils .... — Il est nécessaire que je ....
e. Venir — Ils .... — Il faut que tu ....
f. Sortir — Ils .... — Il faut qu'ils ....
g. Tenir — Ils .... — Il est nécessaire qu'elles ....
h. Apprendre — Ils .... — Il faut qu'il ....

302 Conjuguez aux premières personnes du singulier et du pluriel au subjonctif.

Exemple : Intervenir — Que j'intervienne. — Que nous intervenions.

a. Recevoir
b. Se lever
c. Voir
d. Appeler
e. Boire
f. Comprendre
g. Acheter
h. Croire

303 Soulignez le verbe au subjonctif.

Exemple : vous *conseilliez* – vous conseilleriez – vous conseillez

a. il doive – il doit – on doit
b. nous recevons – nous recevions – nous recevrions
c. elle mette – elle met – vous mettez
d. on obtient – nous obtenons – tu obtiennes

e. elle parvienne – elle parvient – je parviens

f. vous apercevez – vous aperceviez – vous apercevriez

g. vous dites – vous diriez – vous disiez

h. nous jetons – nous jetions – nous jetterions

304 Transformez les phrases comme dans l'exemple.

Exemple : Tu dois te détendre ! → Il faut que tu te détendes.

a. Nous devons boire un litre et demi d'eau par jour ! → ....

b. Je dois courir deux fois par semaine ! → ....

c. Il doit prendre des jours de congé ! → ....

d. On doit se mettre au régime ! → ....

e. Vous devez vous méfier des aliments gras ! → ....

f. Elle doit prévoir des moments de repos ! → ....

g. Ils doivent se peser tous les mois ! → ....

h. Nous devons maigrir ! → ....

305 Soulignez la forme correcte.

Exemple : Je voudrais que tu *reviennes* / *reviens* / *revient* avant la fermeture du bureau.

a. Il aimerait qu'elle *remets* / *remet* / *remette* de l'ordre dans ces papiers.

b. Tu as envie que nous *organisons* / *organisions* / *organiserions* un rendez-vous avec ce client.

c. Ils désirent que nous *envoyions* / *envoyons* / *enverrions* des courriels aux collaborateurs.

d. Je veux qu'ils *rejettent* / *rejette* / *rejettes* leur demande.

e. Tu voudrais que je me *souviens* / *souviennes* / *souvienne* de tous les dossiers !

f. Vous aimeriez qu'on *retienne* / *retient* / *retiens* une table pour nos associés.

g. Elle souhaiterait que vous *utiliseriez* / *utilisiez* / *utilisez* plus les réseaux sociaux.

h. Nous avons envie qu'ils *réussissent* / *réussisses* / *réussit* dans leur nouvelle agence.

• Verbes irréguliers

Il faut qu'elle veuille bien déménager et que nous fassions une recherche d'appartement.

• Dix verbes ont un subjonctif présent irrégulier. Ils ont en général deux radicaux qui alternent.

• Être : que je *sois*/nous *soyons*. Avoir : que j'*aie*/nous *ayons*. Faire : que je *fasse*/nous *fassions*. Savoir : que je *sache*/nous *sachions*. Pouvoir : que je *puisse*/nous *puissions*. Pleuvoir : qu'il *pleuve*. Falloir : qu'il *faille*. Aller : que j'*aille*/nous *allions*. Vouloir : que je *veuille*/nous *voulions*. Valoir : que je *vaille*/nous *valions*.

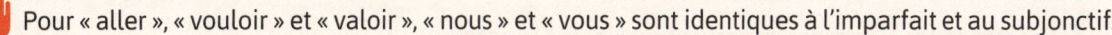 Pour « aller », « vouloir » et « valoir », « nous » et « vous » sont identiques à l'imparfait et au subjonctif.

---

306 Soulignez la forme correcte du subjonctif et écrivez l'infinitif du verbe.

Exemple : j' *ait* / *aie* : avoir

a. on *veuille* / *veuillent* : ....

b. tu *sois* / *soit* : ....

c. nous *sachiez* / *sachions* : ....

d. vous *fasse* / *fassiez* : ....

e. ils *aient* / *aies* : ....

f. il *vailles* / *vaille* : ....

g. je *puisse* / *puisses* : ....

h. elles *soit* / *soient* : ....

09 • Le subjonctif

307 Reliez le verbe conjugué à son infinitif.

a. Que vous ayez.
b. Que tu saches.
c. Qu'ils aillent.
d. Que je puisse.
e. Que nous fassions.
f. Qu'elles veuillent.
g. Que nous soyons.
h. Qu'on ait.

1. pouvoir
2. vouloir
3. avoir
4. être
5. savoir
6. faire
7. aller

308 Reformulez les conseils suivants.

Exemple : Allez davantage au cinéma ! → Il est important que vous alliez davantage au cinéma.

a. Aie plus de contacts avec tes collègues ! → Il est utile ....
b. Faites des sorties culturelles avec vos enfants ! → Il est nécessaire ....
c. Va plus souvent à la piscine pour te détendre ! → Il est normal ....
d. Fais du sport le week-end ! → Il faut ....
e. Sois moins stressé au travail ! → Il est indispensable ....
f. Sachez vous reposer ! → Il est urgent ....
g. Soyons plus attentifs aux autres ! → Il est impératif ....
h. Ayez de la patience avec vos amis. → Il est important ....

309 Conjuguez le verbe entre parenthèses au subjonctif.

Exemple : Il faut que nous fassions (faire) les incontournables de Nice.

a. Il faudra que vous .... (vouloir) aller à la plage malgré les galets.
b. Il sera nécessaire que nous .... (aller) sur le cours Saleya pour découvrir son marché aux fleurs.
c. Il faudra que je .... (savoir) où se trouve la place Saint-François pour y acheter du poisson.
d. Il faut que tu .... (pouvoir) monter sur la colline du Château pour y admirer la baie des Anges.
e. Il est nécessaire que tu .... (aller) dans le Vieux-Nice pour y voir ses façades colorées.
f. J'ai besoin que vous me .... (faire) connaître la spécialité niçoise : la socca.
g. Il est important qu'elles .... (vouloir) aller sur la Promenade des Anglais, longue de 7 km.
h. Il est important que tu .... (faire) un tour chez Fenocchio pour y déguster une glace italienne.

310 Terminez les phrases en employant le subjonctif.

Exemple : Vous ne devez pas apporter tous vos livres chaque jour.
→ Il est inutile que vous apportiez tous vos livres chaque jour.

a. Ils doivent savoir par cœur leurs leçons.
→ Il est normal ....
b. Nous devons corriger nos erreurs.
→ Il est utile ....
c. On doit être à l'heure en classe.
→ Il faut ....

d. Les enfants doivent avoir de bons résultats à leurs contrôles.
→ Il est important ....

e. Tu dois pouvoir comprendre cette nouvelle en anglais.
→ Il est nécessaire ....

f. Il doit avoir son matériel avec lui.
→ Il faudra ....

g. Nous ne devons pas traduire ce texte.
→ Il est inutile ....

h. Vous ne devez pas écrire les questions sur vos cahiers.
→ Il ne faut pas ....

Les emplois du subjonctif

• **Avec un verbe de nécessité, de volonté ou de souhait**

Il faudrait que tu me *préviennes*. • *J'exige* que vous *obéissiez* aux ordres. • *Il voudrait* qu'on *parte*.

- L'indicatif présente les faits comme une réalité, le subjonctif exprime ce qui n'est pas réalisé.
- Le subjonctif s'emploie dans la proposition subordonnée introduite par « que/qu' » avec un verbe principal de nécessité, d'obligation, de volonté, de souhait : il faut, il est nécessaire/utile/important… ; vouloir, avoir envie, aimer, demander ; ordonner, autoriser, interdire, refuser ; désirer, souhaiter, préférer…
- ✋ Le subjonctif s'utilise dans une subordonnée quand il y a deux sujets différents dans la phrase. Si le sujet est le même, on emploie l'infinitif : *J'aime lire* (*J'aime que je lise*).
- « Espérer » s'emploie avec l'indicatif : **J'espère que tu viendras**.

311 Reliez le début et la fin des phrases.

a. Il est essentiel que mes employés
b. Il est nécessaire que je
c. Il faut que nous
d. Il convient qu'on
e. Il est urgent que vous
f. Il vaut mieux que tu
g. Nous avons besoin qu'elles
h. Il est temps qu'il

1. t'en aperçoives dès à présent.
2. repreniez vos études.
3. soient à l'aise dans votre établissement.
4. pleuve.
5. sachent parler le russe et le chinois.
6. puissions nous y rendre en train.
7. m'en aille.
8. nous permette de prendre nos congés en août.

312 Terminez les phrases en employant le subjonctif.

Exemple : Elle veut le faire. → Il est utile qu'elle veuille le faire.

a. Ça vaut la peine. → Il faut que ....
b. Nous savons le faire. → Il faudrait que ....
c. Tu peux le dire. → Il est essentiel que ....
d. Nous avons le temps. → Il est indispensable que ....
e. Je connais ce poème par cœur. → Il est important que ....
f. Les étudiants sont à l'heure. → Il importe que ....
g. Elle déçoit tout le monde. → Il ne faut pas qu' ....
h. Il se tait. → Il ne faudrait pas qu' ....

09 • Le subjonctif

313 Conjuguez le verbe entre parenthèses au subjonctif.

Exemple : Il vaut mieux que je lui dise (dire) la vérité.

a. J'ai besoin que vous .... (revoir) ce dossier de comptabilité.
b. Il est nécessaire que tu .... (prendre) conscience du danger.
c. Il ne faudrait pas que le chien .... (mourir) de soif, avec cette chaleur.
d. Il est indispensable que vous .... (produire) ces documents.
e. Il suffit qu'elle .... (aller) chez le dentiste pour ne plus avoir mal.
f. Il est inévitable que nous .... (agir) ensemble.
g. Il est temps qu'ils .... (avoir) plus de chance dans la vie.
h. Il faut que vous .... (payer) vos achats par carte de crédit.

314 Reliez le début et la fin des phrases.

a. Nous voulons que vous   1. les conduisions dans l'amphithéâtre.
b. Vous souhaitez que j'   2. choisisses ce directeur de thèse.
c. Elles ont envie que nous   3. échouent à leurs examens.
d. J'aimerais que tu   4. sortiez major de votre promotion.
e. Elle refuse qu'ils   5. poursuivent leurs études dans de bonnes conditions.
f. Nous exigeons que les étudiants   6. obtienne mon diplôme à la Sorbonne.
g. Je ne veux pas qu'elle   7. réussisse nos études rapidement.
h. Mes parents préfèrent qu'on   8. fasse du droit pour faire comme son père.

315 Conjuguez le verbe entre parenthèses au subjonctif.

Exemple : Je souhaite que tu ne préviennes (prévenir) personne de ma venue.

a. Nous préférons que vous .... (se rendre) aux urgences immédiatement.
b. Ma femme refuse que je .... (se servir) de sa voiture.
c. J'aime mieux que vous .... (apprendre) la vérité dès maintenant.
d. Désirez-vous que nous .... (aller) prendre un verre ?
e. Nous demandons que les enfants .... (pouvoir) jouer en toute sécurité.
f. La banque autorise exceptionnellement que nous .... (avoir) un découvert.
g. On souhaiterait que tu .... (répondre) à toutes nos questions.
h. Ils interdisent que vous .... (boire) de l'alcool dans l'enceinte de l'établissement.

316 Soulignez la forme qui convient.

Exemple : Il est souhaitable que vous payez / payiez tous vos achats à la caisse principale.

a. Il est préférable que tu voies / vois ce film sur un grand écran et non sur ton portable.
b. Pour notre santé, il est souhaitable que nous riions / rions dix à quinze minutes par jour.
c. Il vaut mieux qu'elle ne croie / croit plus en lui.
d. Il est préférable que j'entrevois / entrevoie rapidement une solution à ces problèmes.
e. Il est permis que nous conjuguons / conjuguions nos forces pour affronter ce danger.
f. Est-il autorisé que je remette / remets ma copie avant la fin de l'épreuve ?
g. Il vaudrait mieux que vous vous unissez / unissiez face aux difficultés qui vous attendent.
h. Il serait souhaitable que nous ne nous ennuyions / ennuyons plus en classe.

Les emplois du subjonctif

317 Terminez à partir de la première phrase en employant le subjonctif.

Exemple : Nous vivons ensemble. → Il a envie que nous vivions ensemble.

a. On réunit tous nos amis. → Elle désire ....
b. Ils sont prêts à remplacer leurs collègues. → Nous aimerions ....
c. Les voisins veulent les connaître. → Mes parents souhaiteraient ....
d. Ils font plaisir à leurs enfants. → Il est indispensable ....
e. Je n'en sais rien. → Vous préférez ....
f. Tu deviens diplomate. → Ton père a envie ....
g. Vous avez meilleur appétit. → Il est nécessaire ....
h. Cela vaut la peine d'y aller. → Il faut ....

• Avec un verbe de sentiment ou de jugement

Je suis contente que tu **puisses** venir à mon anniversaire. • **Il a peur** que je ne **sois** pas heureuse.

On emploie le subjonctif dans la proposition subordonnée quand le verbe principal exprime un **sentiment**, une **appréciation** ou un **jugement** :

- Être heureux, content, ravi, désolé, surpris, étonné, furieux, triste...
- Avoir peur, craindre, redouter, regretter, déplorer, détester, aimer, adorer, s'étonner...
- C'est dommage, cela m'ennuie, cela m'inquiète, cela m'énerve, je trouve incroyable, c'est bien...

---

318 Complétez par le verbe entre parenthèses.

Exemple : Nous trouvons important que les enfants aient (avoir) des paroles apaisantes pour leur grand-mère.

a. Tu trouves étrange que je .... (tenir) ce type de propos.
b. Cela me choque que vous .... (proférer) des paroles désobligeantes.
c. Je trouve tout à fait normal que tu .... (dire) toute la vérité.
d. Il est anormal que nous .... (colporter) tous ces ragots.
e. C'est bien qu'elles .... (exprimer) librement leur point de vue.
f. Il n'est pas bon que mes parents .... (trahir) un secret familial.
g. C'est normal que je .... (se taire) après cette longue discussion.
h. C'est dommage que vous ne .... (se confier) pas à moi.

319 Complétez par le verbe entre parenthèses.

Exemple : Elle se moque que vous ne la reconnaissiez (reconnaître) pas.

a. J'ai peur qu'il .... (falloir) reporter la date de notre rendez-vous.
b. Nous regrettons qu'il .... (pleuvoir) depuis ce matin.
c. Ils détestent que ses amis ne l'.................................. (inviter) plus.
d. Vous craignez qu'on .... (détruire) votre maison.
e. Tu redoutes qu'il .... (mourir) au volant de sa voiture.
f. Ils s'étonnent que vous .... (vouloir) les accompagner au théâtre.
g. On n'aime pas que vous .... (s'asseoir) si près de la scène.
h. Nous nous réjouissons que ton nouvel emploi te .... (plaire).

09 • Le subjonctif

320 Terminez les phrases en employant le subjonctif.

Exemple : Elle a un bébé bientôt. → Je suis ravi qu'elle ait un bébé bientôt.

a. Il faut partir. → Elle est triste ....
b. Vous ne pouvez pas rester. → C'est dommage ....
c. Tu dois rentrer seul à deux heures du matin. → Cela m'inquiète ....
d. On nous fait de telles remarques. → Cela m'énerve ....
e. Il est trop tard. → J'ai bien peur ....
f. Vous êtes parmi nous pour cette occasion. → Nous serions heureux ....
g. Ses enfants ne vont pas à l'université. → Il déplore ....
h. Cela vaut cher. → Tu es étonné ....

321 Transformez les phrases comme dans l'exemple.

Exemple : Vous êtes malade, cela me désole. → Cela me désole que vous soyez malade.

a. Tu n'as pas de patience, cela me déçoit. → ....
b. Vous n'allez pas lui rendre visite, cela m'ennuie. → ....
c. Il ne me rend jamais son travail à temps, cela m'agace. → ....
d. Il ne croit jamais ce que je dis, cela m'embête. → ....
e. Elle va à la bibliothèque régulièrement, cela me plaît. → ....
f. Nous pouvons nous marier en juillet, cela m'enchante. → ....
g. Vous ne savez ni chanter ni danser, cela m'attriste. → ....
h. Mes parents veulent vivre à l'étranger, cela me bouleverse. → ....

322 Faites des phrases avec les éléments donnés.

Exemple : Elle apprécie – la venue du maire à l'exposition : Elle apprécie que le maire vienne à l'exposition.

a. Je suis stupéfait – pas de réaction des partis politiques.
....

b. Cela me surprend – démission du ministre de la Justice.
....

c. Nous sommes surpris – parution de ces révélations dans la presse.
....

d. Il est inattendu – victoire des Écologistes aux élections.
....

e. Il est incroyable – refus de négocier du gouvernement.
....

f. Je déplore – non-paiement de l'impôt par les géants de l'Internet.
....

g. Ils se félicitent – baisse des taux d'intérêt.
....

h. Cela m'agace – mise en grève du personnel de la SNCF.
....

Les emplois du subjonctif

323 Remettez les mots dans l'ordre.

Exemple : le gouvernement / veuille / l'âge / m'énerve / à la retraite / augmenter / que / du départ / ça
→ Ça m'énerve que le gouvernement veuille augmenter l'âge du départ à la retraite.

a. impôts / que / soient / furieux / Arthur / est / élevés / si / ses
→ ....

b. manifestants / autant de / étonne / les / ça / nous / fassent / que / dégâts
→ ....

c. augmenter / le / autant / carburant / puisse / surprend / ça / que / me
→ ....

d. en colère / que / suis / je / l'État / la décision / prenne / des services publics / de fermer
→ ....

e. apprécions / les cotisations sociales / que / nous / faibles / plus / soient
→ ....

f. baisse / heureux / que / chômage / le / est / on
→ ....

g. que / entreprise / craint / des / difficultés / son / financières / il / connaisse
→ ....

h. activité / redoutons / l' / économique / nous / ralentisse / que
→ ....

• Avec un verbe d'incertitude

Je *ne suis pas sûre* que nous **puissions** avoir des places pour ce spectacle. • Il *est possible* qu'il y **ait** des annulations. • Je *ne crois pas* qu'il **faille** faire la queue.

- Le subjonctif s'utilise après les verbes qui expriment un doute, une possibilité, l'impossibilité ou une improbabilité.
- Il s'oppose à l'indicatif, qui exprime la certitude.

✋ « Croire », « penser » à la forme affirmative s'emploient avec l'indicatif : **Je crois** qu'il **faut** payer

→ Voir aussi chapitre 17, p. 232

---

324 Souligner les verbes ou locutions verbales suivis d'un subjonctif.

savoir que – avoir la conviction que – <u>il est possible que</u> – douter que – il est impossible que – supposer que – imaginer que – il y a peu de chance que – il se peut que – il est peu probable que – il est probable que – être convaincu que – ne pas être sûr que – il est improbable que – ne pas croire que – penser que – croire que – ne pas penser que – il est rare que – il arrive que – il ne fait aucun doute que.

325 Les phrases suivantes expriment-elles le doute (D), la possibilité (P) ou l'improbabilité (I) ?

Exemple : Je ne crois pas que cette pièce de théâtre ait beaucoup de succès. (D)

a. Il n'est pas impossible que j'aille voir ce film en avant-première.
b. Il n'y a pas beaucoup de chances que je me rende dans un parc d'attractions.
c. Il est peu probable que ce film finisse bien.
d. Elle n'est pas certaine que le musée soit dans le quartier.

09 • Le subjonctif

e. Il est improbable que vous chantiez dans un karaoké.

f. Tu n'es pas du tout sûr que nous puissions aller prendre un pot ce soir.

g. Il est rare que tu fasses un tour en boîte de nuit le samedi soir.

h. Je ne suis pas convaincu que vous vouliez assister à ce spectacle.

326 Terminez les phrases en employant le subjonctif.

Exemple : Il faut porter une tenue élégante pour cette soirée ?
→ Je ne pense pas qu'il faille porter une tenue élégante pour cette soirée.

a. Ça vaut cher une place à l'Opéra pour les étudiants ?
→ Je ne crois pas ....

b. Vous savez ce que raconte ce film ?
→ Je doute ....

c. Nous aurons un entracte pendant le concert ?
→ Je ne pense pas ....

d. Ce théâtre fait relâche le lundi ?
→ Je ne suis pas certain ....

e. Tu voudras prendre un verre au foyer pendant l'entracte ?
→ Je ne suis pas sûre ....

f. Cet acteur a plus de cinquante ans, tu crois ?
→ Je ne suis pas persuadée ....

g. Elle ira à l'exposition de peinture ?
→ Je doute ....

h. Ils apprécieront un ballet de danse classique ?
→ Je ne pense pas ....

327 Soulignez la forme qui convient.

Exemple : Il est possible que tu *prennes* / *prends* ce train.

a. C'est impossible que tu *peux* / *puisses* être absent à mon mariage.

b. Il se peut qu'elle *croie* / *croit* à cette histoire.

c. Je crois que nous *partions* / *partons* pour le week-end.

d. Elles sont persuadées que vous *êtes* / *soyez* australien.

e. Il imagine que tu *sais* / *saches* le fin mot de l'histoire.

f. Il arrive que nous *échangeons* / *échangions* des informations sur internet.

g. Il est peu probable qu'il *aille* / *va* à sa soirée.

h. Il me semble que j'*ai* / *aie* raison.

328 Conjuguez le verbe entre parenthèses au présent du subjonctif ou de l'indicatif.

Exemples : Je suppose que vous fêtez (*fêter*) Pâques en famille.   Je doute qu'il vienne (*venir*) pour Noël.

a. Mes parents ne croient pas qu'il .... (*falloir*) inviter nos voisins.

b. Il se pourrait que nous .... (*aller*) chez nos amis pour le réveillon.

c. Il est improbable que vous .... (*vouloir*) passer le jour de l'An à la montagne.

Les emplois du subjonctif

d. Nous croyons que cela .... (*valoir*) la peine de voir le feu d'artifice du 14 Juillet.
e. Il n'est pas impossible que la pendaison de crémaillère .... (*avoir*) lieu le 3 juin.
f. Ses enfants pensent qu'elle .... (*se réjouir*) d'assister au mariage.
g. Il ne pense pas que vous .... (*pouvoir*) organiser un dîner pour une dizaine d'invités.
h. Vous n'êtes pas du tout certain que les mariés .... (*vouloir*) partir en voyage de noces.

• **Avec les verbes d'opinion à la tournure négative ou interrogative**

Croyez-vous que l'État **soit** responsable ? • *Je n'ai pas* l'impression qu'il **prenne** son travail à cœur.

• Les verbes d'opinion à la forme interrogative inversée et à la forme négative s'utilisent avec le subjonctif.
✋ À la forme affirmative, ils sont suivis de l'indicatif : **Je crois que l'État est responsable.**

---

329 Reliez le début et la fin des phrases.

a. Je trouve qu'Instagram
b. Je crois que tu
c. Croyez-vous que Facebook
d. Il me semble que le courrier postal
e. Elle ne pense pas que les actualités à la une
f. Pensez-vous que cette appli
g. Trouves-tu que nous
h. Vous ne croyez pas que les téléphones pliables

1. puissent susciter l'intérêt des internautes.
2. soient opérationnels dans cinq ans ?
3. soit récente ?
4. passions trop de temps sur notre smartphone ?
5. est un bon réseau social car j'aime la photo.
6. puisse être à l'origine de cette rumeur ?
7. es trop souvent sur les réseaux sociaux.
8. disparaîtra totalement prochainement.

330 Mettez à la forme négative.

Exemple : Je crois qu'il conduit la moto de Noé. → Je ne crois pas qu'il conduise la moto de Noé.

a. Je pense que la circulation sur cette route est dangereuse.
→ ....

b. Elle a l'impression que vous voyagez très souvent en avion.
→ ....

c. Nous trouvons que le transport ferroviaire des marchandises peut se développer.
→ ....

d. J'affirme que les autoroutes sont en très bon état.
→ ....

e. J'imagine que tu prends les transports en commun.
→ ....

f. J'ai le sentiment que la SNCF fait des promotions sur plusieurs destinations.
→ ....

g. Vous croyez qu'il s'agit d'un retard de train.
→ ....

h. Nous pensons que le réseau routier doit être entretenu par les services publics.
→ ....

09 • Le subjonctif

331 Posez les questions correspondantes. Employez « vous » ou « tu ».

Exemple : Je pense qu'il est de taille pour ce poste. ← Pensez-vous qu'il soit de taille pour ce poste ?

a. J'estime que nous atteignons nos objectifs de croissance.
   ← ....

b. J'ai l'impression que le chef du personnel peut vous recevoir bientôt.
   ← ....

c. Je suis d'avis qu'il faut embaucher des collaborateurs.
   ← ....

d. Je crois que ce nouveau logiciel vaut trop cher.
   ← ....

e. Je considère que son attitude va à l'encontre des principes de l'entreprise.
   ← ....

f. Je trouve que cet employé fait un travail remarquable.
   ← ....

g. Je pense que notre directeur se rend compte de nos efforts.
   ← ....

h. J'imagine que cela suffit pour augmenter notre chiffre d'affaires.
   ← ....

332 Soulignez ce qui convient.

Exemple : *Estimes-tu* / *Tu crois* / *Tu es d'avis* qu'il puisse repeindre la maison ?

a. *Tu trouves* / *Tu penses* / *Tu ne crois pas* que je sache bricoler.
b. *Nous considérons* / *Nous avons l'impression* / *Nous n'avons pas l'impression* qu'ils aillent bien.
c. *Vous pensez* / *Vous êtes sûr* / *Pensez-vous* que les ouvriers s'en aillent à 18 heures ?
d. *Ils sont convaincus* / *Ils ne pensent pas* / *Ils affirment* que vous fassiez payer cette petite réparation.
e. *Considérez-vous* / *Vous estimez* / *Vous trouvez* que l'isolation de la maison soit nécessaire ?
f. *Je ne trouve pas* / *Je suppose* / *J'imagine* que la rénovation ralentisse l'activité du bureau.
g. *Il me semble* / *Est-il certain* / *Il a la conviction* que la décoration satisfasse les clients ?
h. *Elle n'est pas convaincue* / *Elle croit* / *Elle est persuadée* que son projet plaise à son client ?

333 Mettez les verbes entre parenthèses au présent du subjonctif, au futur ou au présent de l'indicatif.

Exemple : J'espère que de nouvelles activités stimuleront (*stimuler*) mon esprit et mon corps.

a. Pensez-vous que l'on .... (*avoir*) une vie épanouie en vivant l'instant présent ?
b. Vous ne pensez pas qu'il .... (*falloir*) s'adapter à tout pour être heureux.
c. Il me semble que vous .... (*ne pas comprendre*) ce qu'on vous demande.
d. Il est vrai que tes multiples efforts .... (*finir*) par payer.
e. Je parie que, bientôt, vous .... (*déterminer*) des étapes pour parvenir aux changements.
f. Nous ne croyons pas que tu .... (*pouvoir*) te fixer des objectifs réalistes.
g. Estimez-vous que l'on .... (*devoir*) respecter ses valeurs pour avoir une vie meilleure ?
h. Il est probable que je .... (*vivre*) mieux en étant plus insouciant.

Les emplois du subjonctif

> **• L'expression de l'ordre, du souhait ou de l'étonnement**
>
> Qu'il parte ! • Qu'on ne touche à rien ! • Qu'il pleuve ! • Que je leur écrive ! Mais tu n'y penses pas !
>
> • Le subjonctif employé seul dans une proposition indépendante exprime un ordre indirect à la 3ᵉ personne, une défense, un souhait, une indignation ou un étonnement.

334 Les phrases suivantes expriment-elles un ordre (O) une défense (D), un souhait (S), une indignation (I) ou un étonnement (E) ?

Exemple : Qu'on me dise la vérité. (O)

a. Moi, que je fasse une chose pareille ! Impossible…
b. Ainsi soit-il !
c. Qu'elle finisse ses exercices, si elle veut sortir !
d. Qu'il ne boive pas ces sodas !
e. Lui, qu'il aille dans une salle de sport ! Jamais !
f. Qu'elles puissent avoir des places pour le concert !
g. Qu'on m'apporte un café !
h. Que les jeunes mariés soient heureux !

335 Mettez le verbe entre parenthèses au subjonctif.

Exemple : Qu'elle sorte (sortir) !

a. Qu'ils .... (faire) leur travail !
b. Que le gouvernement .... (prendre) ses responsabilités !
c. Qu'il en .... (être) ainsi !
d. Qu'elles .... (se tenir) prêtes !
e. Qu'on ne nous .... (déranger) sous aucun prétexte !
f. Que ton vœu .... (se réaliser) !
g. Que les passagers .... (être) tous à leur place !
h. Que le chômage .... (disparaître) !

336 Répondez comme dans l'exemple.

Exemple : Tom préfère vendre son appartement. → Qu'il le vende !

a. Elle aimerait acheter cette bague en or. → ....
b. Ma fille voudrait goûter votre gâteau. → ....
c. Les parents d'élèves souhaiteraient venir à l'école. → ....
d. Nathan demande à faire cette interview. → ....
e. Juliette a très envie de conduire ta moto. → ....
f. Les voisins aimeraient aller en Amazonie. → ....
g. Il voudrait partir du bureau plus tôt. → ....
h. Sandra et Léa ont envie de prendre leurs vacances en juillet. → ....

09 • Le subjonctif

> **• Après certaines conjonctions**
>
> **Je te verrai avant que tu partes. • Soyez à l'heure pour que nous étudiions le dossier.**
>
> • Le subjonctif s'utilise après certaines conjonctions qui expriment le temps, l'opposition, le but, ou la condition... : avant que, en attendant que, jusqu'à ce que, bien que, pour que, afin que, sans que...
>
> ✋ « Après que » est suivi de l'indicatif : « J'ai fait le ménage après qu'ils sont partis. »
> → Voir aussi les chapitres 14 et 16, p. 199 et 221.

337 Soulignez les conjonctions qui ne sont pas suivies du subjonctif.

<u>Pendant que</u> – alors que – chaque fois que – lorsque – afin que – aussitôt que – bien que – dès que – avant que – jusqu'à ce que – pour que – puisque – en attendant que – après que – depuis que – parce que – en même temps que.

338 Associez le début et la fin des phrases.

a. Nous ferons des efforts
b. Il a insisté
c. On va se marier
d. Je te téléphonerai
e. Vous passerez à la maison
f. Nous irons à la plage
g. Je te prête ma voiture
h. Je resterai chez toi

1. à condition que tu sois prudent sur la route.
2. en attendant que tu reviennes.
3. aussitôt que mon portable remarchera.
4. parce qu'on s'aime.
5. bien que la météo prévoie un temps nuageux.
6. dès que vous pourrez.
7. afin que vous vous sentiez plus à l'aise.
8. jusqu'à ce qu'on lui réponde.

339 Terminez les phrases librement.

Exemple : On pourrait dîner au restaurant afin que tu ne fasses pas la cuisine.

a. Fais la vaisselle pendant que je ....
b. Dépêchons-nous avant qu'il ....
c. Dis-le puisque tu ....
d. J'ai tout fait pour qu'elle ....
e. Je ne leur parle pas de mes soucis afin qu'ils ....
f. Tu peux sortir le soir sans que tes parents ....
g. Ton père t'appellera jusqu'à ce que tu ....
h. Elle ne reviendra pas avant qu'il ....

340 Conjuguez le verbe entre parenthèses au subjonctif ou à l'indicatif.

Exemple : Je vous prête mon téléphone pour que vous puissiez (*pouvoir*) le prévenir.

a. Elle m'a rendu visite lorsque je .... (*être*) à l'hôpital.
b. Puisque vous ne .... (*vouloir*) pas venir, je viendrai.
c. Je regarderai mes messages en attendant que tu .... (*sortir*) du bureau.
d. Après qu'elle .... (*se réveiller*), elle a pris un petit-déjeuner.
e. Je vous ai appelé afin que vous le .... (*savoir*).
f. Pourvu qu'il .... (*faire*) beau pour leur mariage !

Les emplois du subjonctif

g. Nous partirons en vacances bien que les enfants .... (*ne pas vouloir*) venir avec nous.
h. Bien qu'elle .... (*suivre*) un régime, elle a perdu très peu de poids.

> **• Le subjonctif et l'infinitif**
>
> **J'aimerais qu'on aille au cinéma. *Toi, tu voudrais aller* au restaurant. • *Moi, je suis heureuse d'être* avec vous. • *Range ta chambre avant de partir.***
>
> - Le subjonctif s'utilise après certains verbes ou locutions si le sujet du verbe de la proposition principale est différent du sujet de la subordonnée.
> - Si le sujet est identique, on utilise l'infinitif. L'infinitif peut être précédé de « de/d' » après des adjectifs, après certaines formes verbales ou conjonctions.

341 Complétez par l'infinitif ou « que » suivi du subjonctif.

Exemples : Elle est malade. → Je suis désolée qu'elle soit encore malade.
Elle est malade. → Elle est désolée d'être malade.

a. Nous avons beaucoup de chance. → Nous sommes heureux ....
b. On ne viendra pas à la soirée. → Tu es déçu ....
c. Il ne dit jamais bonjour. → Je suis choqué ....
d. Je pars vivre à 15 000 km. → Toute ma famille est en colère ....
e. On doit travailler un jour férié. → On est surpris ....
f. Nos voisins invitent nos enfants. → Nos voisins sont ravis ....
g. Il reçoit le troisième prix. → Il est vexé ....
h. Leur professeur met de bonnes notes. → Les étudiantes sont satisfaites ....

342 Complétez par « de » ou ø.

Exemple : Vous désirez ø prendre le petit-déjeuner dans votre chambre.

a. Nous souhaitons .... réserver une chambre avec vue sur la mer.
b. Nous avons peur .... arriver tard dans la nuit.
c. Elle aurait envie .... garder la suite pendant trois jours.
d. Vous aimeriez .... boire une coupe de champagne, monsieur ?
e. Je regrette .... vous servir des croissants ; il n'y a plus de brioches, madame.
f. Il craint .... perdre son emploi de réceptionniste à l'hôtel.
g. Vous préférez .... dîner sur la terrasse ou dans la salle ?
h. Il refuse .... payer la note d'hôtel pour son fils.

343 Complétez par « que », « de » ou ø.

Exemple : Cela me gêne de vous demander une réduction.

a. J'ai besoin .... fixer un rendez-vous pour affaires.
b. Il redoute .... tu lui dises la vérité sur son personnel.
c. Nous attendons .... vous nous établissiez une facture.
d. Ils voudraient .... vous envoyer leur C.V. pour le poste de comptable.

09 • Le subjonctif

e. Vous n'êtes pas content .... la secrétaire soit absente.
f. Le directeur n'est pas certain .... pouvoir se rendre à la réunion.
g. J'espère .... vous revoir bientôt dans nos services.
h. Croyez-vous .... savoir gérer ce type de dossier ?

344 Complétez par l'infinitif ou « que » suivi du subjonctif.

Exemple : Je souhaite que vous traduisiez (vous, traduire) ce document.

a. Il voudrait .... (je, faire) activement les travaux chez lui.
b. On souhaiterait .... (on, convenir) d'un rendez-vous.
c. Vous aimeriez .... (nous, faire) face aux problèmes.
d. Tu préfères .... (tu, reprendre) tes études cette année.
e. Elle est désolée .... (elle, envoyer) les cartons d'invitation en retard.
f. Je suis très contente .... (vous, pouvoir) vous mettre d'accord.
g. Nous craignons .... (nous, finir) tard ce soir.
h. Il aurait envie .... (je, aller chercher) son fils à la gare.

345 Reliez le début et la fin des phrases.

a. Avant de prendre ton billet,   1. je parte en vacances.
b. Afin d'arriver à l'heure,   2. faire un tour d'Europe.
c. Pour ne pas perdre son emploi,   3. il travaille plus que la normale.
d. Je n'ai pas suffisamment d'argent pour 4. vérifie la validité de ton passeport.
e. Afin qu'il reçoive mon message à temps, 5. mon fils puisse faire des études.
f. Bien que ma mère ait 87 ans,   6. je préfère l'appeler.
g. Je fais des heures supplémentaires pour que 7. elle continue de se baigner tous les jours, en été.
h. Il désire me revoir avant que   8. il a pris un taxi.

Bilan 9

1. Complétez ce dialogue. Mettez les verbes à la forme correcte de l'indicatif présent, du subjonctif présent, du futur ou de l'infinitif.

« C'est bien samedi qu'on .... (a. *aller*) voir Don Juan au théâtre ?
– Oui, je crois bien que la pièce .... (b. *commencer*) à 20 heures. Il faut que tu .... (c. *être*) au théâtre de l'Odéon au plus tard à 19 heures 45 pour .... (d. *retirer*) les billets.
– Écoute, je ne suis pas sûr d'y .... (e. *être*) à l'heure. Je préférerais que tu .... (f. *prendre*) toi-même les places.
– Mais pourquoi ? Tu penses .... (g. *arriver*) en retard alors que tu m'as assuré que tu .... (h. *avoir*) envie de voir cette pièce. Je croyais que tu souhaitais qu'on .... (i. *sortir*) plus souvent.
– Je sais, mais je crains que mon rendez-vous .... (j. *prendre*) fin un peu plus tard que prévu.
– Je ne comprends pas que tu .... (k. *avoir*) des rendez-vous le samedi...
– Tu sais bien que mon directeur .... (l. *être*) en congés et il m'a demandé de .... (m. *recevoir*) ce client japonais. Il est absolument indispensable que j'........................ (n. *aller*) l'accueillir à l'aéroport. Et tu sais aussi que je préférerais .... (o. *passer*) l'après-midi avec toi. Allez, il faut que tu me .... (p. *comprendre*) !
– Il faut vraiment que je .... (q. *tenir*) à toi pour .... (r. *accepter*) tout ça ! C'est d'accord, mais après la pièce promets-moi qu'on .... (s. *aller*) prendre un verre.
– Je te le promets, bien que je .... (t. *être*) très fatigué. »

2. Complétez les remarques entendues lors d'une exposition. Mettez les verbes entre parenthèses à la forme qui convient.

a. Je trouve que ces photos .... (*rendre*) bien l'atmosphère de ce Paris d'après-guerre.
b. Je me suis toujours demandé pourquoi Doisneau .... (*s'intéresser*) autant aux enfants des rues !
c. Je ne comprends pas pourquoi il .... (*se mettre*) à la photo couleur quelques années avant sa mort.
d. Tu regrettes de .... (*ne pas connaître*) de photographes professionnels ?
e. Je n'arrive pas à croire qu'il n'y .... (*avoir*) jamais de mise en scène dans ses photos.
f. J'ai entendu dire qu'il .... (*attendre*) parfois des heures que le sujet de sa photo .... (*apparaître*).
g. Je ne trouve pas que ces photos .... (*être*) aussi extraordinaires qu'on le dit !
h. Tu ne voudrais pas qu'avec mes parents nous t'........................ (*offrir*) un appareil photo pour Noël ?
i. Il se pourrait bien que je .... (*faire*) des photos dimanche prochain !
j. Il faut que tu .... (*savoir*) qu'il a fait beaucoup de reportages sociaux.
k. Regarde cette photo, Place de l'Hôtel de Ville ; j'ai l'impression de .... (*voir*) ma mère.
l. Avec tout ton matériel, je suis sûre que tu .... (*obtenir*) des résultats aussi bons, pas toi ?
m. Je ne suis pas certaine qu'il y .... (*avoir*) d'aussi bons photographes aujourd'hui.
n. Avant que tu .... (*devenir*) aussi connue que lui, je serai content de .... (*t'accompagner*) dimanche pour que tu m'........................ (*apprendre*) à faire de la photo.

10 • Le passif

La construction du passif

> **• La construction du passif au présent**
>
> **Le garçon promène les chiens. → Les chiens sont promenés par le garçon. • Le travail est fait.**
>
> - Au passif, le complément devient le sujet. Le complément d'agent (la personne qui fait l'action, sujet de la phrase à l'actif) est précédé de « par ». Parfois l'agent n'est pas donné.
> - Le passif se construit avec le verbe « être » et le participe passé, qui s'accorde avec le sujet. Au présent, le verbe « être » est au présent.

346 Soulignez les phrases passives.

Exemples : Les exercices sont finis par les élèves.   Les enfants sont sortis.

a. Le cours est terminé.
b. La salle de classe s'est vidée.
c. Les livres sont rangés par les élèves.
d. Les fenêtres sont ouvertes par le professeur.
e. Le professeur est allé dans la salle des profs.
f. Les élèves sont installés à la bibliothèque.
g. La sonnerie a retenti.
h. La porte du collège est fermée par le gardien.

347 Reformulez à l'actif.

Exemple : La citrouille est transformée par la fée. → La fée transforme la citrouille.

a. Blanche-Neige est chassée par la reine. → ....
b. Les six frères sont guidés par le Petit Poucet. → ....
c. Le Chaperon Rouge est mangé par le loup. → ....
d. Boucle d'Or est effrayée par les trois ours. → ....
e. Le géant est tué par le Petit Tailleur. → ....
f. La Belle est épousée par la Bête. → ....
g. Le marquis est avalé par le Chat Botté. → ....
h. La princesse est réveillée par le prince charmant. → ....

348 Reformulez au passif.

Exemple : Le banquier accorde un prêt. → Un prêt est accordé par le banquier.

a. Le boulanger prépare le pain. → ....
b. Le crémier vend les fromages. → ....
c. Le pêcheur attrape les poissons. → ....
d. Le pâtissier fait les gâteaux. → ....
e. L'agriculteur cultive les champs. → ....
f. Le comptable vérifie les recettes. → ....
g. Le médecin soigne le malade. → ....
h. Le serrurier répare la porte. → ....

La construction du passif

349 Reformulez au passif.

Exemple : Le cambrioleur emporte tous les bijoux. → Tous les bijoux sont emportés par le cambrioleur.

a. Un agent retrouve la voiture volée la semaine dernière.

→ ....

b. Paul Pogba marque le but final.

→ ....

c. Le gardien signale des rôdeurs dans la résidence.

→ ....

d. La jeune actrice Rosa joue le rôle de l'héroïne du film.

→ ....

e. La grand-mère sauve son petit-fils des flammes.

→ ....

f. Un archéologue découvre une cité enfouie dans le sable.

→ ....

g. Un SDF gagne le gros lot de la tombola.

→ ....

h. L'équipe de Toulouse remporte le trophée.

→ ....

350 Réécrivez ces titres de journaux au passif.

Exemple : Les journaux sportifs reconnaissent la performance des basketteurs de Limoges.
→ La performance des basketteurs de Limoges est reconnue par les journaux sportifs.

a. La presse considère Antoine Griezmann comme le footballeur le mieux payé.

→ ....

b. Rafael Nadal gagne la finale à Roland-Garros.

→ ....

c. Teddy Riner remporte le titre de champion du monde des poids lourds en judo.

→ ....

d. Le bateau d'Armel Le Cléac'h gagne la course du Vendée Globe.

→ ....

e. Thomas Coville achève le tour du monde en solitaire à la voile.

→ ....

f. L'équipe de Castres Olympique gagne le championnat de France de rugby.

→ ....

g. Martin Fourcade reçoit la coupe du monde de biathlon ski.

→ ....

h. La France reconnaît Kylian Mbappé comme champion de l'année.

→ ....

10 • Le passif

Les constructions particulières

> **• L'absence de complément d'agent**
>
> L'assemblée est prévue à 14 heures. → **On** prévoit l'assemblée à 14 heures.
> • Quand l'agent n'est pas exprimé au passif, on utilise « **on** » comme sujet à l'actif.

351 Reformulez à l'actif avec « on ».

Exemple : Noël est attendu avec impatience. → **On** attend Noël avec impatience.

a. La lettre au Père Noël est envoyée. → ....
b. Le sapin est installé au milieu du salon. → ....
c. Les chaussures sont rangées devant la cheminée. → ....
d. La dinde aux marrons est préparée. → ....
e. La bûche de Noël est décorée. → ....
f. Les invités sont attendus. → ....
g. Les bougies sont allumées. → ....
h. Le champagne est servi. → ....

352 Reformulez au passif.

Exemple : On prend mieux en charge les personnes âgées. → Les personnes âgées sont mieux prises en charge.

a. On réorganise la Sécurité sociale.
  → ....
b. Des puéricultrices surveillent les jeunes enfants.
  → ....
c. Une commission spéciale réévalue le budget des universités.
  → ....
d. L'assurance maladie rembourse les frais médicaux.
  → ....
e. On modifie l'âge de départ à la retraite.
  → ....
f. On soigne gratuitement les personnes sans ressources.
  → ....
g. Les jeunes de banlieue préoccupent les associations.
  → ....
h. Les responsabilités professionnelles retiennent les femmes actives.
  → ....

353 Reformulez au passif ou à l'actif.

Exemples : On prévoit l'organisation d'une fête. → L'organisation d'une fête est prévue.
          Une date est arrêtée. → On arrête une date.

a. Une salle est réservée. → ....
b. On invite les participants. → ....

Le passif aux différents temps

c. Le traiteur est choisi. → ....

d. On sélectionne les plats. → ....

e. L'espace est décoré. → ....

f. On recherche des hôtesses. → ....

g. On choisit un D.J. → ....

h. On accueille les invités. → ....

> • **« De » au lieu de « par »**
>
> Cette pièce est très appréciée **du** grand public. • Le sapin était décoré **de** jolies guirlandes. • Le ciel est couvert **de** nuages.
>
> • Certains verbes sont construits avec « de » au lieu de « par » au passif : *accompagner, admirer, adorer, aimer, connaître, couvrir, décorer, détester, entourer, équiper, estimer, fatiguer, lasser, précéder, respecter, suivre…*
>
> ✋ Avec « de », il n'y a pas toujours d'article.

354 Reliez les éléments qui vont ensemble.

a. Sa broche est entourée
b. Le film sera suivi
c. L'article sera illustré
d. Mon amie sera vêtue
e. La montagne était entièrement recouverte
f. Le mont Saint-Michel est entouré à nouveau
g. Le chanteur a été très applaudi
h. Ce recueil est composé

1. d'un débat avec le réalisateur.
2. de nombreuses photos.
3. par le public.
4. d'une belle robe bleue.
5. d'une vingtaine de poèmes.
6. de petites pierres.
7. par la mer.
8. de neige.

355 Complétez par « de », « d' », « des » ou « par ».

Exemple : Les rues étaient bordées **d'**arbres et elles étaient très appréciées en été.

a. Cet acteur français est très estimé .... Américains.

b. Les grands artistes sont rarement reconnus ...... leurs contemporains.

c. Cet immeuble a été construit .... un architecte très connu.

d. Notre maison de campagne est entourée .... des champs de blé.

e. Pour Noël, les rues sont ornées .... guirlandes lumineuses.

f. Nous sommes lassés .... toute cette violence.

g. Elle est fatiguée .... la grippe.

h. Les visiteurs seront guidés .... une conférencière.

10 • Le passif

Le passif aux différents temps

> **• Le futur simple et le futur proche**
>
> **Les résultats seront publiés dans le hall. • Les paniers repas vont être distribués dans quelques minutes.**
>
> • Futur simple passif : « être » au futur + participe passé du verbe.
>
> • Futur proche passif : « aller » au présent + « être » + participe passé du verbe.

356 Reformulez au passif.

Exemple : On créera bientôt une nouvelle ligne de métro. → Une nouvelle ligne de métro sera bientôt créée.

a. Dans les prochaines semaines, le Président présentera sa réforme.
 → ....

b. Demain, on attendra la neige.
 → ....

c. Dans quelques jours, la mairie ouvrira une nouvelle crèche.
 → ....

d. Cette nuit, on interrompra le trafic sur la ligne de métro 12.
 → ....

e. À partir de mars, on fermera les jardins publics à 20 heures.
 → ....

f. En juillet, on attendra beaucoup de circulation sur les routes.
 → ....

g. Mardi, le directeur organisera une réunion exceptionnelle.
 → ....

h. La semaine prochaine, on inaugurera le nouveau conservatoire.
 → ....

357 Complétez par le verbe entre parenthèses au futur proche passif.

Exemple : Les spectateurs vont être invités (inviter) à rentrer dans la salle.

a. Le spectacle .... (présenter) par le metteur en scène.
b. Les lumières .... (éteindre) dans la salle.
c. La scène .... (éclairer) par les éclairagistes.
d. Les décors .... (mettre en place) par les machinistes.
e. La scène .... (occuper) par les comédiens.
f. La pièce .... (accompagner) par une musique de fond.
g. La fin de l'entracte .... (signaler) par une sonnerie.
h. Les acteurs .... (applaudir) par le public.

Le passif aux différents temps

358 Reformulez à l'actif ou au passif.

Exemples : Les dossiers d'inscription seront mis en ligne à partir du 15 janvier.
→ On mettra en ligne les dossiers d'inscription à partir du 15 janvier.

On remplira les demandes d'inscription en ligne.
→ Les demandes d'inscription seront remplies en ligne.

a. Le secrétariat sera ouvert au public de 10 heures à 17 heures.
→ ....

b. Toutes les pièces demandées devront être fournies par les candidats.
→ ....

c. L'administration refusera tout dossier incomplet.
→ ....

d. Les demandes d'inscription seront étudiées par une commission spéciale.
→ ....

e. On informera les étudiants des décisions par courrier.
→ ....

f. Certains étudiants seront orientés vers d'autres établissements.
→ ....

g. On organisera une réunion de prérentrée dans chaque faculté.
→ ....

h. Les inscriptions pédagogiques seront enregistrées jusqu'à la première semaine de cours.
→ ....

> **• L'imparfait**
>
> Sa blessure **était jugée** sérieuse.
>
> • Imparfait passif : « être » à l'*imparfait* + participe passé du verbe.

359 Soulignez les verbes à l'imparfait passif.

Exemples : Au Moyen Âge, les paysans <u>étaient protégés</u> par le seigneur. Ils étaient souvent très démunis.
a. La société féodale était très hiérarchisée.
b. Elle était dirigée par le roi.
c. Les villages étaient regroupés autour du château fort.
d. Au XIIIe siècle, la France était ravagée par des épidémies.
e. La population des villes était très investie dans le commerce.
f. De grandes foires étaient organisées.
g. Les révoltes des paysans étaient devenues nombreuses.
h. Le Moyen Âge était achevé à la fin du XIVe siècle.

360 Reformulez à l'imparfait passif.

Exemple : Chaque année, on réunissait les copropriétaires. → Chaque année, les copropriétaires étaient réunis.
a. On évoquait les principaux problèmes. → ....
b. On abordait la question de la propreté de l'immeuble. → ....
c. On définissait une priorité pour les travaux. → ....

10 • Le passif

d. On prenait un rendez-vous avec l'architecte. → ....

e. On établissait un calendrier des paiements. → ....

f. On fixait une date pour la prochaine réunion. → ....

g. On votait un projet d'amélioration. → ....

h. On informait les absents par courrier. → ....

• Le passé composé et le plus-que-parfait

Lucile **a été soignée** aux urgences. Elle **avait été mordue** par un chien.
- Passé composé : « être » au passé composé + participe passé du verbe.
- Plus-que-parfait : « être » au plus-que-parfait + participe passé du verbe.

---

361 Réécrivez ces titres de journaux au passé composé passif.

Exemple : Ouverture en septembre dernier d'une nouvelle école maternelle.
→ Une nouvelle école maternelle a été ouverte en septembre dernier.

a. Vote de la loi sur l'immigration hier soir.
→ ....

b. Signature d'un accord commercial entre la France et la Chine.
→ ....

c. Agrandissement de l'aéroport Charles-de-Gaulle le mois dernier.
→ ....

d. Hausse du prix du carburant en janvier dernier.
→ ....

e. Prévision d'un temps printanier sur toute la France.
→ ....

f. Réduction de la taxe d'habitation l'année dernière.
→ ....

g. Ramassage interdit des coquillages dans le Finistère en avril dernier.
→ ....

h. Inauguration du nouveau musée d'art contemporain aux Halles.
→ ....

362 Complétez par le verbe entre parenthèses au passé composé passif.

Exemple : En 2016, la France a été touchée (toucher) par plusieurs grosses tempêtes.

a. De nombreuses habitations .... (endommager) par les inondations.
b. Quelques individus .... (retrouver) noyés.
c. Des centaines d'arbres .... (arracher).
d. Des milliers d'habitants .... (priver) d'eau, d'électricité et de téléphone.
e. Les victimes .... (secourir) par un grand mouvement solidaire.
f. Des produits de première nécessité .... (mettre à disposition) très vite.
g. Des aides .... (distribuer) par les municipalités voisines.
h. Les entreprises en difficulté .... (soutenir) financièrement par l'État.

Le passif aux différents temps

363 Réécrivez ces faits divers au passif.

Exemple : Une jeune SDF a trouvé dans la rue le billet gagnant du loto.
→ Le billet gagnant du loto a été trouvé dans la rue par une jeune SDF.

a. À Chamonix, un couple de skieurs a découvert une enveloppe contenant 1 500 €.
→ ....

b. Les États-Unis ont ouvert un centre pour lutter contre la fraude sur Internet.
→ ....

c. Des policiers uruguayens ont arrêté un enfant âgé de 6 ans soupçonné de meurtre.
→ ....

d. Des chercheurs ont confirmé la mort de Napoléon Ier par l'arsenic.
→ ....

e. La mairie de Strasbourg a mis en place un numéro vert pour lutter contre la pollution.
→ ....

f. Un chirurgien a retrouvé une petite cuillère dans l'estomac d'une patiente.
→ ....

g. Une équipe scientifique a identifié des pigments de couleur vieux de 400 000 ans.
→ ....

h. Les pompiers ont récupéré un bébé, tombé du sixième étage, sain et sauf.
→ ....

364 Faites des phrases avec le passé composé ou l'imparfait passif à partir des éléments donnés.

Exemples : Fermeture des grandes surfaces le dimanche. (*avant 2018, fermer*)
→ Avant 2018, les grandes surfaces étaient fermées le dimanche.
Pas de réduction du prix du carburant. (*en 2019, réduire*)
→ En 2019, le prix du carburant n'a pas été réduit.

a. Pas de vente de cigarettes dans les supermarchés. (*en 2018, vendre*)
→ ....

b. Imposition des revenus pour les autoentrepreneurs. (*jusqu'en 2019, imposer*)
→ ....

c. Pas de réduction du nombre de jours de congé. (*en 2019, réduire*)
→ ....

d. Pas de remise en question des avantages sociaux. (*avant 2019, remettre en question*)
→ ....

e. Vérification des papiers d'identité pour les étrangers. (*avant 2018, vérifier*)
→ ....

f. Pas de dévaluation de l'euro. (*en 2019, dévaluer*)
→ ....

g. Limitation de la circulation automobile dans certains centres-villes. (*depuis 2018, limiter*)
→ ....

h. L'usage de la cigarette électronique autorisé dans les lieux publics. (*jusqu'en 2018, autoriser*)
→ ....

10 • Le passif

365 Répondez à ces questions avec le plus-que-parfait actif ou passif.

Exemple : Le départ du train pour Aix avait-il été affiché sur le tableau électronique ?
→ Oui, on avait affiché le départ du train pour Aix.

a. L'accès aux voitures avait-il été autorisé par le contrôleur ?
→ Oui, ...

b. Les passagers avaient-ils composté leurs billets ?
→ Oui, ...

c. On avait donné le signal du départ ?
→ Oui, ...

d. L'espace restauration avait-il été ouvert ?
→ Oui, ...

e. Les voyageurs avaient-ils été informés des différents arrêts ?
→ Oui, ...

f. Avait-on prié les passagers de surveiller leurs bagages ?
→ Oui, ...

g. Des places prioritaires avaient-elles été réservées aux personnes à mobilité réduite ?
→ Oui, ...

h. La SNCF avait-elle proposé des réductions aux abonnés ?
→ Oui, ...

366 Reformulez au passif.

Exemple : On avait fixé le jour du départ en classe verte au 15 avril.
→ Le jour du départ en classe verte avait été fixé au 15 avril.

a. Les parents avaient accompagné les enfants à la gare.
→ ....

b. On avait convoqué les moniteurs avant l'arrivée des enfants.
→ ....

c. Le directeur a fait l'appel et a remis un badge aux enfants.
→ ....

d. Les moniteurs ont rassemblé les bagages.
→ ....

e. Les parents ont embrassé leurs enfants et ont donné leurs dernières recommandations.
→ ....

f. Le directeur a rassuré les familles. On allait souvent envoyer des nouvelles.
→ ....

g. On n'a pas autorisé les parents à aller sur le quai.
→ ....

h. Les moniteurs ont distribué les sandwichs qu'on avait livrés.
→ ....

Le passif aux différents temps

367 Complétez par le verbe entre parenthèses, au temps passif qui convient.

Exemples : Le mois prochain, le prix des cigarettes sera augmenté (*augmenter*).
Avant 1945, les Françaises n'étaient pas autorisées (*ne pas autoriser*) à voter.

a. Hier matin, une manifestation des infirmières .... (*organiser*).
b. Il y a quinze ans, Paris .... (*ne pas desservir*) par des tramways.
c. Dans trois semaines, les résultats du bac .... (*publier*).
d. Il y a quelques années, Internet .... (*ne pas utiliser*) quotidiennement.
e. Il y a quelques années, le Japon .... (*bouleverser*) par un terrible séisme.
f. En 1992, le permis de conduire à points .... (*instaurer*).
g. Actuellement, le président de la République .... (*élire*) pour cinq ans.
h. Il y a cinquante ans, le droit de vote .... (*ne pas donner*) aux moins de 21 ans.

> **• Le conditionnel**
>
> **Le Président serait élu à 52 % des voix. • Les photos auraient été prises par des paparazzis.**
>
> • Conditionnel présent : « être » au conditionnel présent + participe passé du verbe.
> • Conditionnel passé : « être » au conditionnel passé + participe passé du verbe.

368 Reformulez au passif.

Exemple : Un témoin aurait vu le cambriolage. → Le cambriolage aurait été vu par un témoin.

a. Le cambrioleur aurait fracturé la porte de la bijouterie.
   → ....
b. Le passant, un touriste japonais, aurait aperçu le cambrioleur.
   → ....
c. Le cambrioleur aurait bousculé le passant en sortant de la bijouterie.
   → ....
d. Son complice l'aurait attendu au coin de la rue.
   → ....
e. Le passant aurait pris cette photo.
   → ....
f. Il aurait également photographié la voiture du complice.
   → ....
g. Ainsi, on identifierait facilement le coupable.
   → ....
h. La police rechercherait ces deux hommes.
   → ....

10 • Le passif

Bilan 10

1. Réécrivez ce texte en mettant les verbes en italique à la forme passive.

Les policiers *ont arrêté* (**a**) cinq personnes soupçonnées de cambriolage dans la soirée de mercredi. Ils *ont fouillé* (**b**) la maison qui leur servait de repère. Ils y *ont trouvé* (**c**) une quantité impressionnante d'objets de valeur. D'après le commissaire Jourdain, chargé de l'enquête, ses hommes *ont interrogé* (**d**) le voisinage qui *a révélé* (**e**) des indices supplémentaires. Le petit groupe de malfaiteurs *avait prévu* (**f**) d'autres cambriolages dans la région. Tous *concernaient* (**g**) de belles villas isolées. Le commissaire *a entendu* (**h**) les voleurs. La police *a informé* (**i**) plusieurs victimes de cambriolages qu'on *allait organiser* (**j**) une exposition des objets dérobés. Dans le village, on *connaissait* (**k**) la plupart des personnes arrêtées. Les commerçants interrogés *considéraient* (**l**) ces dernières comme des personnes aimables. Donc la surprise est générale…

2. Transformez les éléments en italique au passif ou à l'actif.

Quelques règles de savoir-vivre si vous êtes invité à dîner chez des Français.

Si *vous êtes invité par des Français* (a), vous devez arriver à l'heure, surtout pas en avance. *La table sera préparée* (b) avant votre arrivée. *Le grand verre est destiné à l'eau* (c) et *le petit est réservé au vin* (d). En général, pour l'apéritif, *on vous proposera une boisson* (e), accompagnée de biscuits salés. *La conversation est engagée* (f).
Ensuite *les hôtes vous inviteront* (g) à passer à table. *Une place vous sera attribuée* (h). *On ne commencera pas le repas* (i) avant la maîtresse de maison. Si on vous sert de la soupe, *elle sera bue sans bruit* (j), à l'aide de la cuillère. *Vous utiliserez le couteau spécial* (k) uniquement pour le poisson. *Plusieurs plats vous seront peut-être présentés successivement* (l). Si vous ne souhaitez pas vous resservir, *un « non merci » poli accompagnera votre refus* (m). *La salade ne doit pas être touchée par le couteau* (n). Pour la manger plus facilement, *vous utiliserez un petit morceau de pain* (o). *Les fromages sont servis* (p) avec ou après la salade. *Ils sont généralement accompagnés de vin rouge* (q). *On utilise les couverts pour le fromage* (r). *Le dessert est apporté* (s) après le fromage.
Au cours du repas, *on félicite la maîtresse de maison* (t) pour sa cuisine. À la fin du repas, *vous n'allumerez pas de cigarette* (u) sans la permission des hôtes. Après le repas, *qui peut être suivi d'un café* (v) ou d'une infusion, *la discussion sera poursuivie* (w) avant de prendre congé. *Vous remercierez vos hôtes* (x) avant de partir.

a. ....
b. ....
c. ....
d. ....
e. ....
f. ....
g. ....
h. ....
i. ....
j. ....
k. ....
l. ....
m. ....
n. ....
o. ....
p. ....
q. ....
r. ....
s. ....
t. ....
u. ....
v. ....
w. ....
x. ....

11 • Le participe présent et le gérondif

Le participe présent

> **• Emploi et formation**
>
> Lis l'article **concernant** les éoliennes (qui concerne les éoliennes). • L'été **approchant** (l'été approche et), les températures augmentent.
>
> - Le participe présent exprime une action. Il peut avoir son propre sujet, qui doit alors être exprimé. C'est une forme invariable. Il peut remplacer une proposition relative avec « qui ».
> - On le forme à partir du radical du verbe au présent à la 1re personne du pluriel (sans « -ons »), « + -ant » : mange*ant*, commenç*ant*, finiss*ant*, croy*ant*, buv*ant*...
> ✋ être → *étant* ; avoir → *ayant* ; savoir → *sachant*

369 Écrivez le participe présent de ces verbes.

Exemples : boire : buvant   connaître : connaissant

a. pouvoir : ....
b. dire : ....
c. vieillir : ....
d. lire : ....
e. venir : ....
f. comprendre : ....
g. faire : ....
h. peindre : ....

370 Remplacez les mots en italique par un participe présent.

Exemple : Jules, *qui habite avec moi*, paie la moitié du loyer.
→ Jules, **habitant avec moi**, paie la moitié du loyer.

a. Mon appartement, *qui a trois chambres*, est parfait pour la colocation.
→ ....
b. Mon appartement, *qui est au 6e étage*, offre une jolie vue sur le fleuve.
→ ....
c. Une amie *qui cherche une colocation* m'a contactée.
→ ....
d. Je lui propose de venir visiter la chambre *qui donne sur la cour*.
→ ....
e. Mes voisins *qui vivent sur le même palier* nous invitent souvent.
→ ....
f. Mes voisins, *qui rentrent tard le soir*, sont très heureux que je garde parfois leurs enfants.
→ ....
g. Jules, *qui travaille dans une librairie*, me rapporte souvent des bouquins.
→ ....
h. Les petits voisins, *qui adorent les contes*, aiment quand je leur raconte une histoire.
→ ....

Le participe présent

371 Remplacez les mots en italique par un participe présent.

Exemple : Mes parents *commencent à vieillir* et nous cherchons une résidence spécialisée.
→ **Mes parents commençant à vieillir,** nous cherchons une résidence spécialisée.

a. *Leur santé se dégrade* et ils vont se renseigner.

→ ....

b. *Ma mère ne veut plus faire la cuisine* alors ils ne mangent que des plats industriels livrés à domicile.

→ ....

c. *Ils reviennent du parc,* ils visitent une maison de retraite.

→ ....

d. *Elle est dans un quartier agréable* et elle leur plaît bien.

→ ....

e. *Elle propose des petits studios* et elle permet une certaine indépendance aux résidents.

→ ....

f. *Les tarifs sont accessibles* et ils correspondent aux revenus de mes parents.

→ ....

g. Mon frère et moi, *nous allons bientôt voir nos parents* et nous ferons la visite ensemble.

→ ....

h. *Cette décision est difficile à prendre* et il faut en discuter ensemble.

→ ....

• **Le participe présent au passé**

Ayant fini mes études, je cherche un premier emploi.

• Le participe présent a aussi un temps passé. Il se forme avec « étant » ou « ayant » + participe passé du verbe. Il exprime qu'une action a lieu avant une autre.

---

372 Remplacez les mots en italique par un participe présent.

Exemple : *Nous avons pris un taxi* et nous sommes arrivés à l'heure à la gare.
→ **Ayant pris un taxi,** nous sommes arrivés à l'heure à la gare.

a. *Le train a pris du retard* et les voyageurs ont été indemnisés.

→ ....

b. *Le contrôleur a vérifié nos billets* et je me suis endormi.

→ ....

c. *Je me suis réveillé* et j'ai pris un café à l'espace cafétéria.

→ ....

d. *Le voyage s'est bien déroulé* et j'ai retrouvé mes amis avec plaisir.

→ ....

e. *Nous sommes arrivés vers 15 heures* chez eux et nous avons posé nos valises.

→ ....

f. *Nous avons enfilé nos maillots* et nous sommes allés à la plage.

→ ....

11 • Le participe présent et le gérondif

g. *Les nuages s'étaient dissipés* et nous nous sommes baignés avec plaisir.

→ ....

h. *Antoine a préparé des grillades* et nous avons dîné sur la terrasse.

→ ....

• L'expression de la cause et de la conséquence

Ma femme, **commençant tôt le matin** (parce qu'elle commence tôt le matin), se lève à six heures. • La tempête se déchaîne, **déracinant plusieurs arbres** (elle déracine ainsi plusieurs arbres).

• Le participe présent peut remplacer une proposition exprimant une cause ou une conséquence.

→ Voir aussi le chapitre 15, p. 214.

---

373 Remplacez les mots en italique par un participe présent.

Exemple : *Comme Anna est stagiaire,* elle fait tout ce qu'elle peut pour se rendre utile.
→ **Anna étant stagiaire,** elle fait tout ce qu'elle peut pour se rendre utile.

a. *Thomas recherche un job,* alors il envoie des lettres de candidature.

→ ....

b. Le responsable travaille beaucoup, *aussi exige-il autant de son personnel.*

→ ....

c. Les étudiants travaillent souvent l'été *puisqu'ils ont beaucoup de vacances.*

→ ....

d. *Comme les entreprises reçoivent beaucoup de candidatures,* elles choisissent les meilleures.

→ ....

e. Les offres d'emploi sont moins intéressantes *car les salaires n'augmentent pas.*

→ ....

f. *Gauthier étudie l'architecture,* alors il cherche un stage dans un musée.

→ ....

g. *Comme Emma vient de signer un contrat,* elle fait la fête avec ses amis.

→ ....

h. Les salariés organisent des réunions d'information *parce qu'ils font la grève.*

→ ....

374 Remplacez les mots en italique par un participe présent.

Exemple : *Comme mon amie vit maintenant à Reims,* elle nous y a invités pour le week-end.
→ **Mon amie vivant maintenant à Reims,** elle nous y a invités pour le week-end.

a. Elle nous a guidés dans la ville *car elle connaît bien le centre.*

→ ....

b. Nous n'avons pas pu visiter la basilique *parce qu'une messe y était célébrée.*

→ ....

c. Nous avons admiré les façades remarquables *parce qu'elles datent de l'époque Art déco.*

→ ....

d. *La ville est la capitale du champagne,* alors elle est connue du monde entier.

→ ....

e. Nous avons acheté quelques bouteilles *car nous fêtons bientôt notre anniversaire.*

→ ....

Le participe présent

f. *La ville a beaucoup de grands parcs,* donc elle est très agréable.
→ ....

g. *La cathédrale se voit de partout* car elle dépasse toutes les maisons du centre.
→ ....

h. *Comme nous avons passé un excellent week-end,* nous avons promis de revenir bientôt à Reims.
→ ....

> • **La simultanéité**
>
> Le jour **commençant** à se lever, les oiseaux se mettent à chanter. (Quand le jour se lève…)
> • Le participe présent s'utilise aussi pour deux actions qui ont lieu en même temps.

375 Remplacez les mots en italique par un participe présent.

Exemple : *Au moment où le camion arrivait sur nous,* j'ai tourné le volant pour l'éviter.
Le camion arrivant sur nous, j'ai tourné le volant pour l'éviter.

a. *Quand le feu est passé au vert,* nous avons démarré.
→ ....

b. *Lorsque nous traversions la ville,* nous avons été arrêtés par un policier.
→ ....

c. *Au moment où le radar a flashé,* nous dépassions la vitesse autorisée.
→ ....

d. *Quand la police nous a arrêtés,* nous avons payé l'amende.
→ ....

e. *Quand nous avons trouvé une petite auberge,* nous nous sommes arrêtés.
→ ....

f. *Lorsqu'on a repris la voiture,* on a continué la route jusqu'à Lyon.
→ ....

g. *Quand on voyait un bel endroit,* on s'arrêtait pour le visiter.
→ ....

h. *Quand nous avons atteint notre destination,* nous avons senti la fatigue du voyage.
→ ....

376 Indiquez la nuance du participe présent : cause, simultanéité ou conséquence.

Exemple : Les enfants lisent davantage, regardant ainsi moins la télé. → Conséquence.

a. Rentrant tard le soir, j'oublie souvent de dîner. → ....
b. Marchant tous les jours jusqu'au bureau, elle fait un peu d'exercice. → ....
c. Les infos du matin étaient légères, me donnant le sourire pour la journée. → ....
d. On va souvent dans les brocantes, cherchant de vieux livres. → ....
e. Vivant seule, la mère de Noé est souvent déprimée. → ....
f. Nous dînons dans le salon, mon mari regardant le JT*. → ....
g. Mon père écoutant la radio, on ne s'entend pas. → ....
h. Claire a lu un article, cherchant des informations récentes. → ....

* JT : journal télévisé.

11 • Le participe présent et le gérondif

Le gérondif

• Emploi et formation

Elle travaille en écoutant de la musique (= elle écoute de la musique et elle travaille en même temps).

- Le gérondif permet d'exprimer la simultanéité de deux actions qui se passent en même temps et qui ont le même sujet.
- Il se forme avec « **en** » **+ participe présent**. Il est toujours invariable.

377 Reliez le début et la fin des phrases.

a. Blanche-Neige nettoyait la maison des nains
b. Boucle d'Or a pris peur
c. Cendrillon a découvert le Prince
d. La Bête s'est changée en beau prince
e. La princesse a repris vie
f. La fée a changé la citrouille en carrosse
g. Le Petit Poucet a sauvé ses frères
h. Le Chat botté a dévoré le marquis

1. en recevant un baiser.
2. en perdant une chaussure.
3. en étant aimé de la Belle.
4. en la touchant de sa baguette.
5. en chantant.
6. en jetant du pain sur le chemin.
7. en lui demandant de se changer en souris.
8. en voyant les trois ours.

378 Remplacez les mots en italique par un gérondif.

Exemple : *Elle écoute la radio* quand elle fait la cuisine. → Elle fait la cuisine **en écoutant la radio.**

a. Quand les enfants prennent le bain, *ils s'amusent.* → ....
b. *Tu manges* et tu parles en même temps. → ....
c. *Vous fumez* quand vous conduisez ? → ....
d. Elle ne bavarde pas *quand elle travaille.* → ....
e. *Quand on conduit,* on ne téléphone pas. → ....
f. Elle fait du bruit *quand elle mange.* → ....
g. Je ne m'énerve pas *quand je conduis.* → ....
h. *Il chante* quand il prend sa douche. → ....

379 Remplacez les mots en italique par un gérondif.

Exemple : Margot est tombée *alors qu'elle courait pour attraper le bus.*
→ Margot est tombée **en courant pour attraper le bus.**

a. On a croisé Virginie et Héloïse *quand on est sortis du cinéma.*
→ ....
b. *Au moment où je voulais payer mes achats,* j'ai compris que j'avais oublié ma carte bancaire.
→ ....
c. *Dès que j'ai retrouvé votre adresse,* je vous ai envoyé un mail.
→ ....
d. *Lorsque j'ai revu cette vieille amie,* je me suis souvenu de notre enfance.
→ ....

Le gérondif

e. Ma mère a perdu ses lunettes *quand elle est descendue du train.*

→ ....

f. *Dès que j'ai vu les premières images,* je me suis rappelé que j'avais déjà vu ce film.

→ ....

g. *Lorsque nous sommes sortis de l'aéroport,* nous avons été surpris par la chaleur.

→ ....

h. *Quand on a ouvert la fenêtre,* on a senti l'air marin dans la chambre.

→ ....

• **La cause**

Alice a réussi son examen en travaillant beaucoup (parce qu'elle a beaucoup travaillé).
- Le gérondif peut exprimer la cause.
→ Voir aussi le chapitre 15, p. 214.

---

380 Remplacez les mots en italique par un gérondif.

Exemple : Comme Nicolas est tombé à ski, il s'est cassé la jambe.
→ **En tombant à ski,** Nicolas s'est cassé la jambe.

a. Les enfants se sont endormis dans la voiture *parce qu'ils ont couru toute la journée.*

→ ....

b. *Comme je suis régulièrement une émission de cuisine,* j'ai amélioré mes talents de cuisinière.

→ ....

c. Les athlètes ont remporté la coupe *car ils se sont entraînés tous les jours.*

→ ....

d. Damien doit améliorer son niveau de maths, *alors il prend des cours particuliers.*

→ ....

e. *Marianne a suivi un régime très strict,* alors elle a perdu trois kilos.

→ ....

f. *Comme il est allergique au gluten,* son mari a des menus spéciaux.

→ ....

g. *Puisque vous allez au Mexique,* vous serez obligés de parler espagnol.

→ ....

h. Florence a découvert la Chine *parce qu'elle avait des amis chinois à l'université.*

→ ....

• **La condition**

En marchant moins vite (si tu marchais moins vite), tu serais moins essoufflé.
- Le gérondif peut exprimer une condition.
→ Voir aussi le chapitre 17, p. 230.

11 • Le participe présent et le gérondif

381 Remplacez les mots en italique par un gérondif.

Exemple : *Si vous lisiez bien les consignes*, vous comprendriez mieux les exercices.
→ **En lisant bien les consignes,** vous comprendriez mieux les exercices.

a. *Si tu es souvent absent*, tu ne pourras pas progresser.
→ ....

b. Vous n'apprendrez rien *si vous n'écoutez pas*.
→ ....

c. *Si elle ne se relit pas*, elle laisse beaucoup d'erreurs.
→ ....

d. Vous devez vous forcer à parler *si vous êtes timide*.
→ ....

e. Vous ne ferez pas beaucoup de progrès *si vous apprenez sans comprendre*.
→ ....

f. Tu n'entraînes pas ta mémoire *si tu utilises toujours ton dictionnaire*.
→ ....

g. *Si vous travaillez à plusieurs*, vous ferez un travail plus intéressant.
→ ....

h. Tu apprendras mieux *si tu fais corriger tes erreurs*.
→ ....

• **Le moyen et la manière**

En parlant lentement, vous vous feriez mieux comprendre. • **En écoutant la radio,** mes parents sont bien informés.

▪ Le gérondif peut aussi exprimer la manière et le moyen.

---

382 Remplacez les mots en italique par un gérondif.

Exemple : *Mâchez bien*. Vous digérerez mieux. → **En mâchant bien**, vous digérerez mieux.

a. *Buvons une tisane*, nous dormirons bien.
→ ....

b. *Il travaillait moins sur ordinateur*, il avait moins de maux de tête.
→ ....

c. *Ne vous stressez pas*, vous vivrez plus vieux.
→ ....

d. *On arrête de fumer*, on respire mieux.
→ ....

e. *Organisons mieux notre travail*, nous aurons de meilleurs résultats.
→ ....

f. *Nous mangeons bio*, et nous sommes en meilleure santé.
→ ....

g. *Vous faites de l'exercice*, vous vous sentez mieux.
→ ....

h. *Écoutez moins fort la télévision*, vous dérangerez moins vos voisins.
→ ....

Bilan 11

Complétez cette lettre par les verbes entre parenthèses au participe présent ou au gérondif. (Les deux sont parfois justes.)

Chère Victoire,
.... (**a.** *rentrer*) de vacances, nous avons eu une surprise très désagréable. Comme, ... (**b.** *partir*), nous avions laissé une fenêtre ouverte, des oiseaux sont entrés, ... (**c.** *laisser*) partout des traces de leur passage. La moquette .... (**d.** *être*) salie, nous avons dû la changer, des oiseaux, ... (**e.** *s'installer*) sur la bibliothèque, ont abîmé une grande partie des livres et ils ont cassé le joli vase que tu m'avais offert .... (**f.** *revenir*) du Mexique.
Mais le pire, c'est qu'ils sont allés dans notre chambre. .... (**g.** *ouvrir*) la porte, nous avons été surpris par une odeur abominable. Les oiseaux, ... (**h.** *ne pas pouvoir*) sortir et .... (**i.** *être pris*) de panique, se sont probablement épuisés et ont fini par mourir. On a retrouvé les deux corps sur le sol. Voilà, ... (**j.** *y repenser*) je me rends compte que c'était entièrement notre faute.
Heureusement, Antoine a réparé tous les dégâts .... (**k.** *changer*) la moquette dimanche dernier. .... (**l.** *ranger*) la bibliothèque, j'ai retrouvé un collier que j'avais égaré depuis des mois. .... (**m.** *être*) positive de nature, je relativise ce genre de problème.
Je t'embrasse .... (**n.** *espérer*) que tout va bien pour toi.

Maëva

12 • La négation et la restriction

La négation

> • « Ne… plus », « ne… jamais » (A2)
>
> « Vous ne mangez plus de pain ? – Non, on est allergiques au gluten, on n'en mange plus jamais. »
>
> - La négation « ne… plus » indique un arrêt, une fin. C'est le contraire de « encore ».
> - « Ne… jamais » indique une fréquence. C'est le contraire de « déjà », « toujours », « souvent », « de temps en temps »…
> - Aux temps composés, « plus » et « jamais » se placent derrière l'auxiliaire.

383 Associez les questions et les réponses.

a. Il reste des haricots verts ?
b. Je voudrais des tomates.
c. Il y a des yaourts ?
d. Vous auriez une petite boîte de thon ?
e. Tu as acheté des pommes ?
f. Vous avez pensé aux gâteaux ?
g. Tu as retrouvé les bougies ?
h. Tu as du pain ?

1. Non, il n'y en a plus, va en acheter.
2. Non, il n'y en a plus, prenez-en une grosse.
3. Non, je suis désolé, je n'y ai plus pensé.
4. Non, il n'en reste plus.
5. Elles n'y étaient plus, j'en ai acheté d'autres.
6. Il n'en restait plus, j'ai pris des poires.
7. Désolé, il n'y en a plus.
8. Non, il n'y en a plus, Romain a mangé le dernier morceau.

384 Répondez aux questions avec « ne… plus ».

Exemple : Tu joues encore au tennis ? → Non, je n'y joue plus.

a. Vous écoutez encore du jazz ? → ....
b. Votre ami va toujours autant au cinéma ? → ....
c. Elle va toujours au cours de gym ? → ....
d. Tu voyages toujours beaucoup ? → ....
e. Ton mari travaille encore beaucoup ? → ....
f. Vos voisins sortent toujours autant ? → ....
g. Les enfants font encore du foot ? → ....
h. Tu fais toujours du jogging ? → ....

385 Répondez aux questions avec « ne… jamais » et un pronom complément.

Exemple : Vous avez déjà visité le mont Saint-Michel ? → Non, je ne l'ai jamais visité.

a. Tu es déjà entré au musée du Louvre ? → ....
b. Vous êtes allés souvent au jardin du Luxembourg ? → ....
c. Tu as déjà vu une représentation à l'Opéra Bastille ? → ....
d. Tes amis ont déjà dîné au restaurant La Tour d'argent ? → ....
e. Les enfants sont montés une fois en haut de la tour Eiffel ? → ....
f. A-t-elle parfois assisté à des concerts à la Philharmonie ? → ....

La négation

g. Vos amis ont souvent descendu les Champs-Élysées ? → ....
h. Vous êtes déjà allés à la Comédie-Française ? → ....

386 Répondez à ces questions avec « ne... plus » ou « ne...jamais ».

Exemple : Vous travaillez souvent le week-end ? → Non, je **ne** travaille **jamais** le week-end.

a. Ta sœur est toujours prof de yoga ? → ....
b. Elle vit encore à La Rochelle ? → ....
c. Tes cours finissent toujours à 19 heures ? → ....
d. Les étudiants sont quelquefois en retard ? → ....
e. Ils posent toujours beaucoup de questions ? → ....
f. Ils passent encore des examens ? → ....
g. Tu vas parfois à la fac à pied ? → ....
h. Tu prends toujours le train pour aller à Bordeaux ? → ....

• « Ne... rien », « ne... personne » (A2)

« Qu'est-ce que tu as fait ? –Je **n'**ai **rien** fait, je me suis reposé et je **n'**ai vu **personne**. » • « Quelqu'un est venu ? – **Personne** (**n'**est venu). »

- « Rien » est le contraire de « quelque chose » et « personne » est le contraire de « quelqu'un ».
- Ces deux pronoms peuvent être sujets ou compléments. Ils sont toujours suivis d'un verbe au singulier. Ils peuvent être employés seuls.

✋ Aux temps composés, « ne » est devant l'auxiliaire, « rien » devant le participe passé et « personne » est derrière le participe passé.

387 Associez les questions et les réponses.

a. Qui est venu cet après-midi ?
b. Tu as avancé dans ton travail ?
c. Tu sors avec qui ?
d. On attend qui ?
e. Vous avez vu des bons films cette semaine ?
f. Vous écrivez à qui ?
g. Qu'est-ce que tu as acheté pour ce soir ?
h. Tu parlais à qui ?

1. Non, rien de vraiment bien.
2. À personne, je parlais tout seul.
3. Non, je n'ai rien fait. J'ai bouquiné.
4. À personne, j'écris mon journal intime.
5. Rien, on va dîner au restaurant.
6. Personne, je suis resté seul.
7. Finalement avec personne ; Paula ne peut pas sortir.
8. Personne, les Durand ne viennent pas.

388 Complétez ces phrases par « rien » ou « personne ».

Exemple : Il n'a rien compris au film.

a. .... n'a téléphoné pendant ton absence.
b. On n'a .... entendu, c'était calme.
c. Vous n'avez .... cassé, j'espère !
d. Je suis désolée, je n'ai .... apporté.
e. Elle n'a croisé .... dans le couloir.
f. .... ne sait ce que sont devenus nos voisins.
g. Ils n'ont .... laissé : ni meubles, ni vêtements.
h. .... ne l'ennuie ; il est toujours d'accord.

12 • La négation et la restriction

389 Répondez à ces questions avec « ne... rien » ou « ne... personne ».

Exemple : Vous avez vu des amis hier ? → Non, on n'a vu personne.

a. Ta mère a visité des musées ou des expositions ? → ....
b. Qu'est-ce que vos enfants ont révisé ? → ....
c. Vous avez connu beaucoup d'hommes avant votre mari ? → ....
d. Ton mari a fait beaucoup de choses dans la maison ? → ....
e. Vous avez eu des visites ce week-end ? → ....
f. Tu as rencontré de nouveaux amis ? → ....
g. Qu'est-ce que tu as lu cet été ? → ....
h. Vous avez invité quelqu'un ce soir ? → ....

390 Faites le portait inversé de cette femme.

Elsa *fait tout* chez elle. *Elle prépare tout* (**a**) pour les repas, *elle nettoie tout* (**b**) dans la maison et même *elle répare tout* (**c**). *Elle invite tout le monde* (**d**) le week-end. En plus, *elle s'intéresse à tout* (**e**), *elle comprend tout le monde* (**f**), *elle aide tout le monde* (**g**) et *elle suit tout* (**h**) sur Internet. *Elle connaît tout le monde* (**i**) et *elle parle à tous* (**j**). C'est pour ça qu'*elle est aimée de tous* (**k**).

Carole **ne fait rien** chez elle. ....
....
....
....
....

• « Ne... ni... ni »

Mon fils ne boit ni thé ni café. • **Ni son frère ni sa sœur ne sont venus au mariage.**

- La négation « ne... ni... ni » est utilisée pour une négation portant sur deux éléments coordonnés (reliés par « et » ou bien « ou »), qui peuvent être sujets ou compléments.
- ✋ Les articles indéfinis (« un, une, des ») et partitifs (« du, de la, des ») disparaissent après « ni ».

---

391 Dites le contraire.

Exemple : Julia fait de la gym et du jogging. → Julia ne fait ni gym ni jogging.

a. Nicolas fait du ski et du V.T.T. → ....
b. Antoine joue au tennis et aux boules. → ....
c. Mes parents font de la randonnée et de la voile. → ....
d. Ma femme fait de la danse et du yoga. → ....
e. Nos amis font du surf et du parapente. → ....
f. Mon frère fait du cross et de l'escalade. → ....
g. Mon fils joue au football et au volley-ball. → ....
h. Je joue au basket et au handball. → ....

La négation

392 Répondez négativement.

Exemple : Lucas regarde des films ou des séries ? → Non, Lucas ne regarde ni films ni séries.

a. Finalement, tu achètes ce livre ou cette BD ? → Non, ...
b. Ton amie écoute du jazz et du rap ? → Non, ...
c. Damien aime le théâtre et le cinéma ? → Non, ...
d. Ce week-end, nous allons au concert et au musée ? → Non, ...
e. Ton mari fait les courses et la cuisine ? → Non, ...
f. Vos amis voyagent en Guadeloupe ou à Cuba ? → Non, ...
g. Tu aimes les glaces au chocolat et à la fraise ? → Non, ...
h. On prend ce CD ou ce DVD ? → Non, ...

393 Dites le contraire.

Exemple : Les merles et les hirondelles font leur nid en automne.
→ Ni les merles ni les hirondelles ne font leur nid en automne.

a. Les chats et les chiens mangent des légumes. → ....
b. Les poules et les vaches se couchent tard. → ....
c. Les hortensias et les roses fleurissent en hiver. → ....
d. Les giboulées et la grêle arrivent en hiver. → ....
e. Les feuilles et les fruits sortent en automne. → ....
f. La neige et le gel sévissent en été. → ....
g. Les marmottes et les tortues sortent en hiver. → ....
h. Les ânes et les bœufs vivent en liberté. → ....

394 Complétez ces citations et ces proverbes du monde par « ne … ni…(ni) » ou « ne… pas ».

Exemple : Comme ci comme ça, ce n'est ni bien ni mal. (Dicton français)

a. Le savoir est un champ, mais s'il .... est .... labouré .... surveillé, il ...... sera ...... récolté. (Proverbe peul)
b. On .... est .... sérieux quand on a dix-sept ans. (A. Rimbaud)
c. Il .... y a en art .... passé .... futur. L'art qui .... est .... dans le présent ne sera jamais. (P. Picasso)
d. Il .... faut .... vendre la peau de l'ours avant de l'avoir tué. (Proverbe français)
e. Il .... y a .... mauvaises herbes .... mauvais hommes. Il n'y a que de mauvais cultivateurs. (V. Hugo)
f. Je .... suis .... Athénien .... Grec, mais un citoyen du monde. (Socrate)
g. .... vous croyez .... grand .... petit ! Contemplez. (V. Hugo)
h. Je .... suis .... pour .... contre, bien au contraire.(Coluche)

• **« Ne… aucun(e) »**

Il **ne** boit **aucune** boisson excitante. • Il a invité ses amis mais **aucun n**'est venu.

▪ « Ne… aucune » veut dire « ne… pas une seule ». Il peut s'employer seul (comme pronom) ou être suivi d'un nom (comme adjectif indéfini).
▪ Il s'accorde en genre (masculin ou féminin).

12 • La négation et la restriction

395 Répondez avec « ne... aucun » à la forme qui convient.

Exemple : Ils vous ont recommandé des sites touristiques ?
→ Non, ils **ne** nous ont recommandé **aucun** site touristique.

a. Vous avez emporté des guides ? → ....
b. Tu as lu des romans pendant les vacances ? → ....
c. Vous avez rapporté des souvenirs de voyage ? → ....
d. Elle a donné des nouvelles ? → ....
e. Ils ont envoyé des cartes postales ? → ....
f. Ils ont vu des spectacles typiques ? → ....
g. Vous avez établi des liens avec la population ? → ....
h. Tu as rencontré des personnes sympathiques ? → ....

396 Complétez par « ne... ni... ni » ou « ne... aucun ».

Exemple : Nos vacances se sont mal passées. Nous n'avons eu ni le ciel bleu ni le soleil vantés dans les guides.

a. Nous .... avons goûté .... aux poissons, ... aux fruits de mer.
b. Nous .... avons découvert .... spécialité sur place.
c. Nous .... avons dormi .... à l'hôtel, ... chez l'habitant. Nous avons fait du camping.
d. On .... a mangé dans .... bon restaurant.
e. Nous .... en avions .... les moyens .... le temps.
f. Nous .... avons trouvé .... belle plage et nous .... avons fait .... plongée .... voile.
g. Nous .... avons visité .... site archéologique, ... château .... village typique.
h. On est resté tous les deux, on .... a rencontré .... habitants, ... touristes ; il n'y avait personne.

• « Ne... nulle part »

Ce soir, on **ne** va **nulle part**, on reste à la maison. • « On va où ? – **Nulle part**, je gare la voiture. »

• « Nulle part » est le contraire de « quelque part » et veut dire « dans aucun endroit ». Il est invariable et il peut s'utiliser seul.

---

397 Complétez ces réponses négatives.

Exemple : Vous êtes allés où cet été ? → Nous **ne** sommes allés **nulle part**, nous sommes restés à la maison.

a. On s'arrête où ? → ...., on rentre.
b. Vous venez d'où ? → De ...., seulement du travail.
c. Ce gâteau est magnifique. Tu l'as pris où ? → .... Je l'ai fait moi-même.
d. Ils font escale où ? → ...., c'est un vol direct.
e. Tu as fait une pause sur l'autoroute ? → Non, je .... me suis arrêté .... alors j'arrive tôt.
f. Ils vont déjeuner où ? → Ils .... déjeunent .... ils mangent des sandwichs en route.
g. Où as-tu acheté ces fleurs ? → ...., je les ai cueillies dans le jardin.
h. D'où vient ce tableau ? → De ...., je l'avais dans le grenier.

La restriction

398 Complétez par « (ne)... nulle part » ou « (ne) .... jamais ».

Exemple : « Vos enfants travaillent parfois à la bibliothèque ? – Non, jamais, ils travaillent à la maison. »

a. « Vous avez retrouvé vos gants ? – Non, je ne les ai retrouvés nulle part, j'ai dû les perdre. »
b. « Tu sors souvent en semaine ? – Non, ne .... jamais je préfère sortir le week-end. »
c. « Maman, je peux sortir ? – Non, tu ne vas nulle part, tu restes ici et tu finis tes devoirs ! »
d. « Tes parents vont bien ? – Non, ils ne sortent jamais de chez eux, ils ne vont plus nulle part »
e. « Ta fille va de temps en temps en boîte ? – .... jamais elle déteste danser. »
f. Vous partez à la campagne ? Nous, on n'a pas de voiture alors on ne sort jamais de Paris.
g. Ils ne vont nulle part tant que les travaux ne sont pas finis.
h. « Où as-tu caché les clés ? – nulle part regarde elles sont à leur place ! »

La restriction

• « Ne... que »

Il **ne** reste **que** des sandwichs au fromage. • Elle **n'a** mangé **que** des légumes et des fruits.

- « Ne... que » exprime une restriction, une limitation.
- « Ne... que » entoure le verbe. Le complément suit « que ».

✋ Dans une phrase positive, on emploie « seulement » pour la restriction : Il reste **seulement** des sandwichs au fromage.

399 Répondez à ces questions avec « ne... que » ou « seulement ».

Exemple : Vous ne lisez que le soir ? → Oui, je lis **seulement** le soir.

a. Hélène ne se déplace qu'à vélo ? →
b. Tu regardes seulement des séries françaises ? →
c. Vous lisez seulement les infos sur Internet ? →
d. Gabriel n'achète que des voitures françaises ? →
e. Ils achètent seulement des romans ? →
f. Nous ne partons que dimanche ? →
g. Vous téléchargez seulement des films ? →
h. Tu ne regardes que les chaînes publiques ? →

400 Répondez à ces questions avec une restriction, comme dans l'exemple.

Exemple : Il est allé beaucoup au théâtre ? → Oui, il **n'**est allé **qu'**au théâtre.

a. Vous avez beaucoup joué au loto ? → Oui,
b. Tu as mangé beaucoup de produits bio ? → Oui,
c. Vous avez écouté beaucoup de rock ? → Oui,
d. Tu as regardé beaucoup de documentaires ? → Oui,
e. Vos enfants aiment beaucoup les pâtes ? → Oui,
f. Elle a lu beaucoup de romans ? → Oui,
g. Vous avez fait beaucoup la cuisine ? → Oui,
h. Il a bu beaucoup d'eau ? → Oui,

12 • La négation et la restriction

401 Transformez ces phrases avec « ne... que ».

Exemple : Il sait seulement jouer aux échecs. → Il **ne** sait jouer **qu'**aux échecs.

a. Elle peut seulement conduire une voiture automatique. → ....
b. Ils vont nager seulement avec moi. → ....
c. Elle aime seulement sortir avec ses amis. → ....
d. Ils veulent seulement s'endormir après une histoire. → ....
e. Il pense seulement à s'amuser. → ....
f. On va seulement visiter des musées avec nos parents. → ....
g. Elle cuisine seulement avec des produits frais. → ....
h. Nous devons sortir seulement après 18 heures. → ....

402 Répondez à ces questions avec une restriction.

Exemple : On pourra recharger la batterie de la voiture ? (*aux bornes électriques*)
→ Oui, mais vous ne pourrez recharger la batterie de la voiture qu'aux bornes électriques.

a. Il sera possible de rouler sur des chemins de terre ? (*sur les routes goudronnées*)
→ Non, ...
b. Nous serons autorisés à garer la voiture dans la rue ? (*dans les parkings équipés*)
→ Non, ...
c. On pourra conduire sans s'arrêter ? (*350 km*)
→ Non, ...
d. Il sera possible de faire des haltes dans les petits villages ? (*avec des bornes électriques*)
→ Oui, mais ....
e. En cas de panne, votre agence viendra à notre aide ? (*en semaine aux horaires d'ouverture*)
→ Oui, mais ....
f. En cas d'accident, nous serons couverts ? (*avec l'assurance tous risques*)
→ Oui, mais ....
g. En cas de vol du véhicule, vous pourrez nous en proposer un autre ? (*si nous en avons un à proximité*)
→ Oui, mais ....
h. Vous nous rendrez notre caution au retour ? (*si la voiture est en parfait état*)
→ Oui, mais ....

Bilan 12

1. Faites le portait de Fanny aujourd'hui : écrivez le contraire des expressions en italique.

Fanny était encore très jeune, elle avait 25 ans et elle *ne réfléchissait pas* (a) toujours avant d'agir. Elle était *encore* (b) drôle et elle avait *beaucoup d'amis* (c). Elle sortait *tout le temps* (d) avec *eux* (e) et, comme elle *était* (f) très curieuse, elle les suivait *partout* (g). Elle allait *dans tous les bars* (h) et *dans toutes les boîtes de nuit* (i) de la ville. Elle dansait avec *tout le monde* (j) et se faisait raccompagner par *n'importe qui* (k). Dans les magasins, elle achetait *tout ce qu'elle voyait* (l), *des* (m) vêtements, *des* (n) chaussures... Elle gagnait *encore* (o) beaucoup d'argent et (p) elle dépensait *tout* (q). Elle partait *souvent* (r) en week-end. Elle voyageait *partout* (s) : *en Asie* (t), *aux États-Unis* (u)... Elle *ne* pensait *jamais* (v) à l'avenir, elle *vivait* (w) comme une cigale !

Aujourd'hui Fanny n'est plus très jeune, elle a 50 ans et ....
....
....
....
....
....
....

2. Répondez à toutes ces questions d'une façon très négative.

a. Qu'est-ce qui vous intéresse dans la vie ?
   → ....

b. Que faites-vous comme loisirs ?
   → ....

c. Qui compte pour vous et sur qui pouvez-vous compter ?
   → ....

d. Quel est votre endroit préféré ?
   → ....

e. Où vous sentez-vous bien ?
   → ....

f. Préférez-vous les plats sucrés ou salés ?
   → ....

g. Vous aimez le chocolat et les pâtisseries ?
   → ....

h. Sortez-vous souvent avec vos amis ?
   → ....

i. Quelle sortie préférez-vous entre le théâtre et le concert ?
   → ....

j. Quelle est votre saison préférée ?
   → ....

k. Quand vous êtes en forme, quelle tenue choisissez-vous de porter ?
   .... →

l. Quel genre de livres lisez-vous ?
   → ....

m. Quand écoutez-vous de la musique ?
   → ....

La restriction

13 • Le discours rapporté

Le discours rapporté introduit au présent

• **Discours direct/discours indirect**

Mona dit : « J'ai froid. Je vais mettre un pull. » → Mona dit qu'elle a froid et qu'elle va mettre un pull.

- Les verbes de parole (« dire », « affirmer », « déclarer », « avouer », « répondre »…) introduisent un discours direct ou indirect.
- Le discours direct est entre guillemets, précédé des deux points (:).
- Le discours indirect est introduit par « que ». Il n'est pas entre guillemets.
- Quand il y a deux propositions liées, on répète « que » après « et ».

403 Indiquez si ces phrases sont du discours direct (D) ou indirect (I).

Exemples : Valérie dit qu'elle est malade. (I)   Les enfants disent : « On voudrait sortir ? » (D)

a. Paul promet : « Je viendrai plus tard. » (….)
b. Ma mère dit qu'elle est passée hier soir. (….)
c. Nos amis assurent qu'ils viendront et qu'ils apporteront un dessert. (….)
d. Je dis : « Je meurs de faim ! » (….)
e. Nos voisins disent qu'ils partent bientôt en vacances. (….)
f. Vous me répondez : « La porte reste ouverte. » (….)
g. Léone assure qu'elle a rangé la clé. (….)
h. Je confirme : « Tu es malade. » (….)

• **Changement de pronoms sujets**

Élise me dit : « **Je** suis fatiguée et **je** voudrais que **tu** passes chez **moi**. » → Élise me dit qu'**elle** est fatiguée et qu'**elle** voudrait que **je** passe chez **elle**. • Loïc dit : « **Je me** baladerai avec **mes** amis. » → Loïc dit qu'**il se** baladera avec **ses** amis.

- Introduit par la 3ᵉ personne, le « je » du discours direct devient « il » ou « elle », « tu » devient « je », « nous » devient « ils/elles » et « vous » devient « nous » (ou « je » pour un « vous » de politesse).
- Les autres pronoms personnels et les adjectifs possessifs changent aussi.

404 Réécrivez au discours direct.

Exemple : Maria dit qu'elle est tombée dans la rue. → Maria dit : « Je suis tombée dans la rue. »

a. Maria dit qu'elle s'est cassé la jambe. → ....
b. Elle dit que les pompiers l'ont emmenée à l'hôpital. → ....
c. Elle dit qu'un médecin l'a vite examinée. → ....
d. Elle dit qu'on lui a fait un plâtre. → ....
e. Le médecin assure qu'elle le gardera un mois. → ....
f. Le médecin lui répond qu'elle peut marcher. → ....
g. Maria affirme qu'elle n'est pas gênée. → ....
h. Maria assure qu'elle peut faire ses courses. → ....

Le discours rapporté introduit au présent

405 Réécrivez au discours indirect.

Exemple : Antoine annonce : « Je pars bientôt en vacances. » → Antoine annonce qu'il part bientôt en vacances.

a. Antoine dit : « Mon amie Aurélie viendra avec moi. »
   → ....

b. Antoine dit : « Nous irons au Portugal pendant une semaine. »
   → ....

c. Antoine dit : « Nous rendrons visite à nos amis de Lisbonne »
   → ....

d. Antoine assure : « Ils nous hébergeront chez eux. »
   → ....

e. Antoine affirme : « Ils nous feront visiter la ville. »
   → ....

f. Antoine leur promet : « Pour vous remercier, on vous invitera dans un bon restaurant. »
   → ....

g. Antoine et Aurélie assurent : « Nous sommes très heureux de partir. »
   → ....

h. Antoine et Aurélie affirment : « Nous leur apporterons un joli cadeau. »
   → ....

406 Réécrivez au discours indirect.

Exemple : Alix dit : « Je cherche mon portable ». → Alix dit qu'elle cherche son portable.

a. Arthur et son copain disent : « Nous avons nos places. » → ....
b. Ma mère dit : « J'ai oublié mon portefeuille. » → ....
c. Les enfants disent : « Nous avons pris nos jeux. » → ....
d. Floriane dit : « J'ai besoin de mon PC. » → ....
e. Adrien dit : « Je vais prendre mes CD. » → ....
f. Fanny dit : « Je ne sais pas où est mon écharpe. » → ....
g. Rémi dit : « Je ne peux pas prendre ce train. » → ....
h. Lucile dit : « J'ai retrouvé ma carte bancaire. » → ....

> **• L'interrogation au discours indirect**
>
> **Je demande s'il y a un train pour Nice, d'où il part et à quelle heure, combien coûte le billet, et ce que je dois faire pour acheter mon billet.**
>
> • « Est-ce que » devient « si/s' ». « Qu'est-ce que » devient « ce que/qu' » et « qu'est-ce qui » devient « ce qui ». Les autres mots interrogatifs ne changent pas.
> • L'ordre des mots dans la phrase indirecte est : mot interrogatif + sujet + verbe. Il n'y a pas de point d'interrogation.

407 Complétez par « si/s' », « ce que/qu' » ou « ce qui ».

Exemple : Arthur demande ce que nous faisons et s'il y a un problème.

a. Elle demande .... nous voulons faire demain et .... nous fera plaisir.
b. Votre professeur demande .... l'exercice est fini et .... nous n'avons pas compris.
c. Je me demande .... ils deviennent et .... ils ont des enfants.

13 • Le discours rapporté

d. Elle demande .... il fera beau et .... elle doit prendre comme vêtements.
e. Tu demandes .... ta sœur a téléphoné et .... se passe.
f. Je te demande .... tu as acheté et .... manque encore.
g. On vous demande .... vous avez décidé et .... vous avez trouvé une solution.
h. Elle se demande .... vous faites et .... vous êtes vraiment heureux.

408 Complétez par « si », « que » ou « qu' ».

Exemple : Ma sœur demande si on viendra dimanche.
a. Elle dit .... elle nous attend vers midi.
b. Je me demande .... Tom aura son permis de conduire.
c. Je vous assure .... vous ne me dérangez pas du tout.
d. Adèle annonce .... elle a réussi son examen.
e. Je vous répète .... je ne serai pas là demain.
f. La gardienne demande .... elle a toutes les clés.
g. On voudrait savoir .... cette histoire est vraie.
h. Il promet .... il viendra dans la matinée.

409 Réécrivez ces questions au discours indirect.

Exemple : « Quand partez-vous ? » → Je te demande quand vous partez.
a. « Avec qui voyagez-vous ? »
  → Elle me demande ....
b. « De quel aéroport partez-vous ? »
  → Je te demande ....
c. « À quelle heure l'avion décolle-t-il ? »
  → Elle lui demande ....
d. « Combien de bagages avez-vous ? »
  → Je vous demande ....
e. « Comment vous installez-vous ? »
  → Elle nous demande ....
f. « Pourquoi ne voyagez-vous pas en classe affaires ? »
  → Je vous demande ....
g. « Qu'est-ce qui a été projeté comme film ? »
  → Il leur demande ....
h. « Est-ce que vous avez une correspondance ? »
  → Elle lui demande ....

410 Réécrivez au discours indirect.

Exemple : Lucile demande : « Nous allons être en retard ? » → Lucile demande s'ils vont être en retard.
a. Nos amis affirment : « Nous arriverons vers midi et demi. »
  → ....
b. Votre collègue vous demande : « Tu ne te sens pas bien ? »
  → ....

Le discours rapporté introduit au présent

c. Paul assure : « Je ne connais pas le chemin. »
→ ....

d. Nicolas nous demande : « Je peux vous rejoindre plus tard ? »
→ ....

e. Nos parents me confirment : « Nous apporterons du vin. »
→ ....

f. Le directeur me demande : « Vous souhaitez rentrer chez vous ? »
→ ....

g. Je lui réponds : « Je vous remercie. Je vais me reposer un peu. »
→ ....

h. On murmure : « Nous devons partir immédiatement. »
→ ....

411 Lisez ce petit dialogue, puis réécrivez-le au style direct.

a. Cécile dit qu'elle a réservé deux places au théâtre pour demain soir.
b. Elle demande à Quentin s'il viendra avec elle.
c. Quentin répond qu'il est pris, que ses amis de Toulouse sont chez lui quelques jours.
d. Cécile dit qu'il peut venir avec eux et affirme qu'il reste encore des places.
e. Quentin demande quelle pièce elle va voir et à quelle heure c'est.
f. Cécile répond que c'est le *Tartuffe* de Molière et que c'est à 20 h 30 au théâtre de l'Atelier.
g. Quentin assure qu'il va parler avec ses amis et qu'il la rappellera ce soir.
h. Cécile ajoute qu'elle espère qu'ils pourront venir.

a. Cécile : « J'ai réservé deux places au théâtre pour demain soir. »
b. Cécile : ....
c. Quentin : ....
d. Cécile : ....
e. Quentin : ....
f. Cécile : ....
g. Quentin : ....
h. Cécile : ....

412 Réécrivez au discours direct ou indirect, comme dans l'exemple.

Exemple : Sophie dit qu'elle viendra demain. → Sophie dit : « Je viendrai demain. »

a. Mathilde demande à Paul : « Tu seras à l'heure ? »
→ ....

b. Paul lui répond qu'il arrivera avec quelques minutes de retard.
→ ....

c. Les enfants demandent à quelle heure ils partiront.
→ ....

d. Les parents répondent : « L'avion décollera dans moins d'une heure. »
→ ....

13 • Le discours rapporté

e. L'hôtesse annonce : « Le vol pour Marseille aura un quart d'heure de retard. »

→ ....

f. Les enfants demandent s'ils peuvent boire un jus de fruit.

→ ....

g. Les parents répondent : « Nous irons au bar quand les bagages seront enregistrés. »

→ ....

h. L'hôtesse explique : « Vous devrez rejoindre la porte 5 pour l'embarquement. »

→ ....

• **L'impératif**

Laura nous dit : « **Sortons** mais **n'oublie pas** le parapluie et **dépêchons-nous**. » → Laura nous dit **de sortir** mais **de ne pas oublier** le parapluie et **de nous dépêcher**.

• Au discours indirect, l'impératif du discours direct devient un infinitif précédé de « **de** ».

✋ Avec l'infinitif, la négation « **ne pas** » est devant le verbe.

---

413 Réécrivez au discours direct.

Exemple : Il me dit de me dépêcher. → Il me dit : « Dépêche-toi. »

a. Ma sœur nous demande de l'accompagner. → ....
b. Valérie me dit de m'asseoir près de la cheminée. → ....
c. Sophie nous suggère de nous reposer. → ....
d. Je te demande de ne pas t'éterniser au café. → ....
e. Elle me demande de l'aider. → ....
f. Tu me conseilles de me changer. → ....
g. Mes voisins nous demandent de les rejoindre. → ....
h. Il vous demande de lui téléphoner plus souvent. → ....

414 Reliez l'impératif à sa reformulation.

a. « Ne sors pas maintenant ! »
b. « Ne cherchez plus. »
c. « Ne vous fâchez pas. »
d. « Ne vous inquiétez pas. »
e. « Ne te presse pas. »
f. « Ne partez pas si vite ! »
g. « Ne nous vexons pas. »
h. « Ne vous séparez pas. »

1. Vous nous conseillez de ne pas nous vexer.
2. On te dit de ne pas te presser.
3. Il nous demande de ne pas partir si vite.
4. Il me demande de ne pas sortir maintenant.
5. Elle nous demande de ne pas nous fâcher.
6. Ils nous demandent de ne pas nous séparer.
7. Il nous conseille de ne pas nous inquiéter.
8. Il nous dit de ne plus chercher.

415 Réécrivez au discours indirect.

Exemple : Franck me dit : « Fermez la fenêtre. » → Franck me dit de fermer la fenêtre.

a. Jules vous demande : « Écoutez-moi attentivement. » → ....
b. Arthur me dit : « Ne t'approche pas ! » → ....
c. Les enfants nous disent : « Taisez-vous, on n'entend rien. » → ....

Le discours rapporté introduit au passé

d. Le gardien dit aux locataires : « Ne traversez pas le hall. » → ....
e. Héléna dit à sa fille : « Prépare-toi vite, on est en retard. » → ....
f. Mon amie nous supplie : « Ne vous occupez pas de moi ! » → ....
g. Charles crie à sa femme : « Apporte-moi un marteau. » → ....
h. Zoé nous demande : « Mettez-vous à table, c'est prêt. » → ....

Le discours rapporté introduit au passé

• Le présent et le passé composé

Mona a dit : « J'ai froid et je vais mettre un pull. » Je lui ai répondu : « Il est resté dans la voiture. »
→ Mona a dit qu'elle avait froid et qu'elle allait mettre un pull. Je lui ai répondu qu'il était resté dans la voiture.

- Dans un discours rapporté introduit par un verbe au passé (imparfait ou passé composé), les présents deviennent des imparfaits et les passés composés deviennent des plus-que-parfaits.

416 Lisez ce dialogue, puis réécrivez-le au discours direct.

a. Alice a demandé à Mickaël s'il avait envie d'aller prendre un verre ce soir-là.
b. Elle a ajouté que Suzanne avait envie de les voir tous les deux.
c. Mickaël a dit qu'il avait mal à la tête et qu'il ne voulait pas sortir.
d. Alice a répondu que son amie Suzanne les attendait dans un bistro.
e. Mickaël a répondu qu'elle pouvait sortir seule et qu'il allait dîner tranquillement à la maison.
f. Alice a dit qu'elle était désolée pour lui et qu'elle lui souhaitait d'aller mieux.
g. Mickaël lui a dit qu'il la remerciait et lui a dit de passer une bonne soirée avec Suzanne.
h. Il a ajouté qu'elle devait embrasser Suzanne de sa part.
i. Avant de partir, Alice a dit à Mickaël que c'était dommage et qu'elle l'aimait.

a. Alice demande à Mickaël : « As-tu envie d'aller prendre un verre ce soir ? »
b. ....
c. ....
d. ....
e. ....
f. ....
g. ....
h. ....
i. ....

417 Réécrivez au discours indirect avec le début donné.

Exemple : « J'ai faim. » → Elle a dit qu'elle avait faim.

a. « Je suis fatigué. » → Il a chuchoté ....
b. « Il est très tard ? » → Il a demandé ....
c. « Ils viennent de sortir. » → Il a confirmé ....
d. « Nous allons rentrer ? » → Elle a demandé ....

177

13 • Le discours rapporté

e. « Vous avez raison. » → Il a admis ....

f. « J'ai mauvaise mine ? » → Elle a demandé ....

g. « Nous sommes en pleine forme. » → Elle a assuré ....

h. « Nous faisons erreur ? » → Il a demandé ....

418 Réécrivez au discours direct ou indirect.

Exemple : Il a expliqué : « Mon portable était déchargé. » → Il a expliqué que son portable était déchargé.

a. Elle a demandé ce qu'on avait fait pour Pâques.

→ ....

b. Il a répondu qu'ils étaient allés voir leurs parents.

→ ....

c. Nous avons demandé : « Ils allaient bien ? »

→ ....

d. Ils ont répondu : « Ils ont été un peu fatigués mais ils vont mieux. »

→ ....

e. Vous avez demandé si nous avions passé un séjour agréable.

→ ....

f. Nous avons expliqué que nous étions allés déjeuner dans un excellent restaurant.

→ ....

g. Tu lui as demandé quand nous étions rentrés.

→ ....

h. Elle t'a répondu qu'ils avaient pris la semaine et qu'ils étaient revenus le samedi 10 avril.

.... →

• **L'impératif**

Il nous a demandé : « **Ne venez pas.** » → Il nous a demandé **de ne pas venir**. • Je lui ai dit : « **Fais** ton lit. » → Je lui ai dit **de faire** son lit.

• L'impératif devient un *infinitif* précédé de « *de* » aussi dans un discours indirect introduit au passé.

---

419 Mettez ces phrases au style direct.

Exemple : Les enfants ont dit : « Ne venez pas nous rejoindre. » → Les enfants ont dit de ne pas venir les rejoindre.

a. Leurs parents leur ont rétorqué : « Ne partez pas si vite. »

→ ....

b. J'ai dit à mes amis : « Finissons le repas puis prenons un café. »

→ ....

c. Tu as recommandé à la famille : « Portons un toast à Marion ! »

→ ....

d. Vous avez ajouté : « Faites au mieux. »

→ ....

Le discours rapporté introduit au passé

e. Il a conseillé à l'assemblée : « Ne commençons pas la grève demain. »

→ ....

f. Le directeur a proposé : « Cherchons ensemble des solutions. »

→ ....

g. Ma mère m'a supplié : « Téléphone-moi plus souvent. »

→ ....

h. Mes collègues m'ont recommandé : « Fais attention à ce dossier. »

→ ....

• Le futur

Adrien a dit : « Mon fils **passera** son examen en juin et il **aura** les résultats en juillet. » → Il a dit que son fils **passerait** son examen en juin et qu'il **aurait** les résultats en juillet.

• Dans un discours indirect introduit au passé, le futur devient un **conditionnel présent**.

---

420 Réécrivez au discours direct.

Exemple : Elle a dit qu'ils sortiraient samedi soir. → Elle a dit : « Nous sortirons samedi soir. »

a. Il a lui promis qu'il viendrait la chercher.

→ ....

b. Tu nous as confirmé que tes parents ne seraient pas là.

→ ....

c. Vous m'avez demandé si tous nos amis viendraient.

→ ....

d. Elle leur a répondu qu'Adèle serait en Espagne.

→ ....

e. Elle a ajouté que les autres apporteraient des quiches et des gâteaux.

→ ....

f. Alex lui a promis qu'il s'occuperait de la musique.

→ ....

g. J'ai prévenu les voisins qu'on ferait la fête.

→ ....

h. Ils ont répondu qu'ils nous rejoindraient s'ils ne pouvaient pas dormir.

→ ....

421 Réécrivez au discours indirect.

Exemple : Tu m'as demandé : « Ton nouveau passeport sera prêt ? »
→ Tu m'as demandé si mon nouveau passeport serait prêt.

a. Elle m'a demandé : « Tu auras ton visa pour l'Inde ? »

→ ....

b. Ils m'ont assuré : « Vous pourrez venir le chercher dans quinze jours. »

→ ....

13 • Le discours rapporté

c. Elle m'a demandé : « Tu devras payer combien ? »
   → ....

d. Je lui ai répondu : « Le visa touriste coûtera 140 €. »
   → ....

e. Ils m'ont affirmé : « Vous n'aurez pas besoin de vaccins. »
   → ....

f. Je lui ai dit : « Je prendrai des médicaments si besoin. »
   → ....

g. Mon ami m'a dit : « Tu prendras ce guide ; il te servira. »
   → ....

h. Mes parents m'ont dit : « Il faudra que tu nous donnes des nouvelles régulièrement. »
   → ....

• Les repères temporels

Elle a dit que ce jour-là, ils avaient visité le mont Saint-Michel, que la veille ils étaient allés à Saint-Malo et que le lendemain ils avaient fait une belle promenade sur la plage.

- Les repères de temps changent au discours indirect.
- « Aujourd'hui » devient « ce jour-là » (« ce matin-là », « ce soir-là »), « hier » et « avant-hier » deviennent « la veille » et « l'avant-veille », « demain » et « après-demain » deviennent « le lendemain » et « le surlendemain ». « La semaine dernière » devient « la semaine précédente » et « le mois prochain » devient « le mois suivant ». « Il y a deux jours » devient « deux jours avant/auparavant » ; « dans une semaine » devient « une semaine plus tard ».

422 Reliez les phrases qui se correspondent.

Il leur a dit :

a. « Nous sommes arrivés avant-hier. »
b. « Vous ferez les courses ce soir. »
c. « Nous rangerons les vêtements demain. »
d. « Aujourd'hui, nous ferons une belle promenade. »
e. « Je m'occuperai du jardin après-demain. »
f. « Nous avons nettoyé la maison hier. »
g. « Nous préparerons les bagages dans cinq jours. »
h. « Nous repartirons samedi prochain. »

1. qu'ils repartiraient le samedi suivant.
2. qu'ils feraient les courses ce soir-là.
3. qu'ils avaient nettoyé la maison la veille.
4. qu'ils étaient arrivés l'avant-veille.
5. qu'il s'occuperait du jardin le surlendemain
6. qu'ils rangeraient les vêtements le lendemain.
7. qu'ils feraient une belle promenade ce jour-là
8. qu'ils prépareraient les bagages cinq jours plus tard.

423 Réécrivez au style direct et faites les transformations nécessaires.

Exemple : Il a dit que j'aurais un rendez-vous le lendemain. → Il a dit : « Vous aurez un rendez-vous demain. »

a. Elle a dit qu'elle repasserait la semaine suivante.
   → ....

b. On a demandé si quelqu'un était venu la veille.
   → ....

Le discours rapporté introduit au passé

c. Mme Lebon a demandé si on avait entendu une alarme la nuit précédente.
→ ....

d. Romain a affirmé qu'il avait obtenu son bac deux ans auparavant.
→ ....

e. Jeanne s'est demandé si elle avait bien fermé la porte la veille au soir.
→ ....

f. Paul a dit qu'il retournerait dans cette station de ski l'année suivante.
→ ....

g. Tu as dit que tu rentrerais tard le lendemain et le surlendemain.
→ ....

h. Vous avez demandé ce que les enfants avaient fait pendant les vacances précédentes.
→ ....

424 Réécrivez au style indirect.

Exemple : Il nous a annoncé : « J'ai loué une voiture pour la semaine prochaine. »
→ Il nous a annoncé qu'il avait loué une voiture pour la semaine suivante.

a. Elle m'a demandé : « Tu pourras m'accompagner demain ? »
→ ....

b. Il vous a annoncé : « Ce soir, nous ne prendrons pas beaucoup de valises. »
→ ....

c. Ils vous ont demandé : « Vous pourrez nous guider sur le chemin après-demain ? »
→ ....

d. Il m'a assuré : « Demain matin, je prendrai le GPS et il nous indiquera la route. »
→ ....

e. Elle m'a dit : « J'ai conduit hier et aujourd'hui, je me repose. »
→ ....

f. Elle leur a confirmé : « On arrivera à destination dans une heure. »
→ ....

g. J'ai dit : « Quand on est arrivés le mois dernier, il faisait très beau. »
→ ....

h. Elle a répondu : « C'était l'été mais dans quelques jours ce sera l'automne. »
→ ....

425 Réécrivez au style indirect à partir du début donné.

Exemple : « La fois dernière, je me suis trompé. ». → Hier, il a admis qu'il s'était trompé la fois précédente.

a. « Ce matin, j'ai retrouvé mon portefeuille ».
Ce soir, Lucas a reconnu ....

b. « Dans dix jours, on partira en Crète. »
Hier, Paula a confirmé ....

c. « La semaine dernière, on a vu un excellent film. »
Mercredi dernier, Anaïs a dit ....

13 • Le discours rapporté

d. « Il y a cinq jours, Léa a perdu son passeport. »
Hier, je vous ai dit ....

e. « Notre train partira dans une demi-heure. Nous avons le temps de prendre un café. » Il y a cinq minutes,
Richard nous a dit ....

f. « Dans quelques jours ce sera l'été et il fera beau. »
Avant-hier, ma mère a dit ....

g. « Vous connaissez les résultats des élections de dimanche dernier ? »
Demain, nos amis nous demanderons ....

h. « Pendant la prochaine conférence, vous pourrez me donner la parole ? »
Hier, Mathilde m'a demandé ....

426 Réécrivez au style indirect.

Exemple : Le directeur a déclaré à ses employés : « Les résultats sont mauvais ce mois-ci et je n'ai pas pu vous donner l'augmentation annoncée. » → Le directeur a déclaré à ses employés que les résultats étaient mauvais ce mois-là et qu'il n'avait pas pu leur donner l'augmentation annoncée.

a. Le professeur a répété aux élèves : « Si vous n'avez pas bien compris, vous devez me le dire. »
→ ....

b. Le médecin a expliqué à sa patiente : « Vos analyses n'étaient pas bonnes, aussi nous allons changer de traitement. » → ....

c. Mon mari m'a avoué : « Je n'avais pas le cœur à aller au bureau ce matin alors je n'y suis pas allé et j'ai passé la journée au golf. » → ....

d. Julien a dit à ses parents : « Cet été, je ne partirai pas en vacances avec vous. Je me suis inscrit dans une association pour faire un chantier international avec d'autres étudiants. » → ....

e. Je me suis demandé : « Est-ce que j'ai eu raison d'être si sévère ? Maintenant je regrette et je ne peux pas dormir. » → ....

f. Damien a reconnu : « Je devrais faire plus attention ; cet accident aurait pu être évité. »
→ ....

g. Anita a assuré : « Ma voisine connaissait toutes les réponses alors j'ai jeté un œil sur sa copie. »
→ ....

h. Léa a précisé : « J'aurai besoin de quelques jours de vacances car j'ai travaillé sans arrêt depuis trois mois. »
→ ....

Le discours rapporté avec l'infinitif

> **• Discours indirect et infinitif passé**
>
> Sophie a assuré qu'elle se sentait prête. → Sophie a assuré **se sentir prête** • Elle a admis qu'elle n'avait pas travaillé suffisamment. → Elle a admis **ne pas avoir travaillé** suffisamment.
>
> • Quand le sujet est le même dans les deux propositions, on peut employer un infinitif au présent, si l'action à l'infinitif se déroule au moment où l'on parle, ou au passé si elle s'est déroulée avant.

427 Transformez ces phrases quand c'est possible.

Exemples : J'ai reconnu qu'on était en retard. → (Impossible)
Il a confirmé qu'il avait réussi le bac. → Il a confirmé avoir réussi le bac.

a. Sophie a annoncé qu'ils arriveraient en taxi. → ....
b. Maxime dit qu'il raccompagnera sa sœur. → ....
c. Delphine a assuré qu'elle était très contente. → ....
d. Éva répond que nous avons raté notre vol. → ....
e. Julie déclare que ses collègues ne sont pas bien informés. → ....
f. Arthur a annoncé qu'il voulait s'acheter une moto. → ....
g. Nos amis ont prétendu qu'ils partaient en week-end. → ....
h. Emma explique que ses parents ne sont pas en forme. → ....

428 Mettez ces phrases au discours indirect avec un infinitif présent.

Exemple : Sacha dit qu'il est fatigué. → Sacha dit être fatigué.

a. Luciana prétend qu'elle attend un enfant. → ....
b. Léo assure qu'il reviendra bientôt. → ....
c. Damien reconnaît qu'il n'a pas beaucoup d'argent. → ....
d. Nos amis répondent qu'ils s'absenteront quelques jours. → ....
e. Paul assure qu'il finira bientôt son projet. → ....
f. Ma mère affirme qu'elle fait un régime. → ....
g. Tu dis que tu voyages moins. → ....
h. Vous reconnaissez que vous acceptez moins de travail. → ....

429 Mettez ces phrases au discours indirect avec un infinitif passé.

Exemple : Ils ont dit : « Nous sommes passés voir Mamie. » → Ils ont dit être passés voir Mamie.

a. J'ai dit : « J'ai eu trop mal à la tête pour sortir. » → ....
b. Alice a annoncé : « J'ai perdu mon sac. » → ....
c. Nous avons reconnu : « Nous sommes arrivés trop tard. » → ....
d. Tu as assuré : « Je suis en forme pour le marathon. » → ....
e. Vous avez affirmé : « Nous avons réservé une chambre double. » → ....
f. Adèle a riposté : « Je n'étais pas d'accord avec vous. » → ....
g. Julien a hurlé : « Je mourais de faim. » → ....
h. Les enfants ont déclaré : « Nous sommes sortis ce soir en boîte. » → ....

13 • Le discours rapporté

430 **Réécrivez au style direct.**

Exemple : J'ai assuré avoir retrouvé ma clé de consigne. → J'ai assuré : « J'ai retrouvé ma clé de consigne. »

a. Mona a dit à sa mère ne pas avoir eu besoin de son aide.

→ ....

b. Lucas a assuré ne plus avoir recommencé.

→ ....

c. Jérémy a rétorqué ne pas avoir touché à la boîte de chocolats.

→ ....

d. Tes parents ont assuré ne pas être allés à la montagne depuis deux ans.

→ ....

e. Nous avons reconnu avoir fait une erreur le lundi précédent.

→ ....

f. Vous avez demandé au locataire de bien fermer les volets avant son départ.

→ ....

g. Les enfants nous ont avoué s'être servis de la voiture en notre absence.

→ ....

h. La gardienne a demandé aux locataires de bien s'essuyer les pieds.

→ ....

431 **Réécrivez au discours indirect avec un infinitif.**

Exemple : Il a promis : « Maman, je passerai te voir bientôt. » → Il a promis à sa mère de passer la voir bientôt.

a. Pierre a admis : « Je n'ai pas eu le temps de relire ce mail. »

→ ....

b. Julie a reconnu : « Désolée, je me suis trompée. »

→ ....

c. Sébastien a nié : « Je n'ai pas fini la tarte aux pommes. »

→ ....

d. Louise a supplié son frère : « Emmène-moi faire un tour à moto. »

→ ....

e. Ma voisine m'a proposé : « Si vous voulez, je vais chercher votre colis à la poste. »

→ ....

f. Les enfants ont avoué à leurs parents : « Nous sommes sortis hier soir quand vous dormiez. »

→ ....

g. Thomas a demandé à son copain : « Pourquoi tu ne m'as pas prêté ta voiture hier ? »

→ ....

h. Lucile a répondu à son amie : « Je regrette, j'aurais dû t'accompagner à la bibliothèque. »

→ ....

Bilan 13

1. Réécrivez ce dialogue au discours indirect introduit par des verbes au présent.

La cliente	Je voudrais agrandir ma maison. Que me proposez-vous ?
L'architecte	Ça dépend de vos projets. Avez-vous du terrain ?
La cliente	Oui, j'ai environ 600 m² de jardin.
L'architecte	Alors, qu'est-ce que vous souhaiteriez ?
La cliente	Je voudrais une chambre supplémentaire et un petit garage.
L'architecte	Vous avez une idée des matériaux ? Par exemple vous aimeriez une maison en bois ? C'est très écologique !
La cliente	Oui, ça me paraît une excellente idée. Vous avez une idée du prix ?
L'architecte	Il faut faire une étude et je vous donnerai une estimation des coûts.
La cliente	Et vous pensez que ce serait fini quand ?
L'architecte	Il faudra compter au moins six mois après le début du chantier.
La cliente	Ça fait long, six mois. Je dois demander un permis de construire ?
L'architecte	Oui, je vous aiderai pour présenter votre demande. C'est mon travail.
La cliente	Vous connaissez de bons artisans dans la région ?
L'architecte	Oui, j'ai une bonne équipe. Vous pouvez me faire confiance.
La cliente	Bien, laissez-moi vos coordonnées, je vais réfléchir et je vous recontacte très vite.

La cliente dit qu'elle ....

....

....

....

....

....

....

....

....

....

....

....

....

....

....

....

....

....

2. Complétez ce dialogue et accordez les verbes entre parenthèses.

Lucile	Hier, Samuel m'a annoncé qu'il .... (**a.** *partir*).
Anna	Pour toujours ?
Lucile	Il m'a dit qu'il .... (**b.** *ne pas savoir*), qu'il .... (**c.** *avoir*) besoin de réfléchir.
Anna	Et toi, qu'est-ce que tu lui as répondu ?
Lucile	Je lui ai répondu que s'il s'en allait, je l'................................ (**d.** *ne pas attendre*). Je lui ai dit aussi que je .... (**e.** *vouloir*) bientôt des enfants.
Anna	Tu m'avais dit que Samuel .... (**f.** *ne pas souhaiter*) avoir d'enfants.
Lucile	C'est vrai. Mais l'année dernière, il m'avait promis qu'il y .... (**g.** *penser*)
Anna	Et alors ?
Lucile	Il m'a dit qu'il .... (**h.** *ne pas être*) prêt, qu'il .... (**i.** *se sentir*) trop jeune.
Anna	Trop jeune ? Mais il a 36 ans !
Lucile	Je sais ; c'est ce que je lui ai dit. Mais il m'a répondu que l'âge .... (**j.** *ne pas compter*) et que ce qui .... (**k.** *être*) important, c'était d'être prêt ou non.
Anna	Drôle de garçon ! Que vas-tu faire ?
Lucile	Je vais rester à Toulouse. Je ne vais rien changer à mes habitudes, d'ailleurs mon parton m'a dit qu'il .... (**l.** *espérer*) bien me garder à l'agence et qu'il me .... (**m.** *confier*) bientôt plus de responsabilités.
Anna	Voilà une bonne nouvelle !
Lucile	Si on peut dire ! Et toi, comment ça va ?
Anna	Plutôt bien ; Arnaud m'a demandé si je .... (**n.** *accepter*) de me marier avec lui.
Lucile	Et tu lui as répondu quoi ?
Anna	J'ai dit que je .... (**o.** *accepter*).
Lucile	Félicitations !
Anna	Tu sais, depuis qu'on se connaît, Arnaud m'a toujours dit qu'un jour on .... (**p.** *se marier*)
Lucile	Je suis contente pour toi et je vous souhaite .... (**q.** *être*) heureux. Tu as de la chance !
Anna	Toi aussi, Lucile. Samuel est un garçon bien. Je te conseille .... (**r.** *tu, lui parler*).
Lucile	Je ne sais pas s'il .... (**s.** *changer*) d'avis
Anna	S'il te quitte, je t'assure qu'il .... (**t.** *perdre*) beaucoup.
Lucile	Heureusement que je t'ai comme amie !

14 • L'expression du temps
La fréquence

> **• Expression de la fréquence**
>
> Il passe **souvent** me voir. • **Parfois**, nous allons au cinéma, **de temps en temps** au théâtre, mais nous n'allons **jamais** au concert.
>
> • On peut exprimer la fréquence avec un adverbe placé derrière le verbe : jamais, rarement, quelquefois, souvent, quotidiennement, toujours, tout le temps, régulièrement…

432 Classez les adverbes du moins fréquent au plus fréquent. (Il peut y avoir plusieurs fois le même numéro, quand deux adverbes ont le même sens.)

a. parfois ....
b. rarement ....
c. souvent ....
d. jamais   1
e. toujours ....
f. régulièrement ....
g. quelquefois ....
h. fréquemment ....
i. des fois ....
j. tout le temps ....
k. la plupart du temps ....
l. occasionnellement ....

433 Reliez les phrases qui ont le même sens.

a. Mickael passe ses journées sur son smartphone.
b. Chaque mercredi, je reçois mon magazine.
c. Tous les matins, on prend une douche.
d. Élise a toujours une cigarette à la main.
e. Julia va de temps en temps à la bibliothèque.
f. Tous les soirs je m'endors en lisant.
g. Arthur passe quelques heures par mois sur sa console de jeux.
h. Je ne passe pas trois jours sans appeler mes parents.

1. Je lis quotidiennement.
2. Elle fume sans arrêt.
3. Je leur téléphone fréquemment.
4. D'habitude, on se lave le matin.
5. Elle y va occasionnellement.
6. Il est toujours connecté.
7. Je le reçois régulièrement.
8. De temps en temps, il joue aux jeux vidéo.

434 Reformulez en employant un adverbe. (Il y a parfois plusieurs possibilités.)

Exemple : Il fait du sport trois fois par semaine. → Il fait régulièrement/fréquemment/souvent du sport.

a. Nous allons chaque samedi matin à la piscine. → ....
b. Une fois par an, nous assistons à un concert à Saint-Eustache. → ....
c. On part en week-end une fois par mois. → ....
d. Chaque jeudi, elle va à son cours de yoga. → ....
e. La billetterie en ligne est ouverte 24 heures sur 24. → ....
f. Tous les matins, il fait dix minutes de gymnastique. → ....
g. Ma mère va au marché deux fois par semaine. → ....
h. Il m'arrive d'aller visiter une exposition. → ....

> **• « Toujours », « tous les jours » et « tout le temps »**
>
> Il y a **toujours** du soleil (≠ Il n'y a plus de soleil). • Il y a **tout le temps** du soleil. • **Tous les jours**, il fait beau.
>
> • « Toujours », « tout le temps » et « tous les jours » expriment la permanence et l'habitude.
>
> • « Toujours » peut aussi être le contraire de « ne… plus ».

14 • L'expression du temps

435 Complétez par « toujours », « tous les jours » ou « tout le temps ».

Exemple : Mon père fume toujours, il n'a pas arrêté comme il l'avait dit.

a. Monica se teint .... les cheveux, elle ne se décide pas à les garder gris.
b. Louis est .... stressé, il est insupportable !
c. ...., le réveil sonne à sept heures et quart.
d. Tu es .... abonné à cette revue ?
e. Le facteur passe .... chez vous ?
f. J'espère que tu m'aimeras ....
g. En cours, elle mâche .... un chewing-gum et ça m'agace.
h. Marion fait .... des mots croisés ; elle y passe un temps fou.

• « Chaque » et « tous/toutes »

chaque matin = **tous les** matins • **chaque** semaine = **toutes les** semaines

- « Chaque » et « tous/toutes » indiquent une fréquence régulière.
- « Chaque » est toujours suivi du singulier et « tous/toutes les » est suivi du pluriel.

---

436 Transformez ces phrases avec « chaque » ou « tous/toutes les ».

Exemple : Chaque jour, on regarde le J.T. → **Tous les jours**, on regarde le J.T.

a. On va au cinéma toutes les semaines. → ....
b. Chaque matin, il écoute la radio. → ....
c. La secrétaire écrit plusieurs mails chaque jour. → ....
d. Tous les soirs, les enfants font leurs devoirs. → ....
e. Il joue au loto chaque dimanche. → ....
f. Tous les soirs, elle lit ses mails. → ....
g. Je paie mon loyer chaque mois. → ....
h. On invite nos enfants à dîner tous les lundis. → ....

• La répétition et la fréquence

Une fois par trimestre, on part en vacances. • **Tous les deux ou trois mois**, je vais chez mes parents. • **Un jour sur deux**, il fait du jogging. • **Je vais essayer d'appeler encore une fois**.

- Pour marquer une répétition, on utilise « fois » : encore une fois ; une nouvelle fois ; une deuxième, une troisième fois.
- Pour préciser l'intervalle, on utilise « par » ou « sur » : « deux fois par semaine, par mois » ou « une semaine sur deux » (= deux fois par mois).
- On utilise aussi « tous/toutes les » : « tous les deux jours (=un jour sur deux), toutes les deux semaines ».
→ Voir aussi le chapitre 5, p. 78.

---

437 Complétez par « sur » ou « par »

Exemple : Il rentre chez lui un week-end sur deux

a. Claire fait du jogging trois fois .... semaine.
b. Mme Dubois va chez le coiffeur une fois .... mois.

c. Cette série passe une fois .... semaine, le jeudi.
d. Ce festival a lieu une année .... deux.
e. Le marché a lieu trois matinées .... semaine.
f. Deux fois .... an, nous allons voir la famille à Nice.
g. Elle prend ses médicaments trois fois .... jour.
h. Martin a la garde de ses enfants une semaine .... deux.

438 Transformez ces phrases avec « tous/toutes les » et faites les modifications nécessaires.

Exemple : Une année sur deux, nous passons nos vacances en Corse.
→ **Tous les deux ans,** nous passons nos vacances en Corse.

a. Les enfants vont à la garderie les lundis, les mercredis et les vendredis.
   → ....
b. Tu dois te mettre des gouttes dans les yeux à 9 h, à 13 h, à 17 h et à 21 h
   → ....
c. On fait une lessive un jour sur trois.
   → ....
d. Sophie a rendez-vous chez le kinésithérapeute un mois sur deux.
   → ....
e. Nous faisons nos courses un jour sur quatre.
   → ....
f. Ma mère change les draps deux fois par mois.
   → ....
g. Elle jeûne une fois par semaine.
   → ....
h. Un mois sur deux, elle ne travaille pas.
   → ....

439 Complétez ces phrases par « sur », « par » ou « tous » à la forme correcte.

Exemple : Il a la garde des enfants une semaine sur deux, la première et la troisième semaine du mois.

a. La pharmacie de mon quartier est de garde un dimanche .... quatre, le 1ᵉʳ dimanche du mois.
b. Vous prendrez ce médicament matin, midi et soir, c'est-à-dire trois fois .... jour.
c. Ma collègue prend un café à 10 h, à 13 h, à 16 h. En fait, elle en prend un .... les trois heures
d. La femme de ménage vient le lundi, le mercredi, le vendredi, c'est-à-dire un jour .... deux sauf le week-end.
e. Un soir .... semaine, en général le jeudi, Louis va jouer au tennis.
f. D'habitude, ma grand-mère va chez la coiffeuse une fois .... mois.
g. Nous sommes allés faire du ski il y a deux ans, nous y retournons cet hiver. Donc on y va .... les deux ans.
h. Mon fils regarde la télé seulement de 18 h à 19 h, donc une heure .... jour.

14 • L'expression du temps

La durée

> **• Avec des dates**
>
> **Pendant** l'année, surtout **au** printemps et **en** été, **de** mai **à** septembre, les touristes sont nombreux. **À partir de** novembre **jusqu'**en avril, ils sont moins nombreux.
>
> • Pour indiquer la durée on utilise des locutions comme « pendant » + « le/la/les » nom, « en » + année/mois/saison (sauf « au printemps »), « au mois de », « de/du… à/au… » , « à partir de/du… jusqu'à/au » ou « entre… et… ».
>
> → Voir aussi le chapitre 5, p. 71.

440 Complétez par « pendant », « en », « au ».

Exemples : En avril, il pleut encore souvent.   Au mois de mai, les températures augmentent.

a. .... 2018, il a fait exceptionnellement doux.
b. .... printemps, les arbres commencent à avoir des feuilles.
c. .... l'hiver, la nature vit au ralenti.
d. Les feuilles tombent .... automne.
e. .... mois de mai, les Français ont de longs week-ends.
f. .... les nuits d'hiver, les températures sont souvent négatives à Paris.
g. Les vacanciers se croisent sur les routes .... juillet et .... mois d'août.
h. On a connu la canicule .... 2016.

441 Complétez par l'expression qui convient.

Exemples : Le magasin est ouvert de 10 h à 19 h sans interruption.
          Les vacances scolaires auront lieu entre le 30 juin et le 3 septembre.

a. Exceptionnellement, la boulangerie sera fermée .... 23 septembre au 30 septembre.
b. Nous partirons en Grèce à partir du 25 mars .... la fin du mois.
c. L'entreprise sera fermée .... Noël et le jour de l'An.
d. .... de l'année prochaine, on mettra en place la nouvelle organisation du baccalauréat.
e. Léa sera en stage de mai .... la fin de l'année.
f. L'autoroute A14 sera fermée pour travaux .... début octobre à la fin de novembre.
g. .... juin et juillet, il y a beaucoup de bouchons sur les routes.
h. On a une pause déjeuner .... midi à 13 h 30.

442 Complétez par « de/ d'/du… à/ au » ou « entre (le) … et (le) ».

Exemple : En raison du 1er Mai, l'établissement sera fermé du 30 avril au 2 mai.

a. Les repas sont servis .... 11 h 45 .... 14 h 30.
b. Fermeture .... 1er .... 30 août.
c. Pour éviter toute attente, il est préférable de passer .... 10 h .... 11 h 30.
d. Prière de déposer les dossiers .... lundi 13 avril .... vendredi 17 avril.
e. Les visites guidées ont lieu tous les mercredis .... 10 h .... 16 h.
f. Travaux sur la ligne 14 .... 4 .... 28 août.
g. Réunion du personnel prévue le 12 mars .... 17 h .... 19 h. Venez nombreux !
h. Les guichets restent ouverts .... 12 h .... 14 h.

La durée

> • **Jour/journée – an /année – matin/matinée – soir/soirée**
>
> Il vient **trois jours** à Marseille ; nous aurons des **journées** bien remplies pour tout visiter.
>
> • « **An** », « **jour** », « **matin** » et « **soir** » indiquent des dates, des repères et servent à marquer la fréquence.
> • « **Année** », « **journée** », « **matinée** » et « **soirée** » indiquent des durées.

443 Complétez ces phrases par « an/année » (A), « jour/journée » (J), « matin/matinée » (M) ou « soir/soirée » (S), précédé de l'article si nécessaire.

Exemple : Il a travaillé ses examens toute **l'année** (A) et il les a réussis brillamment.

a. Je suis épuisée, j'ai passé .... (J) à faire du ménage.
b. Léon est allé dans .... (M) à la Fnac pour choisir des romans policiers.
c. Valérie passera en fin de .... (J) si elle ne finit pas trop tard.
d. Nous avons passé une agréable .... (S) et nous vous remercions.
e. Dans trois .... (J), on partira à Étretat. ; j'ai hâte !
f. Sonia entre en deuxième .... (A) de philosophie.
g. Lundi .... (M), c'était un peu triste ; il pleuvait.
h. Ce/cette .... (S), si vous êtes sages, on vous emmènera au cirque.

444 Complétez ces phrases par « an/année » (A), « jour/journée » (J), « matin/matinée » (M) ou « soir/soirée » (S), précédé de l'article si nécessaire.

Exemple : Chaque **soir** (S), ils se croisent chez le boulanger.

a. Tous .... (J), Louis lit les nouvelles sur son portable.
b. Plusieurs fois par .... (A), nous allons dîner dans un restaurant étoilé.
c. .... (S), Sylvain aime bien regarder un film en streaming.
d. Tu as trouvé ton courrier .... (M) dans ton casier ?
e. Quelle belle .... (J) ! Regarde ce soleil et ce ciel bleu !
f. J'aimerais bien passer au marché dans .... (M).
g. Dans quelques .... (A), vous vous marierez ; attendez un peu !
h. Ça m'ennuie, mon fils passe .... (S) sur son ordinateur.

> • **« Pendant », « depuis » et « dès »**
>
> **Pendant** les cours, Emma a été bien préparée. **Depuis que** les cours sont finis, elle fait son stage. **Dès** le 10 juillet, elle travaillera dans une ONG.
>
> • « **Pendant** » exprime une durée dans le présent, le passé ou l'avenir. « **Depuis** » indique le début d'une action qui a déjà commencé et qui se poursuit au présent ; il exprime la durée. « **Dès** » indique aussi le début d'une action, sans idée de durée.
>
> • Ils sont suivis d'un nom ou d'une proposition introduite par « **que** ». Après « pendant que » et « dès que », le verbe est au présent, au passé ou au futur. Après « depuis que », il est au passé, parfois au présent.
> → Voir aussi le chapitre 5, p. 73-74.

14 • L'expression du temps

445 Complétez par « dès » ou « depuis ».

Exemple : **Depuis** mon installation à Dublin, il n'a pas cessé de pleuvoir.

a. Jonathan est pendu au téléphone **depuis** une heure.
b. Il se rue sur le réfrigérateur **dès** son retour à la maison.
c. **Depuis** notre arrivée à Belfast, nous avons dégusté la bière locale.
d. Ma mère doit être opérée au plus vite, **dès** la semaine prochaine.
e. **Depuis** son accident, mon mari va travailler en voiture.
f. Je suis épuisée, je n'ai pas dormi **depuis** vingt-quatre heures.
g. **Dès** l'hiver, nous cesserons de partir le week-end.
h. Mes amis n'ont pas donné signe de vie **depuis** dimanche dernier.

446 Complétez par « pendant » ou « depuis ».

Exemple : **Pendant** le week-end, ma mère a attrapé froid. Elle est malade **depuis** une semaine.

a. Nous partirons à la montagne **pendant** les fêtes de fin d'année.
b. Vous ne m'avez pas appelé **depuis** plus d'un mois !
c. Je n'ai rien vu **pendant** la traversée, il y avait du brouillard.
d. Nous avons fait beaucoup de travaux dans la maison **depuis** votre dernière visite.
e. **Pendant** le mois de janvier, nous avons refait la salle de bains.
f. **Pendant** l'automne, Marine a fait un voyage à Prague.
g. **Depuis** ce dernier voyage, elle n'a plus bougé.
h. **Pendant** la semaine du 15 avril, vous aurez des déplacements à prévoir.

447 Complétez par « pendant », « depuis » ou « dès ».

Exemples : Maëlle a perdu du poids **depuis** son arrivée en Inde.
Il s'est mis sur son ordinateur **dès** son arrivée au bureau.

a. **Dès** le réveil, il commence à se plaindre.
b. **Pendant** notre séjour en Tunisie, nous avons visité de beaux sites.
c. Ma sœur prépare son départ en Turquie **depuis** une semaine.
d. On a fait la grasse matinée **pendant** le week-end.
e. **Depuis** la rentrée, on a été très occupés par les travaux.
f. Alice a rencontré des gens sympathiques **pendant** cette soirée.
g. Elle s'est mise à faire le ménage **dès** son retour de vacances.
h. **Depuis** l'achat de notre voiture, nous partons souvent découvrir la région.

• « Pour », « en » et « sur »

Il était embauché **pour un an** mais il est finalement resté **pendant six mois**. • Ils ont fait le tour du lac **en deux heures**. • Tu me rembourseras **sur** deux ans.

- « Pour » (+ nom) indique une durée projetée, une intention, « **pendant** » (+ nom) indique la durée réelle.
- « En » (+ nom) indique une durée nécessaire à l'accomplissement d'une action.
- « Sur » (+ nom) indique un étalement sur une durée.

✋ « Pour » peut aussi indiquer un moment : **Ils sont venus pour son anniversaire**.

La durée

448 Reliez le début et la fin des phrases.

a. Léon a lu ce roman
b. On a pris un emprunt
c. Depuis un mois,
d. En quelques mois,
e. On a fait le tour de la Crète
f. Pour quelques semaines,
g. Pendant l'année scolaire,
h. Nos enfants iront en Bretagne

1. sur deux ans pour payer la voiture.
2. pour quelques jours.
3. nous n'avons aucun projet.
4. en cinq jours.
5. je n'ai pas de nouvelles de mon frère.
6. Aglaé a très bien travaillé.
7. en deux semaines.
8. il a appris à conduire.

449 Complétez par « pour » ou « pendant ».

Exemple : Je dois faire une course ; attends-moi, j'en ai pour dix minutes.

a. Son bébé pleure systématiquement .... la nuit.
b. M. Dubois s'absentera .... les fêtes de fin d'année.
c. Nous partirons en Turquie .... une semaine en juin.
d. La victime est ressortie vivante sans avoir mangé .... cinq jours.
e. Mes amis sont à Paris .... quelques jours.
f. Vous devrez prendre ce médicament .... cinq jours.
g. Hélène a loué une voiture .... six jours.
h. .... la semaine du 25, j'aurai beaucoup de travail.

450 Complétez les phrases suivantes avec « en », « sur », « pendant » ou « pour ».

Exemples : On a réservé la chambre pour trois nuits.   On a fait le circuit des falaises en cinq heures.

a. Ce gâteau est facile à faire et il se prépare .... quarante-cinq minutes.
b. Je fais un essai ; je vais m'abonner à ce journal .... trois mois.
c. Ce supermarché est ouvert sept jours .... sept.
d. Tu as déjà fini ton devoir ? Une rédaction ne se fait pas .... une heure !
e. .... la représentation, un spectateur a eu un malaise et la pièce é été interrompue.
f. Il a fait le trajet .... cinq heures ! Il n'a pas dû s'arrêter beaucoup !
g. Cette année, ... le mois de janvier, il n'a pas neigé.
h. .... les jours à venir, préparez les dossiers urgents !

• « Il faut », « mettre », « prendre »

Il faut sept heures pour aller de Paris à New York. • **On met** deux heures pour aller à Lyon. • **Ça prend** des heures de tout relire.

• Pour exprimer la durée, on peut utiliser « il faut » ou le verbe « mettre ». « Ça prend » s'emploie surtout à l'oral.

14 • L'expression du temps

451 Transformez ces phrases avec « il faut », « ça prend » ou « mettre » conjugué à la bonne personne. Variez les expressions.

Exemple : Il me faut vingt minutes pour aller de Saint-Lazare à République en métro.
→ **Je mets / Ça me prend** vingt minutes pour aller de Saint-Lazare à République en métro.

a. Envoyer un mail, ça prend quelques secondes.
   → ....

b. Il faudra attendre trois jours pour recevoir ce colis en express.
   → ....

c. Je mets un quart d'heure pour aller travailler.
   → ....

d. Mme Leroux met une heure pour se rendre à son travail.
   → ....

e. Il faut dix minutes de marche aux enfants pour aller au collège.
   → ....

f. Ça ne vous prendra que quelques minutes de lire cet article.
   → ....

g. Il nous a fallu quelques heures pour venir chez vous.
   → ....

h. Ma sœur a mis une demi-journée pour repeindre sa salle de bains.
   → ....

452 Posez les questions correspondant à ces affirmations.

Exemples : Pendant combien de temps vous avez vécu au Québec ?
   ← Nous avons vécu au Québec pendant deux ans.
   Il faut combien de temps pour aller de Paris à Marseille en TGV ?
   ← Il faut trois heures pour aller de Paris à Marseille en TGV.

a. .... ?
   ← Pierre n'est pas allé voir ses parents depuis deux mois.

b. .... ?
   ← Il faut une heure pour préparer cette recette.

c. .... ?
   ← Adèle sera arrêtée pour quatre jours.

d. .... ?
   ← Lucas a préparé son sac en un quart d'heure.

e. .... ?
   ← Nous avons réservé un gîte pour la semaine.

f. .... ?
   ← Antoine est en stage de voile depuis quinze jours.

g. .... ?
   ← Vous attendrez la correspondance pendant une heure dix.

.... ?

h. Il a attendu le taxi dès l'appel du chauffeur.
   ← ....

La fréquence

> **• « Depuis », « Il y a ... que/qu' », « Ça fait... que/qu' »**
>
> **Emma est en stage depuis un mois. = Il y a un mois qu'Emma est en stage. = Ça fait un mois qu'Emma est en stage. • Depuis sa chute, Mickaël marche mal. • Depuis sa chute, il a arrêté la randonnée.**
>
> - « Depuis... », « il y a... que » et « ça fait... que » expriment la durée d'une action qui a commencé dans le passé et qui se poursuit dans le présent.
> - Avec « depuis », « il y a... que » et « ça fait... que », le verbe est au présent si l'action se poursuit au présent. Il est au passé composé si l'action est accomplie dans le présent.
> - ✋ À la forme négative, on emploie généralement le passé composé : **Je n'ai pas vu les Bertrand depuis longtemps.**

453 Reformulez avec « il y a... que », « ça fait... que » ou « depuis ».

Exemple : Il y a deux semaines que la crèche est ouverte.
→ La crèche est ouverte **depuis** deux semaines. / **Ça fait** deux semaines que la crèche est ouverte.

a. Hélène suit un régime pour maigrir depuis deux mois.
→ ....

b. Il y a trois ans qu'Arthur fait régulièrement du sport.
→ ....

c. Antoine a son permis de conduire depuis cinq ans.
→ ....

d. Ça fait six mois qu'on est rentrés de vacances.
→ ....

e. Je n'ai pas revu Mona depuis très longtemps.
→ ....

f. Il y a un an que nous n'habitons plus à Reims.
→ ....

g. Ça fait trois jours que Louis n'a rien mangé.
→ ....

h. Lucile est enceinte depuis quelques mois.
→ ....

454 Reliez le début et la fin des phrases. (Il y a parfois plusieurs possibilités.)

a. Depuis qu'Irma s'est mariée,   1. Damien a obtenu son diplôme d'architecte.
b. Valérie a beaucoup maigri   2. elle a beaucoup changé.
c. Il y a quatre ans   3. que ma vie a basculé.
d. Ça fait dix-huit mois   4. depuis qu'elle s'est fait opérer.
e. Il y a six mois   5. depuis qu'ils sont en vacances.
f. Depuis qu'on s'est vus,   6. depuis qu'il a déménagé à Toulouse.
g. Nous n'avons pas revu Thomas   7. que mes voisins sont partis vivre au Sénégal.
h. Les enfants sont chez mes parents   8. que Julien a divorcé.

14 • L'expression du temps

455 Indiquez si l'action est en cours (C) ou accomplie (A).

Exemples : Depuis qu'il fait beau, les promeneurs sont plus nombreux sur les quais. (**C**)
Depuis qu'il fait beau, on a rangé nos vêtements d'hiver. (**A**)

a. Depuis qu'il pleut, les enfants s'ennuient. (........)
Depuis qu'il pleut, on n'a pas mis le nez dehors. (........)

b. Depuis qu'on s'est vus, j'ai changé de voiture. (........)
Depuis qu'on s'est vus, je prends des cours de dessin. (........)

c. Depuis que les enfants sont en vacances, on sort plus souvent le soir. (........)
Depuis que les enfants sont en vacances, on a visité plusieurs musées. (........)

d. Depuis qu'Anita est partie en Espagne, elle nous manque. (........)
Depuis qu'Anita est partie en Espagne, nous avons refait sa chambre. (........)

e. Depuis que Joséphine a perdu son chien, elle est triste. (........)
Depuis que Joséphine a perdu son chien, elle a décidé d'avoir un chat. (........)

f. Depuis que Valérie apprend l'italien, elle a décidé d'aller passer ses vacances à Naples. (........)
Depuis que Valérie apprend l'italien, elle communique sur Whatsapp avec Claudio. (........)

g. Depuis que Mélissa est à la retraite, on ne la voit plus. (........)
Depuis que Mélissa est à la retraite, elle s'est inscrite à un cours de yoga. (........)

h. Depuis que tu as un nouveau copain, tu as changé de style. (........)
Depuis que tu as un nouveau copain, tu ne me donnes plus beaucoup de nouvelles. (........)

456 Mettez le verbe au présent ou au passé composé.

Exemples : Depuis que mes nouveaux voisins ont emménagé, l'immeuble *est* (*être*) moins tranquille.
Depuis que la municipalité a changé, on *a installé* (*installer*) des bancs dans les rues.

a. Depuis que les rues du centre-ville sont devenues piétonnes, la pollution .... (*diminuer*).

b. Depuis que la vitesse a été réduite dans le quartier, les enfants .... (*aller*) à l'école en toute sécurité.

c. Depuis qu'on a agrandi le parc, les personnes âgées .... (*prendre*) l'habitude de s'y retrouver.

d. Depuis que la bibliothèque a ouvert une section B.D., les enfants .... (*s'y rendre*) plus souvent.

e. Depuis que les transports sont gratuits en ville, le nombre des automobilistes .... (*baisser*).

f. Depuis que le nouveau gymnase a ouvert ses portes, les sportifs le .... (*fréquenter*) plus volontiers.

g. Depuis que le cinéma propose des tarifs intéressants, les gens du quartier .... (*prendre*) l'habitude d'y aller régulièrement.

h. Depuis qu'on a rénové la maison de retraite, les familles .... (*passer*) plus souvent voir leurs parents.

Situer dans le temps

457 Indiquez si l'action est en cours (C) ou accomplie (A).

Exemples : Pierre a repris confiance en lui depuis qu'il a retrouvé un emploi. (A)
Pierre rentre très tard chez lui depuis qu'il a trouvé un emploi. (C)

a. Loïc ne conduit plus depuis qu'il a eu son accident. (........)
Loïc a pris une assurance vie depuis qu'il a eu son accident. (........)
b. Cécile et Thomas ne sortent plus beaucoup depuis que leur fille est née. (........)
Cécile et Thomas sont partis vivre au Québec depuis que leur fille est née. (........)
c. Vous ne fumez plus depuis que votre père a eu un cancer. (........)
Vous n'êtes jamais retourné dans un hôpital depuis que votre père a eu un cancer. (........)
d. Julia s'est remise au piano depuis qu'elle a pris un congé sabbatique. (........)
Julia fait davantage la cuisine depuis qu'elle a pris un congé sabbatique. (........)
e. Nous avons décidé de reprendre des cours d'anglais depuis que nous avons voyagé en Angleterre. (........)
J'écoute la BBC depuis que nous avons voyagé en Angleterre. (........)
f. Paul a fait du sport régulièrement depuis que son médecin le lui a conseillé. (........)
Paul suit un régime strict depuis que son médecin le lui a conseillé. (........)
g. On va plus souvent au théâtre depuis que les enfants sont partis. (........)
On s'est engagés comme bénévoles dans une association depuis que les enfants sont partis. (........)
h. Tu as appris combien de morceaux depuis que tu prends des cours de guitare ? (........)
Tu t'exerces tous les jours depuis que tu prends des cours de guitare ? (........)

Situer dans le temps

> • « Quand », « lorsque », « comme » et « alors que »
>
> Elle s'apprêtait à sortir **quand/lorsque** le téléphone a sonné. • **Comme** minuit sonnait, la tour Eiffel s'est illuminée. • J'ai croisé mes voisins **alors que** nous faisions des courses.
>
> - « Quand », « lorsque », « alors que » et « comme » peuvent exprimer la simultanéité.
> - Ils sont suivis des temps de l'indicatif. Au passé, on emploie « quand » et « lorsque » avec l'imparfait (habitude ou action qui dure) ou le passé composé (action ponctuelle). « Comme » et « alors que » sont suivis de l'imparfait et s'emploient surtout à l'écrit (registre soutenu).
>
> → Voir aussi chapitre 15 p. 204.

458 Soulignez le mot qui convient.

Exemple : _Comme_ / quand l'orage cessait, la pluie a redoublé.

a. Comme / Quand la sonnerie a retenti, les enfants se sont précipités vers la sortie.
b. Comme / Lorsqu'il a reçu la nouvelle, il a éclaté en sanglots.
c. On a trouvé plein de champignons comme / pendant qu'il se mettait à pleuvoir.
d. Depuis que / Alors que j'écoutais la radio, ma mère m'a appelée.
e. Quand / Alors qu'on était sur le point de partir, la gardienne est arrivée.
f. Je suis entré dans la salle d'attente quand / comme le médecin finissait ses rendez-vous.
g. Pendant que / Comme j'achetais un magazine, le train quittait le quai.
h. Nous avons décollé depuis que / comme le soleil se levait.

14 • L'expression du temps

> **• « En » + participe présent, « en même temps que » et « au moment où »**
>
> Il chante **en prenant** sa douche. • **En même temps qu'**il se douche, il chante. • **Au moment où** on entrait dans un café, la pluie a cessé.
>
> • Quand deux actions se déroulent en même temps, on peut utiliser le gérondif (« en » + participe présent) ou des expressions comme « en même temps que » et « au moment où », suivies de l'indicatif.

459 Reliez le début et la fin des phrases.

a. En même temps que j'étudie,
b. Lorsqu'il est arrivé,
c. On est arrivés au cinéma
d. Ils ont fini la randonnée
e. Ludovic a retrouvé sa clé
f. Vous avez croisé ma sœur
g. N'oublie pas de donner à manger au chat
h. Élise prendra sa douche

1. alors qu'il faisait le ménage.
2. il n'y avait plus rien à manger.
3. en traînant les pieds.
4. quand tu quitteras l'appartement.
5. j'écoute de la musique.
6. lorsque j'aurai fini.
7. quand le film commençait.
8. au moment où elle sortait de chez le coiffeur.

460 Complétez librement.

Exemple : Quand je sors, je préfère être bien habillé.

a. Lorsqu'il fait beau, ...
b. Quand je suis en retard, ...
c. En même temps que je lis, ...
d. Au moment où je vais me coucher, ...
e. En me réveillant, ...
f. .... alors que je m'étais promis d'arrêter.
g. Pendant que je prends mon petit-déjeuner, ...
h. Lorsque je suis fatigué, ...

> **• « Dès que » et « aussitôt que »**
>
> **Dès qu'**il est dans les embouteillages, il se fâche avec tout le monde. • **Aussitôt qu'**il a dépassé l'obstacle, il a retrouvé sa bonne humeur.
>
> • « Dès que » et « aussitôt que » indiquent une simultanéité immédiate, le point de départ d'une action. Ils sont suivis de l'indicatif.

461 Mettez les verbes entre parenthèses à la forme qui convient.

Exemple : Dès que le réveil a sonné, il s'est précipité (se précipiter) hors du lit.

a. Dès qu'on s'est vus, on .... (se sourire).
b. Il me .... (reconnaître) aussitôt qu'il m'a aperçue.
c. Vous comprendrez mieux le livre dès que vous .... (lire) le chapitre 4.
d. Dès qu'Amélie portera des lunettes, elle .... (travailler) mieux en classe.
e. Nous avons changé d'itinéraire aussitôt que vous nous .... (téléphoner).
f. J'ai lu votre mail dès que je le .... (recevoir).
g. Paul a compris son erreur aussitôt que vous lui .... (parler).
h. Les Leroy sont partis en vacances dès que les travaux .... (être terminés).

Situer dans le temps

• « En attendant », « avant » et « jusqu'à ce que »

En attendant son tour, elle a lu une revue. • **Jusqu'à ce qu'**il soit guéri, je serai un peu inquiète. • Appelle-moi **avant que** je parte en vacances.

- Pour indiquer qu'une action se situe avant une autre, on peut employer « avant » ou « en attendant ». Ils peuvent être suivis d'un nom ou d'un verbe.
- On emploie « avant/en attendant de » + infinitif quand le sujet des deux verbes est le même. On emploie « avant/en attendant que » + subjonctif quand les verbes ont des sujets différents.
- « Jusqu'à ce que » exprime une action à venir, un peu incertaine. Il est suivi du subjonctif.

→ Voir aussi chapitre 9, p. 140.

462 Complétez ces phrases avec « avant (de) » ou « en attendant (de) ».

Exemple : J'ai vidé la poubelle avant de sortir de chez moi.

a. Elle a relu le texte de la pièce .... la voir.
b. Mme Vidal a vérifié que les fenêtres étaient bien fermées .... quitter la maison.
c. .... la fin de la semaine, le temps devrait se remettre au beau.
d. Noémie a pris un café .... son vol.
e. .... prendre le volant, il a chargé la voiture.
f. Nous en saurons plus .... quelques jours.
g. Il leur reste quelques jours pour acheter les cadeaux .... les fêtes.
h. .... vous quitter, nous tenons à vous remercier pour cette soirée.

463 Complétez ces phrases avec « avant », « avant de » ou « avant que ».

Exemple : Nous redescendrons au village avant qu'il fasse nuit noire.

a. Nous avons vu l'opéra *Carmen* lors de la générale, ... la première représentation.
b. Je finis de peindre ce mur .... déjeuner.
c. Prenez ce gâteau tout de suite .... elle change d'avis.
d. .... sortir, prenons un parapluie !
e. Les arbres doivent être taillés .... l'hiver.
f. N'oubliez pas d'éteindre vos portables .... la pièce commence.
g. .... te coucher, va te démaquiller !
h. Tu dois corriger cette faute .... le directeur la voie.

464 Complétez les phrases par les éléments entre parenthèses à la forme qui convient.

Exemple : Sophie a dû partir avant que vous arriviez (*vous, arriver*).

a. En attendant .... (*tu, lire*) le journal, écoute donc les infos à la radio.
b. Jusqu'à ce qu' .... (*ils, finir*) les travaux, nous dormirons chez mes parents.
c. Paul a répondu à sa grand-mère avant .... (*je, le, lui, demander*).
d. En attendant .... (*tu, recevoir*) les étagères, nous commencerons à ranger le garage.
e. Prends bien les mesures avant .... (*tu, passer*) la commande.
f. Avant .... (*nous, aller*) au Portugal, j'achèterai un guide de Lisbonne.

14 • L'expression du temps

g. En attendant .... (*le feu, prendre*), allumons les radiateurs.

h. Nous devons semer les graines avant .... (*il, se mettre*) à pleuvoir.

465 Reliez les deux phrases pour marquer l'antériorité ou la simultanéité avec le mot donné entre parenthèses.

Exemple : Alice a commencé la rééducation. (*aussitôt*) Elle est sortie de l'hôpital.
→ Alice a commencé la rééducation aussitôt qu'elle est sortie de l'hôpital.

a. (*dès que*) Sa grand-mère lui a prêté une canne. Elle a commencé à marcher avec.
→ ....

b. (*avant*) Elle a fait une première séance de kiné. Elle se sentait démotivée.
→ ....

c. (*aussitôt*) Elle a fait quelques séances de rééducation. Sa marche s'est beaucoup améliorée.
→ ....

d. (*dès que*) Alice a repris confiance. Elle s'est promenée seule dans le quartier sans sa canne.
→ ....

e. (*avant*) Elle a arrêté la rééducation. Le kiné lui a donné des exercices à faire régulièrement.
→ ....

f. Alice a repris son travail à la bibliothèque. (*dès que*) Elle s'est sentie solide.
→ ....

g. (*dès que*) Le directeur lui a proposé un emploi sans effort. Alice l'a accepté
→ ....

h. (*aussitôt*) Alice a retrouvé sa mobilité normale. Elle a regagné son poste habituel.
→ ....

• La postériorité

Après la pluie, le beau temps ! • D'abord il a plu, **puis** le temps s'est mis au beau. • **Après avoir terminé** la vaisselle, il a allumé la télé. • **Une fois que nous sommes arrivés**, nous nous sommes couchés.

- Pour exprimer une action postérieure à une autre, on peut utiliser des locutions comme « après (que) », « ensuite », « plus tard », « par la suite », « une fois (que) ».
- On emploie « après » + infinitif passé si le sujet des deux propositions est identique.
- On emploie « après que » ou « une fois que » + indicatif si le sujet des deux propositions est différent.

---

466 Reliez le début et la fin des phrases.

a. Ils ont commandé un hamburger   1. on a demandé le menu.
b. Une fois qu'ils ont mangé la pizza,   2. bu du champagne.
c. Après les desserts,   3. le patron nous a offert des liqueurs.
d. Après avoir pris l'apéritif,   4. puis une glace.
e. Nous avons goûté les huîtres après avoir 5. ils ont voulu un dessert.
f. Lucas est arrivé   6. on a pris des cafés.
g. Plus tard, après le plat principal,   7. après que les plats étaient commandés.
h. Une fois l'addition réglée,   8. nous avons demandé une assiette de fromages.

Situer dans le temps

> **• Les temps avec « après que » et « une fois que »**
>
> **Nous sommes rentrés** en taxi après que nos amis nous **ont quittés**. • Il **s'endort** après **qu'**elle lui a raconté une histoire. • Elle **faisait** la vaisselle **une fois que** les invités étaient partis.
>
> • Après « une fois que » et « après que », si l'autre verbe est au présent ou au passé composé, on emploie le passé composé. Si l'autre verbe est à l'imparfait, on emploie le plus-que-parfait.

467 Mettez le verbe entre parenthèses au temps qui convient, avec le sujet indiqué.

Exemple : Après qu'on avait voté (*on, voter*) la loi, il fallait la mettre en place.

a. Après .... (*les arbres, pousser*), on les a taillés.
b. On a fait une partie de Scrabble une fois que .... (*nos amis, prendre congé*).
c. Après .... (*nous, finir*) le repas, je t'ai proposé d'aller faire une promenade.
d. Nous sommes allés au théâtre après .... (*tu, me recommander*) cette pièce.
e. Mon oncle faisait toujours une sieste une fois que .... (*il, manger*).
f. Les enfants ne rangent jamais leur chambre une fois que .... (*ils, jouer*).
g. Mon père passait toujours l'aspirateur après .... (*on, terminer*) le repas.
h. Mon ami lit toujours la critique du film après .... (*il, le voir*).

468 Complétez les phrases par « après » ou « après que » à l'aide des éléments entre parenthèses, si besoin.

Exemples : Mes amis passent me voir après être allés (*ils, aller*) voir l'exposition.
Je suis venue dimanche en soirée après que nous sommes rentrés (*nous, rentrer*) de la campagne.

a. Ils ont bu du champagne .... (*ils, apprendre*) que tu avais le permis de conduire.
b. Nous te répondons .... (*il, se calmer*).
c. .... l'effort, le réconfort !
d. Tu sortais .... (*tu, ranger*) ta chambre.
e. .... (*il, te mentir*), tu lui as pardonné ?
f. .... (*je, t'expliquer*), tu comprenais beaucoup mieux.
g. Nous sommes allés au cinéma .... (*nous, faire*) un excellent repas.
h. .... (*elle, aller*) chez la coiffeuse, je ne l'ai pas reconnue.

14 • L'expression du temps

469 Reliez les phrases avec « une fois », puis avec « après » à l'aide des éléments entre parenthèses.

Exemple : (nous, signer) ..1. **Une fois que** nous avons signé la vente, nous organisons notre emménagement.
2. **Après** avoir signé la vente, nous organisons notre emménagement.

a. (Adrien, obtenir) son diplôme de dentiste, il a travaillé dans un cabinet de la ville.
1. ....
2. ....

b. (vous, trouver) un appartement convenable, nous venons vous rendre visite.
1. ....
2. ....

c. (elle, apporter) le dessert, les enfants n'ont plus dit un mot.
1. ....
2. ....

d. Je te rappelle, (je, envoyer) mon mail.
1. ....
2. ....

e. Maud parle beaucoup mieux espagnol, (elle, faire) son stage au Mexique.
1. ....
2. ....

f. Nous publiions nos recherches, (nous, les achever).
1. ....
2. ....

g. (les enfants, quitter) la maison, nous avons pris un appartement plus petit.
1. ....
2. ....

h. Adrien a quitté sa compagne, (elle, annoncer) qu'elle attendait un enfant.
1. ....
2. ....

470 Mettez les verbes entre parenthèses à la forme qui convient.

Exemples : Réservez vite vos places avant qu'il n'y en **ait** (avoir) plus !
Après que ma sœur m'**a appris** (apprendre) la nouvelle, j'ai éclaté de rire.

a. En même temps qu'elle .... (faire) des mots croisés, elle écoute de la musique classique.
b. Enfilez un coupe-vent avant qu'il .... (pleuvoir).
c. Tu as pu prendre la voiture après que tu .... (obtenir) ton permis.
d. Aussitôt qu'elle .... (sortir), elle s'est mise à courir.
e. Une fois qu'il .... (suivre), son traitement, il s'est senti beaucoup mieux.
f. Vous devez rester tranquilles jusqu'à ce que je .... (revenir).
g. On part dès qu'Émilie .... (rentrer).
h. Vous devrez mettre la table avant que maman .... (rentrer).

Bilan 14

1. Complétez cette lettre publicitaire par les mots de la liste.
jusqu'au – pour – pendant – sur – en – depuis – à partir du – avant – en ce moment – dès

Chère cliente, cher client,
Vous pouvez (a) .... aujourd'hui vous offrir le canapé en cuir ou le réfrigérateur dont vous rêvez (b) .... des mois. En effet, (c) ...., vous pouvez profiter de conditions exceptionnelles de crédit gratuit (d) .... six mois. De plus, (e) .... un an, nous vous proposons un taux très avantageux, si vous souhaitez payer votre achat (f) .... plusieurs mensualités. Cette offre est valable (g) .... 15 mars (h) .... 15 mai, alors ne tardez pas !
Un dernier mot : notre collection de salons de jardins (i) .... l'été prochain vous attend. N'hésitez pas à venir la découvrir (j) .... les beaux jours !
Cordialement vôtre,
Paul Lemarchand

2. Compétez ce dialogue par les mots de la liste.
avant – puis – jusqu'à ce que – une fois que – dans – après – en – avant que – ça fait – depuis – pendant – il y a – pour

Rencontre dans le métro
Damien   Mathilde, ça alors ! (a) .... au moins dix ans qu'on ne s'est pas vus !
Mathilde   C'était (b) .... 2010, il me semble, juste (c) .... avoir fini notre master à la Sorbonne.
Damien   Et qu'est-ce que tu deviens (d) .... ?
Mathilde   Je suis journaliste, je travaille au journal *L'Équipe*.
Damien   Incroyable, tu t'intéresses au sport maintenant ?
Mathilde   Non, pas vraiment, mais les temps sont durs… (e) .... de travailler à *L'Équipe*, j'ai été stagiaire au JDD, (f) .... six mois, (g) .... j'y ai été pigiste (h) .... j'obtienne un CDD au magazine *Moto*. Mais l'ambiance ne me plaisait pas et (i) .... maintenant trois ans que je travaille à *L'Équipe*. Et toi ? Raconte-moi !
Damien   Oh, rien de bien glorieux ! J'ai travaillé comme interprète pour une entreprise internationale, mais (j) .... j'ai été licencié, je n'ai pas retrouvé de travail.
Mathilde   Damien, excuse-moi, je descends à la prochaine. Donne-moi ton portable et je t'appelle.
Damien   C'est le 06 84 62 41 30. Appelle-moi (k) .... la semaine, (l) .... je parte (m) .... quelques jours voir mes parents à Bordeaux.
Mathilde   Ça marche. À bientôt Damien.
Damien   Salut Mathilde.

15 • L'expression de la cause
Les conjonctions

> **• « Parce que », « puisque », « comme »**
>
> **Puisque** demain c'est le 1er mai, je t'offrirai du muguet. • Il ne viendra pas **parce qu'**il a la grippe. • **Comme** j'ai un rendez-vous et **que** je finirai tard, ne m'attends pas.
>
> • La cause explique une situation. Elle peut être introduite par une conjonction utilisée avec l'indicatif.
>
> • « **Parce que** » exprime la cause neutre. Il complète une phrase ou répond à la question « pourquoi ? ». « **Puisque** » introduit une cause évidente ou connue. « **Comme** » insiste sur la cause et se place en début de phrase. Quand il y a plusieurs causes, on répète « **que** » devant chaque cause.
>
> → Voir aussi chapitre 14, p. 197.

471 Associez le début et la fin des phrases.

a. Puisqu'il pleut depuis ce matin,
b. Elle est arrivée en retard
c. Puisque nous ne nous aimons plus,
d. Vous êtes allé à la police
e. Comme les enfants sont épuisés,
f. Puisque tu travailles le samedi,
g. Comme l'ascenseur est en panne,
h. Il n'a pas pris la voiture

1. parce qu'elle avait oublié notre réunion.
2. séparons-nous.
3. parce qu'il neigeait.
4. nous ne ferons pas de pique-nique.
5. viens nous rendre visite dimanche.
6. j'ai dû monter à pied.
7. parce que vous avez perdu vos papiers.
8. ils vont se coucher.

472 Complétez par « parce que », « puisque » ou « comme ».

Exemple : Je ne suis pas venue *parce que* j'étais malade.

a. .... tu sors plus tôt ce soir, tu achèteras le pain en rentrant.
b. .... j'avais la migraine, je suis allé au lit avant ton retour.
c. « Pourquoi êtes-vous en retard ? – .... je n'ai pas entendu le réveil. »
d. Nous avons manqué le début du film .... Lisa ne retrouvait plus son billet.
e. .... tu as mal aux pieds avec ces chaussures, pourquoi les as-tu mises ?
f. Allume la climatisation .... il fait trop chaud.
g. .... il avait faim, il s'est préparé des pâtes.
h. Dis-le-lui .... tu es sa sœur !

473 Reliez les phrases avec « puisque », « comme » ou « parce que » dans les phrases en italique. Mettez la virgule si nécessaire.

Exemple : *Tu ne veux pas le faire ?* Eh bien, je vais demander à quelqu'un d'autre.
→ **Puisque** tu ne veux pas le faire, je vais demander à quelqu'un d'autre.

a. J'adore les comédies musicales. Je me suis inscrite à un cours de claquettes.
→ ....

b. Les étudiants sont très heureux. *Ils ont réussi leurs examens.*
→ ....

Les conjonctions

c. J'ai été absent pendant deux semaines. *Je me suis fait opérer.*

→ ....

d. *On nous a volé notre voiture.* Nous n'avons pas pu partir en week-end.

→ ....

e. *Tu ne veux pas aller au cinéma.* Eh bien, on ira sans toi.

→ ....

f. *Tu connais le directeur de ma banque.* Eh bien, tu pourrais me le présenter.

→ ....

g. Eh bien, je me tais. *Personne ne m'écoute.*

→ ....

h. *Il aimait beaucoup les animaux.* Il est devenu vétérinaire.

→ ....

474 Soulignez la conjonction qui convient.

Exemple : Je le ferai à ta place *parce que* / <u>*puisque*</u> / *comme* tu ne te sens pas bien.

a. *Comme* / *Puisque* / *Parce qu'*il a beaucoup travaillé, il a obtenu de bons résultats.
b. « Pourquoi tu seras absente ? – *Comme* / *Puisque* / *Parce que* je serai en vacances. »
c. *Comme* / *Puisque* / *Parce qu'*ils avaient trop bu, ils sont rentrés en taxi.
d. *Comme* / *Puisque* / *Parce que* tu ne veux pas nous aider, eh bien, nous ferons appel à un déménageur.
e. Elle ne dit jamais bonjour *comme* / *puisque* / *parce qu'*elle est impolie.
f. Mon fils sera absent *comme* / *puisqu'* / *parce qu'*il s'est cassé la jambe.
g. *Comme* / *Puisque* / *Parce que* Natalia est russe, je pourrai prendre des cours de russe avec elle.
h. *Comme* / *Puisque* / *Parce que* le train a eu quarante-cinq minutes de retard, j'ai raté ma correspondance.

475 Reliez le début et la fin des phrases.

a. Puisque tu as grossi et
b. Puisque vous êtes épuisé et
c. Puisque tu as mal à la gorge et
d. Puisque vous souffrez d'allergie et
e. Puisque nous avons maigri et
f. Puisqu'il a eu une promotion et
g. Puisque vous venez d'avoir votre permis et
h. Puisque j'ai eu mon bac et

1. que nous sommes au printemps, vous devriez éviter d'aller dans le jardin.
2. qu'il attend un enfant, il est ravi.
3. que vous pouvez finir ce dossier demain, rentrez chez vous.
4. que tu n'as plus rien à ta taille, nous allons faire les magasins.
5. que nous espérons perdre trois kilos de plus, nous pourrions aller à la piscine.
6. que tu tousses, va à la pharmacie.
7. que j'ai eu une mention, j'ai pu m'inscrire à la fac de médecine.
8. que vos parents vous ont offert une voiture, allez-vous abandonner le vélo ?

15 • L'expression de la cause

> **• « Étant donné », « du fait », « vu »**
>
> **Étant donné** le réchauffement climatique, il est urgent de prendre des mesures. • **Il n'ira pas à l'école, vu qu'**il est malade.
>
> - « Étant donné que », « du fait que », « vu que » introduisent une cause réelle et certaine. Ils sont suivis de l'indicatif.
> - « Du fait » et « vu » peuvent se placer au début ou à l'intérieur de la phrase. « Étant donné » se place plutôt au début.
> - ✋ « Étant donné », « vu » et « du fait de » peuvent aussi être suivis d'un nom

476 Soulignez la conjonction qui convient.

Exemple : *Vu que* / *Étant donné* vous connaissiez la nouvelle, pourquoi vous ne m'en avez pas parlé ?

a. *Étant donné que* / *Vu* la désertification prend une ampleur croissante, il est jugé utile de proposer une convention de lutte mondiale.

b. *Vu que* / *Étant donné* le Brésil se situe dans l'hémisphère sud, nous avons fêté Noël en maillot de bain.

c. *Du fait que* / *Du fait de* la fonte des glaces s'accélère, le niveau des eaux s'élève.

d. *Vu qu'* / *Du fait d'*elle a révélé la vérité, elle s'est sentie soulagée.

e. *Étant donné que* / *Vu* la Russie est le pays le plus vaste du monde, la densité de sa population est de 8 habitants par km^2.

f. J'apporterai ma moto chez le mécanicien *étant donné que* / *vu que* je n'y connais rien en mécanique.

g. *Du fait que* / *Étant donné* tu es d'accord, j'accepte ce poste à responsabilités.

h. *Vu que* / *Du fait de* tu savais qu'il avait menti, tu aurais dû me le dire.

477 Reliez les phrases avec des propositions subordonnées de cause.

Exemple : J'ai droit à une réduction ; j'ai une carte Senior. (*étant donné que*)
→ Étant donné que j'ai une carte Senior, j'ai droit à une réduction.

a. Il a perdu énormément d'argent ; il a joué au casino. (*du fait que*)
→ ....

b. Tu as eu une mauvaise note ; tu seras privé de sortie. (*vu que*)
→ ....

c. Mon fils a eu son permis ; il n'a plus jamais voulu que je l'accompagne. (*du fait que*)
→ ....

d. Nous renonçons à notre sortie en bateau ; il ne fait pas beau. (*étant donné que*)
→ ....

e. Il n'a pas pu déjeuner ; Théo n'avait pas d'argent sur lui. (*vu que*)
→ ....

f. Vous connaissiez la nouvelle ; pourquoi vous ne m'en avez pas parlé ? (*vu que*)
→ ....

g. Vous allez nous le décrire ; vous avez vu le cambrioleur. (*étant donné que*)
→ ....

h. Il a mis de la musique à plein volume ; ses parents sont sortis. (*du fait que*)
→ ....

Les autres expressions de la cause

> • « À cause de » et « grâce à »
>
> **Grâce à** son aide, j'ai obtenu un bon poste de travail. • **À cause d'**un contretemps, elle n'a pas assisté à la réunion.
>
> ▪ « À cause de/d' » introduit une cause neutre ou négative. « Grâce à » introduit une cause positive.
>
> ▪ Ils sont suivis d'un nom ou d'un pronom.

478 Reliez le début et la fin des phrases.

Grâce
- a. au
- b. à la
- c. aux
- d. à l'
- e. de

À cause
- f. du
- g. de la
- h. des

1. police, les cambrioleurs ont été arrêtés.
2. circulation, les pompiers sont arrivés trop tard sur le lieu du sinistre.
3. armée, les otages ont été libérés.
4. forces de l'ordre, les manifestants ont changé de parcours.
5. portrait-robot, l'assassin a été retrouvé.
6. mauvais temps, la manifestation a été écourtée.
7. habitants du quartier, les blessés ont été secourus.
8. sa lâcheté, les agresseurs se sont enfuis.

479 Terminez librement les réponses.

Exemple : Comment avez-vous trouvé ce logement ? → C'est grâce aux parents de mon ami.

a. Comment avez-vous connu votre mari ? → C'est grâce au ....
b. Comment êtes-vous parvenu à vous inscrire dans cette université ? → C'est grâce à l' ....
c. Comment avez-vous obtenu votre dernier emploi ? → C'est grâce à la ....
d. Comment avez-vous financé vos études ? → C'est grâce à ....
e. Comment avez-vous trouvé votre nouvelle secrétaire ? → C'est grâce aux ....
f. Comment êtes-vous devenu artiste ? → C'est grâce à ....
g. Comment avez-vous ouvert votre restaurant ? → C'est grâce à l' ....
h. Comment avez-vous appris le français ? → C'est grâce à ....

480 Complétez par « à cause de » ou « grâce à ».

Exemple : Grâce à l'aide de mes amis, j'ai repeint tout mon appartement.

a. .... la neige, nous avons préféré laisser la voiture au garage.
b. .... Mathieu, on s'est trompés de route.
c. .... lui, vous avez apprécié ce pays.
d. .... l'inondation, nous avons dû appeler les pompiers.
e. .... toi, je ne suis pas descendue à ma station de métro.
f. .... la générosité des habitants, les sinistrés ont été hébergés.
g. .... l'hôtel de notre village, les victimes ont été logées.
h. .... Carole, mon fils a fait un stage dans le palace Martinez, à Cannes.

15 • L'expression de la cause

481 Terminez librement les réponses.

Exemple : Pourquoi la tour Eiffel s'appelle-t-elle ainsi ? → C'est à cause *du nom de son constructeur.*

a. Pourquoi la rue est barrée ? → C'est parce que ....
b. Pourquoi la boulangerie est fermée ? → C'est à cause de ....
c. Pourquoi le métro s'est arrêté ? → C'est à cause de ....
d. Pourquoi y a-t-il tant de monde dans les rues ? → C'est parce que ....
e. Pourquoi les journaux ne paraissent pas aujourd'hui ? → C'est à cause de ....
f. Pourquoi pleure-t-il ? → C'est parce que ....
g. Pourquoi ne mange-t-elle pas ? → C'est à cause de ....
h. Pourquoi l'air des grandes villes est si pollué ? → C'est à cause de ....

482 Reliez les éléments donnés avec « grâce à », « à cause de » ou « parce que ».

Exemple : Elle sait danser la samba ; *son petit ami brésilien.*
→ Elle sait danser la samba **grâce à** son petit ami brésilien.

a. Nous sommes restés à Rio ; *nos amis fêtaient leur anniversaire de mariage.*
→ ....

b. On a passé la journée sur la plage de Copacabana ; *la chaleur dans l'appartement.*
→ ....

c. Nous avons participé au carnaval ; *ma famille y tenait beaucoup.*
→ ....

d. J'ai réalisé mon rêve : visiter le Brésil ; *un ancien étudiant.*
→ ....

e. Nous sommes bloqués à l'hôtel ; *fortes pluies.*
→ ....

f. Tu as pu séjourner fréquemment chez lui ; *son vaste appartement.*
→ ....

g. J'ai raté l'avion de Venise ; *ma voiture était tombée en panne.*
→ ....

h. Il était impossible d'atterrir à Londres ; *le brouillard.*
→ ....

483 Soulignez la proposition qui convient.

Exemple : *Grâce aux /* **À cause des** *travaux sur la voirie, l'autoroute est fermée de 23 h à 4 h le 26 mai.*

a. *Grâce à la / À cause de la pollution de l'air, il est recommandé aux personnes fragiles de ne pas sortir.*
b. *Grâce au / À cause du nouveau maire de la commune, la ville a embelli.*
c. *Grâce aux / À cause des festivités du quartier, je n'ai pas fermé l'œil de la nuit.*
d. *Grâce à / À cause d'une grève des avions d'Air France, je n'ai pas pu venir.*
e. *Grâce à / À cause de sa persévérance, il a obtenu gain de cause.*
f. *Grâce aux / À cause des embouteillages, j'ai raté le dernier train.*
g. *Grâce aux / À cause des intempéries, je n'ai pas pris ma voiture.*
h. *Grâce au / À cause du feu d'artifice du 14 Juillet, on ne peut pas circuler sur le bord de mer.*

Les autres expressions de la cause

484 Reliez le début et la fin des phrases.

a. Vu l'heure tardive,
b. Étant donné les problèmes de voisinage,
c. Vu le poids des valises,
d. Étant donné la vitesse à laquelle il roulait,
e. Étant donné les distances entre nos deux pays,
f. Vu le manque d'air,
g. Vu l'importance de ses relations,
h. Étant donné la chaleur,

1. le gardien souhaite une réunion des propriétaires.
2. le serveur nous apporte l'addition.
3. elle s'est évanouie.
4. elle pourra vite trouver du travail.
5. nous allons payer un excédent de bagages.
6. il a eu un violent accident.
7. nous devrions manger à l'intérieur.
8. il sera difficile de nous revoir.

485 Complétez par « étant donné », « du fait de » ou « vu ». (Il y a parfois deux possibilités.)

Exemple : Étant donné/ Vu ta venue à Toulouse, nous avons décidé de t'inviter chez nous.

a. Nous ne pouvons pas vous accorder une hausse de salaire, ... la crise économique.
b. .... votre manque d'expérience, je ne peux pas vous confier ce travail.
c. On prend sa femme pour sa fille, ... la différence d'âge.
d. .... ses moyens financiers, elle louera un studio.
e. Il faut le féliciter, ... son investissement personnel dans cette affaire.
f. .... la hausse des bénéfices, nous allons augmenter les salaires.
g. Vous n'allez pas vous occuper de ce dossier, ... la lenteur avec laquelle vous travaillez.
h. .... ses critiques, je ne pense pas qu'il veuille le poste.

486 Reformulez la cause avec « étant donné » à partir du mot en italique.

Exemple : Il est rare d'énerver Enzo car il est *tranquille*. → **Étant donné sa tranquillité,** il est rare d'énerver Enzo.

a. Elle acceptera de nous rendre ce service car elle est *gentille*.
   → ....
b. Cet étudiant finira son examen avant les autres candidats car il est *rapide*.
   → ....
c. Ils ont tout donné car ils sont *généreux*.
   → ....
d. Mon frère n'a pas été retenu pour ce travail car il est *jeune*.
   → ....
e. Floriane sera mannequin car elle est *belle*.
   → ....
f. Les pompiers ont sauvé le blessé car ils sont *courageux*.
   → ....
g. Il a renoncé à fêter son anniversaire car il est *triste*.
   → ....
h. Tu n'as rien dit car tu es *timide*.
   → ....

15 • L'expression de la cause

> **• Prépositions suivies d'un nom**
>
> Nous tremblons **de** froid. • On l'aime **pour** son enthousiasme. • Il l'a fait **par** gentillesse et **à** sa demande. • **Devant** son insistance, j'ai cédé.
>
> • « Pour », « à », « par », « devant » et « sous » peuvent s'employer pour exprimer la cause. « Devant » et « sous » sont suivis d'un déterminant ; « pour », « à » et « par » s'emploient sans article.
>
> • « De » exprime la cause d'un état physique. Il s'emploie sans article.

487 Complétez par « à », « de », « pour », « sous », « devant » ou « par ».

Exemple : Sous l'empire de l'alcool, il a eu un accident.

a. Il a été récompensé .... son excellent travail.
b. .... le poids des préjugés, elle a préféré renoncer.
c. .... la forte demande, la comédie musicale a dû ajouter des dates.
d. .... son appel, Léa nous a quittés.
e. Il lui a pardonné .... amour.
f. Elle pleurait .... joie à l'écoute des résultats.
g. .... son entêtement, nous avons renoncé à lui réclamer notre argent.
h. Nous tremblons .... peur quand nous regardons des films d'horreur.

488 Reliez le début et la fin des phrases.

a. Si l'on mangeait ? Je meurs
b. Il a reçu le prix Nobel
c. Il a été puni
d. Elle a agi
e. Je vous rends votre clé, je l'avais prise.
f. Je vais me coucher, je tombe
g. On lui a retiré son permis
h. Ce matin, il fait -10 °C, un vieil homme est mort

1. pour ses recherches en génétique.
2. par intérêt.
3. de faim.
4. par erreur.
5. pour sa cruauté
6. de froid.
7. de sommeil.
8. pour conduite en état d'ivresse.

489 Réécrivez les phrases suivantes avec « à », « de », « pour », « devant » ou « par ».

Exemple : Je l'admire parce qu'il est très gentil. → Je l'admire **pour** sa grande gentillesse.

a. Il a été remercié parce qu'il est très courtois.
  → ....
b. C'est parce qu'elle est très méchante qu'elle lui a parlé ainsi.
  → ....
c. Nous frissonnions parce qu'il faisait froid.
  → ....
d. Il a chanté sa chanson préférée parce qu'elle lui avait demandé.
  → ....
e. Ils sont admirés parce qu'ils sont très généreux.
  → ....
f. Le jeune garçon a abandonné l'idée de faire le tour du monde parce que ses parents s'y opposaient.
  → ....

g. Elle s'est mise à pleurer parce qu'elle était fatiguée.
   → ....

h. Nous l'avons ignoré parce que nous étions jaloux.
   → ....

> **• Prépositions suivies d'un infinitif**
>
> **Ils ont été condamnés pour avoir cambriolé une banque. • J'ai été déçue de ne pas avoir assisté au procès. • Les victimes sont heureuses de pouvoir témoigner.**
>
> - « Pour » avec un infinitif passé (« avoir » ou « être » + participe passé) exprime la cause.
> - « De » suivi de l'infinitif au passé ou au présent exprime la cause après un verbe ou un adjectif de sentiment.
> ✋ • L'infinitif doit avoir le même sujet que le verbe conjugué.
>   • À la forme négative, « ne pas » est placé avant le verbe ou l'auxiliaire.

490 Reformulez la cause avec un infinitif passé.

Exemple : Un réfugié a été récompensé parce qu'il a sauvé un enfant des flammes.
→ Un réfugié a été récompensé **pour avoir sauvé** un enfant des flammes.

a. Elle a été décorée de la Légion d'honneur parce qu'elle a fait rayonner la musique française à l'étranger.
   → ....

b. Mon grand-père a obtenu une médaille parce qu'il s'est illustré sur les champs de bataille.
   → ....

c. Un simple passant a été félicité par le Président parce qu'il a sauvé une femme dans un appartement en feu.
   → ....

d. Mon mari a perdu quatre points sur son permis parce qu'il n'a pas respecté le code de la route.
   → ....

e. Il a eu un accident parce qu'il a brûlé un feu rouge.
   → ....

f. Le manifestant a été menotté parce qu'il a refusé d'obtempérer.
   → ....

g. Le candidat a été recalé parce qu'il ne s'est pas présenté à temps à l'examen.
   → ....

h. Le vigile a été réprimandé parce qu'il n'est pas resté à son poste lors de l'alerte incendie.
   → ....

491 Complétez par l'infinitif passé du verbe entre parenthèses.

Exemple : Mon patron a été condamné pour avoir harcelé (*harceler*) sa secrétaire.

a. Un enseignant a été licencié pour .... (*commettre*) une faute grave.
b. Un collégien a été renvoyé pour .... (*formuler*) des propos racistes.
c. Une agence immobilière a été poursuivie pour .... (*discriminer*) des clients.
d. Un agent de police a été suspendu pour .... (*frapper*) un collègue.
e. Des camionneurs ont été sanctionnés pour .... (*se tromper*) de route.
f. Il a été inculpé pour .... (*aller*) chez la victime.

15 • L'expression de la cause

g. Une salariée a perdu son travail pour .... (*se disputer*) avec la fille de son directeur.

h. Un enfant a reçu une lettre d'avertissement pour .... (*télécharger*) illégalement.

492 Reformulez la cause en utilisant « pour » suivi d'un infinitif ou d'un nom.

Exemple : Le sportif a été applaudi parce qu'il avait réalisé un exploit.
→ Le sportif a été applaudi **pour avoir réalisé un exploit/ pour son exploit.**

a. L'élève a été réprimandé parce qu'il s'était mal conduit.
→ ....

b. Ils ont été condamnés parce qu'ils avaient commis un vol.
→ ....

c. Le jeune officier a été cité parce qu'il avait été courageux.
→ ....

d. Les employés ont été renvoyés parce qu'ils étaient arrivés en retard à trois reprises.
→ ....

e. L'inspecteur a été jugé parce qu'il avait vendu de la drogue.
→ ....

f. Le député a été sifflé parce qu'il avait tenu des propos injurieux.
→ ....

g. Le conducteur a été arrêté parce qu'il avait franchi la ligne blanche.
→ ....

h. Un père a été condamné parce qu'il n'avait pas respecté le droit de visite.
→ ....

493 Reliez le début et la fin des phrases. (Il y a parfois plusieurs possibilités.)

a. Je suis étonnée de   1. ne pas être invités à l'anniversaire de leur fille.
b. Ils étaient en colère d'   2. vous avoir rencontrés.
c. Les parents sont fâchés de   3. devoir travailler le dimanche.
d. Nous sommes ravis de   4. avoir attendu pendant des heures.
e. Nous sommes chagrinés de   5. être peu considéré.
f. Il s'irrite d'   6. vous quitter si rapidement.
g. Ils sont peinés de   7. être arrivées si tôt.
h. Nous sommes surprises d'   8. voir leur enfant si triste.

494 Complétez par l'infinitif présent ou passé.

Exemple : Elles sont heureuses d'avoir obtenu (*obtenir*) leur bac le mois dernier.

a. Les comédiens sont tristes .... (*devoir*) arrêter la tournée en avril prochain.

b. Les lycéens sont fiers .... (*participer*) à cette rencontre sportive dans deux semaines.

c. Nous sommes déçus .... (*ne pas faire la connaissance*) de vos parents hier.

d. J'ai honte .... (*vous téléphoner*) hier soir, à 23 heures.

e. Ses parents craignent .... (*ne pas pouvoir*) venir au mariage l'été prochain.

f. Tu es navré .... (*s'emporter*) à la soirée de Julie samedi dernier ?

Les autres expressions de la cause

g. Je m'étonne .... (prendre) l'avion pour le travail, lundi prochain.

h. Elle regrette .... (partir) avant la fin du concert avant-hier.

• **« Car » et « en effet »**

Il est guéri, car je l'ai croisé au marché. • **Elle a acheté une villa sur la Côte d'Azur. En effet, elle a reçu un héritage.**

- **« Car »** peut remplacer « parce que » ou « puisque » et s'utilise plutôt à l'écrit. Il est toujours placé à l'intérieur de la phrase et ne répond pas à la question pourquoi.

- **« En effet »** introduit une preuve à l'énoncé principal. Il est placé en début de phrase ou après le verbe ou après l'auxiliaire.

---

495 Reliez les phrases avec « car ».

Exemple : L'exploitation forestière et l'agriculture intensive sont de plus en plus pratiquées. Les forêts disparaissent à un rythme très important. → Les forêts disparaissent à un rythme très important car l'exploitation forestière et l'agriculture intensive sont de plus en plus pratiquées.

a. L'activité humaine a modifié et a pollué l'environnement. Certaines espèces sont en voie de disparition.
   → ....

b. Nous économisons l'eau et en particulier en été. L'eau est une ressource limitée.
   → ....

c. 12,7 millions de tonnes de plastique finissent dans les océans. Le milieu marin est contaminé.
   → ....

d. La grande majorité des débris marins sont d'origine terrestre. Il faut réduire le nombre d'objets en plastique à usage unique.
   → ....

e. Nous abusons des matières plastiques. Nous devons réduire notre consommation et recycler nos produits.
   → ....

f. Le transport terrestre et le secteur industriel y participent. L'air est pollué.
   → ....

g. Les équilibres météorologiques et les écosystèmes sont modifiés. Le réchauffement climatique est un phénomène global.
   → ....

h. Le niveau de la mer va augmenter d'environ un mètre d'ici 2100. Des îles paradisiaques sont en péril.
   → ....

496 Complétez par « car » ou « en effet ».

Exemple : Elle lui a pardonné car elle l'aimait.

a. Cet homme lui a menti ; ...., il lui a dit qu'il n'était pas marié.

b. L'avion n'a pas pu atterrir à Édinbourg ; ...., il y avait trop de brouillard.

c. Mathieu a de mauvaises notes .... il n'étudie pas assez.

d. Je ne connais pas cet étudiant. Je ne l'ai, ..., jamais vu à mes cours.

e. Les élèves sont en retard .... ils ont manqué le bus.

f. Le professeur est encore dans la classe ; il a, ..., un tas de copies à corriger.

15 • L'expression de la cause

g. Le bus scolaire a eu un accident .... il roulait trop vite.

h. Les écoliers peuvent venir à vélo ; ...., il y a désormais de nombreuses pistes cyclables.

497 Reformulez la cause avec « en effet » ou « comme ».

Exemple : Comme j'avais un avion à 6 h 30, j'ai dû prendre un taxi pour aller à l'aéroport.
→ J'ai dû prendre un taxi pour aller à l'aéroport ; **en effet**, j'avais un avion à 6 h 30.

a. Il lui a offert un bouquet de fleurs ; en effet, c'était la fête des Mères.
→ ....

b. Comme nous aimons fêter Noël à la montagne, nous avons loué un chalet en Savoie.
→ ....

c. Comme elle travaille le week-end, elle ne pourra pas venir à mon anniversaire.
→ ....

d. J'ai eu un accident de scooter ; en effet, un automobiliste m'a refusé la priorité.
→ ....

e. Comme les compagnies régulières sont chères, je préfère les compagnies low cost.
→ ....

f. Je ne le vois pas souvent ; il habite, en effet, à Tahiti.
→ ....

g. Comme mes parents ont peur de l'avion, ils prennent toujours le train.
→ ....

h. Elle déteste le bateau ; en effet, elle ne sait pas nager.
→ ....

• Le gérondif et le participe présent

Je me suis cassé la jambe **en skiant**. • **Voulant** ce poste, il a dû apprendre l'allemand. • **Étant restée** seule pendant les vacances, elle est parvenue à achever son roman.

• Le gérondif (« en » + participe présent) et le participe présent peuvent exprimer la cause.

✋ Avec le gérondif, le sujet des deux verbes doit être le même.
→ Voir aussi le chapitre 11, p. 160

---

498 Remplacez les mots en italique par une proposition subordonnée avec « parce que », « puisque » ou « comme ».

Exemple : Hier, Thomas a provoqué un accident *en freinant trop tard*.
→ Hier, Thomas a provoqué un accident **parce qu'il a freiné trop tard**.

a. *Pensant que tu dormais*, je n'ai pas osé sonner à la porte.
→ ....

b. *En faisant de la gymnastique*, vous gardez la forme.
→ ....

c. *Les loyers parisiens étant trop chers*, Elsa a décidé de vivre en banlieue.
→ ....

d. *En lisant ce livre*, elle a eu envie de visiter Venise.
→ ....

Les autres expressions de la cause

e. *Sachant qu'il y avait un bon film à la télévision*, ils ont préféré rester chez eux. → ....
→ ....

f. *Connaissant très bien Paris*, Sarah a répondu à toutes nos questions.
→ ....

g. Rémy s'est rendu malade *en mangeant des huîtres.*
→ ....

h. *Étant souffrant*, il n'a pas pu aller à l'école.
→ ....

499 Reformulez la cause avec un gérondif.

Exemple : Elle a terminé sa thèse parce qu'elle a travaillé jour et nuit.
→ Elle a terminé sa thèse **en travaillant jour et nuit**.

a. Il s'est coupé le doigt parce qu'il a utilisé un outil tranchant.
→ ....

b. Alexandre a sensiblement maigri parce qu'il a supprimé le fromage et les desserts.
→ ....

c. Il a réussi à gagner le championnat parce qu'il s'entraînait sérieusement.
→ ....

d. Il a pu arriver à l'heure parce qu'il a couru très vite.
→ ....

e. Elle a perdu du poids parce qu'elle a fait un régime pendant six mois.
→ ....

f. Mon fils s'est tordu le poignet parce qu'il est tombé de vélo.
→ ....

g. Son père a des problèmes de surpoids parce qu'il mange trop.
→ ....

h. Les voisins se sont fait mal au dos parce qu'ils ont bricolé ce week-end.
→ ....

500 Reformulez la cause avec un participe présent.

Exemple : Comme les toilettes étaient occupées, il a dû patienter.
→ **Les toilettes étant occupées,** il a dû patienter.

a. Comme je suis âgée et que je vis seule, je dépense peu.
→ ....

b. Comme les invités commençaient à s'endormir, nous leur avons proposé de dormir à la maison.
→ ....

c. Comme les magasins sont ouverts pendant les jours fériés de mai, j'irai faire mes achats ces jours-là.
→ ....

d. Comme la pluie se mettait à tomber, ils se sont abrités sous un porche.
→ ....

e. Comme les congés approchent, les élèves ne pensent qu'aux vacances.
→ ....

15 • L'expression de la cause

f. Comme les enfants ont de nombreux amis, nous allons réserver une salle pour fêter le jour de l'An.
→ ....

g. Comme mes collègues savent parler chinois, ils rencontreront nos associés de Pékin.
→ ....

h. Comme elle savait qu'il allait neiger, elle n'a pas pris sa voiture.
→ ....

501 Reliez le début et la fin des phrases.

a. Ayant eu un accident de voiture,
b. Le policier étant passé par l'arrière de la banque,
c. Les élections européennes approchant,
d. S'étant inscrite à l'université,
e. Étant fatigués,
f. N'ayant pas besoin de passeport pour ce pays,
g. S'étant blessé pendant le match,
h. La tempête ayant détruit les restaurants du bord de mer,

1. les électeurs commencent à lire les programmes des candidats.
2. mes parents ne se rendront pas au mariage.
3. mon frère se rend à pied à son bureau.
4. les malfaiteurs ont été surpris.
5. elle n'a pas pu travailler à l'hôtel cette année.
6. les restaurateurs les reconstruiront à l'identique.
7. votre carte d'identité suffira.
8. son adversaire a gagné par forfait.

502 Reformulez la cause avec « comme » ou « puisque ».

Exemple : Le printemps étant arrivé, on vit davantage à l'extérieur.
→ **Comme** le printemps est arrivé, on vit davantage à l'extérieur.

a. Lisa étant actuellement en province, je ne l'ai pas vue depuis plusieurs mois.
→ Comme ....

b. Étant retournés à l'école, les enfants ont retrouvé leurs copains.
→ Comme ....

c. N'ayant pas réussi mon bac, je dois redoubler ma terminale.
→ Comme ....

d. Travaillant dans un centre de documentation, tu lis la presse tous les jours.
→ Comme ....

e. Mme Dulac n'arrivant pas, commençons la réunion maintenant.
→ Puisque ....

f. Le lui ayant promis, tu dois l'accompagner à ce cocktail.
→ Puisque ....

g. Notre fils n'étant pas venu, mon mari et moi avons dîné en tête à tête.
→ Puisque ....

h. Anna ayant une maison, elle pourra vous loger.
→ Puisque ....

503 Complétez par le verbe entre parenthèses au participe présent ou au participe présent à la forme passée.

Exemple : Ma grand-mère, s'étant endormie (s'endormir), n'a pas vu la fin du film.

a. Son fils .... (s'absenter) mardi de l'école, le principal du collège l'a convoqué.
b. L'autoroute .... (être) saturée, vous prendrez les petites routes.
c. Le plombier .... (venir) demain, nous vidons la salle de bains.
d. Nos amis, ... (se tromper) d'adresse, sont arrivés en retard.
e. .... (aimer) le tennis tous les deux, nous nous entendons bien.
f. .... (mettre) de l'argent de côté l'année dernière, elle a pu financer ses études.
g. .... (habiter) la même rue avant, nous nous rencontrions plus souvent.
h. .... (travailler) pour une compagnie aérienne, il voyage beaucoup.

15 • L'expression de la cause

Bilan 15

1. Complétez le texte avec les mots de la liste. (Il y a parfois deux possibilités.)

parce que – comme – grâce à – puisque – à cause du – étant donné – pour – du fait que

(a) .... Festival de Cannes, comme chaque année, la circulation a été perturbée sur la Croisette et dans la ville. Des milliers de spectateurs attendaient l'arrivée des stars du moment.
(b) .... l'importance de l'événement, de gros moyens avaient été mis en place.
(c) ....la mobilisation des forces de l'ordre, aucun incident n'a été relevé lors de la traditionnelle montée des marches. Les stars étaient présentes au rendez-vous. Mais, (d) .... la pluie tombait, ces dernières n'ont fait qu'une brève apparition sur le tapis rouge du festival.
Les journalistes et les spectateurs, venus nombreux, semblaient déçus. (e) .... l'orage se faisait de plus en plus fort et que la pluie redoublait d'intensité, les gens ont fini par se disperser plus tôt que prévu. Certains en ont profité pour tenter de forcer le cordon de sécurité. D'autres, (f) .... ils avaient une invitation, ont pu obtenir ce qu'ils souhaitaient.
(g) .... avoir dit que la pluie était souvent au rendez-vous à l'ouverture du festival, les organisateurs ont joué la carte de la sérénité. Il est vrai que ce festival est un événement médiatique exceptionnel (h) .... plus de deux milliards de personnes le suivent à travers le monde. Ce n'est donc ni un gros orage, ni de fortes pluies qui parviendront à décourager les passionnés du cinéma.

2. Choisissez la bonne formule.

Le directeur	La comptable a démissionné ; (a) *en effet, / étant donné* qu' on lui a proposé un poste plus intéressant.
Le responsable	Mais vous lui aviez proposé une augmentation de salaire, non ?
Le directeur	C'est juste. (b) *En effet, / Vu* je lui avais accordé 100 euros de plus par mois.
Le responsable	(c) *Ce n'est pas parce qu' / ce n'est pas qu'*elle voulait une augmentation qu'elle est partie, mais (d) *parce qu' / étant donné qu'*elle souhaitait vivre dans le sud de la France.
Le directeur	Elle a acquis une belle expérience (e) *en ayant travaillé / en travaillant* chez nous. Et elle nous laisse tomber.
Le responsable	(f) *Contactant / Ayant contacté* plusieurs entreprises, elle a dû avoir le choix.
Le directeur	(g) *Par / Pour* manque de communication, nous avons perdu la perle rare.
Le responsable	Je ne comprends pas. On l'avait félicitée et récompensée (h) *pour / grâce à* avoir fait des heures supplémentaires. La communication n'est pas inexistante dans l'entreprise, (i) *ce n'est pas parce qu' / ce n'est pas qu'*elle soit bonne, mais elle n'est pas si mauvaise.
Le directeur	À vous de jouer maintenant. Recrutez un nouveau comptable !

16 • L'expression du but

Les prépositions

> **• « Pour » et « afin de »**
>
> **Elle prend un congé sabbatique pour faire le tour du monde. • Il se rend au salon du travail afin de trouver un job d'été.**
>
> - Le but exprime ce que l'on cherche à atteindre ou à éviter.
> - « Pour » et « afin de » s'emploient avec l'infinitif quand ils ont le même sujet que l'autre verbe. « Pour » peut aussi s'employer avec un nom.
> - À la forme négative « ne pas » se place devant le verbe.

504 Soulignez les phrases qui indiquent un but.

Exemples : Étant donné le froid, des stations de métro restent ouvertes la nuit pour les SDF.
Ils ont décoré la maison afin de la rendre plus accueillante.

a. Il a été puni pour mauvaise conduite.
b. Elle fait des efforts pour gagner la course.
c. Il a été félicité d'avoir sauvé une vieille dame.
d. Comme ils souffrent de la chaleur, ils ferment les volets.
e. Il épargne afin de s'offrir un grand voyage.
f. Il n'a pas téléphoné parce qu'il ne voulait pas nous déranger.
g. Nous sortons cinq minutes afin de fumer une cigarette.
h. Je vous envoie son mail en copie pour information.

505 Reliez les éléments donnés avec « pour ».

Exemple : réserver le taxi, téléphoner dès à présent → Téléphone dès à présent **pour** réserver le taxi.

a. Être plus chic ; mettre ton costume.
   → ....

b. Te protéger du froid ; penser à ton manteau.
   → ....

c. Éviter de te faire mal ; enfiler des gants.
   → ....

d. Vérifier que tu as de l'argent ; ouvrir ton portefeuille.
   → ....

e. Voir plus clair ; prendre tes lunettes.
   → ....

f. Acheter mes médicaments ; passer d'abord à la pharmacie.
   → ....

g. L'offrir à notre tante ; choisir un joli bouquet chez le fleuriste.
   → ....

h. Le présenter à l'entrée ; emporter ton carton d'invitation.
   → ....

16 • L'expression du but

506 Complétez librement les réponses en utilisant « pour » ou « afin de ».

Exemple : Ils ont rénové leur maison ?
– Oui, ils ont engagé une entreprise afin de/pour rénover leur maison.

a. – Il lui fait une surprise ?
– Oui, il a acheté une commode Louis XVI ....

b. – Tes parents transforment leur jardin ?
– Oui, ils font appel à un paysagiste ....

c. – Votre voisin installe une piscine ?
– Oui, il est en train de creuser ....

d. – Tu as repeint le salon ?
– Oui, j'ai choisi le bleu ....

e. – Elle a augmenté la superficie de sa maison ?
– Oui, elle a aménagé les combles ....

f. – Ils ont aménagé un studio ?
– Oui, ils ont condamné le garage ....

g. – Mes enfants ont acheté leur appartement ?
– Oui, ils ont pris des crédits ....

h. – Tu entreprends des travaux chez toi ?
– Oui, j'ai pris des congés ....

507 Mettez les mots en italique dans l'ordre pour compléter les phrases.

Exemple : Le jour de l'examen, je me lève tôt *être / pas / de / en / ne / afin / retard*.
→ Le jour de l'examen, je me lève tôt afin de ne pas être en retard.

a. Puis, je me prépare un bon petit-déjeuner *la / faim / ne / durant / avoir / pour / matinée / pas*.
→ ....

b. Après, je prends un bain *être / pas / afin / stressée / de / ne*.
→ ....

c. Ensuite, j'opte pour des couleurs foncées *pas / trop / pour / voyante / ne / être*.
→ ....

d. Je mets une tenue classique mais pas stricte *paraître / pas / de / négligée / afin / ne*.
→ ....

e. Mes cheveux doivent être tirés en arrière *mèches / pas / sur / ne / le / pour / visage / avoir / de*.
→ ....

f. Je me maquille sans trop en faire *ressembler / une / afin / à / ne / de / poupée / pas*.
→ ....

g. Je vérifie si tout mon matériel se trouve dans mon sac *me / difficulté / en / trouver / pour / pas / ne*.
→ ....

h. Enfin, je jette un coup d'œil dans mon portefeuille *ma / pas / identité / oublier / pour / carte / ne / d'*.
→ ....

Les propositions au subjonctif

508 Répondez et précisez le but à partir des questions.

Exemple : Il a pris le micro. Il veut se faire entendre ?
— Je crois qu'il a pris le micro **afin de se faire entendre**.

a. — Elle l'a invité. Elle le séduit ?
— Je pense qu'...

b. — Tu leur proposes une somme d'argent. Tu leur rachètes une voiture ?
— Je suppose que ....

c. — Vous leur téléphonez. Vous les avertissez ?
— J'imagine que ....

d. — Il lui a offert des fleurs. Il s'excuse pour son absence ?
— Je suppose qu'...

e. — Ton frère t'a parlé ainsi. Il t'a rassurée ?
— Je présume que ....

f. — Il lui a envoyé une place de concert. Il l'invite ?
— Je me doute qu'...

g. — Cet acteur a accordé une interview. Il a révélé la vérité.
— Je pense que ....

h. — Les Durand ont vendu leur appartement. Ils vont vivre au Portugal.
— Je crois que ....

Les propositions au subjonctif

> **• « Pour que » et « afin que »**
>
> **Elle nous prête sa voiture afin que nous puissions sortir. • Elle nous a envoyé la recette pour que nous sachions cuisiner ce plat. • Parlez plus fort qu'on vous entende.**
>
> • « Pour que » et « afin que » sont suivis du subjonctif.
> • Après un verbe principal à l'impératif, on peut remplacer « pour que » par « que ».

509 Reliez les phrases avec « pour que », comme dans l'exemple.

Exemple : Les enfants sont heureux. Nous achetons une maison.
→ Nous achetons une maison **pour que** les enfants soient heureux.

a. Ils peuvent s'amuser. Nous avons choisi un grand jardin. → ....
b. Ils vont au stade. Je reviens tôt. → ....
c. Ils se baignent. Nous avons prévu une piscine. → ....
d. Il est à l'heure. Je l'accompagne à moto. → ....
e. Il finit un jeu avec son ami. Je lui laisse l'ordinateur. → ....
f. Il comprend mieux. Je lui montre cet exercice de solfège. → ....
g. Je dors tranquillement. Il écoute la musique avec un casque. → ....
h. Nous jouons ensemble. On a acheté une table de ping-pong. → ....

16 • L'expression du but

510 Soulignez la forme qui convient.

Exemple : Nous prendrons la voiture : *pour* / *pour que* nous rendre chez Lucie.

a. *pour* / *pour que* vous arriviez à temps.
b. *pour* / *pour que* accompagner Emmanuel.
c. *pour* / *pour que* être à l'heure.
d. *pour* / *pour que* le trajet soit plus agréable.
e. *pour* / *pour que* tu puisses conduire.
f. *pour* / *pour que* les enfants viennent avec nous.
g. *pour* / *pour que* voyager plus confortablement.
h. *pour* / *pour que* Grand-Mère veuille venir avec nous.

511 Reliez les phrases avec « pour ». Employez l'infinitif ou le subjonctif.

Exemple : Vous téléphonerez. Je saurai que vous arrivez.
→ Vous téléphonerez **pour que je sache que vous arrivez.**

a. Nous allons chez elle. Nous déjeunerons. → ....
b. Tu me préviens. Je t'attendrai. → ....
c. On déménage à Toulon. On profitera de la mer. → ....
d. Elle travaille. Elle réussira son examen de médecine. → ....
e. J'ai rendez-vous avec le notaire. Je signerai un acte de vente. → ....
f. Elles se retrouvent. Anna ne sera pas seule à Noël. → ....
g. Ils se marient. Ils feront plaisir à la famille. → ....
h. Vous ne ferez pas de bruit. Les enfants pourront dormir tard. → ....

512 Complétez les phrases par « afin de » ou « afin que ».

Exemple : Elle se lève tôt **afin de** ne pas être en retard.

a. Je vais l'appeler .... il soit averti.
b. Il m'a écrit .... me rassurer.
c. Je lui ai parlé .... tout soit bien clair.
d. Tu as fait cela .... je perde.

Les propositions au subjonctif

e. Nous lui avons envoyé un SMS .... il nous appelle.
f. J'ai suivi l'actualité .... comprendre ce qui s'est passé.
g. On est allés à la campagne .... être au calme.
h. Je suis parti .... ne plus les voir.

513 Terminez les phrases avec le verbe entre parenthèses.

Exemple : Tu auras un bureau afin d'être (*être*) plus tranquille.

a. Vous me téléphonerez afin que je .... (*ne pas s'inquiéter*).
b. Elle fera des courses afin que nous .... (*pouvoir dîner*).
c. Je mettrai un chapeau afin que vous me .... (*reconnaître*).
d. Nous suivrons le plan afin de .... (*ne pas se perdre*).
e. Vous irez voir ce médecin afin de .... (*se soigner*).
f. Tu achèteras un billet à l'avance afin de .... (*bénéficier*) des meilleurs tarifs.
g. J'enverrai un texto avec mon adresse afin que tu .... (*savoir*) où j'habite.
h. Vous lirez cet article afin de .... (*comprendre*).

514 Reliez le début et la fin des phrases.

a. Apportez-moi un verre d'eau — **3.** que je me désaltère.
b. Commande une pizza — **1.** que nous profitions des déjeuners en plein air.
c. Achetez un barbecue — **2.** que je fasse la vaisselle.
d. Termine ton assiette — **4.** que nous mangions rapidement.
e. Goûte à la ratatouille — **5.** que je goûte à ce fromage français.
f. Passe-moi le camembert — **6.** que je sache si elle bien assaisonnée.
g. Choisis un bon vin blanc — **7.** que je déguste les huîtres.
h. Apporte le plateau de fruits de mer — **8.** que je puisse le boire avec du foie gras.

515 Reliez les phrases en utilisant « que ».

Exemple : Parle plus fort, je veux t'entendre. → Parle plus fort **que** je t'entende.

a. Approche-toi, je veux te voir. → ....
b. Écoutez-moi, je veux vous exposer mon projet. → ....
c. Asseyez-vous, je veux faire votre connaissance. → ....
d. Viens ici, je veux te prendre dans mes bras. → ....
e. Reste tranquille, je veux finir ce travail. → ....
f. Donnez-moi cette lettre, je veux y répondre. → ....
g. Passez-moi ce dossier, je veux prendre une décision rapide. → ....
h. Prêtez-moi un crayon, je veux écrire ce numéro de téléphone. → ....

16 • L'expression du but

Bilan 16

1. Complétez le dialogue en utilisant « pour », « afin de », « pour que » ou « afin que ».
(Il y a parfois plusieurs possibilités.)

Lola — (a) .... l'anniversaire d'Enzo, nous inviterons les grands-parents (b) .... ils puissent le voir. Il faudra faire les courses vendredi (c) .... leur arrivée car ils resteront tout le week-end.

Romain — Je vais les appeler dès aujourd'hui (d) .... ils aient le temps de réserver une place dans le TGV.

Lola — Tu as raison. La dernière fois que maman a souhaité prendre le train (e) .... passer quelques jours ici, elle n'a pas pu. Ils étaient tous complets.

Romain — Normal : c'était le week-end de l'Ascension !

Lola — Le mieux serait qu'ils réservent tout de suite (f) .... être sûrs d'avoir une place.

Romain — Au pire, il restera la solution de la voiture.

Lola — Tu sais bien que papa ne veut pas prendre sa voiture (g) .... maman soit moins stressée.

Romain — Je croyais que c'était plutôt (h) .... ne pas se trouver coincé dans les embouteillages des départs en vacances !

Lola — Peu importe ! De toute façon, il y aura de la place dans le train ; et (i) .... ils ne prennent pas de taxi, tu iras les chercher à la gare.

Romain — Lola, passe-moi mon téléphone, s'il te plaît, (j) .... je leur dise de réserver rapidement.

2. Soulignez ce qui convient.

Quelques conseils (a) *pour / pour que*, mesdames, messieurs, vous gardiez votre allure jeune : (b) *afin de / afin que* conserver un teint clair, évitez de fumer et ayez une alimentation équilibrée. (c) *Pour / Pour que* votre peau reste plus jeune, faites-vous des masques à base de produits naturels.
Dormez suffisamment (d) *afin de / pour que* vos traits ne soient pas tirés. Faites de l'exercice chaque semaine quelques heures (e) *afin de / afin que* vos muscles ne se détendent pas. Entraînez-vous avec une personne que vous aimez bien (f) *pour / pour que* ce ne soit pas trop contraignant.
Buvez deux litres d'eau par jour (g) *afin que / pour* votre corps soit bien hydraté. (h) *Afin de / Afin que* conserver votre bonne mine, allez régulièrement à la campagne.
Ne portez pas de vêtements trop stricts (i) *afin de / pour que* ne pas vous vieillir ; préférez-leur des tenues plus décontractées. Et surtout, (j) *pour que / afin de* votre visage fasse oublier votre âge, gardez le sourire !

17 • L'expression de la condition et de l'hypothèse

La condition et l'hypothèse avec « si »

> **• L'hypothèse réalisable et la condition**
>
> S'il y a du vent, prends un coupe-vent. • Si on a de la chance, on verra de grosses vagues. • Si tu as fini ton exercice, tu peux regarder la série. • Si le musée Carnavalet a rouvert, nous le visiterons.
>
> - « Si » introduit une condition.
> - Cette condition est possible, elle peut être réalisée dans le présent : « si » suivi du présent ou du passé composé + présent ou impératif dans la principale.
> - Cette condition peut être réalisée dans le futur : « si » suivi du présent ou du passé composé + futur dans la principale.

516 Soulignez les éléments qui expriment une condition.

Exemples : Je me demande si on a raison.   <u>Si vous avez trop froid,</u> attendez-moi dans la voiture.

a. Si, je t'assure j'ai bien compris.
b. Promis, si je gagne, je t'offrirai un beau cadeau.
c. On ne saura pas si c'est elle, la championne.
d. Elle nous demande si on viendra lundi.
e. Elle fera un vœu si elle voit une étoile filante.
f. Si je te le dis, tu peux me croire !
g. Et si on se voyait samedi soir ?
h. Mets un pull si tu as froid.

517 Complétez les phrases par « si » ou « s' ».

Exemple : S'il y a trop de monde, j'irai voir l'exposition un autre jour.

a. .... Arthur n'a pas le temps de déjeuner, fais-lui un sandwich.
b. Ne le force pas .... il n'a pas faim.
c. .... Anne vient avec nous, on sera cinq dans la voiture.
d. Qu'est-ce qu'on fait .... il pleut dimanche ?
e. .... Amélie veut, je peux l'accompagner chez le dentiste.
f. Pierre vous aidera .... il est disponible.
g. .... il y a de la neige cet hiver, on ira à la montagne.
h. Donnez-lui une limonade, ... il a chaud.

518 Associez les éléments qui se complètent.

a. Prends un médicament
b. Ils iront au parc de Bagatelle
c. Si on trouve un taxi,
d. Si vous ne comprenez pas bien l'anglais
e. Les enfants doivent se coucher tôt
f. Vous trouverez les horaires de la séance
g. Si vous ne parlez pas plus fort
h. Passez nous voir

1. elle ne vous entendra pas.
2. si vous cherchez sur Internet.
3. si vous avez un moment.
4. s'ils sont fatigués.
5. si tu ne te sens pas bien.
6. vous pouvez choisir le film en V.F.
7. on arrivera à l'heure pour le train.
8. s'il fait beau dimanche.

17 • L'expression de la condition et de l'hypothèse

519 Complétez par le verbe entre parenthèses au présent, à l'impératif ou au futur. (Deux temps sont parfois possibles.)

Exemple : La semaine prochaine, s'il fait beau, nous partirons /partons (*nous, partir*) en week-end !

a. Si tu as un moment, ... (*tu, passer*) me voir dans la soirée.
b. Si vous êtes libres tout de suite, ... (*je, vous offrir*) ma place pour la séance.
c. .... (*on, arriver*) chez vous dans dix minutes si on prend la moto.
d. Si c'est possible, cet été, ... (*nous, prendre*) deux semaines de vacances.
e. .... (*tu, lire*) ce roman si tu ne l'as pas déjà lu ; il est formidable !
f. Si tu ne regardes pas avant de traverser la rue, ... (*tu, risquer*) de te faire renverser.
g. Si j'ai assez d'argent, ... (*je, faire*) un petit voyage au printemps.
h. Si les vols sont trop chers, ... (*nous, prendre*) le train.

520 Reliez les éléments donnés et formulez des hypothèses avec « si ».

Exemple : réussir ton bac, entrer à la fac de droit, tu → **Si** tu réussis ton bac, tu entreras à la fac de droit.

a. terminer ses études, devenir médecin, Julie
   → ....
b. se marier, ne pas changer de nom, Céline
   → ....
c. avoir des enfants, déménager, les Dubois
   → ....
d. obtenir ce poste d'ingénieur, quitter Bourges, Alex
   → ....
e. partir au Canada, passer nos vacances au Québec, nous
   → ....
f. prendre leur retraite à 62 ans, s'installer à Vence, nos parents
   → ....
g. réussir ses études, mener une vie agréable, Nicolas
   → ....
h. s'installer à Paris, acheter une maison de campagne, je
   → ....

• **L'hypothèse non réalisée**

Si la mer **était** basse (mais elle est haute), on **pourrait** aller jusqu'à l'île.

▪ Pour une condition non réalisée dans le présent, on emploie : « **si** » suivi de l'imparfait + conditionnel présent dans la principale.

---

521 Complétez par le verbe entre parenthèses au conditionnel ou à l'imparfait.

Exemple : Si tu mangeais moins, tu mincirais (*mincir*).

a. Si vous .... (*faire*) de l'exercice, vous seriez plus en forme.
b. Tu aurais moins de problèmes de digestion si tu .... (*se nourrir*) de façon plus équilibrée.

Les autres expressions de la condition et de l'hypothèse

c. Emma .... (*dormir*) mieux si elle buvait moins de café.
d. Les gens seraient moins stressés s'ils ne .... (*courir*) pas tout le temps.
e. S'il fumait moins, mon ami .... (*être*) moins essoufflé.
f. Vous .... (*se porter*) mieux si vous preniez moins de médicaments.
g. Si tu faisais du yoga, tu .... (*se détendre*) plus facilement.
h. Si on .... (*consommer*) des produits bio, on se porterait mieux.

522 Associez les éléments qui se complètent.

a. Si j'avais plus de temps,
b. Si vous rentriez plus tôt,
c. On irait dîner au restaurant
d. Elle irait plus souvent au marché
e. Nous pourrions aller au cinéma
f. Si Jérôme venait nous voir,
g. Tu pourrais te déplacer plus facilement
h. Nos amis pourraient partir en week-end

1. s'il n'y avait pas tant de monde.
2. si on projetait un bon film dans le quartier.
3. ça nous ferait très plaisir.
4. si tu avais une carte de transports.
5. je passerais faire mes courses en rentrant.
6. si la voisine gardait leur chien.
7. si Emma aimait la cuisine japonaise.
8. les enfants ne seraient pas couchés.

523 Complétez ces phrases librement.

Exemple : Si je vivais au Québec, j'apprendrais à conduire une motoneige.
a. Si on était plus riches, ...
b. Si j'étais plus jeune, ...
c. Si nous avions des enfants, ...
d. Si j'avais plus de volonté, ...
e. Si on avait plus de temps, ...
f. Si nous étions en vacances, ...
g. Si on avait une grande maison, ...
h. Si je savais dessiner, ...

Les autres expressions de la condition et de l'hypothèse

— • « À condition de/que » et « du moment que » —

Vous pouvez louer une voiture à condition d'avoir votre permis de conduire. • **Je serai à l'heure à condition qu'il n'y ait pas d'embouteillages.**

• « À condition de/ que » et « du moment que » expriment aussi une condition. « À condition que » est suivi du subjonctif et « à condition de » est suivi de l'infinitif. « Du moment que » est suivi de l'indicatif.
→ Voir aussi chapitre 9, p. 140.

524 Transformez les phrases avec « à condition de ».

Exemple : Si nous recevons les éléments, nous pourrons aménager la cuisine.
→ Nous pourrons aménager la cuisine à condition de recevoir les éléments.

a. Si vous achetez cette maison, vous passerez vos vacances au bord de la mer.
→ ....

17 • L'expression de la condition et de l'hypothèse

b. Nous repeindrons le salon si nous avons le temps cet hiver.

→ ....

c. Je viendrai vous aider si j'obtiens quelques jours de congé.

→ ....

d. Si les enfants restent dans la région, ils nous rendront visite à Noël.

→ ....

e. Tu verras le début du film si tu arrives à l'heure pour la séance.

→ ....

f. On croisera vos amis si on a de la chance.

→ ....

g. Si Sabrina lit cet article en anglais, elle le comprendra mieux.

→ ....

h. Vous pourrez emprunter ces livres si vous êtes inscrit à la bibliothèque.

→ ....

525 Complétez les phrases par « que » ou « de/d' ».

Exemple : Nous apporterons un dessert à condition **que** la pâtisserie soit ouverte.

a. Nos amis prendront le TGV à condition .... avoir des places.
b. Je lirai ce livre à condition .... avoir le temps nécessaire.
c. On achètera cet appartement du moment .... on obtiendra un prêt.
d. Tu pourras regarder ce film à condition .... terminer tes exercices pour demain.
e. Nous commencerons les travaux rapidement à condition .... l'entreprise soit disponible.
f. Alice arrivera à l'heure à condition .... un taxi soit libre.
g. Vous revenez quand vous voulez du moment .... vous avez quelques jours de congé.
h. Ils dîneront dans ce restaurant à condition .... avoir réservé une table.

526 Reliez les éléments qui vont ensemble.

a. Du moment qu'il risque de pleuvoir	**1.** ils s'amusent bien.
b. Le vin sera bon cette année	**2.** à condition d'en avoir le temps.
c. Je passerai vous voir	**3.** du moment que vous arrivez à l'heure.
d. Nous atterrirons à 10 heures	**4.** il vaut mieux rentrer le linge.
e. Du moment que les enfants sont avec leurs amis,	**5.** je m'occuperai de votre voiture.
f. À condition que vous attendiez un peu	**6.** si vous n'êtes pas disponible.
g. Le médecin vous recevra	**7.** à condition que le vol n'ait pas de retard.
h. J'accueillerai votre locataire	**8.** à condition qu'il fasse chaud.

527 Conjuguez le verbe entre parenthèses au temps qui convient.

Exemple : Alice viendra au théâtre avec nous pourvu qu'elle **soit rétablie** *(être rétablie)*

a. La directrice vous expliquera la situation à condition que vous lui .... *(donner)* la parole.
b. On pourra vous guider du moment que vous m'.. *(indiquer)* où vous êtes.
c. Je suis prêt à l'aider du moment qu'il .... *(faire)* des efforts.

Les autres expressions de la condition et de l'hypothèse

d. Ils vous paieront à condition que vous leur .... (*préparer*) une facture.
e. Olga vous rendra visite à condition qu'elle .... (*avoir*) un peu de temps libre.
f. Vous serez admise en master à condition que votre dossier .... (*être*) complet.
g. Nous vous apporterons un dessert du moment que le pâtissier .... (*rester*) ouvert jusqu'à 20 heures.
h. Nos amis ne tarderont pas à condition qu'ils .... (*trouver*) un taxi.

528 Complétez ces phrases librement.

Exemple : Tu auras du gâteau à condition de finir ton poisson.

a. Tu retrouveras tes clés à condition de ....
b. Nous prendrons un sandwich au cas où ....
c. Nous nous inscrirons au cours de dessin à condition que ....
d. Mes parents partiront en mai au Sénégal du moment que ....
e. Mona marchera bientôt à condition que ....
f. Votre sœur sera guérie à condition de ....
g. Nous irons à Courchevel du moment que ....
h. Guillaume travaillera en juin au cas où ....

• **« Peut-être » et « en cas de »**

Peut-être qu'il a eu un ennui. • **En cas de** problème, il aurait dû nous appeler.

- Pour exprimer une hypothèse ou une éventualité (un fait dont on n'est pas sûr), on peut employer « peut-être » (adverbe), « peut-être que » (+ verbe à l'indicatif) et « en cas de » (+ nom sans article).
---

529 Reliez les éléments qui se complètent.

a. En cas de panne,
b. Il n'a pas appelé,
c. Peut-être que
d. Vous êtes prié de vous rendre à l'hôpital
e. Je ne comprends pas ; le gardien est
f. La vitesse est limitée à 110 km/h
g. Elle est en retard, elle a
h. Peut-être

1. tu pourrais m'accompagner chez le médecin ?
2. peut-être sorti !
3. en cas d'urgence.
4. peut-être eu un empêchement.
5. appelez SOS garage.
6. qu'on devrait prendre un parasol.
7. en cas de pluie.
8. peut-être qu'il a oublié son portable.

530 Complétez ces phrases avec « en cas de », « peut-être » ou « peut-être que ».

Exemple : Peut-être qu'il va passer, il n'est pas encore 20 heures.

a. Il vaudrait .... mieux partir tout de suite.
b. Je vous ai déjà dit que .... coupure d'électricité, il faut appeler EDF.
c. Il faudrait .... appeler la gendarmerie, non ?
d. Certaines stations de métro sont fermées .... inondations.
e. Ce n'est .... pas la bonne adresse ; vérifiez !
f. .... fortes pluies, le tunnel du pont de Saint-Cloud est fermé à la circulation.

17 • L'expression de la condition et de l'hypothèse

g. .... tu as fait un faux numéro, appelle encore.

h. Nos amis vont .... finir par arriver !

531 Transformez ces phrases avec « peut-être que » comme dans l'exemple.

Exemple : Ma grand-mère a peut-être perdu son sac. → **Peut-être que** ma grand-mère a perdu son sac.

a. Ils ont peut-être retrouvé leurs clés.
 → ....

b. Vous avez peut-être lu cet article passionnant.
 → ....

c. Vous viendrez peut-être au mariage.
 → ....

d. Nous serons peut-être un peu en retard.
 → ....

e. Ils comprendront peut-être pourquoi nous sommes ici.
 → ....

f. Tu m'as peut-être déjà raconté cette histoire.
 → ....

g. On n'a peut-être jamais rencontré cette personne.
 → ....

h. Je n'ai peut-être jamais goûté ce fruit.
 → ....

• **Le gérondif (« en » + participe présent)**

En regardant le plan (= si tu regardes…), tu vas trouver l'adresse. • On attraperait le train **en se dépêchant un peu** (= si on se dépêchait…).

• Le gérondif peut exprimer la condition.

 Avec le gérondif, le sujet des deux verbes doit être le même.
→ Voir aussi le chapitre 11, p. 160.

---

532 Soulignez les phrases où un gérondif est possible.

Exemple : Si tu ne les appelles pas, ils n'oseront pas entrer.
 <u>Le chien n'aboierait pas s'il n'avait pas faim.</u>

a. Si Monica n'était pas en forme, elle ne s'inscrirait pas à cette randonnée.
b. Il faut arroser les plantes si les feuilles jaunissent.
c. Vous devriez vous reposer si vous vous sentez fatigué.
d. S'il faisait plus chaud, on pourrait faire un pique-nique.
e. Fermez bien les fenêtres si vous sortez.
f. Nous ferons une promenade si le repas ne dure pas trop longtemps.
g. Si vous en avez envie, je vous propose d'aller au cinéma demain soir.
h. Si cette comédie finissait bien, elle nous redonnerait le moral.

Les autres expressions de la condition et de l'hypothèse

533 Associez les éléments qui se complètent.

a. En s'associant,
b. Paul se fera mal au dos
c. En t'inscrivant dans une chorale,
d. Mona améliorerait son espagnol
e. Le chemin lui semblera moins long
f. J'ai retrouvé ton portefeuille
g. En regardant le Tour de France,
h. On trouvera peut-être un buffet de cuisine

1. en jardinant.
2. en faisant le ménage.
3. ils feraient une grave erreur.
4. vous découvririez de beaux endroits.
5. tu rencontreras de nouveaux amis.
6. en allant dans les brocantes.
7. en chantant.
8. en regardant des films d'Almodovar.

534 Transformez ces phrases avec un gérondif.

Exemple : Si tu relis ta lettre, tu pourras corriger tes fautes.
→ **En relisant ta lettre,** tu pourras corriger tes fautes.

a. Si vous écoutez la radio, vous aurez les informations.
→ ....

b. Tu peux prendre un café au distributeur si tu as de la monnaie.
→ ....

c. Si vous étiez connecté sur Internet, vous auriez accès à beaucoup de données.
→ ....

d. Si tu aimais lire, le temps te semblerait moins long.
→ ....

e. Vous verriez mieux si vous mettiez vos lunettes.
→ ....

f. Hélène parlerait mieux anglais si elle faisait un séjour chez vos amis de Brighton.
→ ....

g. Vous seriez moins déprimé si vous sortiez plus souvent.
→ ....

h. Delphine pourrait garder les enfants si elle était moins occupée.
→ ....

• **Le conditionnel d'hypothèse**

Les auteurs du braquage auraient opéré entre 4 heures et 6 heures cette nuit. Ils se seraient enfuis avec des bijoux de grande valeur. Le montant du butin s'élèverait à 30 millions d'euros.

• Le conditionnel indique que des faits sont hypothétiques, non vérifiés.
→ Voir aussi le chapitre 8, p. 122 et 124.

---

535 Transformez ces phrases avec le conditionnel comme dans l'exemple.

Exemple : Peut-être que le Premier ministre fera une déclaration télévisée ce soir.
→ Le Premier ministre **ferait** une déclaration télévisée ce soir.

a. Les partis écologistes remporteront peut-être la victoire aux élections européennes.
→ ....

17 • L'expression de la condition et de l'hypothèse

b. La ministre de la Santé a peut-être démissionné hier soir.

→ ....

c. La réforme de l'Éducation nationale entrera peut-être en vigueur à la rentrée prochaine.

→ ....

d. Peut-être que d'ici quelques années les centrales nucléaires auront disparu.

→ ....

e. Bientôt, la Turquie sera peut-être entrée dans l'U.E.

→ ....

f. Les impôts sur les revenus baisseront peut-être l'an prochain.

→ ....

g. Peut-être que les retraites les plus modestes auront augmenté avant la fin de l'année.

→ ....

h. Prochainement, les partis populistes réuniront peut-être moins de partisans aux élections régionales.

→ ....

536 Associez les éléments qui vont ensemble.

a. Vous dormiriez peut-être mieux
b. Si tu rentres après minuit
c. Je suppose que Sabine serait plus jolie
d. À condition qu'il fasse beau
e. En admettant que tu fumes moins
f. Si je gagnais au loto
g. Loïc serait plus heureux
h. En ajoutant un peu de sel,

1. tu sais où je cache la clé.
2. sans tout ce maquillage.
3. je t'offrirais une belle maison.
4. avec une tisane.
5. à condition de moins travailler.
6. tu devrais quand même arrêter complètement.
7. on pourrait aller à Giverny.
8. tu trouverais la soupe meilleure.

(a → 4)

537 Complétez ces phrases par le verbe entre parenthèses au conditionnel.

Exemple : Au cours du XXIe siècle, la température moyenne sur terre augmenterait (*augmenter*) de 2 à 4 degrés.

a. En 2025, les personnes de plus de 60 ans .... (*être*) majoritaires dans le monde.
b. Selon la revue *Science*, la population des amphibiens .... (*diminuer*) de façon alarmante.
c. La fonte des glaces .... (*provoquer*) une montée du niveau de la mer grave.
d. Elle .... (*entraîner*) également l'érosion des côtes dans certaines régions du monde.
e. Le réchauffement climatique .... (*être*) à l'origine de catastrophes climatiques.
f. Le pourtour méditerranéen .... (*devenir*) de plus en plus aride.
g. L'agriculture .... (*subir*) des dommages importants.
h. Les insectes .... (*disparaître*) progressivement.

• « Supposer » et « admettre » + subjonctif

En supposant qu'il fasse beau demain, on **pourrait faire** une promenade en bateau.

- Les verbes « **supposer** » et « **admettre** » peuvent exprimer une hypothèse, une éventualité. Dans ce cas, ils sont suivis du subjonctif.

→ Voir aussi chapitre 9, p. 135.

Les autres expressions de la condition et de l'hypothèse

538 **Soulignez les phrases exprimant une hypothèse.**

Exemples : Nous arriverons par le train de 19 h 30.   <u>Nous devrions arriver vers 19 h 30.</u>

a. Supposons que vous alliez à l'hôtel.
b. Elle demande que nous lui réservions une chambre.
c. Nous voudrions deux chambres doubles.
d. Selon le magazine, c'est une région où il ne pleuvrait jamais.
e. Le service serait excellent dans cet hôtel.
f. J'espère que nous pourrons nous baigner.
g. Les enfants profiteront de la plage juste en face.
h. La température de la mer ne descendrait jamais en dessous de 20°.

539 **Mettez les verbes entre parenthèses à la forme correcte.**

Exemple : En supposant qu'Anita prenne (*prendre*) le train de 20 heures, elle devrait arriver vers minuit.

a. En admettant que Lisa .... (*réussir*) son examen, il faudra qu'elle cherche un emploi au plus vite.
b. Supposons que le cocktail .... (*finir*) tôt, on pourrait aller au cinéma.
c. Admettons qu'il .... (*être*) coupable, qu'allez-vous faire ?
d. En supposant que tu .... (*aller*) à Marseille, ce serait vers quelle date ?
e. Suppose qu'on .... (*partir*) plusieurs mois en voyage, j'aimerais aller en Asie.
f. Admettons que vous .... (*avoir*) raison, ça ne change rien au problème.
g. Supposez qu'il .... (*écrire*) ce mail, vous lui pardonneriez ?
h. En supposant que Lucile .... (*dormir*) chez nous, préparons la chambre.

• « **Il est possible** », « **il se peut que** » + subjonctif

Il est possible que nous fassions le trajet en voiture, mais **il se peut que** Delphine vienne par le train.

- « Il est possible que » et « il se peut que » expriment également l'hypothèse et sont suivis du subjonctif.
→ Voir aussi chapitre 9, p. 135.
---

540 **Complétez ces phrases par « il se peut que » ou « peut-être que ».**

Exemples : Il se peut que Fanny ne puisse pas venir.

a. .... on fasse un détour par Vienne en allant à Clermont.
b. .... nous laissions nos enfants seuls ce week-end.
c. Je n'arrive pas à croire cette histoire, mais .... elle soit fausse.
d. .... vous lui donnerez une nouvelle chance, mais ça me surprendrait qu'elle l'accepte.
e. On projette un pique-nique demain, ... il fera beau.

17 • L'expression de la condition et de l'hypothèse

f. .... on reconstruise Notre-Dame à l'identique, ce ne sera plus le même bâtiment.
g. .... le chômage diminuera avec les nouvelles mesures pour l'emploi.
h. Pour Noël, ... on parte tous en croisière.

541 Soulignez l'expression qui convient.

Exemple : *Peut-être que / Il est possible que* nous venions réveillonner chez vous.

a. Tu apportes le foie gras ? Alors *il se peut que / peut-être que* j'apporterai le champagne.
b. *À supposer qu' / Même s'* il y ait du verglas, on pourrait dormir chez vous ?
c. *En admettant que / Si* vous n'avez pas le temps, j'emballerai les cadeaux.
d. *Du moment que / En admettant que* ton frère ne vienne pas, nous serions déçus.
e. *Peut-être qu' / En supposant qu'* il n'y ait pas d'huîtres, on pourrait manger du saumon.
f. *Il se pourrait que / Si* les enfants soient fatigués avant minuit, ils pourraient aller se coucher.
g. *Si / Il est possible que* vous n'avez pas de sapin de Noël, j'en apporterai un.
h. *Peut-être qu' / En admettant qu'* il n'y aura pas de neige, ce sera quand même une jolie fête.

542 Soulignez l'expression qui convient.

Exemple : *En admettant que / Peut-être* tu te lèves du pied gauche, tu serais de mauvaise humeur toute la journée.

a. *En admettant que / Il se peut que* vous terminiez une bouteille, vous vous marieriez avant la fin de l'année.
b. *Admettons que / Si* vous cassiez un miroir, vous auriez sept ans de malheur selon le dicton.
c. *Supposons que / Si* vous semez des lentilles le premier jour du mois, vous aurez de l'argent tout le mois.
d. *Il se peut que / En cas de* la rencontre d'un chat noir porte malheur.
e. Vous trouvez un trèfle à quatre feuilles ; *peut-être / il est possible que* vous soyez heureux.
f. Vous avez trop salé un plat. *Peut-être que / Il se peut que* vous soyez amoureux.
g. *Dans le cas où / En admettant que* vous trouviez un fer à cheval, accrochez-le au-dessus de votre porte pour avoir de la chance.
h. Faites un vœu quand vous voyez une étoile filante ; *peut-être qu' / il se peut qu'* il se réalisera.

Bilan 17

1. Soulignez l'élément qui convient.

« Tu connais des personnages de B.D. ?
– Oui, certains.
– Alors on va faire un petit jeu. Je te donne des indications et tu dois découvrir le héros, d'accord ? Je commence. Si (a) *c'était / ce serait* un animal, (b) *il avait / aurait* une trompe et de grandes oreilles. Si (c) *c'était / serait* une couleur, ce serait gris. (d) *Admettons qu'/S'* il soit roi, il serait très juste et généreux. S'il habitait dans un pays, (e) *ce serait / c'était* à Célesteville. Tu saurais déjà qu'il est très élégant, dans son costume vert. (f) *Peut-être qu' / il est possible qu'* il ait pour amie une vieille dame. (g) *Peut-être que/ il est possible* que tu l'aies reconnu... alors, peux-tu me dire son nom ?
– C'est Babar ! Alors à moi maintenant. (h) *Si / à condition que* tu le rencontrais, (i) *tu tombais / tu tomberais* amoureuse de lui. Au bureau, il ne fait rien correctement mais peut-être qu'il ne fait pas beaucoup d'efforts... (j) *À condition que / il est possible que* tu le voies en train de dormir, ça lui arrive souvent. Il se peut qu'il (k) *met / mette* au point des engins bizarres en compagnie de sa mouette et de son chat. Tu le reconnaîtrais tout de suite si tu le (l) *voyais/verrais* dans sa vieille voiture bricolée. Enfin, (m) *s' / à condition qu'* il est précisé qu'il a beaucoup de problèmes avec son patron, tu seras obligée de me dire son nom, surtout si (n) *j'ajoute / j'ajouterais* qu'il est le roi de la gaffe !
– Ça y est, j'ai trouvé, c'est Gaston Lagaffe ! »

2. Soulignez l'élément qui convient.

Denis	J'ai parlé avec le directeur de l'agence ce matin. (a) *Il se peut qu' / Peut-être qu'*on propose à Louis un poste au Brésil ; (b) *c'est / ce serait* pour une durée de deux ans.
Amélie	Supposons qu'il (c) *partira / parte*. Tu en ferais autant, non ?
Denis	Oui, mais (d) *à condition de / à condition que* ça ne dure pas plus longtemps.
Amélie	Et son amie ? Elle (e) *partira / partirait* aussi ?
Denis	(f) *Il se peut qu'/Peut-être qu'* elle resterait à Bordeaux, à cause de son travail. Mais si elle (g) *pourrait / pouvait*, je crois bien qu'elle l' (h) *accompagnerait / accompagnait*.
Amélie	Deux ans d'absence, ce n'est pas simple pour un couple !
Denis	Je sais, mais (i) *en admettant que / si* son amie le suive, cette expérience à l'étranger (j) *puisse / pourrait* être une excellente chose pour sa carrière.
Amélie	Tu le ferais, toi, si on te le (k) *propose / proposait* ?
Denis	Bien sûr, (l) *à condition de /à condition que* nous n'ayons pas d'enfant, et (m) *si / il se peut que* le poste et le pays sont intéressants. Le problème, c'est qu'on ne risque pas de me le proposer.
Amélie	Pourquoi ?
Denis	Je ne parle ni anglais ni portugais et alors, ce serait difficile de partir en expatriation !

18 • L'expression de la conséquence

La conséquence

> • « Donc », « alors », « par conséquent », « aussi » et « ainsi »
>
> Louise a perdu son emploi, **donc** elle est au chômage. Elle envoie des C.V., **alors** elle a bon espoir. Elle a rassemblé des lettres de recommandation, **aussi** se sent-elle assez confiante.
>
> - La conséquence présente le résultat, les suites d'une action réalisée. Elle est exprimée par des expressions comme « alors », « donc », « par conséquent », « ainsi » ou « aussi ».
>
> Après « aussi » et « ainsi » non suivis d'une virgule, on inverse le sujet et le verbe.

543 Soulignez les éléments indiquant une conséquence.

Exemple : Andréa ne se sentait pas bien, <u>elle a donc quitté le bureau.</u>
a. Je n'avais plus d'argent, alors je me suis arrêtée au distributeur.
b. Nous avions très soif, par conséquent on s'est arrêtés dans un café.
c. Il faisait très beau, alors on a décidé de sortir un peu.
d. Il n'y avait plus rien à manger, aussi sont-ils allés dîner dehors.
e. Il faisait froid, donc on a mis en route le chauffage.
f. Nous étions en retard, c'est pourquoi nous avons couru.
g. Le soleil était très fort, ainsi a-t-elle demandé un parasol.
h. Midi sonnait, alors on a pris la pause déjeuner.

544 Reliez les éléments qui vont ensemble.

a. J'ai prévenu la voisine de notre départ,   1. alors le réfrigérateur ne fonctionne plus.
b. Tu as pris mon sac,   2. donc il miaule de colère.
c. J'ai coupé l'électricité,   3. par conséquent je te la donne.
d. Le chat est dans sa cage,   4. donc il ne reste qu'à fermer la maison.
e. Les volets sont fermés,   5. aussi ne voit-on plus rien à l'intérieur.
f. Tu as fermé l'arrivée d'eau,   6. alors je ne m'en occupe pas.
g. Les bagages sont dans la voiture,   7. ainsi vous ne pouvez plus vous laver les mains.
h. Tu gardes la clé avec toi,   8. par conséquent elle ne sera pas surprise.

545 Remettez ces phrases dans l'ordre.

Exemple : voiture / en / ville / la / est / resterons / ce / en / nous / panne / ainsi / week-end
→ La voiture est en panne, ainsi nous resterons en ville ce week-end.

a. Manon / a / elle / mains / aussi / gants / oublié / a / -t- / froid / ses / aux
→ ....

b. pris / te / je / payer / n'ai pas / laisse / cafés / d'argent / alors / je / les
→ ....

c. aussi / dimanche / l'exposition / pour / nous / avons / des / nous / entrées / irons / Courbet / la / visiter.
→ ....

d. lycée / crevé / donc / va / son / à pied / Émile / vélo / est / au
→ ....

La conséquence

e. boulangerie / par conséquent / fermée / on / de / était / la / pain / n'a pas

→ ....

f. elle / des / part / donc / a / places / réservé / on / vendredi

→ ....

g. aussi / mère / ne / sa / s'est / -elle / fait / rien / voyait / opérer

→ ....

h. es / en / avance / alors / as / tu / attendus / tu / arrivé / nous

→ ....

• « C'est pourquoi », « c'est la raison pour laquelle »...

À chaque étape nous avions très mal aux jambes, **c'est pourquoi** nous nous reposions en bavardant au chalet. • Il dort très mal, **c'est la raison pour laquelle** il est grognon.

• Les expressions comme « c'est pour ça que », « c'est pourquoi », « voilà pourquoi » et « c'est la raison pour laquelle » expriment toutes la conséquence. Elles sont suivies de l'indicatif.

---

546 Soulignez les conséquences.

Exemple : Il y avait beaucoup d'embouteillages, c'est pourquoi on est rentrés chez nous à 21 heures.

a. La pluie n'a pas cessé de l'après-midi, voilà pourquoi nous sommes restés à la maison.
b. Il y a eu un accident sur le boulevard ; c'est pour ça que la circulation a été coupée pendant une heure.
c. Nous avons vu une comédie très réussie, c'est la raison pour laquelle nous sortons du cinéma avec le sourire.
d. La location était libre, c'est pourquoi nous sommes restés une journée de plus.
e. Nous passions dans le quartier, voilà pourquoi nous avons visité des galeries d'art.
f. Elle classe ses livres, c'est pour cela qu'elle les retrouvera facilement.
g. On a très bien déjeuné, c'est pourquoi je n'ai absolument pas faim ce soir.
h. Claire a parlé suffisamment fort, c'est la raison pour laquelle tout le monde pouvait l'entendre.

547 Associez les éléments qui se complètent.

a. J'ai bu deux coupes de champagne,
b. Nous avons trouvé des champignons,
c. Alex a fait une mauvaise chute,
d. Elle a suivi un régime,
e. Je n'avais pas mis de fromage dans les pâtes,
f. Vous n'avez pas lu ce livre,
g. Ma sœur s'est fait couper les cheveux,
h. Il a beaucoup plu ces derniers jours,

1. c'est pourquoi il boite un peu.
2. c'est la raison pour laquelle Aurélie en a ajouté.
3. c'est pour cela qu'il vous est difficile d'en parler.
4. c'est pourquoi je ne voulais pas conduire.
5. voilà pourquoi je la trouve rajeunie.
6. c'est la raison pour laquelle elle se sent mieux.
7. voilà pourquoi on va en manger ce soir.
8. c'est pour ça que le fleuve a débordé.

548 Reliez les phrases à l'aide de l'expression entre parenthèses.

Exemple : On était fatigués. Louise s'est endormie pendant le film (*c'est pourquoi*)
→ On était fatigués, c'est pourquoi Louise s'est endormie pendant le film.

a. La route était verglacée. On a dormi au chalet. (*voilà pourquoi*)

→ ....

237

18 • L'expression de la conséquence

b. Ils ont rencontré nos amis. Ils ont fait connaissance. (*c'est la raison pour laquelle*)
→ ....

c. Paul a travaillé dur. Il a réussi le concours. (*c'est pourquoi*)
→ ....

d. Vous avez cherché partout. Vous avez fini par retrouver vos clés. (*c'est la raison pour laquelle*)
→ ....

e. Je suis passée chez le traiteur libanais ; nous avons des pâtisseries orientales en dessert. (*c'est pour ça que*)
→ ....

f. Mes parents nous ont invités quelques jours ; nous serons absents lundi et mardi. (*voilà pourquoi*)
→ ....

g. On voulait la remercier. On lui a apporté un très beau bouquet de fleurs. (*c'est la raison pour laquelle*)
→ ....

h. Julien et Marianne se marient bientôt. Je dois choisir un vêtement adapté. (*c'est pour cela que*)
→ ....

• « d'où », « de là » et « sous peine de »

Ils s'entendaient de plus en plus mal, d'où leur séparation. • Interdiction de stationner devant le portail sous peine de poursuites.

• Les locutions « d'où », « de là » et « sous peine de » suivies d'un nom expriment également la conséquence.

✋ « Sous peine de » s'emploie surtout dans les réglementations. Il peut être suivi d'un verbe à l'infinitif.

---

549 Complétez les phrases avec « d'où », « de là » ou « sous peine de ». (Il y a plusieurs possibilités.)

Exemple : Je crois que Léon n'a pas bien compris, *d'où/de là* sa réaction.

a. .... te déplaire, j'ai préféré me taire.
b. Les enfants avaient les chaussures sales, ... ma remarque.
c. Elle voulait apporter son témoignage, ... sa lettre.
d. Il a mangé des coquillages sans le savoir, ... son malaise.
e. Il a choisi de démissionner, ... être licencié.
f. Ne rien jeter au sol .... amende.
g. Ils ont perdu le match .... leur air abattu.
h. .... chantage, elle a préféré payer.

550 Complétez librement ces phrases

Exemple : Nicolas et Lucile ont annulé le dîner voilà pourquoi *nous allons au restaurant ce soir.*

a. Il est interdit de doubler sous peine de ....
b. Je ne me sens pas bien alors ....
c. Notre collègue est absent d'où ....
d. Les acheteurs ont accepté nos conditions aussi ....
e. Mme Leroux arrivera en retard c'est pour ça que ....
f. Son frère a vendu sa voiture ainsi ....
g. Sa grand-mère est partie en vacances c'est la raison pour laquelle ....
h. Tu as réussi ton examen voilà pourquoi ....

Bilan 18

Lisez cette conversation téléphonique et soulignez l'expression qui convient.

Lucile   Allô Margaux, tu vas bien ?

Margaux   Oui Lucile, tu me réveilles. J'ai fait la fête hier soir **(a)** *donc / de là* je me suis couchée très tard. Que se passe-t-il ?

Lucile   Écoute ; ce matin j'ai trouvé ton mail dans ma boîte **(b)** *de sorte que / d'où* mon appel. J'étais si inquiète ! Tu vas comprendre, je te le lis : « Bonsoir Lucile, tu sais que tu as toujours pu compter sur moi, même dans les moments difficiles. Tu es ma meilleure amie **(c)** *car / alors* je me tourne vers toi. Je suis dans une clinique à Londres ; j'ai été agressée hier soir **(d)** *aussi / par* conséquent m'a-t-on volé mon sac avec ma carte bancaire **(e)** *alors / d'où* je n'ai pas d'argent. Je vais bien maintenant mais si je ne paie pas les 1 500 euros pour les soins, la clinique ne me laissera pas sortir. Peux-tu virer sur ce compte, FR 76 889 542 003, cette somme ? Et surtout ne parle de ça à personne **(f)** *sous peine d' / donc* ennuis graves. Fais vite ! Je t'embrasse Margaux »

Margaux   Incroyable ! Mais je suis à Lille, dans mon lit, **(g)** *par conséquent / aussi* tout ça est complètement faux.

Lucile   J'ai eu si peur pour toi ! Mais maintenant je suis rassurée. Je pense qu'on a piraté ta boîte mail.

Margaux   Qu'est-ce que je dois faire ? J'espère que tu es la seule à avoir reçu ce mail...

Lucile   Ça m'étonnerait. À mon avis tes amis ont tous dû aussi le recevoir, **(h)** *sous peine de / alors* ils vont t'appeler. Il faut que tu les avertisses **(i)** *ainsi / parce que* ne s'inquiéteront-ils pas. Mais avant tu dois changer le mot de passe de ton compte mail.

Margaux   Heureusement que tu m'as téléphoné tout de suite, **(j)** *sous peine de / alors* je suis prévenue. Merci Lucile et à très bientôt.

Lucile   N'oublie pas, change tout de suite ton mot de passe **(k)** *voilà pourquoi / aussi* personne ne pourra plus utiliser ton compte.

Margaux   Je le fais tout de suite. Bisous, Lucile.

N° d'éditeur : 10309979 – contact@cle-inter.com
Achevé d'imprimer en Juin 2025 par Vincenzo Bona S.p.A. à Turin en Italie